더 많은 민주주의를 향하여

더 많은 민주주의를 향하여

이한주 · 김성하 기획

윤비 외 지음

시공사

주권자의 집단지성으로 열어갈
새로운 민주주의를 위하여

경기도지사 이재명

대의민주주의 국민주권국가에서 정치와 행정은 주권자인 국민의 뜻에 따라 움직입니다. 정교한 정치 이론이나 상세한 법 조항이 없어도 대한민국 국민이라면 누구나 모든 권력이 국민에게서 나온다는 걸 알고 있습니다. 하지만 어느 순간 국민의 뜻을 따르고 편익 증진을 도모하기 위한 크고 작은 논쟁 속에서 알게 모르게 '포퓰리즘'이라는 표현이 오가고 있습니다.

대개 포퓰리즘은 '표를 위해 대중의 잘못된 욕망을 부추겨 부당한 일을 하는 것' 쯤으로 정의할 수 있습니다. 대의민주체제에서 '국민이 원하는 온당한 일'을 한다면 좋은 정치이니, 포퓰리즘 공격은 국민의 판단력이 부족해 정치인에게 속는다는 것을 전제합니다.

정치는 정치인들이 하는 것이라고 착각하기 쉽지만 사실 정치의 주체는 주권자인 국민입니다. 일억 개의 눈과 귀, 오천만 개의 입을 가지고 스마트폰으로 무장한 집단지성으로 불의한 권력을 끌어내린 '촛불혁명'을 일군 주역입니다. 그런 국민을 대상으로 정치적 목적으로 '포퓰리즘'을 말하는 것은 주권자를 모욕하는 행위일 뿐만 아니라 민주주의 정신을 훼손하는 일입니다.

『더 많은 민주주의를 향하여』는 과거 권위주의 시대에 반공 이데 올로기처럼 덧씌우는 '포퓰리즘' 담론을 넘어서 주권자의 뜻이 정치 와 사회 등 모든 영역에 관철되는 '민주주의의 확장'에 대해 고찰하 고 있습니다. 치열한 논의를 통해 엮은 이 책이 주권자의 집단지성 으로 열어갈 이 땅의 더 많은 민주주의를 향해 가는 훌륭한 지침서 가 되어주리라 기대합니다.

집단지성과 실사구시의 실천!

2016년은 한국뿐만 아니라 영국, 미국에서 시민들의 존재가 강하게 부각된 시기였다. 일명 '버려진 사람들'이라 불린 쇠락한 지역에 거주하는 시민들의 지지를 통해 영국에서는 브렉시트가, 대서양 건너 미국에서는 도널드 트럼프가 대통령에 당선되었다. 그리고 한국에서는 시민이라는 이름 이전에 가족, 친구, 동료 등의 이름으로 광장에 모여 일명 촛불혁명을 이끌었다.

이 세 사건이 정치적으로 성공한 사례인지, 민주주의 발전에 기여하였는지 등 그 여부와 무관하게 공통적으로 확인할 수 있는 것은 세 사건의 중심에 시민들, 사람들이 있었다는 점이다. 특히 영국과 미국의 두 사건은 정치사에서 포퓰리즘이라는 용어로 해석되기도 한다. 포퓰리즘은 아직 명확한 정의가 내려지지 않았지만, 민주주의 현장에서 사라지지 않고 끊임없이 거론되고 있다. 포퓰리즘 현상 혹은 포퓰리즘 운동은 그 의미가 어떻게 해석되든 항상 그 중심에 시민 혹은 인민(민중)이 자리 잡고 있다는 점을 간과할 수는 없다.

한국, 영국, 미국이라는 지리적으로 가깝지 않은 다른 공간에서 시민들이 중심에 있었던 세 사건의 또 다른 공통점이라 할 수 있는 것은 일상의 삶과 연결된 문제로 시민들이 일어났다는 점이다. 시민들은 자신들의 일상의 삶이 정치라는 공간을 통해 정책으로 지켜지기를 원한다. 그들의 요구와 주장이 무조건 옳다고 할 수는 없을 것이다. 그러나 그러한 시민들의 요구와 주장이 계속되는 맥락을 살펴봐야 할 것이며, 나아가 민주주의의 상징으로 여겨지는 대의민주주의의 한계가 무엇인지, 그리고 그 한계를 어떻게 극복하고 지속가능한 민주주의를 만들어갈지 고민이 필요하다.

개인의 자유와 사회적 평등은 정치적 거대 담론이 아니며 또한 정치 공간의 장식품도 아니다. 자유와 평등은 시민들의 일상의 삶으로서 구체적 실천의 현장에 있어야 한다. 그래서 정치 공간은 일반 시민들이 일상에서 자유와 평등을 체감하고 실천할 수 있는 공간이 되어야 한다. 그리고 정치지도자는 시민들의 일상을 지켜주고 그들이 자유와 평등을 가꿔나갈 수 있도록 정책을 설계하고 실행해야 한다.

이를 실천하고 실현하는 것은 국가의 역할만은 아닐 것이다. 국가를 이루고 있는 다양한 지역, 즉 지방정부의 역할이 더욱 중요하다. 그래서 촛불혁명으로 탄생한 문재인 정부는 국정 기조 중 한 축을 분권과 자치로 표방한 것이다. 광역지방자치단체의 역할은 더욱 커지고 그 책임은 더욱 무거워질 수밖에 없다.

개인의 자유와 사회저 평등을 거대 정치 담론으로만 장식하는 섯이 아니라, 시민의 일상 속에서 자유와 평등이 실천될 수 있도록 일상의 실천적 정치 공간을 만들기 위한 더 큰 걸음을 걸어야 한다. 국가 차원에서만이 아니라, 경기도를 포함한 모든 광역지자체 차원에서 이러한 실천의 과정이 이뤄질 때, 민주주의는 더 큰 걸음을 걷게 될 것이다.

이러한 민주주의의 실천과 지속은 결국 '민(民)'을 중심으로, 동일한 하나의 집단지성이 아닌 다양한 개인을 포용하는 다양한 집단지성을 통하여 만들어질 수밖에 없다. 이 과정에서 포퓰리즘, 포퓰리스트 등의 용어가 등장하게 되는 것은 아마도 민주주의가 아직 완성되지 않았기 때문일 것이다. 거대 담론으로서 자유와 평등이 아닌 경기도민, 즉 31개 시·군민, 나아가 한국 사회 시민 모두의 일상의 자유와 평등이 실천되는 실사구시적 접근을 통한 정치 공간을 마련하고 그들의 일상의 삶이 정책으로 풍요로워지기를 기원하면서 〈더 많은 민주주의를 향하여〉라는 연구 프로젝트를 기획하게 되었다.

이 책은 인민을 중시하는 포퓰리즘의 파도를 맞이하며, 포퓰리즘을 정의하고 분석하기보다는 정치사상 측면에서 보다 근본적으로 인민(민중)의 의미가 무엇인지, 그리고 포퓰리즘이 유럽, 미국, 라틴아메리카에서 어떻게 전개되어 왔는지, 민주주의를 상징해온 대의민주주의의 한계가 무엇인지, 그리고 마지막으로 지속가능한 민주주의를 위해 무엇이 필요한지를 살펴보고자 하였다. 이 책의 발간이 '민'을 중심으로 만들어지는 현재의 민주주의를 재검토하는 계기가 되기를 기대한다.

　이 책이 나오기까지 함께 고민하고 토론하고 옥고를 써주신 모든 필진들에게 감사드린다.

2021. 2.

경기연구원장 이 효 주

일상의 민주주의로의 확대

언제부터인가 정치, 언론에서 포퓰리즘 혹은 포퓰리스트라는 말을 자주 접하게 된다. 주로 대중영합주의 혹은 대중선동이라는 단정적 정의와 함께 민주주의를 후퇴시키는 부정적인 의미로 인식되는 경우가 많다. 그러나 그 용어가 사용되는 정치적·사회적 상황은 민주주의를 역행시키는 것이라고 쉽게 단정할 수 없을 만큼 복잡하고 섬세하다.

역사적으로 시대와 장소에 따라 다양한 양상을 보여주는 포퓰리즘은 때로는 반민주주의적인 것으로, 때로는 민주주의적인 것으로 이해되고 있으며, 민주주의에 대한 성찰과 논의를 요구한다. 민주주의는 근본적으로 '인민주권'을 주장하고 있음에도 불구하고 민주주의 국가 혹은 사회에서 인민이 진정한 주권자로서 주권을 행사하지 못하는 불평등과 불공정이 여전히 남아 있고, 그에 대한 인민의 불만, 그리고 불평등과 불공정을 해소하기 위한 주장이 포퓰리즘과 만나기 때문이다.

민주주의는 권위주의 정권을 해체하고 민주화를 통해 달성한 민주주의 제도만을 의미하는 것은 아니다. 민주주의에 대한 이상과 현실의 거리는 제도적 민주주의로만 좁혀질 수 없는 것이며, 민주주의의 진정한 주체인 '민(인민, 민중, 시민 등)'이 일상에서의 민주주의를 어느 정도 실천하고 있는가에 따라 비로소 그 거리가 좁혀질 수 있기 때문이다. 이는 또한 정치뿐만 아니라 경제, 사회, 문화 등 일상의 전 영역에서 발생하는 불평등과 불공정의 문제가 여전히 심각하며, 평등하고 공정한 일상의 민주주의를 만들어야 하는 과제가 여전히 남아 있다는 의미다.

일상에서 민주주의가 실천된다는 것은 보다 많은 '민(인민, 민중, 시민 등)'들의 개인적 자유와 사회적 평등이 실현된다는 의미로 볼 수 있다. 이는 보다 많은 '민'들이 자신들의 일상의 삶과 직결된 문제에 강한 목소리를 낼 수 있다는 것이며, 동시에 그들의 목소리가 정책으로 반영된다는 것을 의미한다. 결국 포퓰리즘이 제기하는 문제 역시 일상의 민주주의로의 확대, 즉 개인의 자유와 사회적 평등의 실천이라고 볼 수 있다. 포퓰리즘이 민주주의적인가, 반민주주의적인가를 논하기에 앞서, 포퓰리즘 혹은 포퓰리즘적 현상이라고 일컬어지는 일련의 과정들이 역사적으로 어떻게 전개되어 왔는지를 살펴보는 것은 편견과 선입견을 배제하고 보다 객관적으로 포퓰리즘을 이해하는 데 큰 도움이 될 것이다.

그래서 이 책은 포퓰리즘에 천착하기보다는 민주주의에 대한 근본적인 질문으로부터 출발하여 일상의 민주주의를 확대한다는 것의 의미를 찾아보고자 한다. 이를 위해 1부에서 포퓰리즘과 민주주의에 대한 화두를 던지는 것으로 시작하여, 2부에서 정치사상적 측면에서, 고대 데마고고스가 부정적 의미로만 사용되지 않았다는 점을, 서양 정치사상에서 인민의 실존의 의미를 재검토함으로써 포퓰리즘이 민주주의의 새로운 가능성을 열수 있는지를, 그리고 중국 민본주의와 중국 포퓰리즘이 중국식 민주주의로 어떻게 연결되는지, 또한 한국 정치사상에서 '민(people)'의 의미를 추적하고 포퓰리즘이 '애민'과

'외민'의 영혼을 가질 때 좋은 정치가 될 수 있음을 살펴본다.

3부에서는 19세기 말 이후 현재까지 라틴아메리카, 유럽, 그리고 미국에서 포퓰리즘이 어떻게 전개되어 왔는지, 그 속에서 어떤 의미를 갖는지를 검토하고, 4부에서는 먼저 대의민주주의로 상징되는 민주주의의 한계와 그로부터 제기되는 포퓰리즘과의 관계로부터 민주적 대중정치를 모색하며, 포퓰리즘이 부정적으로 이해되고 있는 이유와 민주주의적이면서 동시에 반민주주의적인 양가성이 포퓰리즘을 이해하는 출발점이 될 수 있다는 점, 그리고 정치 문법으로서 포퓰리즘이 새로운 민주정치 방식, 즉 '다른 민주주의'를 의미할 수 있다는 점 등을 살펴본다.

5부에서는 포퓰리즘이 민주적 포퓰리즘으로 재구성되고 시민 주도 정치가 활성화되어야 한다는 점과 의회 중심 대의민주주의의 한계를 극복하고 민주적 거버넌스 중심의 '결사체 민주주의'를 통한 복수의 대의체계로의 발전 필요성을 검토하고, 지방자치와 주민자치의 활성화를 기반으로 한 '강한 민주주의'로의 전환과 다양한 개인으로서 시민이 의견을 자유롭게 제시하고 정책적으로 반영될 때 더 민주적인 민주주의가 지속가능함을 살펴본다. 그리고 배타적 연대와 포퓰리즘의 결합으로 등장한 복지 쇼비니즘이 아닌 사회 구성원의 다양성을 기반으로 한 포퓰리즘적 동원과 포용적 연대의 구축으로부터 시민이 주체가 되는 아래로부터의 복지정치가 한국 복지국가에 필요함을 제시한다.

마지막으로 6부에서는 일상의 민주주의로의 확대를 통해 민주주의를 재구성하고 더욱 강화시켜 나가야 한다는 점에서 새로운 정치로서 '피플—이즘'으로의 의미 확장 가능성을 타진해본다.

이 책을 통해 민주주의의 한계를 극복하고 '민'의 일상의 민주주의를 확대하기 위해 한국 사회가 현재의 민주주의를 성찰하고 더 민주적인 민주주의를 모색할 수 있는 계기가 마련되기를 기대하며, 보다 많은 '민'들이 삶의 현장에서 그들의 개인적 자유와 사회적 평등을 실현할 수 있는 정책 결정과 집행 과정이 조성되기를 바란다.

짧은 시간 옥고를 써준 모든 필진들에게 감사의 말씀을 전한다.

2021. 2.

경기연구원 김성하

Contents

추천사   4

발간사   6

프롤로그 일상의 민주주의로의 확대   10

제1부 도입

제1장 (한국) 민주주의를 다시 생각하다. 포퓰리즘이 던지는 질문 / 윤비

1. 포퓰리즘이 던지는 문제들   24

2. 한국 민주주의의 미래와 포퓰리즘   27

3. 피플, 민주주의, 포퓰리즘   31

제2부 사상적 배경과 흐름

제2장 서양 정치사상에서 인민의 실존과 정치적 문제성 / 이상원

1. 민주주의, 포퓰리즘 그리고 인민의 문제   38

2. 현대사상에서 제기된 존재의 질문과 인민   39

3. 근대 정치사상에서 바라본 인민의 공존 가능성   43

4. 고대 정치철학이 제기한 인민의 자유와 우애의 문제   49

5. 인민의 정치적 실존과 참된 민주주의의 지향   54

제3장 고대 데마고고스의 정치술과 참된 정치술 / 황옥자

1. 최초의 포퓰리스트, 고대 데마고고스   58

2. 데마고고스의 정치술과 모호성   59

3. 참된 정치술과 민주주의, 대중, 데마고고스   68

4. 포퓰리즘과 민주주의   73

제4장 현대 중국에서의 포퓰리즘과 민본주의의 동거 / 김현주

1. 혁명의 주체가 된 '민'과 민본주의, 민주주의   77

2. 중국에서 민본주의가 다시 조명 받다   80

3. 중국식 포퓰리즘과 중국식 사회주의의 동거   86

4. 중국식 포퓰리즘이 우리에게 던져주는 질문   89

**제5장 한국 정치사상에서 people의 대응 개념과 그 의미,
그리고 포퓰리즘 / 안효성**

1. people에 해당하는 동양 고대의 명칭들   94

2. 전근대 한국사에서 people의 대응 개념들과 지위   97

3. 한국 정치사상과 민본주의, 그리고 민주주의   100

4. 지금 한국의 포퓰리즘 관념에 대한 성찰   105

제3부 역사적 전개

제6장 라틴아메리카 포퓰리즘과 인민 / 김은중

1. 들어가며: 견지망월, 견월망지   112

2. 라틴아메리카 포퓰리즘에 대한 네 가지 관점   116

3. 인민이란 무엇인가   130

4. 나가며: 라틴아메리카 포퓰리즘이 던져주는 시사점   141

제7장 유럽과 미국 포퓰리즘의 역사적 조망: 보나파르트주의에서 트럼프주의까지 / 장문석

1. 글을 열며   144

2. 19세기 유럽과 미국의 포퓰리즘   147

3. 20세기 유럽과 미국의 포퓰리즘   151

4. 21세기 전환기의 '새로운 포퓰리즘'   158

5. '새로운 포퓰리즘'의 시대 대서양 양안에서는…   163

6. 글을 맺으며   166

제4부 대표의 한계

제8장 대의민주주의의 위기와 대중정치의 모색 / 심승우

1. 포퓰리즘은 민주주의의 그림자?   172

2. 대의민주주의 원리와 포퓰리즘   174

3. 대의정치의 위기와 포퓰리즘 낙인   179

4. 나오며   187

제9장 포퓰리즘은 왜 그리고 어떻게 몹쓸 것이 되었나? / 박성진

1. 들어가며   191

2. 포퓰리즘은 왜 '몹쓸 것'이 되었나?   192

3. 포퓰리즘은 어떻게 '몹쓸 것'이 되었나?   198

4. 나오며   203

제10장 다른 민주주의의 재등장 / 백미연

1. 포퓰리즘은 정치 문법이다   207

2. 민주주의 vs. 민주주의   214

3. 다른 민주주의의 재등장   217

제11장 포퓰리즘, 민주주의와 한 몸이면서 분리된 / 김주호

1. 포퓰리즘, 민주주의적이면서도 반민주주의적인   223

2. 포퓰리즘과 민주주의, 어디서 만나고 어디서 갈라지는가?   226

3. 포퓰리즘의 양가성, 어떻게 포착할 것인가?   236

4. 포퓰리즘의 양가성, 왜 여기서 출발해야 하는가?   247

제5부 민주주의의 다양성

제12장 민주적 포퓰리즘과 정치의 재구성 / 이승원

1. 포퓰리즘 계기   254

2. 포퓰리즘 특징의 재해석과 정치의 복원   262

3. 민주적 포퓰리즘을 위한 반성과 정치의 재구성   269

제13장 결사체 민주주의 재건을 통한 민주주의 위기의
극복 가능성 / 장석준

1. 민주주의의 위기 시대   278
2. 자유주의적 민주주의에 대한 저항: 21세기 초의 반란과
   그 선례인 20세기 초의 반란   280
3. 대중 중심 사회주의의 문제 제기와 결사체 민주주의   287
4. 결사체 민주주의를 통한 민주주의의 위기 극복 가능성   298

제14장 포퓰리즘을 넘어 '강한 민주주의'로 / 김만권

1. 팬데믹, 포퓰리즘, 지방자치   304
2. '지구적 시장' 속에 외로워진 개인들   307
3. 변화를 요구한 '포퓰리즘', 병리적 현상으로 전락하다   311
4. 팬데믹이 드러낸 당대 포퓰리즘의 무능과 지방자치의 가능성   314
5. '포퓰리즘'을 넘어 '강한 민주주의'로   317

제15장 실천적 시민과 민주주의 지속 / 김성하

1. 시민의 목소리   321
2. 새로운 틀에 대한 요구   324
3. 더 민주적인 민주주의   326
4. 시민의 실천과 민주주의 지속   329

제16장 연대의 두 얼굴과 한국 복지국가의 미래 / 남재욱

1. 들어가며   333
2. 연대의 두 얼굴: 포용적 연대와 배타적 연대   334
3. 한국 복지국가와 포용적 연대   345
4. 어떻게 포용적 연대를 형성할 것인가?   349

제6부 마무리하며

제17장 포퓰리즘을 넘어 피플-이즘으로 / 좌담회

1. 포퓰리즘에 대한 개념 정의는 가능한가?   358

2. 포퓰리즘과 민주주의의 관계는 무엇인가?   360

3. 피플-이즘의 의미는 무엇인가?   362

4. 피플-이즘은 새로운 정치에 대해 무엇을 이야기할 수 있는가?   363

참고문헌   365

제1부

·

도입

제1장
·······

(한국) 민주주의를 다시 생각하다.
포퓰리즘이 던지는 질문

윤비

핵심요지

- 이제까지 포퓰리즘에 대한 논의는 제2차 세계대전 이후 일부 중남미 국가에서 등장한 급진적 대중주의 정치노선에 대한 것이었다. 최근 포퓰리즘의 세계적 약진은 포퓰리즘을 민주주의에 대한 논의의, 그것도 가장 도전적인 한 부분으로 만들었다.

- 공정, 평등 등의 가치에 대한 사회적인 감수성이 높아짐에 따라 앞으로 정파 및 사회집단들 간 정치적 비전의 분화는 더 가속화될 것이다. 선진 자유주의 국가가 경험한 것과 같은 혹은 그와 다른 유형의 포퓰리즘이 한국 사회에도 강력한 힘으로 등장할 수 있다는 것이다. 포퓰리즘이란 무엇이며 그 동력은 어디에 있는가에 대한 고찰은 한국 민주주의의 발전을 고민하는 모두에게 던져지는 과제이다.

• 최근 미국이나 영국을 비롯한 선진 민주주의 국가들이 겪는 내홍과 혼란은 민주주의가 섬세하고 조심스럽게 다루어야 할 제도라는 것을 보여준다. 피플의 지배라는 것은 무엇을 가져다줄 수 있는가? 피플과 민주주의의 관계는 무엇인가? 오늘날의 포퓰리즘은 이러한 질문에 대답하는 것을 더욱더 중요하게 만들었다.

---

1. 포퓰리즘이 던지는 문제들

사회과학의 여러 논쟁들과 마찬가지로 포퓰리즘에 대한 논쟁도 어느 순간 갑자기 우리 앞에 절실한 문제로 다가왔다. 2000년대 초반을 기억하는 사람들에게 포퓰리즘이란 복지확대에 반대하고 성장주의를 내세우는 입장에서(그것도 주로 일부 저널리즘에서) 제기한 이슈였다. 주장은 간단하다. 포퓰리즘은 국가와 사회발전에 대한 거시적인 계획에 근거하지 않는 '퍼주기'이며 이를 통해 주로 일부 중산층 및 저소득층의 물질적 이해를 충족시킴으로써 인기를 얻으려는 얄팍한 정치 전술이다. 이는 이성과 합리성에 대한 말초적 쾌락의 승리이면서 동시에 국가의 재정기반을 파괴하고 미래를 위해 투자해야 할 것을 오늘을 위해 의미없이 소비해버리는 한탕주의다. 포퓰리즘의 결말은 경제의 쇠락과 파탄이며 동시에 그러한 정책을 통해 이익을 얻은 이들과 그렇지 못한 이들 간의 균열이다. 그리고 이 모든 것 뒤에는 대중을 움직여 개인의 정치적 이득을 취하려는 (대개 스스로는 사회의 계층 위계에서 상층에 속한) 정치가의 야심과 이기주

24

의가 있다.

사실 포퓰리즘이라는 외래어를 성장주의를 내세우는 입장에서 반대 측을 비판하기 위해 사용하는 이유는 흔히 그 용어가 일으키는 연상작용 때문이다. 포퓰리즘이라는 용어는 흔히 보수정파가 이념적 스펙트럼상에서 보다 왼쪽에 서 있는 자유주의 정파나 다른 진보정당들을 깎아내리기 위해 사용하는 프레임이었다. 포퓰리즘은 학계에서나 저널리즘에서 중남미 국가들과 사회를 몰락으로 이끈 병리적 현상으로 이해되어 왔다. 포퓰리즘은 흔히 흥분하여 거리를 휩쓰는 군중들, 그들을 선동하는 팻대 세운 지도자, 경제 및 사회질서의 붕괴, 모라토리엄 등의 부정적 이미지와 연결되어 왔다. 복지확대와 부의 분배구조의 변화를 주장하는 입장에 대해 반대할 수는 있다. 그러나 이를 충분한 고려 없이 싸잡아 포퓰리즘으로 부르는 것은 일종의 개념과 이미지를 동원한 정치적 투쟁이라고 볼 수 있다.

지난 10여 년간을 돌이켜보면 이 모든 '반포퓰리스트들'의 주장이 한국 정치에서 점점 더 영향력을 넓혀왔다는 것을 알 수가 있다. 복지체계가 성장하고 저소득층 및 사회소외계층에 대한 지출이 확대되면서 이에 대해 우려하고 반대하는 목소리도 높아져왔으며 무책임한 낭비, 인기영합주의라는 비난이 일어났다. 또 그러한 정책을 추진하는 정치인들이나 고위관료들에게는 무책임하면서도 위선적인 (강남)좌파라는 비난이 따라붙곤 하였다. 그러한 가운데 어느덧 포퓰리즘이라는 단어는 우리에게 낯설지 않은 외래어로 자리를 잡았다.

그러나 방금 설명한 사정이 2021년 현재 한국에서 포퓰리즘을 둘러싸고 벌어지는 논의의 의미를 모두 설명하지는 않는다. 현재 벌어지는(그리고 이 책의 논의의 중요한 축을 담당하는) 포퓰리즘에 대한 한국에서의 논의는 같은 주제에 대해 세계적으로 벌어지는 논쟁들의 한 축이다. 그 배경에 대해서는 이 책에 실린 글들에서 거듭하여 이야기하기 때문에 상론할 필요는 없을 것이다. 우파와 좌파를 막론하고 최근 포퓰리스트들이 거둔 성공, 특히 서구 민주주의의 대표적인 국가들인 영국, 미국, 프랑스, 독일에서 포퓰리스트들의 약진은 한편으로는 포퓰리스트들의 위협을 어떻게 뛰어넘을 것인가에 대한 논의를 촉발시켰으며, 다른 한편으로는 포퓰리스트들의 성공의 근본 원인은 무엇인가에 대한 관심을 불러일으켰다. 여기서 더 나아가 민주주의와 사회의 바람직한 발전에 대해 포퓰리즘이 갖는 혹은 가질 수 있는 함의에 대한 문제의식도 덧붙여졌다. 그 결과 포퓰리즘에 대한 논의는 오늘날의 민주주의와 사회에 대한 비판적 검토의 중대한 계기가 되었다. 이것은 단지 포퓰리즘이 현재 민주주의와 사회의 문제점은 무엇인가를 겸허히 돌아보는 계기가 되었다는 의미만이 아니다. 포퓰리즘은 민주주의와 그 주체의 문제를 근본적으로 재검토하지 않을 수 없게 한다. 이는 어떤 의미에서 당연하다. 민주주의가 무엇인지를 정확히 모른다면 흔히 그 반대물로 이해되는 포퓰리즘이 무엇인지도 말하기 어렵다.

이렇게 요약할 수 있겠다. 이제까지 포퓰리즘에 대한 논의는 주로 일부 중남미 국가들을 중심으로 등장한 급진적 대중주의에 대한 토론이었다. 한국에서는 정치적 동원을 위한 수사로서 2000년대 이후 이용되었다. 최근 포퓰리즘의 세계적 약진은 여기에 한마디를 덧붙이지 않을 수 없게 하였다. 오늘날 포퓰리즘은 민주주의에 대한 논의의, 그것도 가장 도전적인 한 부분이다.

2. 한국 민주주의의 미래와 포퓰리즘

포퓰리즘의 한국 사회에서의 현재성에 대해서 필자는 적어도 두 가지를 이야기할 수 있다.

첫째, 앞에서도 지적했듯 한국 사회에서 포퓰리즘이라는 단어는 정치적 동원을 위한 수사로서 종종 이용되어 왔다. 필자가 생각하기에 포퓰리즘이라는 단어는 어쨌든 미래에도 여의도 국회의사당에서 자주 등장하는 낱말의 리스트에서 빠지지 않을 것이다. 한국 사회에서 복지체계의 확대와 저소득층 및 소외계층에 대한 지원의 확대는 피하기 어렵다. 분명히 지난 몇 년간 한국 사회에서 복지체계의 발전방향과 범위, 속도와 관련하여 많은 논의가 있었고 때로 정치적으로 심각한 대립이 벌어지기도 했지만, 누가 집권하는가와 상관없이 한국 사회의 복지는 전반적으로 확대되는 경향을 보여왔다. 복지 분야에서 정부 재정지출의 확대 및 세수의 확대가 필연적이고 그에 대한 강력한 정치적 지지가 한국 사회에 존재하는 한편, 과거의 가난에 대한 공포, 1997~1998년 경제위기로부터 얻은 심리적 트라우마, 빠른 성장에 대한 기대감이 여전히 강하게 남아 있는 한국 사회에서 그에 대한 반발 역시 커질 것이다. 그런 만큼 미래에도 포퓰리즘에 대한 우려는 사회의 한편에서 지속될 것이며 정치투쟁의 용어로서 한국 사회의 정치 담론 안에 계속 등장할 것이다.

둘째, 한국 사회와 민주주의가 점점 더 발전할수록 서구 선진 민주주의 국가에서 보이는 다양한 유형의 포퓰리즘이 모습을 드러낼 가망이 크다. 뒤의 저자들이 상세하게 논의하겠지만 흔히 포퓰리즘에 대해서 다음과 같은 정의를 내린다(cf. Mude and Kaltwasser, 2017; Mude, 2017; Kaltwasser et al., 2017).

a. '평범한 사람들'이 주체이며 이들을 중심으로 정치가 제도화 구조화되어야 한다는 생각. 이들 평범한 사람들은 공동체 지향적이고 도덕적으로 순수하다는 생각.
b. 이러한 '평범한 사람들'의 이해가 부패하고 이기적인 엘리트 집단들에 의해 침해되고 있으며, '평범한 사람들'의 목소리가 가려지고 있고 심지어 이들이 자신의 목소리를 낼 수단을 잃어버렸다는 생각.
c. 따라서 모든 사회정치운동의 궁극적 목표는 이러한 사회정치체제를 '평범한 사람들'의 공동의지가 지배하는 체제로 대체하는 것에 있으며 그러한 체제를 이루기 위한 방법은 이미 '평범한 사람들'의 지혜 안에 있다는 생각.

여기에 우리는 다음과 같은 몇 가지를 덧붙일 수 있다.

d. 이기적인 엘리트 집단들은 제도를 독점하고 그 안에서 배타적 카르텔을 형성하고 있으며 좌·우 혹은 진보·보수의 구별은 실질적인 의미를 갖지 않는다는 것.
e. 현 정치체제는 엘리트 집단들의 기득권을 보호하기 위한 제도로서 그 안에서 제시되는 법적·제도적 장치는 필요에 의하면 우회

되거나 무시될 수도 있다는 생각.

　문제는 이러한 정의가 포퓰리즘과 민주주의를 정확히 나눌 만큼 충분히 날카롭지 않다는 것이다. 사실 포퓰리즘이 정말 민주주의와 구분되는 이데올로기적 실체로 존재하는가에 대해서도 긴 논쟁이 있을 수밖에 없다. 어떤 의미에서 포퓰리즘의 기초를 마련해온 것은 민주주의 자신이다. 포퓰리즘의 주장의 상당수는 급진적이든 보수적이든 민주주의를 신봉하는 정치가들과 식자들이 전반적으로 동의하고 때로 적극적으로 선전해온 명제들에 기초해 있다.

　한국 사회로 문제를 좁혀보면 민주화와 사회경제적 불평등의 해소를 요구하는 오랜 사회정치적 운동에서 제시된 여러 이론과 주장이 위에서 정의된 포퓰리즘과 상당 부분 겹친다는 사실에 주목할 필요가 있다. 1970년대부터 맥을 이어온 한국의 민중운동론(1980년대에는 민중 개념을 중심으로 역사를 서술하려는 시도도 있었다. 풀빛에서 출간한 『한국민중사』가 그 예이다)의 민중 개념과 정치사회적 상황에 대한 인식은 a, b, c의 요소를 빠짐없이 담고 있다. 민중은 도덕적으로도 부패한 기득권 집단의 이기주의에 의해 차별당하고 기본적이고 당연한 이익을 실현할 기회를 박탈당한 사람들이며 사회정치운동의 궁극적 지향점은 민중의 이익이 실현되는 정치체제를 이루는 것이다. 민중의 이익이 실현되는 정치체로서 선호된 것은 직접민주주의 형식 혹은 코뮌 형식의 공동체이다. 헐벗은 사람들, 번지르르하지 않고 꾸밀 줄도 모르는 민중들의 공동체라는 생각은 80년대 저항운동을 장식한 민중예술의 이미지들에서 지금도 손쉽게 발견할 수 있다. 그뿐만 아니라 d와 e의 요소도 한국 저항운동의 언어에서 찾기 어렵지 않다.

물론 한국의 민주주의 운동의 담론이 갖고 있는 포퓰리즘과의 친소관계는 앞으로 심각하게 논의되어야 할 대상이다. 이미 언급하였듯 민주주의의 언어와 포퓰리즘의 언어는 기본적으로 겹치는 부분이 많다. 역사를 돌이켜보면 권위주의적인 지배체제에 맞서 저항의 동력을 끌어올려야 하는 순간에 등장하는, 수사와 뒤섞인 여러 주장들은 포퓰리즘의 명제들과 구별하기 힘들 만큼 유사한 모습을 보이는 경향이 있다. 그렇다고 해서 과거의 모든 민주주의를 위한 노력을 포퓰리즘이라고 이야기하는 것은 무리가 있다. 마찬가지로 앞서 한국의 저항운동에서 등장한 언어와 포퓰리즘의 언어가 가지고 있는 유사성을 근거로 저항운동을 포퓰리즘으로 낙인찍는다든가 혹은 포퓰리즘이 한국의 민주주의를 이끌어왔다고 주장하는 것은 일면적이다.

포퓰리즘의 언어와 한국의 민주주의적 저항담론과의 유사성을 어떻게 이해하든 간에 한 가지는 분명하다. 한국 사회에서 포퓰리즘의 언어는 친숙하며, 그렇기 때문에 포퓰리즘의 잠재력도 크다는 것이다. 이는 단순하게 볼 문제가 아니다. 계층 및 세대, 나아가 지역 간의 불평등 확대는 한국 사회에서 그동안 민주주의 내지 진보라고 일반적으로 불렸던 여러 정파와 사회집단들 간에 견해 차이를 낳고 있으며 이러한 견해 차이는 조국 전 법무부장관의 재산형성 및 자녀진학을 이슈로 실제적인 정치적 갈등으로 드러났다. 공정, 평등 등의 가치에 대한 사회적인 감수성이 높아짐에 따라 앞으로 그러한 정파 및 사회집단들 간 사회정치적 비전의 분화는 더 가속화될 것이다. 그러한 분화의 한가운데에서 앞서 말한 포퓰리즘의 잠재력이 어떤 방향으로 등장할 것인가는 쉽게 넘길 수 있는 문제가 아니다. 선진 자유주의 국가가 경험한 것과 같은 혹은 그와 다른 유형의 포퓰리즘이 한국 사회에도 강력한 힘으로 등장할 수 있다는 것이다. 그러한 점에서 최근에 등장하여 여전히 기세를 올리고 있는 포퓰리즘이란 무엇이며 그 동력은 어디에 있는가에 대한 고찰은 한국 민주주의의 발전을 고민하는 모두에게 던져지는 과제이다.

3. 피플, 민주주의, 포퓰리즘

포퓰리즘이 한국에서 정치를 연구하는 사람들로 하여금 깨닫게 한 점이 있다면 그것은 민주주의의 주체로서 영어로 피플(people), 우리가 흔히 국민 혹은 민중이나 인민이라고 부르는 존재의 의미를 심각하게 되새겨보아야 한다는 것이다. [필자는 이 절에서만큼은 의도적으로 (그리고 궁색하게도) 국민도, 민중이나 인민도 아닌 피플이라는 영어 단어를 사용한다. 국민, 인민, 혹은 민중까지 모두가 이미 일정한 정치적 비전의 기표가 되어버렸기 때문이다. 피플은 외국어이기 때문에, 그리고 전 세계적으로 다양한 주장을 뒷받침하기 위해 쓰이기 때문에 무색무취하게 들린다.]

민주주의는 수입된 제도이다. 그것도 서구화, 근대화와 더불어 수입된 제도이다. 민주주의를 바라보는 관점부터 그 안에 동원되는 개념까지 우리가 자체적으로 만들어낸 것은 별로 없다(강정인, 2000; 이동수, 2007; 이영록, 2010; 이관후, 2016; 장규식, 2018). 피플이라는 개념을 두고 혼란을 겪을 수밖에 없는 것은 당연하다. 우리는 피플이라는 인간 범주를 과연 어떻게 상상했는가? 피플은 누구인가? 모든 유권자? 기층민중이라고 일컫는 사회정치경제적 불평등 구조의 피해자? 1980년대의 한국 사회의 많은 이들은 민주주의가 가져다줄 '멋진 신세계'에 대해 이야기했으며, 그 아래에는 민주주의의 주체로서 피플에 대한 큰 기대가 있었다.

민주주의가 제도적으로 안착하고 사람들이 민주주의를 미래의 이상으로서가 아니라 현실로서 경험하면서 피플에 대한 기대와 생각은 변화를 겪고 요구받고 있다. 최근 미국이나 영국을 비롯한 선진 민주주의 국가들이 겪는 내홍과 혼란은 길었던 냉전과 이념대립에 가려져 좀처럼 모습을 드러내지 않았거나 간과되어 왔던 민주주의의 다른 모습을 보여준다. 이를 통해 많은 이들에게 민주주의는 섬세하고 조심스럽게 다루어야 할 제도라는 것이 분명해지고 있다. 그냥 놔두어도 알아서 멋진 꽃을 피우는 그런 제도는 아닌 것이다. 민주주의는 부패하고 무능한 지도자를 권좌에 밀어 올리기도 하며 민주주의는 때로 배제와 차별을 정당화하는 수단이 될 수도 있다.

이와 같은 민주주의의 (이제까지 별로 심각하게 여기지 않았던) 다른 칼날에 대한 각성은 또한 민주주의의 주체로서 피플의 존재와 의미에 대한 각성을 가져올 수밖에 없다. 가장 단순한 의미에서 유권자로서 피플을 정의한다면, 이 피플이 언제나 현명한 것도, 피플의 의지가 언제나 민주주의에 바람직한 결과를 가져다주는 것도 아니라는 점이 분명해지고 있다. 민주주의에 널리 퍼져있는 낙관론과 달리 피플은 언제나 현명하고 언제나 정의로우리라는 기대와 어긋나게 행동할 수 있다. 핍박받고 소외된 이들을 지칭하는 것으로 피플을 상상한다고 해도 마찬가지다. 포퓰리즘의 성공의 적지 않은 부분은 바로 이 소외된 이들의 소외감과 관련되어 있다.

피플의 지배라는 것은 무엇을 가져다줄 수 있는가? 왜 우리는 피플의 지배로서 민주주의를 여전히 소중히 여기고 심지어 그를 위해 목숨마저 걸어야 한다고 이야기하는가(실제로 지금 이 순간 미얀마에서는 한국인들이 과거에 그러했듯 많은 이들이 민주주의를 위해 거리에 나서고 있다)? 피플과 민주주의의 관계는 무엇인가? 피플의 정체성과 가능성 혹은 잠재된 위험에 대해 다시금 되새겨야 한다는 점이 분명해지고 있었다. 오늘날의 포퓰리즘은 이러한 질문에 대답하는 것을 더욱 더 중요하게 만들었다.

*

이 책에 수록된 글들을 접하는 독자들은 피플의 의미와 그러한 이름으로 지칭되는 집단의 가능성과 한계, 이들이 민주주의라는 제도와 맺고 있는 관계에 대하여 다양한 각도에서 거듭되는 질문들에 맞닥뜨리게 될 것이다. 그리고 그 안에서 민주주의의 역사와 의미, 현재와 미래를, 포퓰리즘의 의미와 그 한계 혹은 가능성을 묻게 될 것이다. 어떤 저자들은 사상사적인 방법을, 어떤 이들은 비교사적인 방법을, 어떤 이들은 정치철학적인 접근법을 택했다. 어떤 이는 고대로 거슬러 올라갔고 어떤 이들은 20세기의 남미로, 어떤 이는 미국으로, 어떤 이는 이탈리아로, 어떤 이는 프랑스로, 어떤 이는 중국으로 눈길을 돌렸다. 한국의 경험에 대한 반추가 빠질 수 없었음은 물론이다.

민주주의의 성장과 그 안에서 제기되었던 여러 문제점, 특히 그 안에서 포퓰리즘을 밀어 올린 동력은 무엇이며, 포퓰리즘은 민주주의의 발전에 무엇을 시사하는가에 대한 진지한 고려들도 있었다. 포퓰리즘을 극복하기 위해서든 혹은 헤겔적 의미에서 '지양'하기 위해서든 우리가 무엇을 해야 하는가, 민주주의를 어떻게 바꾸고 어떤 새로운 민주주의를 꿈꿀 수 있는가에 대한 질문들도 뒤따랐다.

모든 중요한 지점을 짚을 수는 없었다. (이 책에서만이 아니라 다른 곳에서도 그것은 불가능할 것이다. 민주주의 자체가 끊임없이 진화한다. 더욱이 쏘퓰리즘의 부상은 제도와 개념으로서 민주주의에 대한 질문을 갑자기 폭발적으로 늘려놓았고, 앞으로도 그러한 추세는 한동안 지속될 것이다.) 그러나 적지 않은 부분들을 짚은 것도 사실이다.

최초 저자들은 피플이나 민주주의, 그리고 포퓰리즘에 대한 공동의 개념을 가지고 있지 않았다. 그러한 공동의 개념을 주조해내는 것이 목표도 아니었다. 집필과정에서 있었던 여러 차례의 공동회의는 종종 공통점보다는 차이를 더 많이 드러내었고, 필자들은 들어설 때보다 더 많은 의문점을 가지고 회의장을 나서곤 했다. 그렇다고 이 책에 힘을 보탠 저자들이 어떤 동일한 정치적 비전을 공유했던 것도 아니었다. 시작은 한국 사회에서 피플의 정치가 무엇인가를 알고자 하는 것이었고, 그러한 피플을 화두로 내세우는 정치 이념으로서 민주주의를, 그리고 흔히 그 반대물 혹은 보정의 계기로서 이야기되는 포퓰리즘을 검토하고자 하는 것이었다. 이 글을 포함하여 모두가 동의한 결론은 없다. 이 책이 결론이 아님도 물론이다. 그렇게 읽어주시기를 부탁드린다.

제2부

·

사상적 배경과 흐름

제2장

서양 정치사상에서 인민의 실존과 정치적 문제성[1]

이상원

핵심요지

- 민주주의의 근본 원칙인 인민주권의 주체로서 인민의 실존은 자유와 평등, 우정과 연대의식에 대한 고전철학적 사유를 지속적으로 시도하는 경험 속에서 더욱 잘 유지될 수 있다.

- 포퓰리즘 현상을 인민의 진정한 실존을 향한 정치적 고민의 계기로서 접근할 때 비로소 민주주의의 참된 가능성이 드러날 수 있다.

- 민주주의는 전체 인민의 자유와 인간다운 삶, 그리고 이를 위한 최선의 제도적 디자인에 대한 끊임없는 질문과정이다.

---

1   본 글에서 확장된 내용을 담은 연구논문은 『윤리교육연구』 제60집(2021.4.30)에 「인민의 존재, 포퓰리즘 그리고 민주주의의 정치윤리」로 수록되었음.

1. 민주주의, 포퓰리즘 그리고 인민의 문제

오늘날 민주주의의 위기는 지속되고 있지만 민주주의의 이상에 대한 전 세계 대중의 기대와 외침은 과거 그 어느 시대보다 높다. 많은 정치지도자들과 국민들은 이 모든 문제의 해법은 결국 진정한 민주주의를 구현하는 길이라고 부르짖는다. 그러나 각자의 입장에서 제시하는 참된 민주주의의 구현방향은 서로 다르기 마련이다. 모두가 민주주의를 외치지만, 전 세계 모든 시민들의 다양성을 통합할 수 있는 단일한 형태의 민주정부의 구현은 쉽지 않다. 특히 소위 선진 민주정체라 불리는 미국과 영국의 민주주의가 보여주는 최근의 배타성은 우려할 만하다(주디스, 2016: 19; 김남국, 2018: 17-19). 트럼프는 중남부의 보수지역을 중심으로 많은 수의 지지자들을 끌어모았지만, 그의 대중선동전략은 미국 고유의 정체성을 강조하고 외부 이민자의 유입을 배격하면서 인종 갈등까지 부추기는 흐름을 보이고 있다. 영국의 인민(people) 다수는 민주적 표결을 통해 유럽통합을 탈퇴하면서 민주주의의 공유와 확산보다 영국만의 독자적 길을 걷는 방향을 택했다. 결국 지구화 시대의 민주주의는 국경의 테두리 바깥으로 확장되지 못한 채 자국만의 인민주권을 지키는 방향으로 흘러가고 있다. 그러나 그마저도 계층 및 인종 갈등 속에 인민들의 진정한 민주주의에 대한 고민은 좀처럼 이루어지지 않고 있다. 소위 근대 민주주의의 기원이자 오늘날 선진 민주정체라고 평가받는 두 나라의 민주주의가 보여주는 모습은 공통적으로 인민 다수의 존재와 힘에 호소하는 포퓰리즘의 경향성과 직결된다(서병훈, 2008; 182-184). 이러한 문제의식에서 본고는 민주적 다원성과 갈등의 역동적 조율에 초점을 두는 새로운 포퓰리즘 해석의 가능성을 탐색하고자 한다. 그 출발점은 특정한 정치공동체의 구성원으로서 인민의 실존이 지닌 정치적 한계와 가능성을 직시하는 것이 될 것이다.

2. 현대사상에서 제기된 존재의 질문과 인민

인민의 실존에 대한 이해는 결국 인간 존재에 대한 이해에서 출발해야 한다. 인간 존재에 대한 이해는 결국 각 개별자의 고유한 존재 의미에 대한 다양한 고찰에 근거한다. 따라서 현대 존재론의 사유는 실존의 의미를 보편적 이성이나 합리적 범주로 섣불리 규정하는 시도를 비판한다. 오히려 실존적 접근은 지금, 여기라는 특정한 맥락에서 존재 자체의 의미에 대해 질문을 던질 수 있는 가능성을 지닌 인간 존재의 특수성을 중시한다(Heidegger, 1962: 26-27). 우리는 저마다의 일상과 각자의 자리에서 스스로의 삶과 존재 의미에 대한 물음을 언제든 제기할 수 있다. 그리고 일상의 반복 속에서 인간 존재의 열린 가능성은 꾸준히 드러나기도 하고 때로는 감추어지면서 한계 지워지기도 한다. 결국 각자가 서로 다른 방식으로 존재의 의미에 대해 묻는다는 일상적 경험이 인간적 실존을 구성한다. 이렇게 제한된 경험 속에서 존재의 개념은 다양한 해석에 노출될 수밖에 없다. 그러나 다양한 존재물음과 해석의 가능성은 단지 무한정하게 창출되거나 진행되는 것이 아니다. 존재물음은 내가 지금, 여기에 처한 특정한 상황적 맥락에 구속받고 있다. 동시에 존재의 일상적 한계는 그 경계를 넘어 열린 미지의 가능성에 대한 인간의 갈망을 끊임없이 야기한다. 이렇게 실존이 지닌 '가능성과 한계'는 결국 보편성과 특수성 어느 한편으로 규정되기 어려운 인간적 삶의 역동성으로 드러난다.

인간 존재의 역동성이 가지고 있는 중요한 측면은 결국 존재에 대한 물음과 개별적 의미 찾기가 '타자와의 함께함' 속에서 이루어지고 있다는 점이다 (Heidegger, 1962: 157). 나와 다른, 결코 하나일 수 없는 나사와의 공존이 인간의 일상을 구성한다(Levinas, 1969: 39). 공존의 현상은 단순히 서로 다른 여러 개인들 간의 물리적 집합체 혹은 추상적 다원성의 개념으로 환원될 수 없다. 인간의 공존은 삶 속에서 직면하는 생존의 구체적 문제들, 나아가 더 나은 존재 가능성의 탐색을 둘러싼 다양한 관점의 형성과 교류, 충돌의 역동적 과정이다. 이때 개별자들의 존재에 대한 의미 찾기는 자신이 처한 상황에 따라 규정된 세계와 존재에 관한 일반적 시각을 반영한다. 그리고 이들이 모인 공동체의 삶은 과거, 현재, 미래를 관통하는 공존의 다양한 의미 부여가 교차하며 특정한 방향의 역사를 구성해나간다(Heidegger, 1962: 436). 따라서 인간 존재의 역사성은 단지 지나간 일이나 고정된 것이 아니다. 역사는 특정한 방향으로 한계 지워지는 동시에 반복되는 일상을 넘어 존재의 또 다른 방향성을 찾는 과정이다. 이 과정에서 인간 존재가 처한 특정한 공동체의 역사적 상황에 따라 각 공동체별로 존재의 의미에 대한 서로 다른 지배적 견해가 형성된다. 즉 인간 존재는 모두 나, 우리 혹은 그들이 속한 공동체들과 세계 전체에 대한 특정한 시각 혹은 믿음, 즉 세계관을 형성하고 살아간다.

서로 다른 공동체 간 세계관의 교류는 단지 평화로운 것이 아니라 지속적인 마찰과 갈등의 움직임을 야기한다(Levinas, 1969: 70). 역사적 맥락 속에서 타자들과 함께하는 존재로서 나 혹은 우리, 그들의 존재가 특별하게 규정된다. 존재가 특정한 방식으로 지배적으로 규정되면 더 이상 다른 공존방식에 대한 비판적 질문이 제기되기 어렵다. 일상에서 진정한 존재물음의 은폐, 회피 혹은 포기는 특정한 역사적 맥락 속에서 나의 실존을 이미 구성하고 있는 공동체의 경계 안에서 종종 일어난다. 존재의 의미를 특정 짓는 공동체의 지배적 믿음들은 이미 내가 향유하는 일상적 삶의 방식 속에 깊게 뿌리내리고 있다. 따라서 역사 속에서 특정한 정치공동체가 구성되고 유지되면서 나름의 독특한 개인적·집단적 정체성이 형성되는 것은 필연적 현상이다. 그러나 이러한 흐름 속에서도 인간 존재는 진정한 정치공동체의 모습과 더 좋은 공존의 길에 대한 열린 존재물음을 제기할 수 있다. 이에 따라 공동체의 지배적 교리는 시간성 속에서 깨지고 새롭게 형성되며, 이러한 역사적 과정은 반복된다. 따라서 참된 존재의 가능성과 한계에 대한 물음, 즉 '진리의 추구'는 역사 속에서 제한되거나 감추어지면서도 결코 제거할 수 없는 인간 존재의 가능성으로 남아 있게 된다(Heidegger, 1962: 57). 이러한 열림과 닫힘의 긴장성 속에서 역동하는 인간 존재의 모습은 진리에 대한 다양한 해석과 의견들을 야기하고 이를 둘러싼 개인적·집단적 충돌을 끊임없이 촉발한다.

　민주주의 하에서 인민의 존재는 다수의 역사적 집단성과 그 동질적 힘에 호소하는 대중적 담론에 의해 쉽게 재단되기 쉽다. 민주주의의 보편적 이상의 추구 속에서도 인민의 실존이 딛고 있는 정치공동체의 역사적 맥락과 그 한계는 여전히 지속되기 때문이다. 더구나 전체 인민 개개인에게 정치공동체의 궁극적 권력인 주권을 부여하는 것을 원칙으로 하는 민주주의는 역설적으로 인민의 사회적 단합을 더욱 강조하는 경향을 띠게 된다. 그러나 현실적으로 다수의 결정에 의존하는 민주정치의 제도적 특성은 인민들의 개별적 차이보다는 집단적 동질성을 강조하는 방향으로 흐르기 쉽다 (Derrida, 2005: 104). 이때 대다수 인민의 정치적 단결과 세력화를 강조하며 여타 소수자들을 구별짓고자 하는 포퓰리즘의 흐름은 언제든지 나타날 수 있다. 즉 민주정체에서 포퓰리즘의 대두는 단순히 비정상적인 것이라기보다 주권자인 인민의 동일성과 차이가 다수의 집단성에 대한 강조를 중심으로 표출되는 필연적 양상이라고 할 수 있다.

그러나 포퓰리즘의 움직임이 인민의 존재 의미에 대한 다양한 질문과 열린 탐색으로 이어지지 않을 때 소수에 대한 배타적 억압이 시작된다. 특히 인민의 실존이 공동체의 역사적 맥락과 단일한 경계성에 대한 왜곡된 강조로만 규정되면 민주공동체가 지닌 열린 가능성은 망각되기 쉽다. 인민의 비판적 존재물음이 억압되고 정치공동체의 폐쇄성이 극단적으로 고착화될 때, 타자를 폭력적으로 배제하는 전체주의의 경향성이 쉽게 도래하게 된다(서병훈, 2008: 193). 전체주의 속에서 인민의 실존은 소수를 아우르는 진정한 전체가 아니라 오히려 공동체 일부만의 일시적이고 뒤틀린 결합물로 축소되고 변질된다. 이러한 왜곡된 집합체는 더 이상 건전한 공동체의 유지를 불가능하게 하고 인민의 실존적 기반을 붕괴시킨다. 전체주의 속 개인들은 더 이상 공동체의 닫힘과 열림 속에 역동하는 정치적 존재가 아니라 끊임없이 존재의 다양성을 배격하는 폐쇄적 집단성에 의존하는 개체로 굳어진다. 한편 공동체의 역사성은 새로운 존재지평을 향한 움직임이 아니라 과거에 대한 향수와 종족적 동질성에 대한 강조로 끊임없이 회귀한다. 즉 민주적 인민이 지닌 다양한 열린 가능성은 역사적 혈연, 인종과 같은 즉각적인 뿌리를 과장하는 편협한 세계관 속에 극단적으로 한계 지워지는 것이다. 이렇게 포퓰리즘의 타락은 역사적 동일성과 집단주의의 배타적 표출을 통해 결국 민주정 자체를 붕괴시키고 전체주의의 폭정으로 이어지기 쉽다. 여기서 우리는 인민의 실존을 보다 열린 정치적 방향으로 이끌기 위한 구체적 질문에 봉착한다. 포퓰리즘의 필연적 흐름 속에서도 인민의 다양성과 차이를 끌어안는 민주적 정치공동체는 과연 어떻게 가능할 것인가?

3. 근대 정치사상에서 바라본 인민의 공존 가능성

현대사상이 제기하는 인민의 실존과 민주주의의 문제에 대한 고찰은 오늘날 민주공화정의 기본적 디자인을 제시한 근대의 정치적 사유에 대한 질문으로 우리를 이끈다. 특히 최초의 입헌민주주의 성문헌법을 탄생시킨 논의의 기록물로서 미국『연방주의자 논고(Federalist Papers)』의 사유는 민주주의의 근원적 문제를 파악하고 극복하기 위한 실천적 통찰을 담고 있다(Hamilton, Jay and Madison, 2003 [이하 Federalist]). 미국의 헌정구조 디자인에서 핵심을 차지하는 부분은 민주정체의 필연적 불안정성을 극복하고 인민 모두의 지속가능한 공동체를 창출하기 위한 공화주의의 강조이다. 공화정체는 다수의 폭정이 야기할 수 있는 포퓰리즘의 왜곡을 극복하기 위한 다원적 사회체제의 구성, 대의제와 권력분립을 통한 안정된 정부수립 등을 주요 특성으로 한다(태가트, 2017: 84). 무엇보다 『연방주의자 논고』에 제시된 민주공화정체에 대한 아이디어들은 단순한 이론 텍스트가 아니라 민주헌법의 기본적 원리로서 현대인의 정치적 삶에 깊은 영향을 미치고 있다. 따라서 근대 정치사상이 깔고 있는 인간 존재에 대한 고찰은 오늘날 인민의 실존과 정치적 문제성의 이해에 유용한 시사점을 던져준다.

미국의 헌정 디자인에서 주목할 것은 사회적 통합을 섣불리 강조하기보다 인간 존재의 필연적 분열을 신중하게 접근하고 있다는 점이다(Lee, 2020: 299). 인간 존재가 정치공동체를 구성하고 하나의 인민으로서 공존하게 될 때 다양한 믿음과 의견의 분출은 피할 수 없다. 사회경제적 격차를 둘러싼 실제적인 논쟁과 갈등이 발생할 때 항상 이를 둘러싼 개인 간 의견의 차이는 특정한 리더와 추종자를 바탕으로 한 집단적 편가르기로 이어진다. 그리고 이러한 사회적 분열은 결국 정치공동체의 권력을 둘러싼 '파벌(faction)'의 발생이라는 현실정치적 문제를 야기한다(Federalist, 71–73). 결국 인간 존재가 지닌 관점과 의견의 차이는 특정 정치공동체를 구성하는 인민 내부의 다양한 파벌의 형성과 이들 간의 극심한 생존 경쟁으로 이어진다. 이러한 파벌적 분열의 움직임은 시대를 막론하고 사회적 공존의 토대를 침식하면서 정치공동체를 붕괴시키는 비극적 결과를 초래해왔다. 그렇다면 인민의 실존을 유지하기 위해서는 파벌의 필연적 문제를 어떻게 극복할 것인가가 핵심적 과제로 대두한다. 파벌의 형성은 각 개인 및 집단의 서로 다른 믿음, 그리고 이해관계의 충돌과 직결된다. 따라서 인민 개개인의 자유로운 의견의 형성과 표현을 허용하고 경제적 이익의 추구와 소유권을 보장하는 민주적 체제일수록 파벌의 문제는 더욱 긴급한 문제로 다루어질 수밖에 없다(Locke, 2005: 350-353).

미국의 건국자들이 제시한 공화주의적 해법은 파벌의 움직임을 역설적으로 넓은 대규모의 정치공동체 안에서 확장시키는 것이었다(Federalist, 76). 수많은 파벌의 등장은 인민의 분열성을 증대시키지만 사회적 디자인과 제도 구성에 따라 공동체 전반의 붕괴로 이어지는 흐름을 차단할 수 있다. 즉 파벌의 확장된 분열은 전체 공동체를 붕괴시킬 만한 압도적 파벌의 형성을 막는 방향으로 작동한다. 다양한 파벌들이 큰 규모의 정치공동체 내에 자유롭게 번성할 때, 인민의 실존은 갈등과 분열에도 불구하고 민주정체의 근간을 위협할 정도의 하나의 지배적 파벌로 쉽게 동질화되기 어렵다. 『연방주의자 논고』에 따르면, 민주공화정의 안정된 유지는 확고한 헌정체제 하에서 중소규모의 파벌들이 각 지역사회에서 자유롭게 경합하는 사회적 상황을 창출할 때 가능하다(Federalist, 78). 각자의 믿음과 이익추구에 기반한 무수한 파벌들 간 경쟁과 공존은 중앙정부가 굳이 개입하지 않아도 민주정의 자유로운 분위기 속에서 자연스레 일어난다. 이때 특정한 파벌세력이 인민 모두의 공존을 위협하지 않는 한, 인민 개개인들은 자유로이 원하는 단체에 가담하면서 사적·공적 참여의 평등한 기회를 누릴 수 있다. 특히 이러한 상황에서 개인과 집단의 의견과 믿음은 하나로 규합되거나 동질화되지 않고 각각의 차이를 유지하며 역동적인 다양성을 산출할 수 있다.

한편 사회적 긴장을 한 공동체 안에 지속가능하게 유지하기 위해서는 특정한 파벌에 의해 좌우되지 않고 헌정을 수호할 수 있는 강력하고 안정된 중앙정부가 반드시 필요하다(Hobbes, 2006: 121-129 [Ch.18]). 이때 미국의 헌정체제가 제시한 또 다른 공화주의적 해법은 직접민주주의의 불안정성을 극복하기 위해 대의제를 적극적으로 도입하는 것이었다. 공화정체의 핵심적인 특징은 각 지역의 대표자를 인민들이 직접 선출함으로써 이들이 의회에서 대중의 의견에 휩쓸리지 않고 신중하게 공적인 사안을 심의할 수 있는 제도의 지향이다(Federalist, 237). 민주적 대표자들은 각 지역 민중의 선호를 반영하면서도, 다수의 의견을 단지 따르기보다 공적인 토의과정 속에서 정의와 공동체 전체의 이익에 대한 나름의 의견을 자유롭게 제시할 수 있다. 또한 공화정체는 임기제를 통해 주기적으로 대표자들을 새롭게 선출함으로 정부 내 파벌의 형성과 확대를 차단하고, 심의기구를 통해 다수와 소수의 공존을 위한 방향으로 심도있게 입법이 진행되도록 한다.

나아가 미국 헌법은 정치권력을 기능별로 분립함으로써 정부 내 주요 파벌 간의 경쟁을 유도하고 제도적으로 관리하고자 했다. 인민주권을 실현하기 위한 정부의 권력기능을 입법과 행정, 그리고 사법으로 구분하고, 각각 독립적인 지위와 힘을 부여하는 동시에 서로 간에 경쟁과 견제를 통해 권력독점을 방지하고자 한 것이다. 결국 권력의 핵심부에서 그 어떤 파벌도 인민주권을 독점할 수 없다. 『연방주의자 논고』의 사유는 권력에의 욕망을 가지고 있는 정부 리더들의 인간적 본성을 직시하면서, 이들을 서로 경쟁시켜 권력의 집중화를 방지하고자 한다(Federalist, 318-319). 즉 정부구조 내의 파벌적 경쟁 체제를 통해 엘리트들이 정치적 야심을 서로 조율하게 하면서 민주공화정체의 지속가능한 권력기반을 구축하고자 한 것이다. 권력분립의 원칙은 정부의 지도자와 관료들 중 일부가 민주정부의 모든 기능을 장악하는 강력한 파벌집단을 형성할 수 있는 가능성을 원천적으로 방지한다. 『연방주의자 논고』의 사유는 ① 거시적 차원에서 파벌성의 사회적 확장과 자율적 경쟁을 통해 인민의 다양성을 보장하는 방향을 추구했다면, ② 미시적 차원에서는 권력분립을 통해 정부구도 안에서 파벌들 간의 견제와 균형을 안정적으로 유도하는 방식을 제시한 것이다(Lee, 2020: 309).

　『연방주의자 논고』는 인민의 실존이 단순히 다원성의 강조 혹은 평화로운 공존의 이상적 원칙으로만 유지될 수 없는 것임을 보여준다. 정치적 존재로서 인민의 규율은 서로 다른 인간 존재들이 서로 충돌하고 경합하며 형성되는 파벌성의 문제에 끊임없이 직면해야 한다. 근대 민주공화정의 실존적 통찰은 민주주의의 필연적 불안정성을 확고한 헌정원칙과 공화주의적 제도의 수립을 통해 조율할 수 있는 실천적 가능성을 제시했다는 점에서 큰 의의가 있다. 특히 『연방주의자 논고』는 여러 포퓰리즘 세력들 간의 역동적 충돌과 조화의 가능성을 보장하기 위한 민주공화정의 제도적 디자인이 결국 '공공선(public good)'과 '정의(justice)'를 위한 것임을 명확히 한다(Federalist, 322). 그러나 민주공화정의 헌정원칙이 지향하는 것은 단순한 이상적 목표의 선언이 아니다. 민주공화정체의 지속가능한 자유와 평등은 파벌들의 현실적 갈등을 수용하면서도 다수와 소수, 인민 전체의 공존을 함께 추구하는 역동성에 기반한다.

그러나 다양한 자치공동체의 구현, 대의제, 삼권분립 등의 혁신적 원리를 제공하고 있는 근대 민주공화정의 아이디어도 내재적 한계를 지닌다. 근대 정치사상은 민주정이 지향하는 정의에 대한 본질적 물음에 집중하기보다 다양한 이해관계를 지닌 파벌들의 역학관계와 경쟁구도의 문제에 초점을 두고 있다. 다양한 의견과 이해관계의 자발적 표출을 용인하는 헌정원칙은 민주정체의 제도적 유지를 보장하면서도, 인민의 의식 깊숙한 곳에서 싹트는 도덕적 회의주의와 상대주의의 확산을 차단하기는 어렵다(서병훈, 2008: 174). 인민들이 민주정체 그 자체의 유지에 초점을 두게 되면 과연 어떠한 삶이 더 선하고 좋은 것인지에 대한 질문이 방기되기 쉽다. 다양한 파벌적 교리들이 용인되는 다원주의 하에서 각 개인이 정의나 공공선의 존재, 미덕과 진리의 가능성 자체에 대한 진지한 사유와 대화를 수행하기 어렵기 때문이다. 이러한 허무주의적 삶의 모습은 결국 민주공화정의 열린 시각 자체를 부정하는 독재자의 대중선동 혹은 전체주의적 파벌의 등장 앞에 무력하기 마련이다. 일상적 삶의 윤리의식에서부터 극우 담론이 대중적 의견과 여론을 잠식해갈 때, 이러한 흐름을 단지 파벌들 간의 역학관계나 권력분립, 대의제의 제도적 기제만 가지고 막아내기는 어려울 것이다. 즉 민주공화정의 유지와 인민주권의 안정된 실현을 위해서는 정의와 여타 덕성에 대한 실존적 고민이 일상 속에서 지속적으로 뒷받침되어야 한다. 따라서 제도적 메커니즘에 의존하는 근대 정치사상의 한계는 민주정체의 도덕적 근거에 대한 원초적 고민이 담긴 고대 정치사상의 문제의식을 다시 돌아볼 필요성을 제기한다.

4. 고대 정치철학이 제기한 인민의 자유와 우애의 문제

고대 정치철학의 기초를 닦은 플라톤은 민주주의의 핵심적 가치를 '자유(eleutheria)'로 제시한다(Plato, Republic, 557b; Aristotle, Politics, 1317a40).[2] 민주정체의 인민들이 갈망하는 자유의 의미는 특별하다. 민주정의 자유는 부, 권력, 명예 등 다른 가치들과 동등한 위치에 있다기보다 이 모두를 허용하는 욕망의 다원성을 지향한다. 이러한 민주적 자유의 의미는 사실상 모든 가치를 초월한다. 민주정체의 자유로운 삶 속에서 다양한 가치들의 공존에 익숙해진 인민 개개인들은 어떠한 특정 가치의 지배를 배격한다. 만약 시대 상황에 따라 특정한 가치가 인기를 끈다 하더라도 다원적인 사회에서 이러한 현상은 단지 일시적일 뿐이며 결코 진리의 위치를 점할 수 없다. 민주정에서 모든 인민은 자신들의 취향과 선호에 맞게 다양한 삶의 목표를 설정하고 의견을 표출할 수 있는 권리가 부여되기 때문이다(서병훈, 2008: 174). 민주적 권리의 근간으로서 사상과 표현의 자유는 다양한 개인과 집단의 공존에 심각한 방해가 되지 않는 이상 공동체의 제도적 원칙으로 작용한다. 그리고 이렇게 제도화된 다원성과 상대주의적 삶의 양식 속에서 민주적 인민의 실존이 구성된다. 일상 속에서 민주 시민들은 민회에서의 공적 논의, 광장에서의 자유로운 토론, 그리고 개인적 이익의 추구까지 모든 차원의 자유를 누리고자 한다. 이때 시민들의 의식 속에서는 타인의 견해와

---

2   플라톤과 아리스토텔레스의 고전 텍스트 인용은 표준화된 방식을 따라 스테파누스 번호(플라톤 저작), 베커 번호(아리스토텔레스 저작)를 각각 표기한다.

삶의 방식에 대한 관용이 주도적인 원리로서 자리 잡고 민주주의의 일상적 태도와 세계관을 구축한다.

그러나 민주주의가 열망하는 자유 속에서 인간적 욕망의 다양한 표출이 보여주는 현실적 공존의 모습은 그 근본에서부터 한계를 보인다. 민주적 삶은 민주정과 다른 정치적 삶의 방식에 대한 견해를 적극적으로 주장하는 사람들의 비판과 공격 앞에 취약하다. 민주적 자유는 여러 가치의 공존만을 주장할 뿐 그 스스로가 왜 다른 삶의 방식보다 더 진리에 가까운지 주장하기 어렵다. 민주주의 하에서 추구되는 다양한 삶의 방식에 대한 관용은 어떤 삶이 진정한 의미가 있는지, 무엇이 옳고 그른지에 대한 근본적 질문을 수행하기 어렵게 하기 때문이다(Republic, 561c). 옳음이나 정의의 문제가 일상에서 쉽게 등한시되거나 무시될 때 인민의 실존은 그 스스로의 의미와 정당성의 근거를 찾기 어려운 허무주의의 늪에 빠지게 된다. 그럼에도 민주적 삶 속에서 인민들은 더 이상 도덕적 선과 진리에 대한 철학적 물음을 제기하는 것 자체를 불편하게 생각한다. 민주정의 자유는 그 어떤 견해와 믿음의 추종에도 관대할 것을 요구하지만 그 취약성은 다원주의적 경향 속에서 은폐되기 쉽다.

고대 정치사상의 관점에서 민주정체 속 인민의 실존은 이처럼 그 스스로의 존재방식을 지켜내고 정당화하는 데에 있어 모순되고 취약한 상황에 처해 있다. 민주정이 궁극적으로 추구하는 행복한 삶은 의견과 사상, 표현의 자유라는 명분 하에 인민들의 현 상황을 비판적으로 논의하고 최선의 삶의 방식에 대해 적극적으로 사유하기 어렵게 한다. 그러나 바로 이 자유로운 상황 속에서 민주정체의 다양성과 관용의 가치 확산에 대한 혐오와 전복을 시도하는 전체주의와 독재정의 독버섯 또한 싹트기 쉽다. 따라서 민주시민들은 이러한 왜곡된 사회적 흐름으로부터 스스로를 지켜내기 위해서라도 인민주권의 원칙에 기반한 민주적 삶이 어떻게 하면 다른 정체의 삶보다 더 좋을 수 있는지에 대해 끊임없이 고민해야 한다. 그리고 민주정이 추구하는 모든 인민의 자유가 왜 돈, 권력, 명예 같은 다른 가치들보다 아름답고 소중한지를 적극적으로 논의할 수 있어야 한다. 그러나 민주적 삶의 방식이 지속적으로 야기하는 상대주의와 허무주의의 풍조는 진리에 대한 진지한 고민과 일상에서 중요한 도덕적·윤리적 문제 제기를 종종 어렵게 만든다.

파벌들 간 갈등이 지속되는 정치적 현실 속에서 권력에의 욕망을 지닌 자들이 웅변술과 온갖 수사적 기교를 동원해 다수의 인민을 선동할 때 민주정은 심각한 위기에 처한다(Republic, 565e). 특히 민주정치의 혼란기에 대중적 리더가 쉽게 호소할 수 있는 인민의 역사적 정통성과 인종적 우월성에 대한 강조는 고대 정치사상에서도 핵심적인 문제로 거론된다. 고대 정치사상에서 묘사하는 포퓰리즘의 고전적 문제는 오늘날 극우 선동정치와 함께 대두하는 민주정의 위기와 크게 다를 바가 없다. 아테네 민주정의 대표적 지도자인 페리클레스의 전몰장병들을 위한 장송연설에서도 아테네 인종의 우월성과 역사적 뿌리에 대한 강조는 주요 내용을 차지한다(Menexenus, 244a). 고대와 현대를 관통하는 인민의 실존에 대한 고전적 통찰은 정치공동체가 결코 인간의 보편적 권리와 의무에 대한 강조만으로 유지되기 어렵다는 것을 드러낸다. 특히 민주적 공동체는 필연적으로 다양한 개인과 집단들 간의 자유로운 공존 속에서도 특정한 동질성과 유대감을 바탕으로 사회적 통합과 나름의 정체성을 유지해야 한다. 결국 인민의 실존은 시간의 흐름 속에도 모두를 지속가능한 하나의 공동체로 엮는 역사의식과 미래를 향한 기대감을 공유할 수 있는 확고한 공존의 근거를 필요로 한다. 이때 혈연, 전통과 관습, 언어, 민족성 등의 동질적 유대감에서 비롯한 시민적 우애 혹은 정치적 친밀감이 공동체의 중요한 기반으로 제시된다.

고대철학은 민주정체에서 중시되는 시민적 우애의 문제에서부터 우애의 기초를 구성하는 인간적 우정(philia)의 본질에 대한 질문까지 파고든다(Plato, Lysis, 212a ff.; Aristotle, Ethics, bks. 8-9). 고대철학의 사유는 우정이 단순히 인간 모두의 평화를 자연스레 보장하는 보편적 가치로서 쉽게 정의되거나 규정될 수 없다는 사실을 보여준다. 친구의 일반적 정의를 내리기가 어려운 데서 드러나듯, 우정의 본질은 항상 모호하다(Lysis, 222e). 더군다나 현실 속 우정은 복수의 인간들 간에 형성되는 특정한 경계를 설정하기 마련이며, 모두에게 무차별적으로 적용되기 어렵다. 우정이 지닌 모호성과 한계의 문제는 특정한 정치공동체 속의 인민의 실존을 구성하고 지탱하는 시민적 우애에도 적용된다. 인간적 우정과 우애가 추구하는 특정한 존재들 간의 끈끈한 정서적 울타리는 공동체를 유지시키기도 하지만, 공동체들 간의 경계짓기를 통한 갈등과 투쟁을 야기하기도 한다. 동료시민의식 혹은 애국심 등으로 발현되는 정치적 우애는 특히 보편적 인권을 강조하는 민주정체에서 역설적인 결과를 초래할 수 있다. 인민들의 민주적 동지애의 바탕이 되는 시민권은 모든 타자에게 무한정 부여되지 못하고 특정한 정치공동체의 상황에 맞추어 한정된다. 민주적 우애가 특정한 민주정체 경계바깥의 외국인이나 이방인들을 같은 인간적 지위를 지닌 자유롭고 평등한 존재로 수용하지 못하고 배척하는 경향을 띨 수 있기 때문이다(태가트, 2017: 165). 민주정체가 지닌 포퓰리즘의 기본적 경향성은 다수의 동질적 우애심에 대한 편협한 강조와 결합될 때 소수의 추방과 제거를 용인하는 전체주의로 흐를 위험성을 내포한다.

인민의 자유와 우애의 모순성에 관한 고대 정치사상의 통찰은 민주적 다원주의 속에서도 결코 포기될 수 없는 진리 추구의 중요성을 제시한다. 오늘날 입헌 민주주의의 제도적 기초를 제시한 근대 정치사상의 사유는 다수의 폭정과 파벌성 등 민주정의 핵심문제를 간파하면서 공화주의적 해결책을 제시하였다. 근대적 사유는 다양한 파벌 간 세력균형을 가능하게 하는 사회적 환경 조성과 대의제, 권력분립 등 정부 권력구조를 효과적으로 디자인하는 데에 초점을 두었다. 그러나 고대 정치철학은 이러한 헌정원칙과 정치제도의 체계적 구상 이전에, 민주정의 도덕적 존립근거에 대한 물음이 여전히 중요함을 제시하고 있다. 즉 민주적 삶의 방식을 지탱하기 위해서는 공동체의 자유와 우애의 추구가 담고 있는 윤리적 한계와 가능성에 대한 비판적 사유를 방기하지 말아야 함을 보여주고 있는 것이다. 민주정의 법제도를 창출하고 자유로운 삶을 유지하기 위해 인민들은 공동체의 정치적 삶에서 미덕을 갖추는 노력을 필요로 한다. 대중선동세력에 대해 용기 있게 대항하면서 정의를 추구하는 인민의 모습은 정치공동체 자체의 생존을 위해 필수적이다. 무엇보다 다수 인민들은 자신의 자유와 욕망을 절제 있게 추구하고 의견을 지혜롭게 소통하는 태도를 통해서만 편협한 배타적 교리의 확산을 차단할 수 있다. 어떻게 하면 도덕적 상대주의에 매몰되지 않고 지속적으로 덕을 질문하는 인간 유형을 민주정체에서 구현할 것인가 하는 것은 결국 인민의 실존을 좌우하는 핵심적인 질문이다. 민주주의는 스스로의 존립을 보장하기 위해서라도, 다원적 체제 하에서 진리추구의 자리를 어떻게 마련할 것인가의 문제를 끊임없이 고민해야 한다.

5. 인민의 정치적 실존과 참된 민주주의의 지향

민주주의 체제에서도 지속될 수밖에 없는 인간적 고민은 단순한 생존이 아니라 어떻게 하면 안정된 공동체를 유지하면서도 '더 나은' 공존의 방식을 지속적으로 창출하고 유지하느냐의 실존적 질문일 것이다. 인민의 실존에 내포한 정치적 문제는 고대에서부터 현대에 이르기까지 결코 쉽게 해소되지 않고 각 시대별로 특정한 맥락에서 변주되며 제기되어 왔다. 인간 존재는 역사 속에서 특정한 경계와 함께 정체성을 유지하고자 하는 어떤 공동체의 인민으로서 살아간다. 동시에 인간 존재는 이 경계를 넘어서는 존재의 새로운 가능성을 갈망하기도 한다(캐노번, 2015: 110-111). 이러한 문제의식에서 현대의 존재론적 사유는 존재 자체에 대한 물음, 그리고 그 물음의 의미에 대한 근본적 질문을 제기한다. 존재물음에 대한 실존적 고찰은 기존의 철학적 체계나 종교적 교리에 의존하지 않고, 시간의 흐름 속 존재의 한계와 가능성에 대한 냉정한 직시를 하게 한다. 인간적 존재물음은 정치공동체의 역사적 상황과 지배적인 의견에 영향 받으며 일상적으로 한계 지워지는 인민의 실존적 현실을 반영한다. 이러한 실존적 한계와 가능성에 대한 직면을 통해 인간 존재는 나 혹은 우리의 일상적 삶의 맥락을 구성하는 정치적 존재의 진실과 대면할 수 있다.

인민주권 원칙 하에서 다수결에 상당 부분 의존하는 민주주의 제도운영의 특성상 포퓰리즘은 피할 수 없는 핵심적 현상이다(태가트. 2017: 192). 포퓰리즘의 주기적 발생은 기존 기득권 세력에 대항해 민주주의를 이끄는 주체로서 인민의 실존적 의미에 대해 진지한 질문을 제기한다. 그러나 포퓰리즘의 움직임이 도덕적 상대주의와 인종주의 등 편협한 존재규정과 융합하게 되면 민주정체의 열린 가능성은 오히려 약화되고 소수의 존재 의미가 부정되는 폐쇄적 여론이 형성된다(서병훈, 2008: 174). 이때 다수의 힘에 호소하기 위해 인민의 실존을 계층과 인종 등에 근거해 편협하게 규정하고, 공동체 전체를 편향된 방향으로 이끄는 배타적 포퓰리즘이 등장하기 쉽다. 포퓰리즘의 타락 가능성은 결국 민주주의의 일상과 내면의식에서부터 전체주의나 여타 극우세력이 언제든 발흥할 수 있다는 사실을 보여준다. 이러한 흐름이 기층에서 확산될 때 다수와 소수를 포함한 인민 모두의 존재 기반으로서 민주공화정체는 결국 파괴될 운명에 처할 수밖에 없다. 따라서 민주정체의 자유가 지니고 있는 도덕적 상대주의와 우애의 배타성의 고전적 문제를 제기하는 고대 정치사상의 고찰은 여전히 중요하다고 볼 수 있다.[3]

---

3 철학은 바로 자유를 지고의 가치로 하는 고전적 민주주의의 토양에서 자라났으나 민주주의가 지닌 한계성과 집단적 배타주의의 가능성은 결국 철학자 소크라테스를 제거하는 결과를 초래했다. 이러한 역사적 사실은 관용을 추구하는 민주주의 질서가 그 한계 너머 진리를 향한 철학적 비판을 견뎌내지

포퓰리즘을 진지하게 접근한다는 것은 결국 민주주의를 구성하는 인민 모두의 정치적 실존에 대한 고전적 질문에 직면하는 것이다.[4] 민주주의는 다수와 소수의 정치적 구분 문제가 아니라, 전체 인민의 자유와 인간다운 삶, 그리고 이를 위한 최선의 제도적 디자인에 대한 끊임없는 질문과정이다. 민주정체 자체의 유지를 위해 제기되는 윤리적 질문의 필연성은 결국 민주주의가 진리에 대한 지향과 괴리될 수 없음을 의미한다. 진리에 대한 고민은 인간 존재의 의미 추구와 정치공동체의 실존적 진실에 대한 사유를 수반한다. 따라서 민주정체에서 인민의 실존은 존재 자체의 의미에 대한 질문에서 시작해서 인민의 실존이 지향하는 자유와 평등, 우정과 연대의식에 대한 고민을 지속적으로 연결 짓는 노력 속에서 유지될 수 있음을 잊지 말아야 한다. 이때 비로소 우리는 민주주의가 지닌 취약성과 배타성을 신중히 통찰하고 존재의 필연적인 경계지음 속에서도 보다 열린 가능성을 끊임없이 지향하는 인간적 공존의 방식으로서 민주주의를 이해하고 지켜갈 수 있을 것이다(진태원, 2017: 36). 민주주의는 단지 지금, 여기 멈추어선 나 혹은 우리를 지켜줄 무언가가 아니다. 민주주의는 결국 나, 우리 혹은 그들의 존재를 가능하게 하고 더 좋은 방식으로 살아가기 위해 어렵지만 계속 함께 걸어가야 할 인간 존재의 길이다.

못할 수 있다는 고전적 문제를 드러낸다.

4 진정한 민주주의의 가능성을 찾고자 하는 현대인들은 배타적 선동정치 등 포퓰리즘과 연관된 여러 정치적 문제들을 단순히 비판하는 데 그치지 말고, 포퓰리즘을 통해 제기되는 민주주의의 근원적 한계에 대해 신중하게 살펴보아야 한다.

·······

제3장

고대 데마고고스의
정치술과 참된 정치술

황옥자

핵심요지

- 고대 데마고고스는 일관되게 부정적인 의미로 사용된 것이 아니었으며, 엘리트와 대중, 가진 자와 못 가진 자의 갈등이 존재하는 한 포퓰리즘은 자연스러운 현상이다.

- 포퓰리즘을 민주주의와 유리되거나 대항하는 개념으로만 이해할 것이 아니라 분노하는 대중의 정치적 감정을 드러내는 또 다른 통로로 이해할 필요가 있다.

---

1. 최초의 포퓰리스트, 고대 데마고고스

포퓰리즘은 고대 로마의 포퓰리(populi), 포풀루스(populus)에 그 기원을 두고 있지만 포퓰리즘에 대한 더 오래된 흔적이 고대 아테네의 민중선동가 혹은 민중지도자로 불리었던 데마고고스(dēmagō-gos)에서 발견된다. 데마고고스에 대한 가장 일반적인 견해는 아테네 민주정의 쇠퇴와 관련이 있다는 전제를 가지고 그들의 말투, 행동, 몸짓, 차림 등의 수사적이고, 외적인 특징들을 부각시키면서, 그들이 반엘리트적이고 비이성적인 지도자라는 것이다. 데마고고스의 이러한 특징적인 면모가 BC 5세기에서 4세기, 투키디데스, 아리스토텔레스, 아리스토파네스에 의해 기록되는 클레온(Kleon)에 의해 나타난다. 고대 아테네 민주주의가 이상적인 민주주의로 인식되는 것과는 달리, 당대 아테네 사회의 지식인들, 명망 있는 정치인들에게 민주주의와 대중에 대한 불신은 매우 일반적이었다. 그 때문에 민중은 정치의 주체보다는 계도의 대상으로 여겨졌고, 자연스럽게 민중을 잘 다스리는 지도자에게 관심이 집중될 수밖에 없었다. 민중지도자는 민중을 닮아가거나 호도하는 지도자와 민중을 어르고 달래어 공동체를 유지, 발전시키는 지도자로 구분되었고, 전자는 데마고고스로, 후자는 (진정한) 정치가로 구분하게 되었다.

이 글은 포퓰리즘에 대한 특정한 개념적 정의를 보류한 채, 포퓰리스트가 포퓰리스트로 혹은 데마고고스가 데마고고스로, 그렇게 불리게 된 사례들을 볼 것이다. 이를 위해 먼저 BC 5세기 말에서 4세기, 아테네에서 포퓰리스트의 원형으로 기록되고 있는 클레온의 정치술을 투키디데스, 아리스토텔레스, 아리스토파네스의 기록

을 통해 살펴본다. 다음으로 아리스토텔레스의 저술을 중심으로
데마고고스라는 용어가 매우 다양하게 사용되고 있음을 지적할 것
이다. 이를 통해 데마고고스가 특정 정치인을 겨냥한 정치술의 한
행태라기보다는 민주정치와 함께 갈 수밖에 없는 정치지도자의 유
형이라는 점을 밝히고자 한다. 나아가 플라톤과 아리스토텔레스의
저술에 나타난 참된 정치술과 대중의 관계를 통해 당시 아테네 민
주정치에서 지도자의 역할을 어떻게 생각했는지를 정리해보고 대
중과 민주주의에 호의적이지 않았던 고대 아테네 지식층의 고려 하
에 데마고고스가 부정적인 용어로 차용될 수밖에 없었던 배경을
살펴본다. 이를 통해 이 글은 대중과 엘리트, 대중을 닮은 지도자
와 엘리트를 닮은 지도자의 갈등이 데마고고스라는 용어로 압축되
었음을 설명하고자 한다.

2. 데마고고스의 정치술과 모호성

1) 데마고고스의 정치술: 클레온은 어떻게 데마고고스가 되었나?

애초에 데마고고스(dēmagōgos)는 민중과 지도자의 합성어로, '민
중을 지도하는 자'라는 매우 중립적인 의미를 지니고 있었다. 그러
나 그 용어는 점차 아테네 민주주의를 비판하는 하나의 잣대가 되
었으며, 참주와 동일한 맥락에서 해석되기도 하였다. 데마고고스가
하나의 중립적 의미의 단어(word)에서 부정적인 개념(concept)이 된
최초의 사례는 투키디데스가 묘사한 클레온에 의해서였다. 클레온

은 투키디데스 저술에서 페리클레스가 죽고 난 뒤 정치 무대에 등장한 인물이다. BC 427년 미틸레네인 처벌 논쟁과 BC 422년 암피폴리스(Amphipolis) 탈환 진투에서 사망했다고 기록된다. 이 이외에도 아리스토파네스의 희극, 아리스토텔레스의 저술에서 클레온이 등장하는데 그에 대한 평가는 부정적인 차원을 넘어 일관되게 경멸적이다.

투키디데스의 『펠로폰네소스전쟁사』에는 BC 427년 전쟁 중에 미틸레네인에 대한 신병처리 문제[5]를 놓고 대중을 설득하는 클레온의 연설이 등장한다. 투키디데스는 클레온을 클레아이네토스(Kleaenetus)의 아들로 전날 의회에서 "(미틸레네 시민 전원을 처형하기 위한) 사형 결의안을 통과시킨 남자로 (이 일뿐 아니라) 다른 일에 관해서도 가장 난폭하고, 동시에 대중에게도 가장 설득력 있는 사람"이라고 소개한다(3.36.6).[6] 페리클레스에 대한 이상적 정치의 모습을 발

---

5 BC 428년, 레스보스섬의 미틸레네의 주동으로 아테네에 대해 반란이 일어난다. 미틸레네의 과두파는 스파르타에 도움을 요청했으나, 지원군이 도착하기 전에 미틸레네는 아테네에 포위당하고 말았다. BC 427년 미틸레네인들은 무조건 항복하고, 그들 중 주동자는 아테네로 옮겨졌다. 아테네인들은 이들 포로의 신병처리 문제를 둘러싸고 민회를 개최하면서 남성은 모두 사형에 처하고, 여성과 아이들은 노예로 보내라는 클레온의 제안이 판결로 내려진다. 그러나 이것이 지나치게 가혹하다는 항소가 이어지게 되고, 이를 두고 클레온과 디오도토스 사이에 논쟁이 벌어진다. 클레온은 그들에 대한 강력한 처벌을 통해, 반란을 일으키면 죽음으로 보복당한다는 본보기를 보여주어야 한다고 주장하고, 디오도토스는 그들에 대한 용서를 통해 동맹국의 협력을 유도할 것을 주장한다. 결국 아테네인들은 디오도토스의 견해에 손을 들어준다.

6 『펠로폰네소스전쟁사』 3권 36-6, 3.36.6을 의미. 이후 별다른 주석이 없는 본문에 사용되는 괄호의 숫자 표기는 『펠로폰네소스 전쟁사』, 권, 호, 줄을 표기한 것임.

견했던 투키디데스에게 클레온의 행태는 '정치가의 덕성'에 어울리지 않는 것이었다. 오직 그는 "일인자가 되려는 열망 때문에, 도시의 사안들을 민중의 즐거움에 맡겼던" 지도자들 중 한 사람이었으며(2.65.10), "어디까지나 대중의 인기를 등에 업고 자신의 사리사욕을 채우려 했던 정치적 야망을 숨기지 않"았던 사람이다(2.65.10). 지도자가 되기 위해 국가의 중요한 일을 대중에게 맡기려 했다는 점 역시 달갑게 보지 않았다(김봉철, 1987, p.108). 대중은 기본적으로 신뢰할 만한 사람이 아니기에 교양 있는 말과 권위 있는 모습으로 대중을 설득해서 그들의 감정을 절제하게 하여, 중요한 문제는 훌륭한 자에게 맡겨야 한다는 것이 그의 주장이었다.

아리스토텔레스 역시 클레온을 "다른 누구보다도 아테네인들을 타락"시킨 인물로 묘사한다. 그 이유는 "다른 연설가들이 교양 있게 행동했던 데 반해 클레온은 민회에서 연설하는 동안 소리를 친 최초의 인물이었고, 사람들을 대할 때는 모욕적인 말들을 사용했으며, 그의 무릎을 치기도" 했다는 이유에서였다(『아테네 정체』 28.3.). 연설에 있어 교양과 말투, 행동(심지어 옷차림)을 준거로 클레온을 평가하는 것은 그만한 이유가 있다. 플루타르코스(Plutarchos)가 묘사한 페리클레스를 보면, 클레온과 페리클레스의 비교가 확연하다.

높은 기상과 고상한 연설 방식을 배웠다. 대중 연설가들의 천박함이나 악한 속임수가 없었을 뿐 아니라, 차분한 얼굴로 결코 웃음을 흘리지 않았고, 위엄 있는 자세와 절제된 복장을 통해서 연설하는 동안 다른 어떤 감정이 방해하지 못하도록 했으며, 목소리를 고르게 제어했고, 이러한 종류의 다른 모든 특징들이 청중에게 강한 인상을 주었다(『펠로폰네소스전쟁사』, p.30).

플루타르코스는 전형적인 데마고고스의 자질로 경솔함 혹은 방정맞음(brashness)을 꼽았다(Tim Duff, 1999, p.149). 비슷한 맥락에서 클레온을 경멸적으로 묘사한 사람이 있는데, 바로 아리스토파네스였다. 그는 페리클레스가 아테네를 이끌던, 민주주의 전성기에 태어났으며, 펠로폰네소스 전쟁(BC 431~404)기에 주로 활동했다. 그가 살아간 세상은 전쟁으로 모든 것이 불안정하고, 변화하고 있었으며, 도의나 체면 같은 것이 중요하지 않았다. 특히 아리스토파네스는 단도직입적인 성격에, 외설이나 욕을 할 때에도 거침이 없었다. 작품에서는 보수적인 입장을 유지하며, 공동체에 대한 전통적인 가치관을 중요시했다. 페리클레스는 펠로폰네소스 전쟁이 시작되고 2년 후인 429년 역병으로 사망하게 되고, 그 와중에 클레온이 아테네 정치 무대로 등장하게 된다.

아리스토파네스는 BC 424년에 그의 작품 「기사 Hippheis」에서 클레온을 신랄하게, 경멸적으로 묘사한다. 그 구체적인 묘사 장면을 보기 전에 「기사 Hippheis」의 내용을 잠깐 살펴보도록 하자. 이 작품은 BC 424년에 레나이아 제의 희극 경연에서 우승한 작품으로 아리스토파네스가 직접 연출을 담당한 최초의 작품으로 알려진다. 이 희극에서 공격의 대상은 필로스 전투에서 혁혁한 전과를 올려 기고만장한 민중선동가 클레온이다. 클레온은 이 희극에서 집의 주인인 데모스에게 온갖 아부와 아첨을 하던 파블로라고니아인으로 등장한다. 이것이 못마땅했던 데모스의 하인들이 마침 클레온이 어느 순대 장수에 의해 주인인 데모스의 총애를 잃게 되리라는 신탁을 전해 듣게 된다. 그리고 그들은 순대 장수에게 아테나이 제국을 통치할 운명임을 시사하고, 클레온과 데모스의 환심을 사기 위한 작전을 편다. 그 둘은 "아첨, 뇌물, 신탁의 그럴듯한 해석, 상호 비방을 써가면서 데모스의 호감을 사려고 서로 경쟁"하는데 결국 최종 승자는 순대 장수에게 가면서 그는 새로운 하인이 되고, 클레온은 그저 '형편없는 아첨꾼'으로 순대 장수의 허름한 옷을 입는 장면으로 입장이 바뀌며 무대는 마무리된다(아리스토파네스, 2010, pp.100-101). 「기사」에 묘사된 집주인 데모스와 집주인의 하인인 클레온에 대한 풍자가 재미있다.

(데모스의 노예) 내가 말하지. 우리 주인(데모스)은 촌스럽고 우악스럽고 병적으로 콩을 좋아하고 성마르고 투정을 잘 부리는 귀머거리 노인 프뉙스의 데모스라오. 지난달 초하룻날 그는 노예 한 명을 샀는데, 그 노예는 파플라고니아 출신 무두장이로 둘도 없는 불량배에다 모략을 일삼는 악당이라오. 이 파플라고니아 출신 무두장이는 노인의 성격을 속속들이 파악하고는 주인의 발밑에 엎드려 아양을 떨고, 아첨하고, 아부하고, 쓰지도 못할 가죽 조각들로 인심을 쓰며 이렇게 말하곤 한다오. "데모스님, 한 번에 한 가지 일만 처리하시면 돼요. 그러고 나서 목욕을 하시고, 잡숫고, 마시고, 후식을 드세요. 그리고 3오볼로스의 일당을 받아가세요."(아리스토파네스, 2010, p.107)

이 인용 구문은 민중선동가의 '훌륭한 자질'이 무엇인지 역설적으로 보여주는데 그것은 배부르고 귀먹고 눈먼 데모스를 만드는 일이다. 아리스토파네스가 실제 이 희극을 상연했던 때가 BC 424년이었는데, 2년 전인 426년, 연례연극제에서 「바빌로니아인」으로 우승을 차지했다. 그런데 이 희극에서 아테네의 명예훼손을 했다는 이유로 아리스토파네스는 클레온에게 고발을 당한다. 아리스토파네스는 그것이 듣기 좋은 말이건 아니건, 희극인으로 단지 정의를 말했을 뿐이라고 항변하면서, 정확히 2년 뒤 이 「기사」를 통해 클레온을 비판의 대상에 올려놓는다. 아첨의 상징으로 민중지도자는 "교육받은 사람이나 자질 있는 사람의 몫이 아니라 무식하고 파렴치한 자의 몫"이며(앞의 책, 115), "민중의 환심을 사기 위해 그럴듯한 감언이설로 잊지 말고 조미료를 치"는 존재다(앞의 책, 116). 극에서 민중선동가로 묘사되는 클레온은 자신을 스스로 "데모스를 마음대로 갖고 놀 수 있"는 존재로, "묘기로 데모스를 마음대로 늘일 수도 줄일 수도" 있는 존재로 평가한다.

클레온의 선동정치에 반대하는 세력들이 상당한 부유층이었던 기사 계층이었음을 볼 때 이 희극은 그야말로 풍자적이다. 실제로 이 극의 대사에서 나오는 '민중지도자가 되는 것'(demagigia)이라는 용어는 경우에 따라 "민중선동가가 되는 것"으로 번역될 수 있다(위의 책, 115, 주 24). 아리스토파네스가 「구름」에서 소크라테스를 소피스트들과 다름없는 '지식 사기꾼'으로 평한 것과 마찬가지로 그가 묘사한 클레온이 역사적 클레온과 일치되지는 않을 것이다(『정치학』, 1305a2-22).[7] 그럼에도 그들 작품 속에 기록되는 클레온의 모습에서

---

7 아리스토파네스가 〈구름〉에서 묘사한 소크라테스의 모습이 흥미롭다. 그는 소크라테스를 다음과 같이 묘사한다. "뻔뻔한 악당에 훌륭한 연사, 파렴치한 철면피, 허풍쟁이, 거짓말과 둘러대기에 능숙하고 법전을 샅샅이 알고 있는 데다 떠벌리기 좋아하고 여우처럼 교활하게 빠져나가고 가죽끈처럼

소위 당대의 지식인들이 클레온을 대하는 태도를 발견할 수 있을 것이다. 그들은 아테네가 처한 당시의 전시 상황을 고려하지 않은 채 사회적 신분을 지적하고, 그의 태도와 말투에 집착하며, 정치가의 덕성이라는 단일한 가치에만 기대어 클레온을 평가하려 했다. 한마디로 클레온은 지적이고 혈통 좋은 아테네 지도자들 사이에서 자기 가문 최초로 알려진 인물이자 교양 없고 지식 없는 아테네 민중지도자의 이단아였던 것이다.

2) 누가 데마고고스인가?

과연 클레온은 데마고고스의 전형적인 유형이었던 것인가? 모든 데마고고스는 부정적이거나 나쁜 것인가? 민중의 지도자가 엘리트에 대한 대중의 반감 혹은 가진 자에 대한 빈자의 반감을 이용하는 것은 상당히 일반적인 일이었으며, 때로는 대중으로 하여금 민중을 부추기는 경우도 비일비재하였다. 플라톤은 『고르기아스』에서 데마고고스를 대중 연설가로 표현하면서, 진실되지 않은 말로 대중들을 현혹하는 소피스트와 같은 동급으로 다루고 있다(520b).

마찬가지로 『법률』에서도 참주와 대중 연설가를 소피스트의 책략을 가진 자라고 묘사하고 있는데, 데마고고스는 재주꾼인지라 "기만과 속임수"가 가득하다(908d). 그러나 많은 민중지도자가 참주로 흐를 개연성을 가지고 있기는 했지만, 모두가 그런 것은 아니었

나긋나긋하지. 뱀장어처럼 알 수 없고, 교묘하고, 거드름 피우는 악한. 백의 얼굴을 지닌 악당. 교활하고 견딜 수 없는. 계걸 들린 개 같은 놈"(베터니 휴즈 지음, 강경이 옮김(2012), 『아테네의 변명』, p.348 재인용).

으며(『정치학』 1305a2-22), 참주가 대중을 불신하고 그들에게서 무기를 빼앗고, 민중을 억압하기도 하였지만(『정치학』 1344a11-14), 또 모두가 그런 것은 아니었다. 마찬가지로 네마고고스가 민주정만의 고유한 특성도 아니었다. 아리스토텔레스의 『정치학』을 보면, 우리는 데마고고스가 민중을 선동하는 자라는 부정적인 의미와 민중을 지도하는 자라는 중립적인 의미에 모두 걸쳐 있으며, 그들은 참주와도 다르면서도 심지어 법을 준수하고 있음을 발견하게 된다. 또한 아리스토텔레스는 네마고고스를 민주정 고유의 것이 아니며, 과두정과 참주정에도 나타날 수 있는 현상으로 파악한다. 과두정에서는 아테나이의 칼리클레스의 일파가 30인 참주들의 환심을 샀고, 프루니코스 일파가 400인 위원회의 환심을 사서 데마고고스가 된 경우가 있다(1305b 27-29).

여기서 우리는 데마고고스가 그들이 지지를 얻고자 하는 집단의 환심을 사기 위해 노력하는 일종의 정치적 행위를 수행하는 자라는 의미까지 확장됨을 볼 수 있다(이병택, 2011). 아리스토텔레스는 정치체제를 매우 다양하게 나누고, 민주정체 역시 어떤 원칙에 근거하는 민주정체인지, 어떤 대중이 다수인지에 따라 민주정체의 유형을 다양하게 구분한다. 크게 다섯 가지로 구분된 민주정체 중 법이 아닌 대중이 최고 권력을 갖는 유형이 있는데, 이 유형이 가장 참주정과 닮은 형태로 묘사된다. 아리스토텔레스는 대중이 권력을 갖는 민주정체가 발생하는 원인을 모든 것을 민중에게 맡기는 데마고고스 탓으로 돌리고 있다(1292a2-25). 데마고고스가 그렇게 하는 이유는 "민중이 모든 것을 지배하고 그들이 민중의 의견(doxa)을 지배하면 그들의 영향력이 커지기 때문"이다(1292a25-26). 그 때문에 나쁜 유형의 데마고고스는 모든 결정을 법이 아닌 민중의 손에 맡기게 되는 것이다.

요컨대 아리스토텔레스의 데마고고스에 대한 평가는 어떤 체제를 막론하고, 법의 준수 여부에 따라 좋은 데마고고스와 나쁜 데마고고스의 유형으로 나뉠 수 있다는 가능성을 보여주고 있다.[8] 이는 데마고고스 자체가 나쁜 것의 전형이라는 의미가 아니라 대중에게 어필하는 대중 중심의 지도자 중 나쁜 유형과 좋은 유형이 있다는 것을 증명하는 것이기도 하다. 그럼에도 데마고고스에 대한 비판적 견해는 아테네 지식인들이 대개는 공유하는 것이었으며, 그것은 플라톤의 몇몇 저술에서 참된 정치인의 참된 정치술에 의해 확연히 구분되는 것이었다.

---

8 천병희가 번역한 아리스토텔레스의 『정치학』은 이러한 긍정적 형태의
   데마고고스와 부정적 형태의 데마고고스의 구분 가능성을 시사하고 있는데,
   동일한 dēmagōgos를 어떤 맥락에서는 민중선동가(1292a7, 1304b20, 1304b25,
   1305b23, 1320a29)로, 어떤 맥락에서는 민중 지도자(1305a19)로 표현하고 있다는
   점에서 이를 짐작해볼 수 있다. 주로 민주정체가 전복되는 과정에서는
   민중선동가로, 참주정이나 과두정에서 법의 준수나 민중의 마음을 헤아리는
   경우 민중지도자라는 표현을 사용하고 있다.

3. 참된 정치술과 민주주의, 대중, 데마고고스[9]

1) 참된 정치술

만약 클레온이 행한 정치술이 비판받아 마땅한 것이었다면, 당시 좋은 정치술이라는 것이 무엇이었는지를 살펴보아야 한다. 그리스 아테네 사회에서 정치술은 일종의 레토릭(rhetoric), 수사학에 관한 것이었기 때문에 참된 연설이 무엇인지에 대한 플라톤의 의견을 중심으로 문제를 접근해보는 것이 수월할 것이다. 플라톤은 가장 엄격하게 정치인의 초상화를 그려낸 철학자이자, 지도자와 대중에 대한 관계를 적극적으로 묘사했다. 스트라우스(Leo Strauss, 1883)가 "플라톤이라는 우주에 들어가는 대문(portal)"으로 규정한 바 있는 『변명(Apologia)』에서 소크라테스는 대중을 설득하기 위한 연설이 아닌 자신을 죽음으로 이끈 연설을 감행한다. 그것은 기존의 인식과 기존의 법과 도덕의 기준을 전복시키는 오직 "보편적이고 일관된 도덕 원칙과 진실에의 호소만이 철학의 본질"임을 밝히는 과정으로 이해된다. 다시 말해 미사여구로 꾸며진 그럴듯한 설득이 아닌 다소 "두서없이 하는 말"(『변명』 17c)이라 할지라도 오직 진실에 관여된 것만을 언급하면서 자신의 죽음을 각오한, 그러나 역설적이게도 그야말로 '오직 자기 자신을 위한' 변론이 펼쳐진다. 그의 변론은 '최대한 도덕적인 탁월성에 관심을 가지고 자신의 혼을 최대한 훌

---

9 본 장은 본인의 박사 학위논문인 「플라톤 정치철학에서 정치의 개선가능성과 좋은 민주주의: 정치와 철학의 관계를 중심으로」(2017)의 일부를 수정 보완하여 작성한 것임.

룡한 것으로 만드는' 거짓에 대항하는 진실을 밝히는 것에, 정치적이고 세속적인 것에 대항하는 철학적인 원칙을 밝히는 것에 할애된다. 그러나 오직 진실한 것, 철학적인 것에 대한 소크라테스의 변론은 필연적으로 민주정치의 본질에 관한 문제와 깊게 관련되어 있다. 그것은 진실이 아닌 것을 진실인 것처럼 대중을 선동하여 민주주의가 참주정이라는 최악의 정치체제로 타락할 수 있다는 우려이자 개인적인 도덕성의 타락이 공동체의 존속을 어렵게 하는 심각한 정치적 문제로 나아갈 수 있다는 우려를 포함한다(박성우, 2014). 특히 고대 그리스 사회에서 정치지도자에게 대중의 지지를 받을 수 있는 가장 큰 무기는 수사학이기에 훌륭한 수사적 논변은 필수적인 것이었다. 플라톤은 『고르기아스』편에서 진정한 정치술로 수사학을 묘사하면서, 수사학이 아닌 것들을 차례대로 비판한다. 누가 어떻게 대중으로부터 권력을 얻게 되는가? 대중은 자신들의 성품에 맞게 연설이 행해지면 훌륭한 정치가라고 여겼다(513b7-c5). 그러나 이는 대개의 지도자들이 이러한 형식으로 대중으로부터 마음을 산다는 것을 의미하지, 훌륭한 지도자를 의미하지는 않았다.

플라톤은 『고르기아스』에서 진정으로 훌륭한 연설술을 사용하는 훌륭한 연설가, 정치가는 단 한 번도 보지 못했다고 단언하면서(503a), 훌륭한 정치가로 촉망받는 당대의 정치가들을 차례로 비판한다. 제일 먼저 비판의 대상이 되는 정치가는 아테네 민중에게 많은 사랑을 받았던, 그래서 칼리클레스가 존경해 마지않았던 페리클레스에게 집중된다. 그는 페리클레스가 재판관으로 참여하는 시민들에게 일당제를 처음 도입함으로써 아테네인들을 게으르고 비겁하며, 수다스럽고 돈을 좋아하게 만들었다고 주장한다(515e).[10] 그들이 스스로 훌륭한 정치가가 되기 위해 사용한 연설술은 모두 시민들의 혼을 개선하는 데 실패했다. 이러한 섬에서 그들은 사실상 대중을 호도하여 정치가의 만족을 추구하는 '아첨'을 했을 뿐 진정한 정치술을 가진 자들이 아니었다(463a-b). 아첨을 하는 지도자는 최악의 경우 참주의 모습을 보여주기도 하는데 아리스토텔레스는 『정치학』에서 법이 없는 곳에 주로 민중선동가가 나타나고 그렇기 때문에 그들은 독재를 시노하며, "민중은 폭군적 성격을 띠게 되면서 아첨꾼들이 그들에게 존경받게" 된다고 적고 있다(『정치학』, 1292a). 이러한 아리스토텔레스의 견해는 진정한 정치가는 철인이지만, 대중에게 아첨하는 민중지도자는 참주의 길을 걷게 된다는 플라톤의 견해와도 일치한다.

2) 민주주의, 대중, 데마고고스

그렇다면 민주주의에서의 대중과 데마고고스 그리고 참된 정치가를 어떻게 구분할 수 있을까? 이는 플라톤의 『국가』 전반을 관통하는 주제다. 특히 제6권에 등장하는 '배의 비유(488a-489a)'는 이들 간의 관계를 매우 적절하게 묘사하고 있다.

---

10 페리클레스의 수당제도에 대해서는 아리스토텔레스도 부정적인 입장을 지녔는데 "국가가 민중의 정치 활동에 수당을 지불하여 필요한 여가를 갖게 해주면 법이 아닌 빈민 대중이 결정권"을 갖게 된다고 보았다. 아리스토텔레스, 천병희 옮김, 『정치학』, 숲, p.216.

선주는 덩치나 힘에 있어서는 그 배에 탄 모든 사람보다 우월하지만, 약간 귀가 멀고 눈도 마찬가지로 근시인 데다 항해와 관련된 다른 것들에 대해서도 하는 것이 그만하이. 그런데 선원들은 키의 조정과 관련해서 서로 다투고 있는데 저마다 자신이 키를 조정해야만 한다고 생각하기 때문이네. 아무도 일찍이 그 기술을 배운 적도 없고, 자신의 선생을 내세우지도 못하며, 자신이 그걸 습득한 시기도 제시하지 못하면서 말일세. 게다가 이들은 그 기술이 가르칠 수도 없는 것이라고 주장하며, 누군가가 그걸 가르칠 수 있는 것이라고 말하기라도 하면, 그를 박살 낼 준비가 되어 있다네. 그러면서도 이들은 언제나 이 선주를 에워싸고서는 자신들에게 키를 맡겨주도록 요구하며 다른 사람들이 설득에 성공하게라도 된다면 그들은 죽어버리거나 배 밖으로 던져버리네. (…) 또한 술을 마시며 잔치를 벌이면서, 으레 그런 사람들이 할 법한 식으로 항해를 하네. (…) 이런 일들이 배에서 일어나고 있다면, 정작 조타술에 능한 사람은 이런 상태에 있는 배를 탄 선원들한테서 영락없는 천체 관측자나 수다꾼으로, 그리고 자신들에게는 쓸모없는 사람으로 불릴 것이라 자네는 생각지 않는 가?(『국가』 488a-489a)

플라톤이 암시하듯 이 배를 민주주의라는 이름을 지닌 배라고 가정할 때,[11] 이 배 안에는 민주주의의 주체인 데모스를 지칭하는

11 실제로 당시 국가 간에 중요한 전투를 하는 과정에서 큰 비중을 차지했던 배의 이름 중 '민주주의'와 '자유'가 있었다. 당시 아테네에서 민주주의의 의미가 어떠했는지를 짐작해 볼 수 있다. 서병훈(2000), 『자유의 미학: 플라톤과 존 스튜어트 밀』, 도서출판 나남. p.45.

선주, 설득이나 협박에 의해 선주들을 회유하는 대중선동가인 선원, 그리고 키잡이가 있다. 키잡이는 배가 잘 항해하기 위해 하늘과 별과 바람 등의 천문학적 지식에 능한 진정한 앎을 소유하고 있는 자다. 그들은 배 안에서 키잡이임을 자청하며, 온갖 횡포를 부리는 선주와 이에 대비되는 참된 키잡이, 즉 참된 정치가의 모습을 보여주는 철학자다.

요컨대 민주정이 지혜를 소유하지 못한 귀먹고, 눈먼 무지한 대중이 통치하는 정체이며, 대중의 이러한 특성을 이용하여 자신의 개인적인 정치적 욕망을 실현하고자 하는 대중선동가에 의해 정의되는 체제라는 것이다(손병석, 2015, p.44). 그러나 배의 비유를 통한 민주정의 핵심은 선주와 선원의 관계나 이들에게 중점이 있지 않고 아테네 정치를 좌지우지하는 대중선동가와 참된 키잡이의 관계에 있다. 즉 민주주의라는 배 안에 등장하는 대중과 대중선동가가 아닌 민주주의 하에서 참된 치자가 어떻게 스스로를 치자라 자처하는 그릇된 정치인들과 유비를 이루는지에 대한 것이다. 배의 비유는 민주정이라는 아테네의 현실정치에서 철학자들이 처한 처지와 오해를 잘 보여주고 있는데, 스스로를 전문적인 지식을 소유했기 때문에 키를 잡아야 한다고 다투는 잡다한 정치적 선동가들에 의해 진정한 전문 지식을 지닌 키잡이는 소외되고 만다. 그들은 철학을 흉내 내는 가짜 키잡이다. 그러나 소크라테스가 말하듯 그 배의 운명은 키를 잡지 않는 혹은 잡지 못하는 참된 키잡이(철학자)의 책임이 아니다. 마찬가지로 무지한 대중의 선동에 의한 현실정치의 타락은 철학의 책임이 아니다. 철학이 현실에서 오해를 받게 되고 철학자가 현실에서 외면을 받게 된 처지의 원인은 다름 아닌 잘못된 교육과 양육의 방식에 있다고 그는 주장한다.

　민주정치와 대중, 민중지도자에 대한 플라톤의 평가는『국가』 8권에서 매우 직접적이고 가혹하게 전개된다. 이 정체는 훌륭함에는 전혀 신경 쓰지 않은 채(556c), '멋대로 할 수 있는 자유'가 있어 온갖 잡다한 부류가 득세하고, 무정부 상태의 혼란이 지속되는 정체다(558b-c). 이 정체를 닮은 인간들은 부끄러움을 용기 있음,[12] 무정부를 자유라고 지칭하면서 모든 정의로운 것들에 대한 배척을 시도한다(560e-561a). 그들은 날마다 마주치게 되는 끊임없는 욕구에 영합하면서 아무런 질서도 필연성도 없는 삶을 축복이라 여기며 살게 된다(561d). 자유에 대한 무절제한 추구의 결과는 최악의 정치체제인 참주정으로 이어질 수밖에 없는 필연을 가진다. 대중선동가로 인한 참주정을 막기 위한 그의 처방은 결국 아리스토텔레스와 마찬가지로 '법'과 교육에 달려 있게 된다.

4. 포퓰리즘과 민주주의

　아테네 민주주의에 대한 일반적인 통념과는 달리 아테네 사회의 지도자들은 민주정과 대중에 관해 매우 부정적 견해를 가지고 있었다. 훌륭한 지도자들이라고 칭송받는 자들은 대개 자신의 이성

---

12 『고르기아스』편에서 늘 욕구가 원하는 것을 충족시키는 것이 행복이라고 주장하는 칼리클레스는 부끄러움을 용기 없음, 무능함이라고 주장하는데, 그에 따르면 절제는 무절제할 능력이 없는 자들이 '부끄러워서' 본인의 무능함을 감추기 위한 수단이라고 보고 있다(492a).

적이고 엘리트적인 성향으로 비이성적인 집단인 대중을 이끌고자했고, 그들은 어떻게든 대중을 어르고 달래어 그들의 마음이 상하지 않게 정치를 이끌어야 했다. 그러나 클레온은 대중의 감정과 일치되는 정치술을 행한다. 그것은 엘리트와 대중의 오래된 대립을드러내고 때로는 자극하는 또 다른 형태의 정치술이었다. 그것은확실히 주류 엘리트 집단에서는 달갑지 않은 것이었다.

이러한 의미에서 고전기 아테네에서 데마고고스가 부정적인 의미로 사용된 데에는 대중에 대한 불신과 이상적인 지도자에 대한엄격한 구분이 그대로 적용된 정치적 용어 선택의 결과였다. 대개의 지식인들은 시시각각 변하는 대중의 마음보다는, 안정적인 엘리트의 인정된 정치술을 활용하는 것이 공동체를 보존하는 데 유리하다고 판단했다. 그들은 '민주주의'라고 부르지만 완전한 민주주의는 가능하지도, 올바르지도 않다고 여겼던 탓에 '진정한 정치가'라는 기준을 통해 그와는 엄격하게 구분되는 데마고고스를 탄생시킨다. 겉모습은 누추하고, 말투는 경박스러우며, 행동은 한없이 가볍고 경멸스러운 데마고고스의 탄생을 통해 자연스럽게 눈엣가시였던 대중(의 이미지)을 올바른 정치에서 간접적으로 지워낸다. 그 결과 적어도 아테네에서 바른 정치는 대중의 감정을 읽는 정치가 아니라, 대중의 감정을 통제하고 이성적으로 전환시키는 정치를 표상하게 되었다. 아이러니한 것은 오늘날 포퓰리즘에 덧씌워진 부정적인 이미지가 아테네 데마고고스의 이미지를 어느 정도 재현하고 있다는 사실이다. 정치의 영역에서 교묘하게 대중을 삭제해나가는 방식, 그럼으로써 엘리트 정치를 강화시키고자 하는 방식이 은밀하게작동한다. 민주주의에서 정치지도자는 대중을 위한 정치를 수행한다고 하지만, 사실상 대중에 의한 정치는 희미해져 가고 있다. 다만 고대 그리스 사회에서 데마고고스에 대한 부정적인 평가는 대중에 대한 인식과 더불어 그것이 독재체제로 가는 직전 단계를 예시한 다는 우려에서 비롯되었다.

　오늘날 우리는 포퓰리즘을 어떻게 이해해야 할 것인가? 그것은 무조건 대중의 마음을 움직이고자 호소하는 방식 자체에서 찾아질 것이 아니라 포퓰리즘이 가진 독재에로의 경향을 줄이려는 노력에 의해 보다 잘 이해될 수 있을 것이다. 결국 우리의 관심은 그것을 민주주의 안에서 삭제하거나 추방할지에 관해 논의할 것이 아니라, 포퓰리즘이라는 하나의 현상을 어떻게 이해하고 받아들이면서 좀 더 건강한 민주주의를 만들어낼 것인가에 있어야 하겠다.

제4장
·······

현대중국에서의 포퓰리즘과 민본주의의 동거[13]

김현주

핵심요지

- '민'은 근대에 이르러 혁명주체로 인정받았지만, 여전히 민주가 아닌 민본의 대상이었다.

- 개혁개방 이후 양극화로 인해 정치적 정당성의 위기를 겪게 된 중국정부는 민본주의에서 그 해결책을 찾았다.

- 민본주의적 성격을 띠는 중국의 포퓰리즘은 중국식 사회주의의 내용이 되었다.

---

13 이 글을 확장하여 2021년 2월 『정치정보연구』에 「민본주의의 부활과 중국식 포퓰리즘의 형성」이라는 글을 실었다. 좀 더 자세한 논의를 보고 싶다면 위 논문을 참조하기 바란다.

1. 혁명의 주체가 된 '민'과 민본주의, 민주주의

- 근대 중국에서야 주체로 인정받게 된 '민'
- 민주를 민본으로 이해
- 쑨원의 민생주의로 거듭난 민본

　주(周)대에 이르게 되면 '민'은 하늘의 뜻[天命]을 대표하는 정치적인 존재로서 인정은 받게 된다. 그러나 현대의 시민이 선거에서 선거권자나 피선거권자로서 정치적 권리를 행사하는 것과는 다를 수밖에 없었다. 정치에 적극적으로 참여하는 '주체'로서 '민'의 역할은 학정이나 혹정에 반대하여 일으킨 농민 반란 등과 같은 일시적 사건을 통해서만 발휘되거나, 과거시험에 참여하는 것을 통해 자신의 능력을 스스로 입증하여 관리가 됨으로써 제한적으로 발휘할 수 있었다. 일반적으로 민은 정치의 대상으로서 '조용히' 생업에 종사하고, 세금을 내고, 군역에 봉사하는 소극적 존재로 살아갈 수밖에 없었다.

　민의 정치적 역할이 적극적으로 발휘된 것은 근대 중국에 이르러서였다. 신해혁명, 오사운동, 반식민지 민족해방 투쟁 시기 등을 거치면서 민의 역량과 역할이 두드러지게 되었고, 그 과정에서 민은 근대 중국의 핵심적 역량이 되었으며, 보편적 존재로서의 '인(人)'과 결합하여 '인민'으로 거듭났다.

　오늘날 중국에서 인민은 사회주의 혁명을 완성시킨 주체라는 역사적 평가를 받고 있다. 그러므로 중국에서는 '인민이 주인'이라는 의식이 당연한 것으로 여겨지고 있다. 그러나 '인민'이 누리는 정치적 권리는 과거와 크게 다르지 않다. 오늘날 중국에서 인민이 정치에 참여하기 위해서는 공산당원이 되어야 하고, 그의 정치성, 책임성, 사상성, 도덕성 등등을 모두를 검증받아야 하는 다소 쉽지 않은 과정을 거쳐야 하기 때문이다. 그러므로 공산당원에 의한 지배를 엘리트에 의한 '영도'라고 한다. 공산당원으로 인정받는 것을 대단히 자랑스럽게 여길 수 있는 것도 그 때문이다.

대부분의 중국인이 선거와 같은 정치적 역할을 수행하는 것은 아니지만, 그래도 여전히 '인민이 주인'이라는 점은 강조되고 있다. 그러나 '인민이 주인'이라는 것은 '참여'라는 과정을 통해서가 구현되는 것이 아니라 '민생', 즉 인민의 행복한 삶이라는 결과로서 구현된다. 그와 동시에 오늘날 민본주의가 부활했다. 현대 중국에서 민본주의가 민주주의의 대용품이 된 것은 근대에서 비롯되었다. 민주주의가 중국에 처음 소개되면서, 민주주의가 무엇인지 생소한 중국인들에게 그것은 민본주의와 같은 개념으로 이해되었고, 홍보되었다. 그 대표적인 인물이 바로 량치차오(梁啓超)였다.

량치차오가 내세웠던 '신민(新民)'이라는 용어는 근대 중국에서 줄곧 사랑받았다. 그는 기울어져 가는 중국을 살리는 유일한 힘은 바로 '무명의 영웅들', 즉 평범한 보통 사람이라고 생각했기 때문에, 그들을 '신민'으로, 또는 '국민'으로 다시 태어나도록 했다. 그런 과정에서 그는 전통적 민본주의를 거론했다(梁啓超, 2014, 35–36). 자유, 민주, 평등, 공화, 정의와 같은 서양에서 유입된 새로운 개념들을 중국인들에게 이해시키기 위해 량치차오는 중국 전통의 사상적 자원들을 활용했다. 그중에 민본주의가 있었다. 그런 식으로 민본주의는 민주주의와 "그 밥에 그 나물"처럼 정치 논리의 한구석에 살아남게 되었다.

그런데 민본주의하면 떠오르는 대표적 사상가는 맹자이다. 민본주의가 민주주의와 혼용되면서 맹자는 중국 근대에 민주주의적 사상가로 다시 태어나게 되었다. 폭군은 더 이상 군주가 아니므로, 폭군을 쫓아내기 위한 '역성혁명(易姓革命)'은 오히려 정당한 것이라는 맹자의 논리가 긍정적으로 인식되었다. 새롭게 인식된 맹자가 항상 강조했던 민생(民生)에 대한 강조 또한 재조명받게 되었다. 맹자는 정전제(井田制)를 주장하여 일반 농민들에게 땅을 나누어주어 경작하도록 해야 한다고 주장했고, 그렇게 민이 일정한 생계를 유지할 수 있어야 정치가 안정된다는 사실을 강조했었다. 신해혁명의 주역으로 중화민국의 초대총통이 되었던 쑨원(孫文)에게서 맹자의 향기가 느껴진 것은 그리 이상한 일이 아니었다. 쑨원은 중국 혁명의 기본 이념으로 민족주의, 민권주의, 민생주의를 내용으로 하는 '삼민주의'를 주창하였다. 그 중의 하나인 민생주의는 많은 사람들에게 맹자의 민본주의 사상을 연상시켰다. 그는 맹자의 주장처럼, 모두에게 땅을 나누어 경작시키는 '평균지권(平均地權)'을 주장했다.

그렇게 민본주의와 민주주의가 같은 의미로 사용되었다. 그것의 구체적이고 실질적인 정치적 의미가 무엇인지를 이해시키는 것보다는 '민'의 정치적 중요성과 역할을 강조하기 위한 목적이 보다 강했다. 혁명의 목적은 민의 참정권의 획득을 위해서라기보다는 민의 생존권을 확보하는 것에 있었다. 민은 살기 위해 혁명에 참가하도록 부추겨졌다.

2. 중국에서 민본주의가 다시 조명 받다

- 개혁개방 이후 정당성 위기
- 민본주의 담론의 재등장
- '이인위본'을 구호로 삼은 현대 민본주의

　개혁개방 이후 중국은 위기에 직면했다. 사회주의체제를 포기하지 않고 시장경제를 받아들이면서 체제에 대한 정당성의 위기를 겪게 되었다. 위기를 해결하기 위한 해법으로 오늘날 중국에서 다시금 민본주의가 부활했다. 개혁개방으로 얻은 달콤한 케이크를 언젠가는 함께 나눠 먹을 수 있다고 학수고대하던 인민은 시간이 지나도 자신들의 삶의 질이 전과 다름이 없자 뿔이 났다. 중국 여기저기에서 크고 작은 시위들이 끊이지 않았다. 화가 난 인민들을 달래줄 무엇인가 필요했다. 그것이 바로 민본주의이다. 그리고 인민들은 오랫동안 '아름다운 삶'을 갈구했다고 인정하며, 그것을 실현하는 것을 중국 공산당의 최고의 목표로 삼을 것이라고 공언했다. 그리고 그것을 민본주의라고 외치기 시작했다.

　중국의 근대를 돌아본다면 그리 놀라운 것도 아니다. 마오쩌둥은 원래 민본주의자라고 할 수 있기 때문이다. 마오쩌둥은 언제나 인민을 그리고 오직 인민만을 "세계 역사 창조의 동력"(毛澤東, 1991a, 1031)이라고 주장했고, 인민과 군중이 공산당을 감독해야 한다(毛澤東 1999, 235)고 주장했다. 마오쩌둥은 군중노선을 전면에 내세워 혁명을 성공시켰다. 지금의 중국, 즉 신중국 건설 이전부터 공산당이 창당된 이래 한 번도 인민의 혁명적 지위와 역할, 그리고 그들의 중요성이 부정된 적은 없었다. 그것은 개혁개방을 실현시켜 오늘날 '작은 영웅'으로 여겨지고 있는, 덩샤오핑(鄧小平)도 다르지 않다. 덩샤오핑에게 있어서도 군중은 공산당의 힘의 원천이었다. 그는 공산당의 군중노선은 인민 대중의 의견을 보물처럼 여겨야 한다(鄧小平, 1994, 368)고 강조했다.

덩샤오핑의 뒤를 이은 장쩌민(江澤民)도 덩샤오핑의 군중노선을 계승했다. 그것은 그의 대표적 사상인 '삼개대표(三個代表)' 이론에 잘 나타나 있다. 장쩌민은 인민과 '민'이라는 말을 함께 사용하면서 인민을 위해 봉사하고 인민을 위해 집정하는 것을 당의 사명이라고 강조하면서, 공산당이 다른 착취계급 정당, 다시 말하면 서구의 정당과 다른 근본적인 차이점이 바로 그 점에 있다고 주장했다(江澤民, 2006, 279-282).[14] 장쩌민은 적극적으로 '덕치'와 '법치'의 결합을 주장하면서, 민본주의를 계승하면서도 공산당의 영도를 합리화하는 이중적 전략을 선보였다.

장쩌민의 계승자, 후진타오(胡錦濤)도 집권 이후 공산당 창당 85주년 대회에서 민본사상을 내세운 것은 마찬가지였다. 그는 '민정(民情)', '민의(民意)', '민부(民富)', '민안(民安)'이라는 개념들을 내세우며, 중국 공산당의 민본주의 정신을 구체적으로 제시했다. "군중의 소리를 귀 기울여 듣고, 군중의 염원을 이해하고, 군중의 지혜를 집중시켜"라는 표현은 그 옛날 맹자의 말을 현대적으로 보다 세련되게 표현한 것이었다. 2013년부터 중국 최고 지도자의 자리인

---

14 "온 마음과 뜻을 다해 인민을 위해 봉사하고, 공으로써 당을 세우고, 민을 위해 집정하는 것이야말로, 우리 당의 모든 착취계급 정당과의 근본적 차이다."

주석에 오른 시진핑 또한 예외는 아니다. 그 또한 집권 이후 마오 쩌둥, 덩샤오핑, 장쩌민, 후진타오의 입장을 변함없이 따르고 있다. 다만 이전과는 사용하는 구호가 다를 뿐이다. 시진핑은 2016년 중앙정치국 집체학습에서 "인민을 중심으로 하고, 인민의 근본 이익을 기준이나 척도로 삼는다"고 주장하고, "아름다운 생활에 대한 인민의 동경은 우리의 투쟁 목표이다. 그러므로 인민을 우리 마음속에서 최고의 위치에 놓아야 한다"고 강조했다. 이후 인민의 "아름다운 생활"이라는 말이 언론에 자주 노출되었다. 2019년의 공산당 19대 보고에서도 그것은 재차 강조되었다(習近平, 2017).[15] 인민이 국가의 중심이라는 것은 시진핑 신시대 중국 특색 사회주의 사상에서도 빠질 수 없는 중요한 내용이라는 점이 다시금 확인된 것이다. 그런데 그것은 민본주의를 새롭게 해석하여 중국특색 사회주의와 결합시킨 것이다. 그런 점에서 '신시대 민본주의'라고 부를 수 있다.

민생을 강조하고, "인민을 중심으로 한", 전통적 민본주의(吳海江 徐偉軒, 2018: 41)와 정치체제라는 외형적 형식만 다를 뿐, 인식은 같은, "신시대 민본주의"는 '이인위본(以人爲本)'을 구호로 사용한다. 이런 시대적 상황을 반영하여, 얼마 전 중국에서 인기를 끌었던 드라마의 이름은 '인민의 이름으로'였다. 중국의 현대 정치가들, 공산당원인 그들이 내세우는 캐치프레이즈는 '인민의 이름으로'이다. 자신

---

15 "인민은 역사의 창조자이고, 당과 국가의 미래와 운명을 결정짓는 근본적 힘이다. 반드시 인민의 주체적 지위를 견지하고, 공익을 위해 이바지하고, 인민을 위해 집정할 것을 견지하고, 전심전력으로 인민을 위해 봉사한다는 근본적 뜻을 실천하고, 당의 군중노선을 치국이정의 모든 활동에 관철시키고, 아름다운 삶에 대한 인민의 동경을 투쟁 목표로 삼고, 인민의 창조적 위업에 의존한다."

들의 정책과 실천이 '인민의 이름으로' 행사되는 것이라는 점을 강조한다. 하지만 뒤로는 뇌물과 횡령으로 '자신의 이익을 위해' 인민의 이름을 팔아먹는 행태를 보인다는 점을 드라마는 적나라하게 보여주었다. 그리고 그들을 법의 이름으로 소탕하는 내용을 그렸다. 그것은 법치국가로 새로워진 중국을 선전하기 위한 드라마다. 그리고 '인민의 이름으로' 인민의 이름을 더럽히고 있는 이들로부터 진정한 인민의 이름을 찾아온다는 것을 선전한다. 그렇게 '신시대'라는 점을 홍보한 것이다.

그와 더불어 '이인위본'을 실천하기 위해 가장 중요한 분야는 '민생'이라고 본다. 취업 문제, 주택 문제, 양로 문제, 교육 문제, 의료 문제들은 중국 인민의 삶에 있어서 빠질 수 없는 문제들이다. 일찍이 마오쩌둥은 세상에서 가장 큰 문제를 밥 먹는 문제(毛澤東, 1990: 292)라고 하였는데, 단순히 밥 먹는 문제뿐만이 아니라, 인민의 의식주 문제는 물론 인민의 생활 전반에 관련된 문제(毛澤東, 1991, 136-137) 모두 '민생'에 관련된 문제라고 할 수 있다. 인민에 의해 일어선 나라인 만큼 중국은 인민의 삶에 대한 만족도를 간과할 수 없는 것이다. 그런 만큼 중국은 포퓰리즘이 두드러진 나라이다. 후웨이시(胡偉希)는 중국 공산당이 포퓰리즘을 의식적으로는 아닐지 모르지만, 무의식적으로 포퓰리즘과 함께해왔다는 점을 지적했다(胡偉希, 1994). 절대 다수의 농민과 노동자를 동원하여 혁명을 성공시킨 공산당으로서는 인민들 사이에서 유행하는 포퓰리즘을 부정적으로 볼 수 없는 것이다.

혁명이 성공하고 신중국이 수립되고 난 후에도 공산당은 대내적 대외적으로 포퓰리즘을 활용했다. 그러는 과정에서 공산당은 성난 인민을 달래기 위해 전통적 민본주의를 포퓰리즘과 결합시켰다. '이인위본'은 '이민위본'과 동의어가 되었고,[16] 둘 다 인민을 중심으로 하고, '결과적으로' 인민을 위한 것이므로 의미가 있는 것으로 여겨졌다. 그렇게 민본주의는 현대 중국에서 자리를 잡게 되었고, 중국공산당의 군중노선의 주요한 내용이 되었다. 그러나 현대에 내세우고 있는 민본주의와 전통적으로 내세우던 민본주의가 같을 수는 없었다. 그렇게 되면 황제 중심의 봉건적 통치체제로의 회귀라는 비판을 피할 수 없기 때문이다. 아무래도 민본주의는 민주주의에 위배되어서는 안 되는 것이었다. 그것이 바로 "민본주의의 현대적 전환"이라고 말해진다. 그러므로 중국식 민주, 즉 '인민민주'와 부합되어야 했다. '인민민주'는 "인민이 주인이 되는 것(讓人民當家作主)"을 말한다. 그것은 마오쩌둥이 제기한 것으로, '인민민주전정'이라고도 불린다. '전정'이란 독재라고도 해석되는데, 마르크스의 "프롤레타리아독재"를 마오쩌둥이 중국식으로 번역한 것이다.

그렇게 탄생한 '이인위본'을 구호로 내세우는 현대적 민본주의는 전통적 민본주의와는 달라야 했다. 그것을 위해 우선은 통치 집단이 아니라 피통치 집단인 인민의 이익을 위해서 제기되었다는 점이

---

16 장펀톈(張分田)에 의하면, "어떠한 사회역사적 상황에서, 국가만 존재하면, 정치현상만 있으면, 국가권력을 장악하거나 적극적으로 정치에 참여하는 사람들은 모두 비교적 확실하게 광대한 민중이 국가에서 중요한 지위를 차지하고 있고 정치에서 중요한 역할을 한다는 것을 느낄 수 있다. 그러므로 일정 정도 '이민위본(以民爲本)' 이념을 제기하고 관철하고자 한다. 전제제도에서의 통치자도 예외는 아니다. 최소한 똑똑한 통치자는 이것을 해낼 수 있다. 이것이 바로 '이민위본'의 정치이념이 시대를 초월하는 보편적 의미를 갖는다는 것을 보여주는 것이다."(張分田, 2005)

강조된다. 그것을 '출발점'이 다르다고 말한다. 다음으로 인민을 피통치 집단이라는 객체로서 보는 것이 아니라, 국가의 주인으로 본다는 점에서 현대적 민본주의는 큰 차이가 있다고 말해진다. 그러므로 '주체'가 다르다고 말한다. 마지막으로, 전통적 민본주의는 민을 위한다고는 하지만 결국은 억압하고 경계하는 대상으로 여길 뿐 진정으로 민의 근본적 이익을 실현하기 위한 것이 아니라는 점이 강조된다. 그러므로 '종지(宗旨)'가 다르다고 말한다(魯志美 楊凱樂, 2019: 2).

　민본주의와 민주주의를 같다고 말할 수는 없지만, 상당히 유사하다는 점은 강조되었다. 그것은 공산당의 군중노선과 민본주의가 같다고 말한 맥락과 흡사하다. 민본주의와 민주주의의 공통점은 우선 인민의 역할을 강조한 점에 있었다. 민본주의를 주장하던 전통 시대나 민주주의가 보편적 원칙으로 받아들여지는 오늘날에나 나라의 근본은 인민이라는 점은 변함이 없기 때문이다. 두 번째 공통점은 민본주의나 민주주의나 민생에 대해 강조한다는 점에 있다. 예나 지금이나 민은 정치적 정당성의 토대이기 때문이다. 세 번째 공통점은 민본주의나 민주주의 모두 정부 관리의 도덕성과 능력을 강조한다는 점에 있다. 유가 사상가들은 줄곧 '선현여능(選賢與能)'을 주장해왔다. 그것은 곧 똑똑하고 능력 있는 사람에게 관직을 주자는 주장이다. 민주주의 사회에서도 그것은 적용될 수 있는 주장이다. 인민들은 조금 더 똑똑하고 능력 있는 관리들이 자신들의 일을 대신해주기를 바란다. 그리고 동양사회에서는 공직자에게 능력에 플러스하여 도덕성까지 요구한다. 도덕성이 문제가 되어 낙마한 정치인들은 최근에도 상당히 많다. 아직도 중국 뉴스에서는 그들의 법 위반 사실보다도 그들이 몇 명의 첩을 두었는가가 더 이슈가 되곤 한다. 그것이 중국 사회에 아직도 민본주의적 전통이 남아 있다는 것을 보여주는 것이기도 하지만, 그만큼 중국 정부나 공산당은 현대 거버넌스에서 공산당원과 정부 관리의 도덕성을 계속해서 강조할 수밖에 없는 것이다. 이런 특징은 중국특색사회주의에도 반영되었다. 그리고 그것은 포퓰리즘과 결합하여 중국식 포퓰리즘으로 태어났다.

3. 중국식 포퓰리즘과 중국식 사회주의의 동거

- 중국사회의 위기와 포퓰리즘의 부상
- 포퓰리즘의 정치적 이용
- 양날의 칼로서의 포퓰리즘

1958년 대약진운동, 인민공사, 1966년 문화대혁명 등은 포퓰리즘이 반영된 대표적 사건들이다. 중국 공산당은 정치적 목적을 실현하기 위해 포퓰리즘을 적극적으로 활용했지만, '좌'파 혁명파에 의해 포퓰리즘적 혁명의 길이라는 위험에 빠져버렸다. 대혁명 기간 동안, 홍위병을 중심으로 이루어진 지나친 교정작용(矯枉過正)은 통제 불능 상태에 빠졌고, 포퓰리즘의 방향은 제어할 수 없는 지경에 이르렀다. 수천, 수만의 무고한 인민이 피해를 입었고, 당시의 기억은 인민에게 트라우마가 되었다.

개혁개방은 높은 경제성장률과 함께 인민의 삶을 전반적으로 향상시켰지만, 그와 더불어 불균형적인 발전, 불공정한 분배, 경제적 착취의 만연, 사회적 부패의 심화 등등의 현상이 초래되었고, 그 과정에서 중국은 또다시 사회적 전환기로 인해 포퓰리즘으로 몸살을 앓게 되었다. 사회에 포퓰리즘이 현상으로 출현했다는 것은, 다시 말하자면 그 사회에 심각한 문제가 발생했다는 신호이다. 위기라는 염증이 곪고 곪아 더 이상 보고 넘길 수 없는 상태로 악화되었다는 것을 의미한다. 포퓰리스트들은 사회의 위기를 포착하고, 그것을 이용하여 인민을 선동한다. 중국에서는 그것을 공산당 또는 정부가 한다는 점에서 다른 국가와 많이 다르다.

물론 포퓰리즘은 중국에게도 양날의 칼이다. 잘 이용하면 대내적 단결을 꾀하면서도 대외적 외교 카드로 사용할 수 있지만, 잘못 이용하면 자신의 손을 벨 수 있기 때문이다. 게다가 포퓰리즘이 유행하고 있다는 것은 그만큼 심각한 문제가 쌓여가고 있다는 반증이기 때문에 안심할 수는 없다. 개혁개방으로 양극화가 심화되고, 잘 사는 사람과 가난한 사람 간에 균열이 분명해지고, 그리고 그것이 계급으로 고착되고 있다는 것은 분명 중국 공산당의 기본 정신에도 위배되는 일이기 때문에 심각한 문제가 아닐 수 없다. 그와 더불어 오늘날 인터넷과 새로운 미디어의 발달로 인해 인민의 의견이 전보다 훨씬 빨리 모이고 증폭될 가능성이 커졌다. 그것은 이미 고치기 힘든 병을 더욱 심각하게 만드는 계기를 만들고 있다.

중국 사회에서 포퓰리즘이 왜 이렇게 넘쳐날까? 그것은 근대 중국을 돌아보면 이해하기 쉽다. 인민은 국가가 동원해야만 정치의 무대에 등장할 수 있고, 평상시에는 원자화되어 있다. 국가이든 사회이든 그들이 참여할 수 있는 공간은 없고, 그들은 경제적으로만 자신들의 욕구를 분출할 수 있다. 그런데 개혁개방을 통해 불어난 부는 인민들에게 골고루 나누어지지 않았다. 다시 말하면, 인민들의 욕구는 개혁개방 전과 마찬가지로 전혀 해소되지 못했다. 물론 몇몇 소수의 성공적 사례가 있었지만, 그것이 일반적인 것은 아니었다. 여전히 중국에서 농민의 지위는 낮고, 그들의 소득도 낮은 수준이다.

절대다수를 차지하는 농민과 절대적 빈곤층의 대부분이 속한 농민은 중국 사회에서 가장 취약한 계층이며, 그들이 농한기에 도시로 일자리를 찾아오게 되면 '농민공'으로서 도시 빈곤층이 되면서 농촌에서나 도시에서나 빈곤계층으로 자리 잡게 되었다. 그들이 도시에서 본 경제적 발전은 농촌에까지 미치지 못했다. 그것을 해소하기 위해 중국 정부가 '균형적 발전'을 '과학적 발전'이라고 외치며 '서부대개발' 사업을 펼치기도 했지만, 농촌과 도시의 간극은 아직은 좁혀지지 못했다. 이것은 중국의 단결과 통합을 해칠 수 있는 위험한 요소임에 틀림없었다. 그리고 그들의 낮은 교육 수준, 높은 불만 수준은 포퓰리즘에 의해 선동되기 쉬운 상태가 되었다. 그것은 우파 이데올로기에 의해서이건, 좌파 이데올로기에 의해서이건, 모두 사회를 위험에 빠뜨릴 수 있는 것이었다.

그런데 문제는 쉽게 손쓰기 힘들다는 점에 있었다. 중국 정부가 국내의 문제에 대한 인민들의 관심을 돌리기 위해 포퓰리즘을 적극적으로 활용해왔다는 사실 때문이다. 중국 정부가 대외적 카드로 포퓰리즘을 사용해왔기 때문에 중국의 포퓰리즘은 전반적으로 민족주의적 성향이 강한 편이다. 신중국이 성립되고 난 후 공산당은 혁명을 성공시키기 위해 수용해야만 했던 반혁명 세력들과 반민족적 세력들을 제거해야 했다. 그중에는 국민당 스파이들, 제국주의자들도 있었다. 그때 공산당은 포퓰리즘을 이용했다. 그리고 토지개혁을 실시하여 지주세력을 몰아낼 때에도 포퓰리즘은 좋은 수단이었다. 한국전쟁 당시에는 제국주의 미국을 몰아낸다는 이유로 포퓰리즘을 이용했다. 한국전쟁이 끝나고 난 뒤에는 대만과의 긴장 상태, 러시아와의 국경 분쟁을 이용하여 대약진운동을 전개하기도 했다. 지금도 미국과의 무역분쟁은 포퓰리즘 세력을 부추겨 중국 내 모든 갈등과 분열을 해소하는 좋은 소재이다.

대외적 카드로 이용할 수는 있겠지만, 포퓰리즘이 중국에게 무조건 '좋은' 카드는 아니다. 중국은 마오쩌둥이 포퓰리즘을 통해 자초한 '70%의 인간이 저지른 잘못[人禍]'을 잊지 않고 있기 때문이다. 배타적 민족주의의 성격을 띠는 포퓰리즘이 과도하게 작용하게 되면, 결국은 통제할 수 없는 수준에 이르게 될 수 있다. 과거 일본과 댜오위다오(센카쿠열도)를 둘러싸고 분쟁이 생겼을 때, 성난 인민들이 일본차와 일본 상점을 때려 부순 사건이 그것을 증명한다. 그 당시 다친 것은 일본인이 아니라 오히려 일본차를 타고, 일본 상점을 이용하던 중국 인민들이었다. 과도한 포퓰리즘은 '체제의 정당화'를 위한 카드가 아니라 '사회 혼란'의 도화선으로 작용할 가능성도 크다는 것을 볼 수 있었다.

4. 중국식 포퓰리즘이 우리에게 던져주는 질문

• '인민의 아름다운 삶'에 대한 해답은 무엇인가

- 포퓰리즘에 대한 비난은 과연 누구를 대상으로 하는가
- 한국의 민주주의는 과연 중국식 민주주의보다 우월한가

중국 공산당은 세계에서 가장 큰 규모를 갖는 정당이다. 그 당원 수만 해도 9,000만(2017년 기준, 8,956.4만 명)에 이른다. 그것도 계속해서 늘어나고 있다. 중국 전체 인구가 2019년 현재 약 14억(2017년 중국 국가통계국에 의하면, 13억 9,800만 명) 정도인데, 그중 15.5%가 공산당원인 셈이다. 물론 공산당원의 수가 어마어마하게 많은 것은 맞지만, 그래도 중국 전체 인구 중에서 13억 이상의 인구는 정치에서 배제되어 있다는 것은 부정할 수 없는 사실이다. 그리고 그들의 불만도 나날이 늘어가고 있다는 것 또한 사실이다. 그런 만큼 중국은 21세기에 다시 '민본'을 외치고 있다. 물론 그들이 주장하는 민본은 전통적 민본과는 다르다. 그것의 이름은 이제 '중국식 민주주의'이다. 그리고 그 목적은 '인민의 아름다운 삶'의 실현이다. 그리고 그 구체적 내용은 인민의 생존권 보장, 즉 전면적 소강사회의 실현이다. 소강사회란 누구나 배불리 먹고 따뜻하게 생활할 수 있는 사회를 가리키는 말이다. 시진핑은 집권이후 그것을 '중국의 꿈(中國夢)'이라는 이름으로 홍보해오고 있다.

이것을 바탕으로 발전 또한 인민을 가장 먼저 고려하여 이루어져야 하며, 경제와 사회의 각 발전 단계 모두에서 그것을 실현해야 한다고 본다. 그러므로 인민이 무엇을 원하는지, 무엇에 관심이 있는지를 살펴서 그것을 개혁하려고 노력해야 하며, 그 개혁의 성과를 보고 인민들이 만족할 수 있어야 한다(中央文獻研究室, 2014: 103)고 강조한다. 인민의 만족도를 높이기 위해서는 그들의 불만이 무엇인가

를 찾아야 한다. 그 해답을 중국은 '민생'에서 찾았다. 중국의 인터넷에서 정부를 비판하는 글들의 대다수는 정치참여에 대한 요구보다도 민생 문제가 독보적이다. 집을 갖고 싶다, 직장을 갖고 싶다, 결혼을 하고 싶다, 아이를 낳고 싶다 등등 민생 문제야말로 중국 인민들이 가장 관심을 갖는 문제라는 것은 분명하다. 민생 문제는 체제에 대한 인민의 참을성의 마지노선을 건드리기 때문에 가장 시급한 문제이기도 하다. 그러므로 중국식 포퓰리즘은 인민들의 요구에 대한 해답인 셈이다.

포퓰리즘에 좌우되는 것에 대해서는 중국 내의 학계나 사회에서는 우려하는 목소리가 많은 것도 사실이다. 그러나 여전히 중국 정부는 때때로 포퓰리즘을 전략적으로 이용하고 있다. 그런 만큼 중국에서는 포퓰리즘이 과격하고 폭력적으로 발전한다고 해서 포퓰리즘을 형성하고 있는 인민들에게 잘못이 있다고는 할 수 없기 때문에, 인민을 비난하기보다는 포퓰리즘을 이용하는 어떤 개인이나 세력에게 그 비난이 가해진다. 그들을 '불순한' 개인 또는 세력이라고 말한다. 그리고 그들이 인민을 대변하는 것은 아니다. 인민을 대변하는 유일한 존재로 인정받을 수 있는 것은 공산당뿐이다. 그리고 공산당의 기반은 인민이다. 적어도 원칙적으로는 그렇다. 그러므로 인민도, 그들이 들고일어난 포퓰리즘도 전적으로 비난할 수는 없다.

포퓰리즘은 사람들의 외침이다. 아프다는 외침이다. 힘들다는 외침이다. 이제는 더 이상 참을 수 없다는 외침이다. 그것은 그들의 소리를 들어주는 어떤 이데올로기와도 결합할 수 있다. 포퓰리즘을 비난하기보다는 그 외침을, 아우성을 들어야 한다. 어디가 아픈지, 어디가 힘든지, 누가 힘든지를 살펴야 한다. 그들을 비난하기보다는. 그것이 그들보다 조금 더 똑똑하다고 느끼는 사람들의 진정한 똑똑함이다. 그리고 어떤 방식으로든, 어떤 이데올로기이든, 인민은 자신들의 의견을 표출하기 위해 나설 수 있어야 한다. 그것이 진정한 민주주의이다. 배운 사람만, 가진 사람만, 어떤 특정한 자격을 갖춘 사람만 권리를 행사할 수 있다면 그것은 '어떤' 민주주일일 뿐 민주주의가 아니다. 한국의 민주주의는 중국식 민주주의보다 형식적으로는 더 충실할지 모르겠지만, 질적으로 더 나은 것이라고 자부할 수 있을까? 중국의 포퓰리즘적 해답은 민생에서 찾았지만, 한국은 그와 다른 답을 제시할 수 있을까?

제5장
·······

한국정치사상에서 people의
대응 개념과 그 의미,
그리고 포퓰리즘

안효성

핵심요지

- 한국 정치사상에서 people에 대응하는 개념은 민(民), 인민(人民)이다. 그밖에도 백성(百姓), 국민(國民), 사민(士民), 신민(臣民), 시민(市民)도 일정한 의미에서 people의 대응 개념이다.

- 인간, 인민, 공공성을 근본에 두는 한국정치사상의 전통에서 (인)민은 정치에서 가장 귀한 자산이자 정치와 정권의 정당성을 보증하는 원천으로 인정받았다.

- 애민(愛民)과 외민(畏民)의 마음으로 수혜자 범위를 최대한 넓히는 정책 실행은 과거로부터 국가의 마땅한 할 일이다. 이를 '포퓰리즘'으로 매도하는 것은 반민주 반정치적인 책동이다.

한국의 역사와 전통 정치사상에서 서양어(영어) '피플(people)'에 대응할 수 있는 개념으로는 어떤 것들이 있었을까? 그리고 그 개념이 지시한 대상과 존재들의 정치 사회적 위상과 역할은 어떠했을까? 해당 존재에 대한 위정자들의 정치적 인식과 태도는 어떠했을까? 한국 정치사상의 맥락에서 여러 이름으로 호명되었던 인민 대중의 의미와 작동을 조명해봄으로써 우리는 현재 한갓 선동적 대중영합주의라는 오명을 쓰고 정쟁의 키워드로 악용되고 있는 '포퓰리즘(populism)'이란 단어의 오남용 때문에도 쉬 잊히는 정치의 근본을 돌이켜볼 수 있을 것이다. 나아가 한국 민주주의 현실의 수준을 제고할 수 있는 단서를 제공받을 수 있을 것이다.

1. people에 해당하는 동양 고대의 명칭들

라틴어 포풀루스(populus)에서 유래한 영어 people은 흔히 '인민'이나 '민중'으로 번역되지만, '대중', '평민', '군중' 등의 의미도 가지며 의미의 역사적 변천까지를 고려하면 복잡성이 따르는 것처럼 한국을 위시한 한자 문화권의 전통에서 people에 직접 맞대응하는 개념어 한 가지를 단 한 글자로 된 한자어 중에서 찾는 것은 쉽지 않다. 고대 로마에서 원래는 '포풀루스'가 귀족만을 의미했지만 점차 평민까지를 포함한 전체 시민을 뜻하는 것으로 확장되었다가 더 뒤에 가서는 평민만을 지칭하는 쪽으로 의미가 역전되기도 한 것을 감안하면, 한자 문화권의 동양 전통에서는 사람 일반을 뜻하는 보통명사로 쓰이기도 한 동시에 노예주 내지 통치계급을 지칭하는 단어였던 '인(人)'[17]과, 대개 노예 및 피통치계급, 평민을 지칭하는 단어였던 '민(民)'을 합하거나 병칭한 낱말로 널리 쓰인 '인민'이 그나마 가장 people의 의미에 가까운 개념일 것이다.

people이 평민, 보통 사람을 지칭하는 쪽의 의미를 강하게 가지는 경우에는 '민'이 그 대응어로 적절하다 할 수 있다. 한자 단어 '민(民)'은 전통적으로 다음과 같은 의미를 가진다. ① 사람 내지 인간[人] 그리고 전체로서의 인간, ② 군주에 의해 통솔되는 중서(衆庶), 즉 백성, ③ 관위(官位)가 없는 서인(庶人), ④ 토착(土著) 중서,[18] ⑤ 농민 이외의 중서로서 사(士)·공(工)·상(商), ⑥ 죽은 자에 대해서, 살아 있는 사람(중서) 등이다.[19] 곧 민은 군(君), 왕(王), 군자(君子), 인(人), 맹(氓).[20] 사공상(土工商), 귀신(鬼神) 등과 대비되는 성격을 갖는다. 민중(民衆), 민인(民人), 민서(民庶), 인민(人民), 서민(庶民), 려민(黎民), 백성(百姓), 서인(庶人), 중인(衆人) 등도 민과 거의 같은 의미를 갖는 말들이다.

이때의 '민'은 아직 '개인'으로 분해되지 않은 일종의 '집합체[衆庶]'의 의미가 강한 다소 추상적인 뉘앙스를 지니고 있었으며, '평등'과

---

17 '인(人)'도 고대에는 이민족 포로를 지칭하는 용어로 많이 쓰였으므로 본래부터 노예주나 통치계급만을 한정해 가리키는 말은 아니었던 것이다.

18 자국에서 계속 거주해온, 관직을 맡지 않은 사(士) 계층(또는 설사 관직을 맡았더라도 미관말직인 사 계층)을 포함한 넓은 의미에서 직접 농사짓는 농민을 말한다.

19 '중(衆)'은 원래는 경작자를 의미하는 말이었지만 시간이 지나면서 신분적 의미를 지니는 용어가 되었다.

20 다른 곳(나라)에서 귀화해 온 민이 맹으로(段玉裁, 『設文解字注』. "自他歸往之民則謂之氓"), 토착 농민으로서의 민에 대비되는 것으로 볼 수 있으나, 맹 역시 넓은 의미의 농민이다.

는 거리가 먼, 어디까지나 피치자계급(層)에 속하는 것이었다.[21] '민초(民草)'라는 이미지가 반영하고 있듯이, 그들은 '통치의 주체'가 아닌 '통치의 객체'에 불과했고, 적극적인 의미의 '정치참여'는 확실히 그들의 너머에 있었다. 바로 이 점은 '주권의 소재'와 관련하여 '민주주의(democracy)'와 확연히 구별되는 측면이다.[22]

그럼에도 동양 정치의 주류 의식, 특히 유교 정치관에서는 민을 가벼이 여기고 학대해서는 안 되며, 그들을 아끼고 사랑하며 편안히 잘 보살펴야 한다는, 한마디로 부모가 자식 대하듯, 성한 사람이 다친 사람 대하듯 어질게 대해야 한다는 (관념적인 것으로나마) 의식과 행동상의 규범이 존재했다. "민은 오로지 나라의 근본이니, 근본이 확고해야 나라가 편안하다"(『상서(尙書)』「오자지가(五子之歌)」), "군주는 민을 체(體)로 삼는다"(『예기(禮記)』「치의(緇衣)」), "민은 국가의 근본이다"(『회남자(淮南子)』「주술훈(主術訓)」), "민은 제후의 근본이다"(『신서(新書)』「대정상(大政上)」), "민이 가장 귀하고, 사직이 그 다음이며, 군주는 오히려 가벼운 것이다. 구민(丘民)의 마음을 얻은 이가 천자가 되고, 천자의 신임을 얻은 이가 제후가 되고, 제후의 신임을 얻은 이가 대부가 된다."(『맹자(孟子)』「진심하(盡心下)」)[23] 등의 말은 모두 "민은

---

21 '민'이란 글자가 사용된 것은 상(商)나라 때부터인 것으로 확인되지만, 그 단어가 피통치자 전반을 지시하는 용어로 보편화된 것은 춘추전국(春秋戰國) 시대 이후다.

22 '제민(齊民)'이라는 용어도 쓰였는데, 이때는 민이 지배자와 이념상으로는 평등하다는 생각이 깔려 있는 경우에 해당한다.

23 맹자는 "'민'이 정치체에서 차지하는 존재론적 위상을 군주보다 상위에 위치시키고, '민'이 공통으로 표출하는 일반의지에 최고의 정당성을 부여했다. 맹자는 '민'이 표출하는 일반의지를 '우주적 공공이성'(道)을 주재하는 '천'(天)의

귀하다"는 의식에 기초하고 있으며, 그러한 주의 주장이 민본사상 (民本思想) 또는 민본주의(民本主義)의 원형이라 할 수 있다. 그러한 민본사상에 기초하여 백성들을 교화하고 그들의 신뢰를 얻어내는 것이야말로 유교에서 말하는 '덕치주의(德治主義)', '인정(仁政)', '왕도(王道)'인 것이다.

2. 전근대 한국사에서 people의 대응 개념들과 지위

한국사에서 나타나는 people의 대응 개념으로 눈여겨볼 것에는 '민', '인민', '국민(國民)', '시민(市民)', '백성'이 있고, 정치사상적 의미에서 좀 더 적극적인 의미를 투여해보자면, '신민(臣民)'과 '사민(士民)' 개념까지도 포함해볼 수 있다. 조선왕조실록에는 '인민'이라는 단어가 2,504회, '백성'이란 단어가 1,728회 등장하며, '국민'은 163회, '시민'은 395회 등장하는 것이 확인되기도 한다. 이때 등장하는 국민이나 시민이란 용어는 오늘날 서양의 개념어를 번역한 낱말일 때와 그 의미가 똑같지는 않은데 경우에 따라서는 유사한 의미가 담겨 있을 때도 있다.

'인민'의 의미를 함축하기도 하면서 관리나 지배계급 이외의 피통치계급 일반, 군주 밑의 백성 일반을 가리키는 개념으로 가장 폭넓게 사용되었던 단어는 '민'이었다. 전통적으로 양반과 평민을 모두 일컫는 말이었던 '사민'과 관원과 백성을 아우르는 말이었던 '신민'

대리적 표현으로 간주한다."(이승환, 2005, 9쪽)

은 군신공치(君臣共治)를 지향하는 유교 정치사상에서 '민'의 정치적 의미와 지위에 대한 적극성을 더욱 배가시키는 개념으로 자리하며, 19세기 말 이후로는 서구적 공화정치의 주체로 '사민' 개념이 부각되기도 했다.

people에 대응하는 전근대 한국사 중의 개념과 그 개념이 지시하는 계급적 존재들은 넓게는 정치에서 능동적 위치에 있는 존재와 피동적 피지배 계층을 포괄했고, 좁게는 피동적 피지배 계층에 한정되었다 할 수 있다. 중요한 것은 피지배 기층민중으로서의 '민' 조차도 위정자들의 정치 운영에 있어 최우선 계산 대상이었고, 부정의한 폭정이 아닌 한 민은 정치에서 가장 귀한 자산이자 정치와 정권의 정당성을 보증하는 원천이었다는 사실이다. 그들의 존재는 정치의 상수에 다름없었고, 그들의 안정되고 풍요로운 삶은 정치의 목적으로 간주되었다. 심지어 자주 있는 일은 아니었지만 특정한 간헐적 시기에 보여주는 봉기와 항쟁의 방식을 통해 그들은 정치변동의 주요 주체들로 역할하였다.

조선왕조실록에서 '인민'이란 어휘는 '국민'이나 '시민'은 말할 것도 없고 '백성'보다도 더 많이 등장한다.[24] '인'과 '민'이 사람을 지칭하는 데 쓰인 한자 문명권의 가장 오래되고 핵심적인 단어였던 만큼, '인민'은 조선시대 전반에 걸쳐 집합적 사회구성원 일반을 가리킬 때 가장 흔하게 사용되었던 것이다. 다만 중국에서 그랬던 것처럼 인과 민은 합쳐진 한 단어였다기보다는 주로 인은 관리 이상의 지

---

24 중국의 사료에서도 '인민'의 등장 빈도는 잦다. 『이십오사(二十五史)』에서 인민은 304회 출현하는 반면 국민은 13회 등장한다.

배충을 의미하고 민은 평민과 피치자를 의미하는 쪽으로 서로 구별되어 사용되었으며, 인민이라고 했을 때는 인과 민이라는 두 낱말을 나란히 병렬하여 인과 민을 모두 아울러 지칭하기 위함이었다. 인민은 광범위한 개념이었지만, 군역과 부세를 담당하는 국가의 중심 자원으로 취급되었고 그들에 대한 정확한 파악과 관리는 정치의 가장 주요한 부분을 차지했다. 특히 조선왕조실록 중 세종실록에서 517회, 성종실록에서 258회, 중종실록에서 221회, 선조실록에서 358회 '인민'이란 글자가 등장하는데, 이때가 국가체제 정비와 백성에 대한 정치 개입이 빈번했던 시기임을 감안하면, 인민이 정치의 중요한 객체였음을 확인할 수 있다.[25]

'국민'이란 단어는 태조실록에도 이미 등장하고 조선시대 기록에서 자주 발견되지만, '백성'이나 '인민'에 비해 19세기 말까지는 널리 쓰이지 않았다. 오히려 'nation'의 번역어로 사용되면서 근대적인 정치주체의 의미로 널리 쓰이기 시작한 것이다. 전통적으로는 영토적 정치 공동체 단위를 의미하는 '국'과 집합적인 사람들을 지칭하는 '민'을 병칭하거나, 국의 구성원이란 의미로 쓰일 때 국과 민을 병기해 사용하였다. '국인(國人)'이나 '국중인민(國中人民)'과 같은 말도 국의 구성원을 가리킬 때 사용되었다.

'국'과 '민'의 관계는 불가분리적인 밀접한 관계였고, 경제적이고 인신적인 차원에서 조선이라는 나라의 부세와 역을 담당하는 국민은 조선의 위정자들에게 있어 정치의 목표나 정당성과 관련하여 중차대한 의미를 지니는 존재였다. 따라서 표현만 다를 뿐 이런 의미

---

25 조선시대 후기에 가면 '민인(民人)'이란 표현이 더 자주 사용되기도 한다.

를 갖는 용어로서의 '국민'은 '인민'이나 '민' 혹은 '백성'의 개념과 특별한 차이가 없다고 할 수 있다. 정도전(鄭道傳)은 "대개 군주는 나라[國]에 의존하고 민에 의존한다. 민은 나라의 근본이며 군주의 하늘이다. (…)인군(人君)된 자가 이 뜻을 안다면 애민(愛民)하는 것이 지극하지 않을 수 없다"는 말로 국가 차원에서 민의 정치적 중요성을 강조하기도 했다.

현재 서양어 citizen, citoyen이나 bourgeoisie의 번역어로 쓰이고 있는 '시민'은 원래 한자 문명권에 있던 용어로서 조선시대에도 사용되던 용어이다. 다만 그 의미는 현재 사용되는 의미와는 많이 다르다. 조선 시대의 '시민'은 물자유통과 상업활동이 이루어지는 장소였던 '시' 또는 '장시'의 '민'을 의미했다. 즉 시에서 활동하는 특수한 집단이 '시민'이었던 것이다. 또한 한양 시전의 상인들을 일컫는 것으로서 한양의 평민 대표 집단을 의미하는 것이기도 했다. 한편으로는 조정에 예속되면서도 특권을 보장받던 한성 상인층으로서의 시민은 일반적인 민중과는 차별되는 조선형 상업 유산계급이었다고 할 수 있다. 따라서 people 개념과 견주어 보자면, 조선의 '시민'은 광의의 people의 일원이되 협의의 people에는 고스란히 대응하기 어려운 개념이라 할 수 있다.

3. 한국 정치사상과 민본주의, 그리고 민주주의

모두가 알다시피 우리 한민족의 최고(最古) 건국이념은 '홍익인간(弘益人間)'이다. 널리 사람 사는 세상을 이롭게 하고, 인간 내면의 초월성을 깨우쳐 사람들이 문명적 존재로 어울려 살아가게 하려는 것을 목적으로 국가를 세웠다는 것이 소위 고조선의 '홍익인간 재세이화(在世理化)'라는 건국이념이다.[26] 홍익인간의 정치이념은 나의 이익과 남의 이익을 나누어 보지 않고 하나의 공공적인 것으로 본다. 서로 돕고 조화로이 공존하는 가운데 서로 깨우쳐 '사람이 사람답게 될 수 있도록 돕는' 공존공영의 지향이 자고로 한국 정치사상의 기초를 이뤄왔다. 고구려의 건국이념인 '이도여치(以道與治)'[27]나 신라의 건국이념인 '광명이세(光明理世)'[28]도 고조선의 건국이념을 계승한 것이고, 철저히 중의와 공론에 입각하는 제가평의(諸加評議), 군공회의(郡公會議), 화백회의(和白會議)[29]와 같은 고대의 정치제도에서부터 두레, 품앗이, 동제, 계 등의 상부상조하는 미풍양속의 전통에 이르기까지, 한국의 전통 정치사상과 사회윤리는 인간을 중심에 두고 최대한 평등한 관계에서 공동체 구성원들의 화합과 단결을 통해 폭넓게 번영과 발전을 꾀하는 것이었다.

홍익인간의 건국이상을 시원으로 하는 한국 고유의 정치사상은 인간과 공공성을 최중심에 두는 것으로서, 유교의 인본주의 및 민

---

26 한자경은 웅녀가 동굴 속 기도를 통해 인간으로 변하고 다시 환웅과 결혼해 단군을 낳는 단군신화의 구조를 인간의 내재초월에 관한 철학적 이야기로 해석한다. 홍익인간은 그에 관한 이념을 담은 개념이라 할 수 있다. 박휘근은 그보다 더 진일보하게 단군신화와 홍익인간 개념에 대한 놀라운 수준의 철학적 해석을 보여준다(한자경, 2008, pp.15-34; 박휘근, 1998)

27 고조선 시대로부터 전해오는 정치적 이념이라 하며 도로써 백성을 더불어 다스림을 정치의 요체로 삼는 것이다. 강권이나 폭력이 아니라 하늘의 섭리를 따르는 덕치로써 정치하고자 하는 신념이 담겨 있다.

28 밝은 이치로 세상을 다스린다는 정치이념.

29 제가평의는 부여, 군공회의는 고구려, 화백회의는 신라의 정치제도다.

본주의, 덕치주의의 정치이념과 일맥상통하며, 조선이라는 유교 이념국가에 이르기까지 유교사상의 체계 속에 융합되어 발전해왔다. 한국의 정치적 전통에서 민은 정치적 주체까지는 아니었을지라도 정치이념의 중요한 한 축으로 작동하였다. 중국의 정치사상에서부터 군신의 합으로서 민은 천지의 상대이자 국의 근본으로 여겨졌고,[30] 군주 및 관료의 상대편에 있는 피지배계층 모두로서 민은 군주와 상호의존적 관계에 있는 존재로 여겨졌으며,[31] 나라를 움직이는 근본으로서 시비선악을 분별하는 덕의 표준이자 정치의 기준으로 간주되었다(장현근, 2016, pp.294-299).

한국 정치사상의 주류였던 유교적 관점에 따르자면, 민은 하늘이 내린 귀한 생명 존재로서 민심은 곧 천심으로 간주되고, 민은 정치적 성패의 향방을 가르는 결정력을 행사하는 존재다.[32] 따라서 민의 목소리에 귀 기울이며 생활을 안정시키고 그들의 마음을 편안하게 하는 것[안민(安民)과 보민(保民)]이 정치의 핵심이 된다. 민을 군주와 사직보다 중시하는 귀민(貴民)과 위민(爲民)의 민본정치 사상은 이런 배경을 가진다.

---

30 『국어(國語)』「초어상(楚語上)」. "땅에는 높고 낮음이 있고, 하늘에는 어둡고 밝음이 있으며, 민에는 임금과 신하가 있고, 나라에는 도읍과 시골이 있는 것이 고대로부터의 제도다."

31 민은 통치자를 위해서 노역에 종사하고 세금을 납부하며 군역을 담당하기도 한다. 따라서 통치자는 민의 사정과 고통을 헤아리고 그들을 보살펴야 한다. 통치자와 피통치자 곧 군주와 민은 상생 관계다(장현근, 2016, p.298).

32 『상서(尙書)』, 「태서상(泰誓上)」; 『춘추좌전(春秋左傳)』, 「양공 31년(襄公 31年)」. "민이 바라는 것을 하늘은 반드시 따른다."; 『상서』, 「태서중(泰誓中)」; 『맹자(孟子)』, 「만장상(萬章上)」. "하늘이 보는 것은 우리 민이 보는 것에 따르고, 하늘이 듣는 것은 우리 민이 듣는 것에 따른다."

맹자(孟子)는 제후의 세 가지 보배로 토지, 정사(政事)와 함께 인민을 꼽았으며(『맹자』「진심하」), 나아가 "천하를 얻는 데 길이 있으니, 민을 얻으면 천하를 얻을 수 있다. 민을 얻는 데 길이 있으니, 마음을 얻으면 민을 얻을 수 있다. 마음을 얻는 데 길이 있으니, 원하는 것을 주어 모이게 하고, 싫어하는 것을 행하지 않는 것이다."(『맹자』「이루상(離婁上)」)라거나, "여민(黎民)을 굶주리게 하지 않고 춥게 만들지 않는다면, 천하에 왕노릇하지 못하는 자는 없다."(『맹자』「양혜왕상(梁惠王上)」)라고 말했는데, 모두 그런 이유에서이다.

맹자는 정치에 있어 민생을 중심에 두고 민심과 민의를 중요한 판단의 근거로 삼아야 한다고 역설했다. 그는 민에게 가족이 넉넉히 먹고 살아갈 수 있을 만큼의 안정된 생업과 물자가 있어야 안정된 마음이 있을 수 있다고 보는 복지형 경제정책의 설계자였고(『맹자』「등문공상(滕文公上)」), 권력자의 부귀 독점을 비판하며 군주와 인민 혹은 위정자와 민이 재화의 혜택을 함께 누릴 수 있도록 하라고 [여민동락(與民同樂)] 부르짖은 진보적 정치사상가였다.

하지만 맹자는 정신적 노동자[노심자(勞心者)]와 육체적 노동자[노력자(勞力者)]를 사회적 분업에 근거해 구분하였고, 그가 말하는 민은 어디까지나 농(農)·공(工)·상(商)의 경제적 생산을 위한 육체적 노동에 종사하는 자로서의 피지배계급에 지나지 않았다. 따라서 맹자의 귀민 민본정치는 민이 자기 계급의 이익을 위한 정치참여를 할 수 있거나 주권자가 된다는 것을 의미하지는 않으며, 맹자가 구상한 위민은 사(士) 이상의 지배계급에 의해 위에서 아래로 상하 수직적으로 작동하는 시혜적 위민의 성격에 그친다.

그렇지만 그러한 사실, 특히 유교의 민본주의에는 민권 개념이나 인민주권 인민자치의 개념과 제도가 결여되어 있기에 민본주의가 결코 민주주의와 등치될 수는 없다는 사실로 인해 민본주의 자체의 의미를 격하시킬 필요는 없다. 유교 정치사상 안에서 민의 존재는 권력의 감시자와 최종 승인자로서 국가의 존망을 결정할 수 있는 신성한 기준계로 인정받았다. "하늘이 민을 낳은 것은 군주를 위해서가 아니다. 하늘이 군주를 세운 것은 민을 위해서이다. 따라서 옛날에 제후를 세워 봉건한 것은 제후를 위해서가 아니며, 대부에게 작위와 봉록을 주어 관직에 나가게 한 것은 대부를 위해서가 아니었다. 모두 민을 위해서였다"(『순자(荀子)』 「대략(大略)」)라고 순자가 말했듯이, 유교 정치사상의 관점에서 위정자는 인민을 위한 존재로 상정되었고, 민의 생활 안정과 교화는 정치의 사명이었다.

현실적으로는 사회적 생산계층이자 정치적 동원수단이기도 한 민은 왕권과 정권의 유지 강화를 위한 이용 대상이 분명했지만, 제대로 위무 받지 못하고 그들을 향한 부당한 대우와 부정의가 임계점을 넘길 때라면 언제든지 지배권력에 대한 정치적 지지를 거두고 봉기나 혁명 같은 극단적인 선택을 할 수도 있는 존재였다. 유교를 통해 정교화된 한국의 전통 정치사상은 이와 같은 정치 현실의 긴장을 민감하게 의식하는 것이었다. 『상서』에서 "민심에는 한결같음이 없고 그저 혜택을 주는 이를 따를 뿐"(『상서』 「채중지명(蔡仲之命)」)이라 했고, 순자가 "군주는 배요 백성[庶人]은 물이니, 물은 배를 실어주기도 하고 배를 뒤집기도 한다."(『순자』 「왕제(王制)」)고 말한 것에서도 알 수 있듯이, 당시의 위정자들은 인민의 눈치를 보지 않을 수가 없었고, 인민은 지배자와 그 권력을 판정하고 비판하는 주체로 인정받았다. 투철한 애민(愛民)과 외민(畏民)의 정신만으로도 한국의 민본주의 정치사상은 상당히 고무적인 가치가 있다.

홍익인간의 건국이상과 장구한 유교 정치사상에 간직된 민본주의, 인간 공공성 중심주의가 갖는 지향점과 가치를 조명해볼 때, 그것이 비록 만민이 정치적 주체가 되는 지배와 피지배의 완전한 일치 원리를 성립시켰거나 그러한 이념을 현실화 한 시기는 없었을지라도, 우리의 전통이 공화주의와 민주주의와도 호응할 수 있는 보편적인 정치적 가치를 지니고 있었음은 부정할 수 없다.

4. 지금 한국의 포퓰리즘 관념에 대한 성찰

현재 한국 사회에서는 '포퓰리즘'이란 단어가 특정한 방향의 정책과 특정 정치인, 정치세력을 비방할 목적으로 언론과 정치권에서 활발하게 쓰이는 양상이다. 아직 포퓰리즘이 확정된 정의를 갖고 있지 못하고, 포퓰리즘을 평가하는 합치된 관점이 존재한다고 보기 어렵기에, 글쓴이 역시 포퓰리즘을 특정하게 규정하거나 포퓰리즘에 대한 확정된 태도를 취하기에는 무리가 있다. 다만 현재 우리 정치와 언론에서처럼 중남미의 실패한 대중영합주의 정치의 단면을 가리키는 대명사로서의 포퓰리즘 이미지만을 침소봉대해 가져다 쓰는 것은 명백한 용어 오염 행위라는 것과, 오염된 용어의 남용을 통해 정당하고 실현 가능한 정책을 무모하고 부당한 것으로 착각하게 만드는 광범위한 혹세무민이 이뤄지고 있다는 사실만은 지적하지 않을 수 없다.

이런 추세 때문에 현재 한국 사회에서는 포퓰리즘에 대한 경시와 반발, 포퓰리즘 프레임을 덧씌워 반대 정치세력을 공격하는 현상이 만연한데, 포퓰리즘에 대한 경시와 반발에는 다음과 같은 문제가 도사리고 있는 것으로 보인다. 첫째, 반민주적 계급주의(엘리트주의)가 저변에 깔려 있으며, 둘째, 엘리트와 민중의 계급대립을 촉발하고, 셋째, 포퓰리즘에 대한 부정을 확산시켜 민중의 자발적 계급의식 형성을 와해시키고, 넷째, 민주주의의 본질이 무엇인가를 망각하게 만든다. 수혜자 범위가 넓어지는 정책이나 정치의 방향을 무조건 '포퓰리즘'이란 꼬리표를 붙여 비난하고 거부하는 것은, 불평등 구조를 온존한 채 그 속에서 사회적 재화를 계속 독차지하려는 특권층의 부정의한 발악이거나 그에 부화뇌동하는 것이며, 민주주의의 주인이 누구인가를 망각한, 혹은 그에 대해 무지한 발상과 태도에 불과할 것이다.

우리 정치사상의 전통을 되돌아보더라도 힘없고 가난한 기층민중인 '민' 혹은 광범위한 나라 구성원인 '인민'은 절대 권력자를 위시한 위정자의 사랑과 경애, 그리고 두려움의 대상이었다. 철 지난 역사의 유교 사회에서도 '애민'과 '외민'은 누구도 함부로 부정할 수 없는 정치의 올바른 마음가짐이었고 좋은 정치, 이상적인 정치의 기본 정서이자 원리였다. 그런데 역사의 도도한 물결 속에서 전개된 인류 집단지성의 결실로 정치가 더욱 발전해 있는 작금의 시대에 들어, 빈자와 약자를 적극적으로 구휼하고 보편 복지를 실현하려는 애민 정치를 외면하고, 정치공동체 안의 모든 주권자들에게 '권리를 가질 권리'를 평등하게 줌으로써 주권을 누릴 수 없는 시민들을 남겨두지 않으려 하는 외민 정치에 도전한다면, 그것은 근본적으로 '반민주'를 넘어 '반정치'에 다름 아닐 것이다.

근래 한국 정치의 한 단면을 보자면, 코로나 사태 속에서 특정한 소수 부자들을 제외하면 종사 업종과 사회계층을 가리지 않고 전방위적으로 경제적 손실과 심리적 우울감에 시달리는 국민들이 넘쳐나는데도, 한사코 긴급재난지원금의 보편 지급은 포퓰리즘이라고 비방하며 반대하는 세력이 넘쳐난다. 그들은 혈세 낭비이며 국고가 거덜 날 것이라는 이유를 든다. 또 약탈적 금융자본의 고이율 대출을 낮추는 것이나 기본소득제 도입 등과 같이 빈부 격차를 극대화하고 사회적 안전망을 초토화시키는 방향으로 달려나가는 자본주의의 폭주를 통제하고, 약자와 빈자들을 먼저 챙기면서 나라 안에 사는 다수의 사람들의 삶의 수준을 고루 높이려는 정책의 시도들이 '포퓰리즘'이란 말장난에 걸려 좌초되거나 효과적으로 시행되지 못하는 상황들은 정의로워 보이지 않는다.

　좋은 정치란 무엇이며, 민주주의란 무엇인가? 애초에 인간의 생존과 번영에 유리하기 때문에 국가 등의 정치 공동체가 고래로부터 꾸려진 것이 아니겠는가? 정치 공동체의 지붕 아래 들어와 사는 다양한 인자들에게 모두 유리할 수 있어야 그것이 좋은 정치 공동체고 좋은 정치가 아니겠는가? 그리고 그래야 또 입장과 처지가 다양하기 짝이 없는 모든 구성원들은 만족해하며 해당 정치공동체를 위해 기꺼이 자신의 힘을 보탤 것이 아니겠는가? 우리가 아는 민주주의란 정치공동체의 시민들이 모두 평등한 주권자로 인정받고 권리와 권력을 행사하는 것이 아니었던가? 인간 세상의 현실상 당장에 만인이 동등한 정치적·경제적·사회적 성취를 향유하고 있지는 못하더라도, 또 일상적으로 직접민주주의를 운영할 수 없는 형편일지라도, 그렇지 못한 현실의 한계나 잘못됨을 극복하고 바로잡으려하는 것이 민주주의가 갈 길이 아니던가? 대체 왜 보다 더 많은 보통사람들을 위한 정치가 부정한 것으로 취급되는가?

물론 할 수 없고 해서도 안 되는 정책을 단지 권력을 얻기 위해 시행하는 것은 비난 받아 마땅하다. 그러나 우리는 지금 한국에서 포퓰리즘을 떠들어대는 자들이 어떤 의도를 가진 자들이며 어떤 정치적 지형에 서 있는지 모르지 않는다. 포퓰리즘 프레임을 유포해 민주주의를 가로막는 세력들 때문에라도 people의 존재와 그들의 정치적 지위 및 역할에 관해 고민해보는 것은 중요할 것이다. 우리 정치사상의 전통에서도 민은 이론적으로나마 정치의 중심으로 취급되었고, 위민과 애민, 외민, 민본은 정치의 핵심 정서이자 원리였다. 오늘날 애꿎은 포퓰리즘 단어놀이로 불평등을 쥐어 잡고 기득권을 계속 누리려는 세력들에게 휘둘릴 필요가 없다. 민본 민주주의의 영혼을 가지고만 있다면 포퓰리즘조차 어쩌면 좋은 정치일 수 있을 것이다.

제3부

·

역사적 전개

제6장
·······

라틴아메리카 포퓰리즘과 인민

김은중

핵심요지

- 라틴아메리카 포퓰리즘은 장기 16세기 근대/식민 자본주의 세계체제로부터 구조화된 정치적·경제적·사회적·문화적 모순들이 만들어낸 결과물이다.
- 라틴아메리카 포퓰리즘은 단일한 범주의 일면적 현상으로 해석되지 않으며 특정한 시기에 특정한 지역에서 특정한 속성을 갖는 여러 개의 포퓰리즘으로 반복적으로 나타난다.
- 포퓰리즘은 민주주의와 적대하지 않는다. 포퓰리즘의 인민은 불평등과 배제의 민주주의, 허울뿐인 민주주의로부터 민주주의를 구제하는 인민이다.

1. 들어가며: 견지망월, 견월망지

견지망월(見指忘月). 달을 가리키니 달을 보지 않고 달을 가리키는 손가락을 본다. 라틴아메리카 포퓰리즘을 바라보는 사태도 마찬가지다. 포퓰리즘을 가리키면 포퓰리즘을 보지 않고 서구 민주주의를 거론한다. 이 때문에 1960년대 중반 라틴아메리카 포퓰리즘에 대한 연구가 본격화된 이후에도 포퓰리즘은 여전히 기존의 정치 제도를 통하지 않고 카리스마를 가진 지도자가 인민에게 직접적으로 호소함으로써 민주주의를 훼손하고 왜곡시키는 대중영합주의 현상으로 취급된다.[1] 보편적이고 합리적인 사회이론의 바탕 위에 세워졌다고 믿는 서구 민주주의의 시각에서 보면, 포퓰리즘은 일시적이고 예외적인 정치적 병리 현상일 뿐이다. 이 때문에 "정치이론의 보잘것없고 빈곤한 친족쯤으로 여겨지는"(Laclau, 1987: 25) 포퓰리즘은 무시되고 포퓰리즘에 대한 논의는 민주주의에 대한 논의로 수렴되어 버린다. 민주주의는 포퓰리즘을 평가하고 비판할 수 있지만 포퓰리즘은 민주주의를 논할 자격이 없다는 것이다. 여기서 한걸음 더 나아가 라틴아메리카 포퓰리즘을 거론하게 되면 상황은 더 심각해진다. 3세기 동안의 식민지 역사를 겪고 스페인과 포르투갈로부터 독립한 이후에도 야만과 미개, 저발전과 후진, 군부독재와 부패의 낙인이 찍혀 있는 라틴아메리카 대륙의 포퓰리즘은 대

---

1 포퓰리즘의 부정적 특징은 크게 일곱 가지로 나뉜다. ① 인민에 대한 호소와 반엘리트주의, ② '우리'와 '적'의 이분법적 사회상, ③ 선동을 통한 단순화, ④ 불안의 정치와 음모론, ⑤ '원래적인 것'에 대한 동경, ⑥ 카리스마를 가진 지도자에 대한 의존, ⑦ '위기'(감)에 대한 대응(주정립, 2006).

중선동적인 정치인들이 맹목적인 추종자들을 조종하고 종국에는 그들의 믿음을 저버리는 후진적인 정치행태와 동일시된다. 라틴아메리카를 포퓰리즘의 대륙이라고 부르는 배경에는 포퓰리즘에 대한 경멸적이고 평가 절하된 인식이 자리 잡고 있다.

견월망지(見月忘指). 달을 가리키는 손가락을 보지 않고 달을 본다. 서구 민주주의를 준거로 삼지 않고 라틴아메리카 포퓰리즘을 보기 위한 필요조건은 탈식민성과 역사성이다. 탈식민성은 서구에서 유래한 역사 발전론에서 벗어나 라틴아메리카의 특정한 상황과 문화적 전통 안에서 포퓰리즘을 해석하기 위한 첫 번째 필요조건이다. 탈식민적 관점에서 접근할 때 라틴아메리카 포퓰리즘 연구에서 끊임없이 무시되어왔던 '인민적인 것(lo popular)'을 복권시킬 수 있다. 역사성은 라틴아메리카에서 포퓰리즘이 반복적으로 등장하는 맥리(脈理)를 이해하기 위한 두 번째 필요조건이다. 라틴아메리카 포퓰리즘은 특정한 역사적 맥락에서 특정한 의미를 갖기 때문이다 (김은중, 2013). 라틴아메리카는 포퓰리즘의 진원지가 아니지만 정치 지도자, 운동, 정당 그리고 사회변동 등의 관점에서 폭넓은 스펙트럼의 포퓰리즘 전통을 지닌 지역이다. 라틴아메리카에서 포퓰리즘은 예외적 현상이 아니라 규칙으로 여겨지기도 하고, 라틴아메리카 20세기 역사 전체가 포퓰리즘의 역사로 해석되기도 한다(킨·헤인즈, 2014). 여기서 주목해야 할 것은 20세기 라틴아메리카 포퓰리즘이 장기 16세기 근대/식민 자본주의 세계체제의 형성 시기부터 배태되고 구조화된 정치적·경제적·사회적·문화적 모순들이 만들어낸 결과물이라는 사실이다. 이런 복합적 모순들로 인해 라틴아메리카 포퓰리즘은 단일한 범주(category)의 일면적 현상으로 해석되지 않

○며, 특정한 시기에 특정한 지역에서 특정한 속성을 갖는 여러 개의 포퓰리즘으로 존재한다.

라틴아메리카의 여러 개의 포퓰리즘은 19세기 초반 라틴아메리카가 식민지로부터 독립한 이후 근대적 사회구성체를 형성해 가는 과정에서 반복적으로 등장했다. 사회구성체(Social Formation)는 사회를 완성태가 아니라 구성되어 가는 것, 형성되어 가는 과정 중에 있는 것으로 보는 관점이다. 사회를 구성되어 가는 것으로 본다는 것은 두 가지 상반되는 측면을 내포한다. 하나는 사회란 완성된 어떤 형태를 향해 나아간다는 것이며, 다른 하나는 그 형태로 수렴되지 않는 이질적인 요소들이 뒤섞여 있다는 것이다(이진경, 2008). 20세기 후반 사회주의 블록이 붕괴한 이후 사회가 완성된 어떤 형태를 향해 나아간다는 보편적 역사법칙은 설득력을 상실했다. 이런 역사적 상황에서 사회주의 블록의 붕괴를 목격한 프란시스 후쿠야마(Francis Fukuyama)는 근대 사회가 자유민주주의라는 형태로 완결되었다는 의미에서 '역사의 종언'을 선언했다. 후쿠야마가 '역사의 종언'을 선언한 것은 자유민주주의 체제의 수호자를 자처하는 미국이 승리했음을 말하려고 했던 것이지만, 정작 여기서 주목해야 할 것은 그가 근대 사회를 이질적 요소들인 자본-네이션-국가의 변증법적 체계로 파악했다는 점이다.[2]

---

2   네이션(nation)은 민족이나 국민으로 번역된다. 네이션과 내셔널리즘(민족주의 또는 국민주의)에 대한 연구는 네이션과 내셔널리즘을 인간의 원초적 의식으로 파악하는 원초주의(primordialism)와, 네이션과 내셔널리즘이 근대에 형성된 역사적 구성물이라는 근대주의(modernism)로 나뉜다. 근대주의는 "인간은 어떻게 공동체를 구성하는가(how peoples unite themselves)"라는 질문을 "국가는 어떻게 네이션을 만들어내는가(how states invent nations)"라는 질문으로

우리가 통상 국가라고 부르는 것은 네이션과 국가가 결합된 국민
국가(nation-state)를 가리킨다. 그러나 네이션과 국가가 결합되기 이
전에 자본과 국가가 결합되었다.[3] 자본, 네이션, 국가는 근대사회를
구성하는 이질적인 요소들이며, 어느 것 하나라도 없으면 나머지도
성립되지 않는 보로메오의 매듭으로 결합되어 있다. 이런 맥락에서
라틴아메리카 포퓰리즘은 라틴아메리카 국가들이 삼위일체를 이루
는 자본, 네이션, 국가 사이에서 작용하는 권력 관계를 통해 근대
적 사회를 구성해가는 과정의 산물이라는 점을 주목해야 한다.[4] 탈
식민성과 역사성을 바탕으로 근대적 사회구성체의 관점에서 고찰
하는 라틴아메리카 포퓰리즘에 대한 진전된 논의는 전 지구적 차
원의 포퓰리즘 연구에 중요한 시사점을 제공해줄 수 있을 뿐만 아

이동시켰다.

3   유럽에서 자본과 국가가 결합된 것은 절대주의 왕권국가 시기였다.
    봉건제에서 자본주의로의 이행 과정에서 가장 중요한 측면은 국가와 자본의
    융합이었고 이러한 융합을 가장 먼저, 가장 강력하게 실행한 것이 유럽의
    절대주의 왕권이었다. 네이션의 기반이 만들어진 것도 이 시기였다. 네이션은
    절대적인 주권자인 왕에게 복종하는 신민(臣民)으로 형성되었다. 절대왕권이
    선행되지 않았다면 주권자인 네이션도 출현할 수 없었다. 주권자인 왕의
    신민(subject)이었던 네이션이 국가의 주체(subject)로서 인민주권을 갖게 된 것은
    시민혁명을 통해 절대왕권을 타도한 이후였다.

4   근대적 사회구성체를 이루는 자본, 네이션, 국가는 각각 다른 교환 양식에
    뿌리를 둔다. 자본은 화폐와 상품의 교환 양식으로 작동하고, 국가는 지배와
    보호(약탈과 재분배)의 교환 양식에 의해 움직이며, 네이션은 증여와 답례의
    교환 양식을 근거로 한다. 근대적 사회구성체에 대한 헤겔의 관념론적 주장을
    유물론적으로 비판한 마르크스는 생산 양식의 관점에서 자본제 경제를 물질적
    하부구조로, 네이션과 국가를 관념적인 상부구조로 간주했다. 이 때문에
    마르크스는 자본제 경제가 폐기되면 국가와 네이션은 자연스럽게 소멸될
    것이라고 생각했지만 이런 생각은 잘못된 것이다(가라타니, 2012).

니라, 특정 지역의 포퓰리즘과 서구에서 수입된 이론인 민주주의의 관계에 대해 전향적으로 사유할 수 있는 가능성을 제시해줄 수 있다. 또한 당연시되어 온 서구 사회과학의 시각을 비서구 세계의 경험을 통해 교정하고, 전 지구적인 차원에서 학계의 지속적인 관심사가 되고 있을 뿐만 아니라, 정치권과 언론매체에서 무분별하게 확대 재생산되고 있는 포퓰리즘에 관한 논쟁의 수준을 한 차원 끌어올릴 수 있는 논의의 마당이 될 수 있다.

2. 라틴아메리카 포퓰리즘에 대한 네 가지 관점

라틴아메리카를 연구하는 사회과학자들이 사용하는 개념공구 상자 안에서 "손때가 묻어 유난히 반질반질 빛나는 공구"로 표현되는 포퓰리즘은 긴 역사적 경험과 이론적 논쟁에도 불구하고 여전히 쓰임이 모호한 공구이다(Basset, 2006: 27). 분석적 관점에서 포퓰리즘을 어떻게 규정할 것인지, 그리고 포퓰리즘을 구성하는 핵심적 요소인 인민이 무엇인지에 대한 합의가 도출되지 않았고, 규범적인 관점에서 포퓰리즘을 민주주의의 병리적 현상으로 보는 진영과 민주주의의 확산과 심화로 보는 진영이 극명하게 나뉘어 합의점을 찾기가 쉽지 않기 때문이다. 그렇다면 포퓰리즘에 대한 새로운 개념 규정과 인식이 어떻게 가능할까? 이런 질문에 대한 대답을 찾기 위해서 20세기 초반부터 반복해서 출현하고 있는 라틴아메리카 포퓰리즘의 유형과 그것의 개념화 작업이 필요하며, 인민에 대한 정치철학적 분석이 요구된다. 이것은 근대/식민 자본주의 세계체제에서 라틴아메리카를 위치시키는(positioning) 작업이기도 하며, 탈식민적 관점에서 라틴아메리카의 여러 개의 포퓰리즘이 전개되는 역사적 과정을 살펴보는 작업이기도 하다. 라틴아메리카 포퓰리즘은 크게 세 가지 유형으로 나뉘며 네 가지 방향에서 접근할 수 있다.

1) 구조주의적 이행으로서의 고전적 포퓰리즘

첫 번째는 구조주의적(structuralist) 접근 방식이다. 구조주의적 관점에서 보면 라틴아메리카 포퓰리즘은 사회구조적 수준에서 발생한 변화의 산물이며, 시기적으로는 1930-1954년의 고전적 포퓰리즘(classical populism)에 해당한다. 20세기 초 라틴아메리카는 자본주의 체제로 편입되는 과정에서 도시화와 산업화를 겪었다. 이 과정에서 대규모 사회적 이동이 발생했고, 대중 정치가 활성화되었으며, 전통적인 과두지배 체제가 약화되었다. 아르헨티나의 후안 도밍고 페론(Juan Domingo Perón), 브라질의 제툴리우 바르가스(Getúlio Vargas), 멕시코의 라사로 카르데나스 델 리오(Lázaro Cárdenas del Río) 같은 정치 지도자들은 전통적인 과두지배 계급이 약화되고 국가 권력이 강화되는 상황에서 걸음마 단계의 민족 부르주아지, 신생 도시 중산 계층과 노동자 계급, 농민 조직, 그리고 계급으로 규정할 수 없는 다양한 주변부 집단을 아우르는 복합적 계급운동(multiclass movements)을 조직했다. 그리고 이러한 계급운동을 바탕으로, 식민지 시기에는 원시적 자본축적의 무대였고 19세기 초 독립 이후에는 1차 산품 수출에 의지했던 경제구조를 수입대체산업화(import-substitution industrialization: ISI)로 변화시키려고 시도했다.

라틴아메리카 고전적 포퓰리즘 시기는 자본주의 착취와 이에 대한 대안으로서 사회주의 이데올로기가 부상하는 시기였다. 라틴아메리카 고전적 포퓰리즘 연구자들은 이 시기의 정치적 상황을 전통적인 과두지배 체제 국가에서 자본주의 지배 체제 국가로 이행하는 단계에서 발생하는 주변부 제3세계의 공통된 현상으로 규정했다. 그러나 라틴아메리카의 포퓰리즘 정치인들은 노동 계급 대신에 인민(people)이라는 개념을 정치적 수사로 사용했다. 1960년대 라틴아메리카 포퓰리즘 연구의 선구적 위치에 있었던 지노 제르마니(Gino Germani)가 포퓰리즘이라는 용어 대신에 민족인민운동(national popular movements)이라는 용어를 사용한 것도 이 때문이었다. 1934년 이탈리아에서 아르헨티나로 이주한 지노 제르마니가 포퓰리즘이라는 용어를 사용하지 않은 이유는 조직되지 않은 인민의 등장이 사회적·경제적 구조의 갑작스런 변화 때문이며, 이런 예외적인 현상은 사회가 정상화되면 소멸될 것이라고 보았기 때문이다. 또한 이탈리아의 파시즘을 경험했던 제르마니가 아르헨티나의 페론주의를 노동 계급이 중심이 된 전체주의로 보았기 때문이다(김은중, 2012).

라틴아메리카의 고전적 포퓰리즘은 엘리트 과두지배층뿐만 아니라 공산당과 사회주의 정당에게도 위협이 되었다. 포퓰리즘 운동이 좌파의 사회적 토대인 도시와 농촌의 가난한 사람들을 동원하는 데 정치적으로 매우 효과적이었기 때문이다. 다시 말하자면, 포퓰리즘은 민족주의를 배경으로 경제적 재분배와 사회적 포용성을 핵심적 정책으로 내세웠을 뿐만 아니라, 그때까지 쓸모없고 모호한 존재로 취급되던 사회적 집단에게 소속감(a sense of belonging)을 느낄 수 있도록 해주었다. 소속감은 특정한 사회적 계급에 토대를 두지 않고 다양한 이해관계 집단을 묶어주는 연결 고리였고 이러한 소속감으로 묶인 사람들을 지칭하는 개념이 인민이었다. 인민은 자본주의의 토대인 합리적 개인과도 다르고, 사회주의의 토대인 노동자 계급과도 다르다. 인민의 반대편에는 인민과 적대적인 집단이 설정되었는데, 그것은 엘리트 과두지배 계층이었다. 고전적 포퓰리즘 정치인들은, 한편에는 인민을, 다른 한편에는 제국주의 외세와 동맹을 체결하고 민족 주권을 도외시하는 엘리트 과두지배 계층을 적대로 배치했다. 요컨대 라틴아메리카의 고전적 포퓰리즘은, 스스로를 민족주의로 부르건 아니건 간에 그 당시 막 등장한 부르주아지와 노동자, 농민 조직 사이에 체결된 일종의 '사회계약'이었고, 전통적 과두지배 계층으로부터 상대적인 자율성을 갖게 된 정치인들이 민족주의를 앞세워 국내 시장을 육성하려고 시도했던, '충분하지는 않았지만 꼭 필요했던' 헤게모니 정치 프로젝트였다. 이런 맥락에서 라틴아메리카 고전적 포퓰리즘에 민주주의에 대한 위협이라는 경멸적 꼬리표를 붙이는 것은 잘못이다. 근대적 사회구성체의 관점에서 보면, 고전적 포퓰리즘은 카리스마를 가진 정치인들이 '복합적 계급운동(multi-class movements)'을 통해 과두지배 체제를 타파하고, 산업화를 추진함으로써 국민국가의 토대를 구축하려는 시도였다(주석 2 참조).[5] 그러나 고전적 포퓰리즘은 정치지도자의 역할

---

5 근대적 사회구성체의 관점에서 페론이나 바르가스 같은 고전적 포퓰리즘 시기의 정치인들의 역할은 유럽의 절대주의 왕권의 역할과 비교될 수 있다. "유럽에서 절대주의 왕권이 걸었던 과정은 보편적이다. 그것은 반드시 '왕'이 아니어도 좋다. (…) 예를 들어 개발형 독재정권이나 사회주의적 독재정권은

이 컸고 인민은 아직 뚜렷하게 구성되지 못한 상태였다.

고전적 포퓰리즘에 대한 연구에서 간과되어 온 또 다른 문제는 자본주의 세계체제의 권력 관계이다. 국제적 헤게모니가 미국으로 넘어간 제2차 세계대전은 사실상 세계대전이 아니라 '자본주의 체제 내부의(intra-capitalist)' 헤게모니 다툼이었다. 승전국이 된 미국은 지구적인 차원에서 지정학적 재편을 시도했다. 유럽에서는 마샬 플랜을 통해 패전국인 독일의 경제 회복을 지원함으로써 소련을 견제했고, 아시아에서는 중국의 부상을 막기 위해 일본에 경제 원조를 제공했다. 1945년부터 1954년까지 약 10년에 걸친 중심부의 지정학적 재편을 마무리한 미국은 주변부인 라틴아메리카 문제에 개입하기 시작했고, 첫 번째 시도가 과테말라의 군부 쿠데타를 지원한 것이었다. 미국중앙정보국(CIA)의 지원을 받은 군부는 선거를 통해 집권한 아르벤스 정권을 무너뜨렸다. 미국의 라틴아메리카에 대한 개입은 외국 자본과 선진 과학기술의 필요성을 앞세운 새로운 유형의 제국주의적 침탈이었다. 아르벤스 정권의 붕괴를 기점으로 라틴아메리카의 포퓰리즘 정부들은 도미노처럼 연속적으로 권력을 상실했다. 독일과 일본에 대한 미국의 경제 지원이 사회주의 이데올로기의 확산을 막기 위한 시도였다면, 라틴아메리카에 대한 미국의 개입은 신생 민족주의 부르주아지의 성장을 가로막는 신식민주의 정책이었다. 라틴아메리카의 고전적 포퓰리즘을 논의할 때는 반드시 이러한 외적 요인들이 고려되어야 한다.

절대주의 왕권에 해당한다고 보아도 좋다"(가라타니, 2012: 263). 이런 맥락에서 페론과 바르가스는 그 당시에 포퓰리스트 정치인으로 비판받은 것이 아니라 독재자로 비판받았다는 점을 기억할 필요가 있다.

2) 거시경제적 관점으로 본 신자유주의 네오포퓰리즘

두 번째는 거시경제적 접근 방식이다. 거시경제적 관점은 포퓰리즘을 경제 성장을 내세운 정치적 포퓰리즘과 경제적 자유주의의 결합 현상으로 해석하며, 시기적으로는 1980~1990년대의 신자유주의 네오포퓰리즘(neoliberal neopopulism)에 해당한다. 앞에서 언급한 것처럼, 고전적 포퓰리즘은 자본주의 세계체제의 주변부였던 라틴아메리카가 제2차 세계대전 이후 헤게모니를 장악한 미국의 제국주의 체제에 새롭게 편입되면서 소멸되기 시작했다. 과테말라 사태를 시작으로 라틴아메리카에 대한 개입을 본격화하기 시작한 미국은 '진보를 위한 동맹'의 파트너로 군부를 선택했다. 국제적인 자본주의 세력과 동맹을 체결한 신식민지 엘리트 과두세력과 이들이 앞세운 군부 정권에 의해 고전적 포퓰리즘이 겨우 마련했던 물적 토대는 급격하게 허약해졌다. 발전(development) 개념은 제3세계를 탄생시킨 설계도였고 '진보를 위한 동맹'은 주변부 자본에 대한 중심부 자본주의의 지배를 은폐하기 위한 수사학이었다. 그러나 1973년 국제적 석유 파동을 계기로 자본주의가 위기에 처하면서 발전주의의 환상은 깨지기 시작했고, 1980년대에 들어와 군부 정권이 와해되면서 라틴아메리카 국가들은 일제히 정치적 민주화를 이루었다. 하지만 정치적 민주화는 '형식적 민주주의'에 불과했다. '형식적 민주주의'는 경제발전을 추진할 능력이 없었던 군부독재 정권이 물러나면서 외채 위기와 함께 물려준 유산이었고, '형식적 민주주의'의 뒤편에서는 국제적 자본 세력을 보호하기 위한 신자유

의 개혁이 진행되고 있었다.[6]

라틴아메리카 민주주의는 외채 상환과 범죄 망각이라는 선고를 받고 소생했다. 마치 민선 정부가 군부의 노력에 고마워하는 것 같았다. 군부의 공포정치는 유리한 해외 투자 환경을 조성했고 이어 뻔뻔스럽게도 나라를 헐값에 팔아먹을 수 있는 길을 잘 닦아놓았다. 국가 주권을 완전히 포기하고, 노동권을 유린하고, 공익사업이 와해된 것은 바로 민주주의 체제 하에서였다. 1980년대에 민권을 회복한 사회는 최상의 기력을 이미 상실한 상태였고, 거짓과 공포에서 살아남는 데 익숙해져 있었으며, 너무도 낙담하고 쇠약해져서 창조적 활력을 필요로 했다. 창조적 활력은 민주주의가 약속한 것이긴 하지만, 줄 수도 없었고 줄 방법도 몰랐다(갈레아노, 2004: 219).

1980년대 라틴아메리카의 '형식적 민주주의'는, 한편으로는 군부 독재가 저지른 범죄에 면죄부를 주고, 다른 한편으로는 외채 상환과 신자유주의 경제개혁을 담보로 주어진 것이었다. 라틴아메리카 종속이론(dependency theory)이 보여주었던 것처럼 '진보를 위한 동맹', '발전주의'는 주변부 자본의 잉여가치가 중심부로 이전하는 현

---

6 1980년대 라틴아메리카의 정치적 민주화는 신자유주의 경제 개혁과 함께 진행되었다. 그러나 민주주의 촉진은 자유시장을 안전하게 보호하기 위한 자본 권력의 '선제 개혁'이었다. 다시 말해 신자유주의 개혁이 대륙 전체를 자본이 이용 가능하도록 만드는 것이라면, 형식적 민주주의는 자본을 위해 대륙을 더욱 안전하게 만들기 위한 전 지구적 자본의 선제적 개혁이었다. 따라서 민주주의의 촉진은 사실상 민주주의의 회복과 심화가 아니라 '정치의 종말'이었다.

상을 은폐하는 기만적 수사학에 불과했다. 신자유주의 개혁의 목표가 세계를 자본이 이용 가능한 것으로 만드는 것이라면, 형식적 민주주의의 목표는 자본을 위해 세계를 더 안전하게 만드는 것이었다. 아르헨티나의 카를로스 메넴(Carlos Menem), 브라질의 페르난두 콜로르 지 멜루(Fernando Collor de Mello), 페루의 알베르토 후지모리(Alberto Fujimori) 같은 포퓰리즘 정치인들은 재앙에 가까운 경제위기를 극복하기 위해 엘리트 과두지배 체제를 공격했고 인민을 위한 진정한 정부를 세우겠다고 약속했다. 그러나 이들은 권력을 잡은 후에 극심한 하이퍼인플레이션을 해결하고 경제를 안정화시키기 위해 극단적인 신자유주의 개혁을 실행했다. 네오포퓰리즘 정치인들은 신자유주의 강령을 따르는 개혁 프로그램을 실행하면서 순수한 인민과 부패한 엘리트 과두지배 계층의 적대를 부각시켰다. 다시 말하자면, 부패의 근원은 자본 권력이 아니라 정치가들과 국가 권력이라는 것을 보여주기 위해서 과두 기득권 세력을 신자유주의 강령에 반대하고 사익을 취한 집단으로 부각시켰다. 사회적 약자에게 값비싼 대가를 요구하는 신자유주의 개혁에도 불구하고 네오포퓰리즘 정치인들이 정권 초기에 55~80%에 이르는 높은 지지를 얻었던 것은 이러한 이유 때문이었다. 그러나 신생 민족 부르주아지, 도시와 농촌의 노동 계급, 농민 조직, 계급으로 규정되지 않는 주변부 집단을 국민국가의 인민으로 만들려고 했던 고전적 포퓰리즘 정치인들과 달리, 네오포퓰리즘 정치인들은 인민을 신자유주의 개혁을 위한 동원의 대상으로 여겼다. 네오포퓰리즘 정치인들에게 인민은 수동적 대중이었고 시장 경제로 편입시켜야 할 비공식 부문의 가난한 사람들이었다.

3) 정치적 전략으로서의 네오포퓰리즘

세 번째는 정치적·제도적 관점의 접근 방식이다. 정치적·제도적 관점의 접근은 포퓰리즘을 대의 제도를 거치지 않고, 직접적인 방식으로, 조직되지 않은 대중의 지지를 얻어 권력을 획득하는 정치적 전략으로 보며, 시기적으로는 1980년대 이후 신자유주의 네오포퓰리즘 시기와 중첩된다. 다시 말해 정치적·제도적 관점과 거시경제적 관점은 네오포퓰리즘이라는 동전의 양면이다. 포퓰리즘이 감성자극적 수사를 이용한 선동적 정치인의 대중에 대한 직접적 호소라는 폄훼된 의미로 사용되기 시작한 것은 네오포퓰리즘 시기부터이며, 정치적 전략으로서의 포퓰리즘은 좌파와 우파에 모두 적용된다. "오늘날 포퓰리즘의 의미는 완전히 달라졌다. 정치 전략적으로 재규정되는 의미론적 미끄러짐 현상이 발생했기 때문이다. 이제 포퓰리즘은 워싱턴 컨센서스를 이론적 바탕으로 하는 세계화의 흐름을 거스르는 모든 정치적·사회적 운동과 정책을 의미하는 말이 되었다. 다시 말해 신자유주의 기획에 반대해 일어나는 모든 인민정치운동은 포퓰리스트라는 낙인이 찍혔다. 따라서 사회과학은 포퓰리즘이라는 용어를 거부해야 한다. 포퓰리즘이란 말은 반대자들(인민)을 혼란스럽게 만들기 위해 사용되는 세련된 욕이다"(Dussel, 2012: 162). 요컨대 정치적 전략으로서의 포퓰리즘은 '인민을 위해 말하는 것(speaking for the people)'이 아니라 '인민처럼 말하는 것(talking like the people)'이다(Kazin, 1998). 이런 맥락에서 라틴아메리카의 신자유주의 네오포퓰리즘은 정치 엘리트가 주체가 된 '사이비 포퓰리즘(pseudopopulism)'으로 규정되어야 한다.

근대적 사회구성체의 관점에서 바라보면 네오포퓰리즘 시기의 신자유주의 개혁은 중상주의가 출현했던 때부터 국가와 분리된 적이 없었던 자본이 국가로부터 벗어나려는 시도였다. 신자유주의가 내세우는 시장근본주의는 국가의 역할을 축소시키고 시장자유주의, 시장자율주의, 시장에 의한 경제적 차원의 극대화를 촉진하며, 이를 전 지구적으로 확산시키려고 한다. 신자유주의 세계화는 국가의 주권이 시장(자본)으로 넘어갔고, 국가의 해체가 가속화되면서 국민주의도 소멸될 것이라고 주장한다. 이러한 주장에 따르면, 신자유주의 세계화는 '국민'과 '국가'가 더 이상 일치하지 않고, 국민국가는 국가의 경계선을 넘어서서 탈국가적이고 초국가적인 블록으로 재편되는 현상을 가리킨다. 이러한 현상은 정치적인 측면에서 '포스트 민주주의' 혹은 '탈정치화'를 의미한다. 포스트 민주주의가 자유민주주의를 구성하는 자유주의와 민주주의 간의 경합적 긴장이 사라지고 시민들이 자신들의 정치적 권리를 실현시킬 가능성을 박탈당하는 사태를 가리킨다면, 탈정치화는 좌우 세력 간의 정치적 경계가 흐릿해져서 남는 것은 중도우파와 중도좌파 정당들이 주고받는 정권 교체일 뿐이라는 것을 의미한다(무페, 2019).

4) 담론적 관점에서 본 급진적 포퓰리즘

네 번째는 담론적 접근 방식이다. 담론적 관점에서 접근하는 포퓰리즘은 현 상태(status quo)의 유지를 바라는 진영과 비판하는 진영으로 분리하는 정치적 경계를 세우고, 엘리트에 맞선 인민의 동원을 위한 담론 전략이다. 담론적 관점은 시기와 장소에 따라 변주된 형태로 모든 포퓰리즘 현상에 적용될 수 있으나, 라틴아메리카의 경우 특히 1990년대 후반 이후 급진적 포퓰리즘(radical populism)에 해당한다. 1998년 베네수엘라의 우고 차베스(Hugo Chávez)의 대선 승리를 기점으로 가시화된 라틴아메리카 급진적 포퓰리즘은 볼리비아의 에보 모랄레스(Evo Morales), 에콰도르의 라파엘 코레아(Rafael Correa)가 차베스의 뒤를 이어 대선에서 승리하면서 대륙 전체로 확산되었다. 급진적 포퓰리즘 정치인들은 신자유주의 네오포퓰리즘 정치인들과 달리 국가의 역할을 강조하고, 자유시장 정책을 강하게 반대했으며, 다수 인민을 위한 발전 모델을 주장했다. 또한 억압당하고 배제되었던 원주민과 아프리카계 흑인들을 포함한 가난한 인민과 부자를 적대로 설정했다. 급진적 포퓰리즘 담론은 국제 자본 세력과 신식민지 과두지배 계층의 동맹을 공격한다는 점에서 고전적 포퓰리즘과 유사하지만, 인민을 좁은 이데올로기적 계급 관점에서 바라보았던 고전적 포퓰리즘과 달리 인민을 '보통 사람들(plebeians/common people)'과 동일시한다는 점에서 다르다. '보통 사람들'은 사회경제적 지위와 특정한 문화적 전통 및 가치관을 결합시킨 더 확장된 개념이다.

급진적 포퓰리즘 정치인들은 보통 사람들의 정치적 참여를 확대하고 보통 사람들이 주체가 된 사회운동의 지지를 받았다. 1990년대 후반 이후 다양한 스펙트럼의 라틴아메리카 사회운동은 최근 30~40년 동안의 신자유주의 모델을 비판할 뿐만 아니라, 신자유주의 개혁으로 인한 탈정치화를 재정치화시켰다. 이런 맥락에서 라틴아메리카 사회운동은 경제적 차원의 재분배를 넘어선 정치적 차원의 투쟁으로 인민이 집합적 행위자로 등장했음을 의미한다. 더 나아가 사회운동은 아메리카 정복 이후 500년 동안 지속되어 온 '식민적 권력 매트릭스(colonial matrix of power)'를 해체하려는 포괄적인 탈식민적(de-colonial) 투쟁이기도 하다. 라틴아메리카 사회운동 중에서 특별히 원주민운동과 아프리카계 흑인운동이 주목받는 이유는 그들이 사회에서 배제된 몫 없는 사람들일 뿐만 아니라, 그들의 집단적 경험과 삶 속에 유지/기억되고 있는 '가능한 다른 세계'에 대한 요구 때문이다. 특히 베네수엘라의 '21세기 사회주의'는 최대 범위의 민주적 참여를, 볼리비아와 에콰도르에서 제시하는 '수막 카우사이(Sumak Kawsay)'는 문명의 전환을 시도하는 대항헤게모니운동으로 등장했다.[7]

근대적 사회구성체의 관점에서 급진적 포퓰리즘의 주된 지향점은 자본에게 넘어간 국가의 주권을 회복하는 것이다. 신자유주의 세계화의 물결 속에서 예견되었던 국민국가의 종언은 일어나지 않았다. 이러한 예견과는 반대로, 소련 붕괴 이후 중부 유럽과 동부 유럽 지역에서 새로운 국민국가들이 탄생했을 뿐만 아니라, 세계 곳곳에서 국민주의가 더 강화되고, 국가를 잃어버린 난민(難民) 문제가 국제적 이슈로 등장하고 있다. 앞에서 언급한 것처럼, 근대적

---

7   수막 카우사이(Sumak Kawsay)는 2008년 에콰도르 개정 헌법에 성문화된 안데스 원주민의 세계관이다. 수막 카우사이는 에콰도르 키츠아(kichwa) 원주민어이며 인간과 자연이 함께 소속되는 공동체에서의 충만한 삶(a fullness life in a community, together with other persons and Nature)을 의미한다. 수막 카우사이는 새로운 사회조직의 원리이면서 새로운 문명관을 제시하는 규합 개념(organizing concept)으로 그 밑바탕에는 인간중심주의에서 생명중심주의로의 전환이 자리 잡고 있다. 수막 카우사이는 우리가 익숙하고 흔하게 사용하는 '살림'(명사), '살리다'(동사)로 번역될 수 있다.

사회구성체는 자본, 네이션, 국가가 보로메오의 매듭처럼 엮여서 어느 것 하나라도 없으면 성립되지 않는다. 세계화가 가속화되고 있는 현실에서도 국민국가는 여전히 민주주의 정치와 인민주권이 실현되는 장소이다. 라틴아메리카의 급진적 포퓰리즘은 국민국가의 재구성을 통해 자본 권력으로부터 국가 주권을 회복하고, '대안은 없다'는 신자유주의 공세에 맞서 대안을 모색하고 있다. 국민국가를 재구성하는 과정에서 급진적 포퓰리즘이 보여주는 특이점은 '위로부터 아래로' 내려가는 정치권력과 '아래로부터 위로' 올라가는 사회운동의 요구가 공동 전선을 형성하여 자본 권력에 맞서고 있는 것이다. 다양한 사회운동의 주체—멕시코의 사파티스타 원주민 운동, 볼리비아와 에콰도르의 원주민운동, 브라질의 무토지 농민운동과 도시빈민운동, 아르헨티나의 피케테로스운동 등—들은 정치권력의 동원 대상이 아니라 주권을 가진 집합적인 정치적 행위자가 되고 있다. 이런 맥락에서 급진적 포퓰리즘은 민주주의에 대한 위협이 아니라 인민을 정치적 행위자로 인정함으로써 신자유주의가 무력화시킨 민주주의를 급진화하는 시도로 평가되어야 한다. 이런 의미에서 급진적 포퓰리즘은 민주주의의 급진화로 부르는 것이 더 타당하다.

담론적 관점은 라틴아메리카에서 포퓰리즘이 반복적으로 출현하는 이유를 이론적으로 접근할 수 있는 틀을 제시한다. 첫째, 담론적 관점이 강조하는 포퓰리즘의 핵심적인 개념은 적대와 헤게모니이다. 담론적 관점에서 볼 때 사회는 언제나 적대적 범주('우리'와 '그들')로 분할되고, 분할된 사회는 헤게모니 실천을 통해 정치적으로 구성된다. 정치적 경계로 설정되는 순수한 인민과 부패한 엘리트 과두세력 간의 적대는 항상—이미 현존하는 가능성이며 인민은 경험적 지시 대상이 아니라 '떠도는 기표(floating signifiers)'이다(Laclau, 2005). '떠도는 기표'는 사회적 질서란 우발적 실천들의 일시적이고 불안정한 절합(articulation)이며, 다른 가능성의 배제에 근거해 있음을 의미한다.

둘째, 포퓰리즘에 대한 접근 방식이 정치지도자나 정당의 관점에서 이루어져 왔다면, 담론적 관점에서는 주권자인 인민의 관점에서 포퓰리즘을 바라본다. 인민은 주기적으로 투표에 참여하고 권력자가 선출된 이후에는 침묵하는 수동적 존재가 아니라, 주권자로서 피선거권자에게 부여한 정치적 권력을 되찾아 올 수 있는 정치적 행위자이다.

셋째, 담론적 관점은 포퓰리즘을 "정치란 인민의 일반의지의 표현이라고 주장하는 중심이 얇은 이데올로기(thin-centered ideology)"로 본다(무데 로비라 칼트바서, 2019: 16). '중심이 얇은 이데올로기'라는 것은 포퓰리즘이 어떤 '참된 본질'을 갖는 이데올로기가 아니라는 것이다. 그와는 반대로, 포퓰리즘은 반(反)본질주의의 입장에서 참된 본질을 주장하는 '중심이 두꺼운 이데올로기(thick-centered or full ideologies)'의 '구성적 외부(constitutive outside)'로 기능한다. 근대 역사에서 '중심이 두꺼운 이데올로기'는 자유민주주의이다.

3. 인민이란 무엇인가

앞 장에서 살펴본 것처럼, 라틴아메리카 포퓰리즘은 식민지로부터 독립한 이후 근대 국민국가를 구성하는 과정에서 특정한 시기에, 특정한 지역에서, 특정한 속성을 갖는 여러 개의 모습으로 반복적으로 출현했다. 여러 개의 모습으로 반복적으로 출현하는 포퓰리즘의 핵심적인 요소는 인민이다. 그러나 경험적 지시 대상이 아니라 떠도는 텅 빈 기표라는 점에서 인민은 모호하고, 불확실하며, 비학문적인 개념으로 치부된다. 따라서 라틴아메리카 포퓰리즘에 대한 진전된 논의를 위해서는 인민이 무엇인지 규정할 필요가 있다.

민주주의는 인민의 지배를 뜻한다. 인민은 주권을 갖는 존재이며 권력의 원천이다. 그러나 현실 민주주의에서 인민의 지배는 줄곧 미완의 상태로, 여전히 도달해야 할 목표로 남아 있다. 라틴아메리카의 경우 식민지로부터 독립하고 공화국이 설립된 이후에 '주권자로서의 인민(sovereign people)'이 '실제적 인민(real people)'과 결코 일치한 적이 없다. 실제적 인민은 무능력하고 공적인 삶을 영위할 수 있는 자율성과 판단력을 갖지 못했다는 이유로 정치적 공론장에서 배제되었다. 이 때문에 공화국을 건설하는 과정에서 '주권자로서의 인민과 실제적 인민을 어떻게 일치시킬 것인가'라는 물음이 지속적으로 반복되었고, 사실상 라틴아메리카 포퓰리즘은 실제적 인민이 주권자로서의 인민이 되는 계기라고 말할 수 있다.

식민지로부터 독립한 신생 공화국들은 소수의 자격 있는 자(지배 엘리트 과두 계층)와 다수의 자격 없는 자(피지배 인민)로 분할되었고, 소수의 자격 있는 자들이 다수의 자격 없는 자들을 대표했다. 자격 없는 자들은 자신을 대표하는 자를 선출할 수 있는 권리, 즉 선거를 통한 주권의 위임이라는 소극적 권리를 가질 뿐 스스로 목소리를 내지 못했다. 이런 맥락에서 공화국의 대의 민주주의는 불평등과 배제의 민주주의였고 애초부터 인민 주권은 허울이었다. 인민 주권을 정치적 정당성의 근거로 삼으면서 실제적 인민을 주권자로 인정하지 않는 것은 공화주의의 역설이었다.

그렇다면 포퓰리즘의 인민은 민주주의에서 배제된 인민을 뜻하는가? 포퓰리즘이 인민주의를 의미한다면 포퓰리즘의 인민은 무엇인가? 포퓰리즘의 인민은 불평등과 배제의 민주주의, 허울뿐인 민주주의로부터 민주주의를 구제(redemption)하는 인민이다. 이런 의미에서 포퓰리즘은 민주주의와 반목(反目)하지 않는다. 포퓰리즘의 인민은 사회계약을 통해 주권을 위임한 명목상의 인민이 아니라 민주주의라는 정치 공동체의 주체이다. 민주주의와 포퓰리즘이 반목하지 않는다는 것을 알기 위해 애초에 민주주의를 가능하게 했던 인민으로 돌아가 볼 필요가 있다. 기원전 5세기경 도시국가 아테네에서 등장한 민주주의는 혈연에 기반을 둔 통치 체제와 단절하고 데모스(demos)라고 불리는 촌락공동체를 중심으로 행정구역을 재편함으로써 가능해졌다. 그 이전까지 혈연에 기반을 둔 공동체의 구성원은 개인들이나 집단들에게 돌아갈 몫의 분배를 규정하는 아르케(arkhê) 논리에 따라, 즉 그들의 속성 내지 자질과 그에 따른 분배의 몫을 규정하는 원리에 따라 몫을 분배 받았다(랑시에르, 2013). 예를 들어 명망 있는 가문의 사람, 재산이나 지식이 많은 사람, 덕(德)이 많은 사람은 많은 몫을 분배 받고, 그렇지 못한 사람은 적은 몫을 분배 받았다. 아예 분배에서 제외되는 사람들도 존재했다. 이렇게 아르케의 논리는 불평등과 배제의 논리였고, 아르케가 '시초', '원리', '지배'를 뜻한다는 점에서 이러한 불평등과 배제는 본래적이고 자연적인 것으로 정당화되었다. 반면 인민은 데모스에 등록하여 가문이나 재산, 지식에 상관없이 참정권을 비롯한 시민의 권리와 지위를 보장받은 사람이다.

데모스가 혈연에 기반을 둔 통치 체제와 단절하는 인위적인 정치 공동체라면, 데모스의 인민 또한 자연적인 불평등한 질서인 아르케의 논리를 부정하는 인위적인 정치적 고안물이다. 이런 맥락에서 인민은 경험적 지시 대상이 아니라 담론적인 정치적 구성물이다. 포퓰리즘이 호명(interpellation)하는 인민은 정치 공동체가 분할되는 위기의 순간에 출현한다. 그람시(Antonio Gramsci)의 말에 따르면, 헤게모니는 동의(consensus)에 의한 지배이며 인민은 지도 계급이 헤게모니를 상실할 때 출현한다. 공동체의 정치적 지도 계급이 헤게모니를 잃게 되면 지도력(leadership)과 정당성을 상실하고 강압적인 힘을 사용하는 지배(dominant)계급으로 변질된다. 헤게모니와 정당성의 위기의 시기에 포퓰리즘에 의해 호명된 인민은 국민국가의 추상적 국민에서 집합적인 정치적 행위자로 변화된다. 그람시는 인민을 '역사적 지배 블록(the historical block in power)'과 적대를 형성하는 '억압받는 사회적 블록(the social block of the oppressed)'으로 규정했는데, 정치적인 관점에서 현실은 항상-이미 두 블록 간의 적대로 이루어지며 이러한 적대는 결코 완전히 제거되지 않는다. 다시 말해 사회는 항상-이미 분할되고 모든 질서는 헤게모니적으로 구조화된다. 이런 의미에서 포퓰리즘은 현실을 정치적으로 사유하고 헤게모니적으로 실천하는 계기이다. '현실을 정치적으로 사유한다는 것(thinking the world politically)'은 현실이 두 진영('우리'와 '그들')으로 분리되는 정치적 경계를 중심으로 적대적으로 구성되고, 두 진영이

완벽하게 화해하는 조화로운 상태는 존재하지 않는다는 사실을 인식하는 것이다. 그리고 현실을 헤게모니적으로 실천한다는 것은 모든 사회질서가 궁극적인 합리적 토대를 결여한 권력 관계들의 절합이라는 것을 의미한다.

> 모든 종류의 사회 질서는 헤게모니적이며, 우발성의 맥락에서 질서를 수립하려는 목표를 지닌 일련의 실천이 낳은 산물이다. (…) 즉 모든 질서는 우발적 실천들의 일시적이고 불안정한 절합이다. 사태는 언제든 달라질 수 있는 것이며, 모든 질서는 다른 가능성의 배제에 근거해 있다. 어떤 질서든 항상 권력 관계들의 특정한 배치의 표현이다. 어떤 순간에 그에 수반되는 상식과 함께 '본래적' 질서라고 받아들여지는 것은 누적된 헤게모니적 실천의 결과이지, 그런 결과를 가져온 실천과는 하등의 상관없이 저 깊은 곳 어딘가에 존재하는 객관성의 발현물이 결코 아니다. 그러므로 모든 질서는 또 다른 형태의 헤게모니를 세우기 위해 그 질서를 탈구시키려는 대항헤게모니적 실천의 도전을 받는다(무페, 2020: 31-32).

포퓰리즘의 두드러진 부정적 특징 중의 하나로 거론되는 적대는 사회를 '적(그들)'과 '동지(우리)'로 편가르기 하는 것이 아니다. 적대는 정치적인 것의 존재론적 차원이다. 무페가 지적하듯이, 적대는 적들 사이의 쟁투가 아니라 대결자들 사이의 헤게모니적 경합이다. "대결자들은 민주주의의 원칙에 대한 각자의 해석이 헤게모니적이 되기를 원하기 때문에 서로 맞서지만 자신들의 대립 진영이 그 입장의 승리를 위해 싸울 수 있는 권리의 정당성을 문제 삼지 않는다. 대결자들 사이의 이런 대결이 바로 역동적인 민주주의의 조건인 '경합적 투쟁'을 구성하는 것이다."(무페, 2020: 39) 이런 맥락에서 민주주의와 반목하는 것은 포퓰리즘이 아니라 자유주의이다. 근대 공화국 설립의 기초가 된 자유민주주의는 서로 다른 두 전통인 자유주의와 민주주의의 절합을 통해 수립된 정치 질서로, 절대주의라는 공동의 적에 대한 투쟁으로 발생했다. 자유주의가 법의 지배, 권력 분립, 개인의 자유 보호 같은 원리에 기초한다면, 민주주의의 중심 사상은 평등과 인민주권이다. 자유주의가 합리주의적 의사소통을 통해 적대를 제거함으로써 최종적 화해의 가능성을 믿는다면, 민주주의는 적대의 근절 불가능성을 인정하면서 적대의 가능성을 최소화하려는 시도이다. 이렇게 서로 다른 원리에 기초한다는 점에서 자유민주주의는 '역동적 긴장의 장소(locus of dynamic tension)'이다. 18세기 말 계몽주의를 거치면서 자유주의와 민주주의 사이의 긴장이 느슨해졌고 자유주의 세력이 강화되기 시작했다. 19세기 초반 유럽에서 자유주의가 이상적인 사회적 이데올로기였던 반면, 민주주의는 자코뱅주의와 동일시되는 경멸적인 말이 되었다. 19세기 이후 계속된 혁명과 반혁명의 역사는 자유주의와 민주주의 사이의 긴장 관계를 새롭게 형성하는 과정이었다.

포퓰리즘이 호명하는 인민은 민주주의의 인민이다. 더 엄밀하게 말하자면, 포퓰리즘은 '모두를 위한 자유와 평등'이라는 원리가 제대로 작동하지 않는 민주주의를 실천하기 위해 주권자 인민을 호명한다. 민주주의의 평등한 주체인 인민은 단순히 공동체 성원의 총합이 아니라 수행적(performative) 실천에 의해 구성된다. 수행적 실천을 통해 인민은 공동체에 속하지만 자격이 없다는 이유로 셈해

지지 않는 이들, 몫이 없는 이들을 대표함으로써 정치적 공동체에서 자신들의 속성이나 자질과 관계없이 공동체 전체를 셈해지지 않는 이들의 셈과 동일시할 수 있게 해준다(랑시에르, 2013). 다시 말해 민주주의의 인민은 자연적인 존재가 아니라 정치공동체에서 인위적으로 평등하게 구성되며, 공동체의 어떤 한 개인이나 집단이라도 셈에서 배제되면 공동체가 민주주의로서의 자격을 상실하게 되는 존재이다. "[민주주의의] 인민은 공동체에 속하는 각각의 개인들이나 집단들이 지닌 이러저러한 속성이나 자격, 정체성에 덧붙여진 추가적인 속성 내지 자격이다. 그것은 [아르케의 논리에 따른] 실제의 셈의 대상이 아니고, 따라서 분배의 몫을 규정하는 데서 고려의 대상이 되지 않지만, 정치 공동체인 한에서 어떤 공동체에 속하는 모든 성원들이 항상 이미 지니고 있는 속성 내지 자격이 바로 인민이라는 속성이다."(진태원, 2012)

헤게모니와 정당성의 위기의 순간에 출현하는 인민은 공동체를 구성하는 인구의 총합도 아니고, 인구 중 노동하는 계급도 아니다. 정치적 범주인 인민은 자본의 핵심적인 요소이자 경제적 범주인 노동 계급으로 환원되지 않으며, 혁명적 변화를 주도하는 최종 심급의 역사적 주체도 아니다. 유럽에서 마르크스주의를 경험했던 페루의 지식인이자 공산주의자였던 마리아테기(José Carlos Mariátegui)가 원주민을 1920년대 페루에서 정치적 헤게모니를 가진 집단적 주체로 인정한 것도 같은 맥락이었다. 이 때문에 마리아테기는 페루 공산당을 창당했던 정통 마르크스주의자들에게 포퓰리스트로 비난받았다.

앞에서 언급한 것처럼, 라틴아메리카의 경우 식민지로부터 독립하고 공화국이 설립된 이후에 주권자로서의 인민이 실제적 인민과 결코 일치한 적이 없다. 신생 국가들에게 시급한 정치적 문제는 민주주의로의 전환이 아니라 중앙정부를 수립하고 '국민을 만드는 일 (nation-building)'이었다. 라틴아메리카의 국민 만들기에서 주목해야 할 것은 종족성과 인종주의가 결합되었다는 것이다. 인종주의는 식민적 상태가 종식된 이후에도 여전히 지속되는 사회문화적 위계를 통해 비(非)유럽인을 유럽인과 구별하는 기준이었다. 인종의 범주에 따른 사회적 관계는 아메리카에 새로운 사회적 정체성의 기원이 되었고, 그 이전까지 단순히 출신지를 의미했던 스페인인, 포르투갈인은 새로운 사회적 정체성으로 등장한 인디오, 흑인, 메스티소(mestizo)와 인종적 차이를 의미하는 말이 되었다. 인종적 차이를 의미하는 사회적 정체성은 사회적 위계와 역할을 함축하는 지배 관계의 표현이었다.[8] 백인 크리올(creoles) 엘리트들은 인종주의의 관점에서 '국민'이라는 상상의 공동체를 구축하고 재구축해왔다. 이 과정에서 국민을 형성하는 구성원에게 부여되는 시민적 권리, 정치적 권리, 사회적 권리는 원주민, 흑인, 메스티소(mestizo), 물라토

---

8 인종(차별)주의는 정치적·경제적 식민주의를 뛰어 넘어 '존재의 식민성(coloniality of being)'을 구조화하며 사회제도적으로 끊임없이 재생산된다. 인종주의나 '인종적 사고(racial thinking)'가 하나의 이데올로기로 간주될 때, 그것은 근대성의 일탈 혹은 실패로 제시되며, 따라서 널리 스며들어 있다고 하더라도 전체로서의 근대사회로부터는 상대적으로 분리된 것으로 여겨진다. 그러나 식민성과 마찬가지로 인종주의는 근대성에 내재적일 뿐 아니라 근대성을 구성하기도 한다. 근대성-식민성-인종주의의 권력은 단 한 번도 단순히 상부구조적 현상이었던 적이 없다. 그것은 오히려 피지배 주민들의 집단적 실존 전체를 가로지르는 가운데 그들의 몸에 삼투되어 내부에서 삶형태를 생산하는 물질적 장치이다.

(mulato), 삼보(zambo)에게는 결코 완전하게 주어진 적이 없다.[9] 라틴아메리카 역사에서 이들은 배제된 사람들이었다. 유럽으로부터 수입된 공화국이라는 근대적 정치 질서에서 상상의 공동체의 주민은 해방의 주체가 아니라 공화국을 유지할 자격이 없는 장애물로 여겨졌다. 엘리트 과두지배 계층은 식민주의가 종식된 이후에도 여전히 남아 있는 '권력의 식민성(coloniality of power)'으로부터 국민을 해방시키려고 하기보다 문명화시키려고 했다. 요컨대 공화국에는 상상의 공동체인 추상적 국민만 존재할 뿐 인민은 존재하지 않았다. 과두제적 종속적 발전 모델은 인민을 구성하지 못했고, 민주적 요구를 헤게모니적 질서 안으로 포용하지도 못했다. 인민이라는 개념에 내포된 이중성—주권자로서의 인민(populus)과 배제된 실제적 인민(plebs)—이 해소되는 계기는 포퓰리즘이 인민을 호명할 때이다. 페론은 세르반테스(Cervantes) 탄생 400주년을 기념하는 학술원 행사의 연설에서 다음과 같이 인민을 호명했다.

1806년 외부의 침입자를 물리치기 위해 영웅적으로 전투에 참여한

---

9 메스티소는 백인과 원주민의 혼혈, 물라토는 백인과 흑인의 혼혈, 삼보는 원주민과 흑인의 혼혈을 뜻한다. 아메리카가 유럽의 식민지가 되기 전에는 피부색에 의한 인종 개념은 존재하지 않았다. 19세기 초 라틴아메리카 대륙을 탐험했던 훔볼트(Humboldt)는 피부색이 사회에서 차지하는 계급을 결정한다고 말했다. 유럽의 정복자들은 사회적 지배 관계를 구성하는 근본적인 요소로 인종 개념의 타당성을 주장했다. 새로운 권력 모델로 자리 잡은 인종 개념은 아메리카 주민들을 분류하는 기준이 되었고, 점차적으로 전 세계 주민을 분류하는 기준이 되었다. 또한 인종 개념은 자본과 세계 시장을 중심으로 다양한 방식으로 존재하는 노동력을 통제하고 착취하는 새로운 구조를 만들어냈다.

남녀들이 우리의 인민이며, (…) 1810년 5월 혁명에 참여한 사람들도 그들과 같고, 투쿠만(Tucumán)과 살타(Salta)에서 영광스러운 승리를 거두고 빌카푸히오(Vilcapugio)와 아요우마(Ayohuma)에서 명예롭게 전사한 이들의 핏속에도 인민의 피가 흐른다. 좌충우돌 굴종을 모르는 장군들도 우리 인민이요, 1816년 온 세계에 우리의 정치적 독립을 선언한 사람들, 영웅을 따라 황량하고 거친 안데스 산맥을 가로질러 간 타이탄의 후예들, (…) 민족통일을 위해 헌신한 사람들, 공화국을 수립하는 데 기여한 이들, 국가의 주권과 존엄성을 지키기 위해 수없이 피를 흘린 사람들, (…) 그들이 우리의 피요 살이며, 영웅적이고 희생적이며, 고결하고 위엄 있는, 우쭐거리지 않으면서 도도하고, 직관적 지혜를 소유한 우리의 인민이다. 우쭐거리지 않고 평화롭고 부지런히 자신의 일상을 꾸려가는 사람들, 번잡한 도시에서 살아가면서도 이상(理想)을 간직하고 있는 이들이 우리의 인민이다 (Perón, 1947).

페론이 호명하는 인민은 단일하지도 않고, 동질적이지도 않으며, 무오류의 이상적인 존재도 아니다. 페론이 호명하는 인민은 차이를 갖는 다양한 보통 사람들이다. 페론이 호명하는 인민은 추상적인 주권자로서의 국민이 아니라, 자신이 속한 공동체를 위한 투쟁에 참여함으로써 비로소 집합적이고 구체적인 동일성을 갖는다. 다시 말해 인민은 다양한 차이를 갖는 보통 사람들이 수행적 실천을 통해 '등가사슬(chain of equivalences)'로 묶인 집합적 정체성이다. 요컨대 인민은 이러저러한 속성을 갖는 각각의 개인들이나 집단들이 등가적 연결을 통해 형성된 집합적 동일성이다(Laclau, 2005). 미국과 소련이 주도한 냉전 체제에 의해 재편된 지정학적 상황에서 사회주의 노선을 채택한 피델 카스트로(Fidel Castro)도 쿠바의 보통 사람들을 프롤레타리아 계급 대신에 인민으로 호명했다.

> 우리가 투쟁할 때 사용하는 '인민'이라는 말은 권력에 통합되지 않는 거대한 집단이고, (…) 모든 질서를 근본적이고 지혜롭게 변화시키기를 바라고, 그렇게 할 준비가 되어 있는 집단인데, 무엇인가를 그리고 누군가를 믿기 때문에, 특히 스스로를 충분히 신뢰할 때 (…) 우리는 일자리가 없는 60만 쿠바인을, 임금을 강탈당하는 40만의 도시 노동자와 일용노무자를, 자기 것도 아닌 땅을 모세처럼 약속의 땅처럼 바라보면서 죽도록 일만 하는 10만의 소작농들을, 30만의 교사들을, 빚에 허덕이는 20만의 소상인들을, 희망을 가지고 기꺼이 싸울 준비가 되어 있는 (…) 10만의 젊은 전사들을 인민이라고 부른다. (…) 모든 불운을 겪으면서도 용기를 내 싸울 수 있는 그 사람들이 바로 인민이다(Castro, 1975).

반복하자면, 포퓰리즘은 헤게모니와 정당성의 위기에 인민을 호명한다. 인민을 호명하는 것은 각각의 개인과 집단의 다양하고 이질적인 민주주의적 요구들을 등가사슬로 묶어 억압받는 사회적 블록을 형성하고 역사적 지배 블록과 적대의 경계를 세움으로써 헤게모니적으로 경합하는 것이다. 이때 인민을 호명하는 자는 카리스마를 갖는 지도자이다. 포퓰리즘에서 카리스마를 갖는 지도자의 역할은 적대 개념만큼이나 부정적으로 인식된다. 이것이 포퓰리즘 정치가 권위주의와 동일시되거나 감성에 호소하는 선동적 정치로 비판받는 이유이기도 하다. 포퓰리즘에서 지도자가 필요한 것은 사회란 항상-이미 권력 관계로 분할되어 있기 때문이고, 헤게모니 질서에 도전하기 위해서는 각각와 개인과 집단의 차이를 제거하지 않으면서 등가 접속을 통해 인민이라는 집합적 정체성을 부여하는 존재가 필요하기 때문이다. 라클라우에 따르면 포퓰리즘 정치 지도자는 특정한 개별적 존재가 아니라 인민의 집합적 정체성을 구성하고 결속시키는 어떤 이름이다. 따라서 "포퓰리즘은 오직 레닌-주의, 마오-주의, 페론-주의 등으로 존재할 뿐이다"(Vatter, 2012. 진태원 2013, 203쪽에서 재인용). 이런 맥락에서 인민을 호명하는 지도자는 절대왕정 시기의 왕이 아니며 인민 또한 신민이 아니다(주석 3 참조). 지도자에 의해 호명된 인민은 실제적인 인민에서 주권자로서의 인민으로 변화된다. 이러한 변화는 1990년대 이후 급진적 포퓰리즘에서 뚜렷이 나타난다. 지도자의 권위는 인민의 동의에 의한 것이다. 지도자는 전위(vanguard)에서 인민을 조종하는 존재가 아니라 후위(rearguard)에서 인민의 삶의 경험을 공유하고 실천하는 존재이다. 멕시코 사파티스타 민족해방군(EZNL)의 예에서 볼 수 있는 것처럼 지도자는 '복종하면서 명령한다(mandar obedeciendo)'.

4. 나가며: 라틴아메리카 포퓰리즘이 던져주는 시사점

고전적 포퓰리즘에서 출발해 신자유주의 네오포퓰리즘을 거쳐 급진적 포퓰리즘까지 끊임없이 반복적으로 등장한 라틴아메리카 포퓰리즘이 라틴아메리카 역사와 사회에 던지는 메시지는 무엇일까? 첫째, 20세기 라틴아메리카 역사에서 시간과 공간을 가로질러 반복적으로 포퓰리즘 지도자들이 등장하여 정치권력을 장악했지만 포퓰리즘은 중심이 두꺼운 이데올로기가 아니었다. 라틴아메리카 독립 이후 건국의 이데올로기 역할을 한 것은 자유공화주의였고, 20세기에 들어와 고전적 포퓰리즘이 약화된 이후에 중심을 차지한 것은 '발전주의'와 사회주의 혁명 노선이었으며, 1980년대 이후에는 신자유주의가 가장 먼저, 가장 강도 높게 대륙 전체로 확산되었다. 이런 과정에서 라틴아메리카 포퓰리즘은 시간과 장소에 따라 중심이 두꺼운 이데올로기였던 자유민주주의와 때로는 적대하고, 때로는 결합되는 정치적 행동 방식이었다.

둘째, 라틴아메리카 포퓰리즘은 일국적인 정치적 현상이 아니며 자본주의 세계체제의 전 지구적인 맥락에서 분석되어야 한다. 고전적 포퓰리즘이 등장했던 양차 세계대전 시기의 주변부 자본주의는 제국주의적 약탈의 현장이었다. 또한 양차 세계대전이 라틴아메리카에 가져다준 예상치 않은 행운과 1929년 대공황은 라틴아메리카에 커다란 충격을 준 지정학적 변화였다. 여기에 영국의 헤게모니가 경제적·군사적 우위를 앞세운 미국으로 이동하기 시작한 것도 라틴아메리카 역사에 또 다른 중요한 변수로 작용했다. 라틴아메리카 포퓰리즘은 이러한 전 지구적 차원의 지정학적 상황에서 등장했다. 제1차 세계대전은 라틴아메리카의 산업부르주아지와 노동계급의 성장을 통해서 신생자본주의의 토대를 마련할 수 있는 기회를 제공했고, 포퓰리즘은 이 과정에서 도시화가 진행된 나라에서 가능했던 민족주의적 성격의 '사회계약'이었다. 걸음마 단계의 취약한 민족 부르주아지가 노동계급과 농민집단을 동시에 성장시켰기 때문이다. 또한 신자유주의 네오포퓰리즘은 자유시장을 안전하게 보호하기 위한 전 지구적 자본의 선제적 개혁의 결과로 주어진 정치적 민주화와 동시에 진행되었다는 점을 강조할 필요가 있다.

셋째, 포퓰리즘은 라틴아메리카 사회를 '정치적으로' 사유하고 '헤게모니적으로' 실천하는 계기다. 사회를 정치적으로 사유한다는 것은 사회에 내재하는 적대의 존재론적 차원을 인식하고, 적대란 결코 극복될 수 없는 '구성적/근본적 부정성(constitutive/radical negativity)'에 기인한다는 것을 인정하는 것이다. 또한 헤게모니적 실천은 항상-이미 존재하는 적대를 근절할 수 없다는 것을 인정하면서 민주주의 질서를 추구하는 것이다. 다시 말해 헤게모니는 주어진 권력 작용을 통해 구성되며, 모든 헤게모니적 질서는 현존하는 질서를 탈구시켜 다른 질서를 구축하려고 하는 대항헤게모니적 실천에 의해 도전받는다.

제7장
·······

유럽과 미국 포퓰리즘의 역사적 조망: 보나파르트주의에서 트럼프주의까지

장문석

핵심요지

- 포퓰리즘은 19세기 유럽과 미국에서 등장하여 20세기 후반의 '새로운 포퓰리즘'으로 진화했다.

- 포퓰리즘은 엘리트에 의해 무시당한다고 느끼는 민중에게 목소리를 되돌려준다고 약속하는 이데올로기이자 운동이다.

- 포퓰리즘은 오늘날 사회적 현상이자 정치적 세력이고, 지난 두 세기의 역사적 사실이었다.

1. 글을 열며

포퓰리즘이 새로운 주제는 아니다. 그것의 정체와 특징은 대강이나마 알려져 있다. 이미 반세기 전에 눈 밝은 학자들은 이렇게 말한 적이 있다. "하나의 유령이 세계를 배회하고 있다. 포퓰리즘이라는 유령이(Ionescu and Gellner, 1969, p.1)." 그때만 하더라도 포퓰리즘은 발전한 서유럽이나 미국이 아니라 상대적으로 낙후한 저개발 국가들에서 출몰하는 정치 현상으로 보였다. 그러나 오늘날 사정은 다르다. 포퓰리즘은 주변의 예외적이고 기형적인 현상이 아니라 중심을 점령한 보편적이고 세계적인 현상처럼 보인다. 누군가의 표현을 빌리면, 포퓰리즘의 유령은 근육질의 몸을 얻고 서구 민주주의의 대문을 거칠게 두드리고 있다(Revelli, 2019, p.2). 21세기는 '포퓰리즘의 세기'가 될 거라는 예언도 거침없이 나오는 형국이다.

그렇다면 포퓰리즘을 진지하게 연구할 필요가 있다. 포퓰리즘의 대략적인 본성은 알려져 있지만, 깊이 들어가면 그 기원과 성격, 전망에 대해 여러 해석들이 어지럽게 뒤얽혀 있다. 포퓰리즘은 통상 부패하고 타락한 엘리트에 대해 순결하고 선량한 민중(people)의 대의를 옹호한다. 이렇게 보면, 이기적 엘리트, 평범한 민중, 민중 의지가 포퓰리즘의 3대 요소이다.[10] 또한 포퓰리즘은 종종 외국인 혐

---

10 평범한 민중과 이에 맞서는 이기적 엘리트의 존재, 나아가 민중의 주권적 의지가 포퓰리즘을 이루는 핵심 요소라는 점은 널리 알려져 있다. 로저 이트웰(Roger Eatwell)과 매슈 굿윈(Matthew Goodwin)에 따르면, '엷은 이데올로기'로서 포퓰리즘은 다음의 세 가지 핵심 가치를 포함한다. "① 민중적 의지가 귀에 들리게 하고 실행되게 하려는 시도, ② 평범한 보통 사람들의 이해관계를 옹호하려는 요구, ③ 민중과 동멸어진 부패한 엘리트를 대체하고자

오와 결합되어 이질적이고 불순한 요소를 허용함으로써 동질적이고 순수하다고 간주된 민족(nation)을 오염시키는 엘리트의 잘못된 정책에 반기를 들기도 한다.

그러나 포퓰리즘이 정확히 언제 처음 나타났는지, 또 민주주의 및 독재와는 어떤 관계를 맺고 있는지, 나아가 그 미래가 어떻게 될지에 대해서는 의견이 엇갈린다. 그렇기에 특정한 현상 A가 포퓰리즘인지 아닌지, 나아가 포퓰리즘인 것과 포퓰리즘이 아닌 것을 판별하는 기준이 무엇인지를 놓고 첨예한 의견 대립이 일어나곤 한다.

그러므로 포퓰리즘을 명료하게 정의하려면 시간이 더 필요할 듯하다. 게다가 포퓰리즘이 이 시간에도 우리 눈앞에서 진화를 멈추지 않고 있음을 감안하면, 정의하는 일은 당분간 불가능할 것 같기도 하다. 이 시점에서 이탈리아 파시즘의 기원을 연구한 어느 역사가의 조언이 떠오른다. "파시즘을 정의하는 우리의 방법은 파시즘의 역사를 쓰는 것이다(Rossi, 1938, p.337)." 그의 말대로 포퓰리즘을 정의하는 우리의 방법도 포퓰리즘의 역사를 쓰는 것일지 모른다.

하는 열망." 카스 무데(Cas Mudde)와 칼트바서(Cristóbal Rovira Kaltwasser)도 포퓰리즘을 "사회가 궁극적으로 서로 적대하는 동질적인 두 진영으로, 즉 '순수한 민중'과 '부패한 엘리트'로 나뉜다고 여기고 정치란 민중의 일반의지의 표현이어야 한다고 주장하는 중심이 얇은 이데올로기"로 정의한다. Roger Eatwell and Matthew Goodwin (2018), *National Populism: The Revolt against Liberal Democracy*, Penguin Books, p.78; 카스 무데 크리스토발 로비라 칼트바서, 이재만 옮김(2019), 『포퓰리즘』, 교유서가, pp.15-16. 그 밖에 Roger Eatwell, "Populism and Fascism", *The Oxford Handbook of Populism*, eds. Cristóbal Rovira Kaltwasser, Paul Taggart, Paulina Ochoa Espejo, and Pierre Ostiguy (2017), Oxford: Oxford University Press를 참조하라.

이것이 유일한 방법은 아니더라도 포퓰리즘에 대한 완벽한 정의를 내려야 한다는 조급증을 버리고 역사 속 포퓰리즘의 사례들을 살펴보는 것이 마땅한 순서일 성싶다.

역사 속 포퓰리즘의 형태는 다종다기하다. 그것은 위로부터의 카리스마적 리더십을 통해 유권자에 호소하는 형태를 취할 수도 있고, 아래로부터의 대중 운동을 통해 특권적 엘리트의 기득권을 비판하는 형태를 취할 수도 있다. 그런가 하면 포퓰리즘은 우파, 그것도 극우파의 전유물로 간주되곤 하지만, 얼마든지 좌파와도 결합할 수 있다. 이 글에서는 포퓰리즘을 형태학적으로 분류하려고 하지는 않을 테지만, 그런 상·하 포퓰리즘과 좌·우 포퓰리즘을 겹쳐놓고 포퓰리즘의 다양성을 고려하면서 그 다채로운 역사적 형태 변화를 추적하고자 한다.

다만 이 글에서는 시공간적 범위를 19세기에서 21세기 현재까지 유럽과 미국으로 국한하고자 한다. 보기에 따라서는 시간적으로 포퓰리즘의 먼 기원을 고대 그리스에서도 찾아볼 수 있겠으나, 프랑스 혁명 이후 19세기의 자유주의와 보통 선거권을 배경으로 등장한 현대 포퓰리즘의 원초적 형태를 출발점으로 삼는 것이 합리적으로 보인다. 또한 공간적으로 주변국에 꼬리표처럼 따라왔던 포퓰리즘이 현재 유럽과 미국에서 득세하며 글로벌화하고 있음을 고려하면, 초점을 전 세계로 분산하기보다 유럽과 미국에 맞추는 것이 효율적으로 보인다. 물론 유럽과 미국의 포퓰리즘 연대기를 쓰는 것도 하나의 글로 감당하기엔 벅찬 일이다. 무모할망정 필요한 일이라고 위안을 삼을 따름이다.

2. 19세기 유럽과 미국의 포퓰리즘

현대 포퓰리즘의 기원을 찾아갈 때 우리는 19세기 프랑스와 러시아, 미국에서 나타난 유사 현상들과 마주친다. 이 현상들 중 둘은 처음부터 '포퓰리즘'을 자처했고, 다른 하나는 '보나파르트주의(Bonapartism)'라는 이름으로 훗날 유명해졌다. 이 19세기 현상들은 오늘날의 포퓰리즘 개념에 딱 들어맞지는 않더라도 20세기 포퓰리즘의 큰 강에 합류할 세 지류였다. 특히 보나파르트주의는 포퓰리즘의 역사에서 잘 언급되지는 않지만, 대중적 인기에 민감하고 보통 선거를 활용하며 행정부를 강화하고 지도자의 카리스마를 과시했다는 점에서 포퓰리즘의 사례로 다룰 수 있다고 생각된다. 그러면 보나파르트주의부터 살펴보자.

유럽의 정복자 나폴레옹 1세의 조카인 루이 보나파르트는 1848년 혁명 이후 남성 보통 선거권에 기초한 대통령 선거에서 압도적 표차로 경쟁자들을 따돌리고 당선되었다. 인기의 비결은 무엇이었을까? 무엇보다 과거의 '영광'을 떠올리게 하는 그의 이름, 즉 일세를 풍미한 나폴레옹 1세를 연상시키는 그 이름(보나파르트)이 유권자들에게 호소력을 내뿜었다. 또한 그는 좌파와 우파를 자유자재로 넘나들며 사업가들과 친분을 과시하는 동시에 민중의 친구로 자처하는 대중 정치가의 모습을 선보였다. 이를 바탕으로 그는 1851년 12월 2일 쿠데타를 감행하여 독재권을 장악했고, 다시 선거에서 대승을 거두어 대통령으로 재당선되었으며, 마침내 나폴레옹 3세로 황제의 자리까지 거침없이 올라갔다.

나폴레옹 3세의 보나파르트주의는 독재 권력이 대중적 인기와 견탁했다는 점에서 확실히 포퓰리즘과 비슷한 데가 있다. 구체적인 정강이나 정책 없이 민중을 위해 일한다고 선언하거나, 호전적인 대외 정책을 추진하며 국내의 갈등을 외부로 돌리려고 한 것도 포퓰리즘과 유사하다. 나아가 나폴레옹 3세가 당시 정치적으로 적절히 대표되지 못한 농민층의 지지를 얻었다는 것도 의회주의가 한계를 드러내는 곳에서 어김없이 포퓰리즘이 등장하는 논리를 떠올리게 한다. 나폴레옹 3세는 '말만 많은' 의회의 무기력함을 '일하는' 행정부로, 카리스마를 구비한 스트롱맨으로 대체하려고 했다는 점에서 현대 포퓰리스트 정치가와 얼마간 닮아 있다.[11] 물론 그의 카리스마란 것은 대단치 않았고, 프로이센-프랑스 전쟁에서 패하여 포로가 됨으로써 그의 '영광'도 한낱 신기루임이 드러났다.

　현대의 많은 연구자들은 포퓰리즘의 기점을 19세기 중반 프랑스의 보나파르트주의보다는 19세기 후반 러시아와 미국의 포퓰리즘으로 잡곤 한다. 이 운동들은 무엇보다 '포퓰리즘'이란 말을 사용했다는 점에서 그 내용과 무관하게 명목상으로 현대 포퓰리즘의 기원으로 삼을 만하다. 먼저 러시아의 경우부터 살펴보자.

11　보나파르트주의와 포퓰리즘의 관계는 앞으로 더 많은 연구가 필요한 학술적 쟁점이다. 이탈리아 정치사상가 도메니코 로수르도(Domenico Losurdo)는 "민주주의냐 보나파르트주의냐"라는 양자택일 구도를 제시하면서 19세기 보통선거권의 성공과 실패, 그 밝은 면과 어두운 면을 동시에 밝혀내려고 한다. 그에 따르면, 국내 갈등을 외부 전쟁으로 해소하려고 하는 것이 보나파르트주의의 특징으로서, 그런 '갈등의 외부화'를 전형적으로 보여주는 사례가 20세기 후반 미국의 경우라고 한다. 확실히, 로수르도가 말하는 20세기의 '부드러운(soft)' 보나파르트주의는 여러모로 현대 포퓰리즘과 유사한 데가 많다. Domenico Losurdo (1993), *Democrazia o Bonapartismo: Trionfo e Decadenza del Suffragio Universale*, Torino: Bollati Boringhieri, p.168.

19세기 제정 러시아는 서구식의 '시민사회'가 아니라 '신민사회'였다. 즉 동일한 정치적 권리와 의무를 나누어 갖는, 통치의 대상인 동시에 통치의 주체인 '시민(citizen)'으로 구성된 사회가 아니라 오직 통치의 대상일 뿐인 '신민(subject)'으로 이루어진 사회였다는 말이다. 따라서 서구처럼 아래로부터 시민계급이 등장하여 개혁이나 혁명을 통해 근대사회로 발전하는 길은 러시아에서 차단되었다. 다른 길은 위로부터의 개혁이었지만, 차르를 정점으로 하는 억압적인 전제정 때문에 이 길 또한 난망했다. 결국 남은 길은 아래의 길도 아니요 위의 길도 아닌 옆으로 난 길, 그러니까 '인텔리겐차'로 불린 사회참여 지식인들의 개입이었다.

러시아에서 포퓰리즘은 바로 이 소수 지식인 계층의 운동으로 시작되었다. '민중 속으로(v narod)'는 러시아 포퓰리즘(narodnichestvo)의 유명한 구호였다. 러시아 포퓰리즘은 농민을 이상화하고 농민 공동체를 사회발전 모델로 삼았다. 그러나 농민 계몽을 목표로 활동했던 도시 출신의 지식인들이 농민들의 세계를 이해할 수는 없었다. 그들은 농민들에게 거부당했고, 결국 민중을 충격 요법으로 일깨운다는 미명 아래 테러리즘으로 기울었다. 러시아 포퓰리즘은 민중과의 직접적 만남과 민중적 삶의 소박함을 강조하며 농민 세계라는 '마음속 이상향(heartland)'을 설정한다는 점에서 현대 포퓰리즘과 닮은 점이 있다.[12] 그러나 러시아 포퓰리즘이 보여준 지식인 중심의

---

12 영국 정치학자 폴 태가트(Paul Taggart)는 포퓰리즘의 여러 특징 중 특히 정치에서 소박함(simplicity)과 직접성(directness)의 가치를 옹호하고, 공동체 내부의 이상화된 관념으로서 '마음속 이상향(heartland)'을 설정한다는 점을 중시한다. 폴 태가트, 『포퓰리즘: 기원과 사례, 그리고 대의민주주의와의 관계』, 백영민

혁명적 급진주의는, 종종 좌파 지식인을 경멸하고 외국인 혐오와 배외주의(nativism)[13]를 거침없이 표현하는 현대 포퓰리즘의 많은 사례들에서는 찾아보기 힘든 특징이기도 하다.

제정 러시아의 포퓰리즘보다는 19세기 후반 미국의 '포퓰리즘'이 현대 포퓰리즘에 더 가깝고 더 직접적으로 연결되어 있는 것 같다. 미국 포퓰리즘의 이정표는 1890년대 초에 등장한 인민당(People's Party)이다. 이 당은 문자 그대로 '포퓰리스트당(Populist Party)'으로, 그 당원도 '포퓰리스트'로 불렸다. 인민당은 당시 스탠더드오일 등 대기업들이 지배하는 상황에서 열악한 일터와 삶의 조건에 내몰린 노동 계급의 비참함과 다수 농민들이 떠안아야 했던 막대한 채무로 인한 곤궁함을 배경으로 등장하여 빠른 속도로 성장했다. 과연 이 포퓰리스트당은 민중의 삶은 전혀 안중에도 없어 보였던 양대 정당인 공화당과 민주당의 패권에 도전하며 '제3의 길'이 가능함을 증명하려고 했다. 그들은 '보통 사람들(plain people)'의 정부를 내세우면서 일반인들도 금방 이해할 수 있는 쉬운 영어를 구사하며 대중 속에 파고드는 정책을 제시했다. 그리하여 인민당은 1892년 대통령 선거에서 100만 표를 득표하며 8.5%의 득표율을 기록했고, 하원 7명과 상원 6명의 의원, 그리고 수백 명에 달하는 주 의회 의원을 배출하는 등 상당한 성공을 거두었다(미즈시마 지로, 2019, pp.60-62).

옮김(2017), 한울, pp.18-20.

13 'nativism'이란 토착 주민 문화를 절대시하고 외국인과 외국 문물 등을 배격하는 경향으로서 종종 '토착주의'로 번역된다. 그러나 이 글에서는 외국을 배격하는 'nativism'의 특징에 더 주목하여 이를 '배외주의'로 옮기기로 한다.

그러나 빨리 피운 꽃은 빨리 시들었다. 인민당의 쇠퇴는 당이 중서부 및 남부 농민을 '마음속 이상향'으로 설정하면서 지지 기반을 확대하지 못했다는 사실과 관련이 있다. 당시 미국 포퓰리즘 운동은 주로 농업 지역의 백인 남성들, 즉 유럽계 남성 자작농 및 소작농을 중심으로 전개되었다. 그러나 이른 낙조에도 불구하고 19세기 후반 미국 포퓰리즘은 진정한 대중 운동의 저력을 보여주었다. 그것은 20세기에 혁신주의나 매카시주의 등 다양한 형태로 재등장했다. 흥미로운 것은 19세기 포퓰리즘에서 이미 20세기 포퓰리즘이 상정하는 대립 구도의 얼개가 확인된다는 점이다. 즉 북동부 해안 지대의 '비미국적' 엘리트에 대해 미국의 지리적 심장부인 중서부 및 남부의 애국적 미국인을 맞세우는 구도가 그것이다. 아닌 게 아니라 20세기 미국의 포퓰리스트들이 기득권 엘리트에 대해 퍼부은 비난의 단골 메뉴는, '정치적 올바름'에 집착하는 나약하고 부패한 엘리트들이 생산자들의 고된 노동으로 일궈낸 민중의 부를 비백인 하층 계급에 재분배한다는 것이었다(무데 칼트바서, 2019, p.45).

3. 20세기 유럽과 미국의 포퓰리즘

20세기 전반 유럽에서는 파시즘이라는 포퓰리즘의 특이한 변종이 나타났다. 파시스트들은 기성 엘리트를 비난하고 민중에 직접 호소하며, 새로운 대중 동원 및 조직화 방식을 선보였다. 파시즘은 강한 전염성을 보이며 일국에 국한되지 않고 국경을 횡단하는 운동으로 전개되었다. 그러나 파시즘이 의회주의를 근본적으로 부정하고 폭력을 무차별적으로 자행했다는 사실은 포퓰리즘과 구별된다. 오늘날의 포퓰리스트 정치가와 정당은 그럴 수 없다. 파시즘이 포퓰리즘의 역사에서 잘 언급되지 않는 까닭도 여기에 있다. 그렇지만 '대중'과 '국가'를 통합하려고 한 파시즘의 정치 실험이 오늘날의 포퓰리즘 정치와 닮은 점이 많다는 것도 부정할 수 없다. 요컨대 포퓰리즘의 변종으로서 파시즘은 포퓰리즘이 빠질 수 있는 위험한 편향이 무엇인지 경고해주는 반면교사라고 할 수 있다.

파시즘의 패망 이후 20세기 후반에 유럽은 둘로 갈렸다. 동유럽에서는 소련의 영향권 아래 사회주의 체제들이 들어섰고, 서유럽에서는 새롭게 충전된 자유민주주의 질서가 복귀했다. 전후 유럽에서 '파시즘'은 악마화되거나 희화화되었다. 정계뿐만 아니라 일상생활에서도 '파시스트'와 '나치'는 최악의 욕설로 통용되었다. 자유민주주의가 회복된 서유럽에서 기성 정치를 비난하고 민중에 호소하며 대의제를 부정하는 듯한 발언을 쏟아내는 포퓰리즘의 정치 담론과 스타일은 즉각적으로 불신의 대상이 되었다. 왜냐하면 그것이 파시즘이라는 불편한 과거를 떠올리게도 하거니와, 대의제에 기초한 자유민주주의 원리를 훼손하는 것으로 여겨졌기 때문이다.

그러나 위험한 잠재력이 있는 것으로 낙인찍힌 포퓰리즘은 전후 유럽에서 오래지 않아, 어쩌면 찍힌 낙인이 채 마르기도 전에 다시 출몰했다. 이탈리아에서 종전 직후 포퓰리즘의 어휘와 문법을 고스란히 이어받은 특이한 운동이 탄생했다. 파시즘이 끝난 곳에서 포퓰리즘이 시작된 셈인데, 바로 '보통 사람 전선'이라는 정당이 그것이다. 이 특이한 명칭은 희극 작가인 굴리엘모 잔니니(Guglielmo

Giannini)가 1944년 말에 창간한 주간지 이름에서 비롯되었다.[14] 새로운 정당은 기성 정당과 정치 계급에 대한 불신을 거리낌 없이 드러내며 정치적 냉소주의를 유포했고, 반공산주의와 보수적 자유주의를 견지하면서도 공산당 지도자 팔미로 톨리아티(Palmiro Togliatti)에 접근하기도 했다(Setta, 2000). 이로부터 대중 정치의 로시난테를 타고 좌우를 휘청거리는 돈키호테가 거대한 엘리트라는 풍차를 향해 돌진하는 모습이 포퓰리스트의 이미지로 떠오른다.

전후 프랑스에서도 이탈리아 포퓰리즘과 유사한 운동이 있었다. 피에르 푸자드(Pierre Poujade)의 '중소상공인 보호연맹'이 그것이다. 1950년대에 부상한 푸자드주의(Poujadism)는 처음에는 불공정한 조세에 대한 저항으로 시작했다가 점차 민족주의적 경향을 띠며 의회를 공격하고 프랑스령 알제리의 방어를 옹호했다. 푸자드주의는 곧 포퓰리즘의 동의어로 통용되었다. 푸자드는 1955년에 정당을 결성하고 이듬해 선거에서 11%를 웃도는 득표율을 기록하며 52석을 확보했다. 이 대목에서 이채로운, 그러나 알고 나면 고개를 끄덕일 만한 사실이 하나 있다. 훗날 유럽 포퓰리즘의 대표 주자가 될 프

---

14 잔니니의 잡지와 정당의 명칭에 쓰인 '보통 사람(uomo qualunque)'이란 모든 것에 싫증 난 사람을 뜻한다. 이로부터 '보통 사람 위주(qualunquismo)'라는 특이한 용어도 만들어졌다. '대중주의'로도 번역될 수 있는 이 용어는 종종 경멸조의 의미에서 정치적 냉소주의나 정치적 무관심을 뜻하는 말로 통용되곤 한다. 기억해두어야 할 점은 이런 정치적 냉담함이야말로 포퓰리즘이 득세하고 번성할 수 있는 온상이었다는 사실이다. "Uomo Qualunque", Enciclopedia Italiana: II Appendice (1949), https://www.treccani.it/enciclopedia/uomo-qualunque_%28Enciclopedia-Italiana%29/(검색일: 2020. 10. 4.); "Qualunquismo", Vocabolario On Line, https://www.treccani.it/vocabolario/qualunquismo/(검색일: 2020. 10. 4.)

랑스 국민 전선(Front National)의 지도자 장-마리 르펜(Jean-Marie Le Pen)은 알제리 전쟁에서 싸운 공수부대원이자 푸자드주의 운동의 일원으로서 1956년 선거에서 의석을 얻었다는 사실이 그것이다. 르펜은 푸자드주의의 상속자였던 것이다.

르펜은 1972년에 창당한 국민 전선을 프랑스 급진 우파의 집결지로 만드는 데 솜씨를 발휘했다. 그는 "여러분이 생각하는 것을 말합니다"라고 하면서 민중의 대변자임을 과시했고, 국민 전선은 "실업자가 200만 명인데 이민자가 200만 명이다!" 등의 자극적인 포스터를 내걸어 반이민 정서를 고취했다(무데 칼트바서, 2017, p.26). 국민 전선이 정치 무대에서 약진한 것은 1980년대 이후였다. 1984년 선거에서는 11%, 1997년 대통령 선거와 총선에서는 대략 15%의 득표율을 기록했다. 이를 통해 국민 전선은 국수주의적일뿐더러 어쩌면 파시즘의 냄새까지 풍기는 극우 정당이 프랑스의 정당 체제에 진입할 수 있음을 입증했다.

유럽의 극우 포퓰리즘에서 또 하나의 성공 사례는 오스트리아의 외르크 하이더(Jörg Haider)와 그가 이끈 자유당이었다. 그는 기성 정당 체제를 맹렬히 공격하고 외국인과 이민자에 대한 혐오를 거침없이 표출했다. 또한 전통적 가족 가치를 강조하고 민영화를 옹호하며 유럽연합(EU)을 비판하면서 인기를 끌었다. 1956년에 창당된바 있는 자유당은 하이더의 리더십 아래에서 전통적인 자유주의·민족주의 정당에서 새로운 극우 정당으로 변신했다. 이런 탈바꿈에 힘입어 당은 1994년 선거에서 22.5%를 득표했고, 1999년 선거에서는 오스트리아에서 '넘버 2'로 올라섰으며, 2000년에는 연립 정부에 참여하기까지 했다.

프랑스 국민 전선과 오스트리아 자유당처럼 오랜 역사를 자랑하면서 이데올로기를 바꿔나가면서도 조직만큼은 건재하게 유지하며 포퓰리즘을 표방한 극우 정당은 유럽에 여럿 있다. 스위스 인민당(Schweizerische Volkspartei)과 노르웨이 진보당(Fremskrittspartiet), 벨기에의 '플랑드르의 이익(Vlaams Belang)' 등이 그런 사례들이다. 이들 중 '플랑드르의 이익'은 원래 '플랑드르 블록(Vlaams Blok)'이었으나, 2004년 인종차별법 위반으로 해산된 후 새롭게 창당된 조직이다. 예나 지금이나 이 정당은 약자인 VB로 불리는데, VB는 플랑드르 독립 요구와 반이민 및 반이슬람 정서를 결합시켜 안트베르펜 등지에서 인기몰이를 했다. 그리하여 1991년 선거에서 6.6%의 득표율에 12석을 차지하면서 의회 정치에서 일정한 성공을 거두었다(미즈시마 지로, 2019, pp.114-131; 태가트, 2017, p.145).

VB처럼 일국 내 지역주의에 근간을 두고 반이민과 반이슬람 정서를 확산하며 정치적 성공을 거둔, 또 다른 극우 포퓰리즘의 사례로는 이탈리아의 북부 동맹(Lega Nord)을 꼽을 수 있다. 북부 동맹은 1991년에 출범했으나, 그 전신은 1983년 북부 베네토 주를 모태로 탄생한 베네토 동맹이었다. 북부 동맹은 당수인 움베르토 보시(Umberto Bossi)의 리더십과 남부에 대한 북부인들의 반감에 편승하여 이탈리아 정치에서 캐스팅보트의 역할을 해왔다. 보시는 가운뎃 손가락을 들어 보이는 등 거침없이 행동했고, 그의 정당은 북부만의 독립 국가인 '파다니아 공화국'의 수립 등 자극적인 쟁점들을 제기했다(장문석, 2017).

물론 포퓰리즘이 유럽 비주류 극우 정당의 전유물은 아니었다. 주류 보수 정당에서도 포퓰리즘은 쓰임새가 있었다. 많은 학자들은 영국의 마거릿 대처(Margaret Thatcher)의 신자유주의 정책에서 '권위주의적 포퓰리즘'이나 '대처주의식 포퓰리즘'을 발견한다. 대처는 선량하고 책임감 강한 '납세자들'과 거만하고 부책임한 관료 엘리트를 맞세우는 담론 전략을 통해 신자유주의에 대한 국민적 합의를 창출하고자 했다. 신자유주의 정책은 대처의 사임 후에도 영향을 미쳐 영국 정치와 사회의 체질을 완전히 바꾸어놓았다. 대처는 자신의 가장 큰 업적이 오랜 맞수였던 노동당과 그 당수 토니 블레어(Tony Blair)의 마음을 바꾸게 한 것이라고 자평했다. 아닌 게 아니라 블레어가 내세운 '제3의 길'은 신자유주의에 굴복하거나, 적어도 그에 크게 양보한 결과였다(무페, 2019, pp.52-56).

그런가 하면 포퓰리즘은 전후 유럽뿐만 아니라 전후 미국의 정치에서도 자주 확인된다. 두드러진 사례로, 1960년대 앨라배마 주지사 조지 월러스(George Wallace)가 민권 운동 등 진보 세력이 등장하는 배경에서 연방 정부와 기성 엘리트에 대한 불신과 인종주의를 결합하여 '진정한 미국인'을 위한 정치를 하겠노라 역설했다. 미국 대통령들의 경우에도 포퓰리즘의 요소들을 어렵지 않게 발견할 수 있다. 리처드 닉슨(Richard Nixon)은 언론과 동부 기득권 세력에 대한 적대감을 드러내며 곧 포퓰리즘의 상투어가 될 "침묵하는 다수"라는 말을 지어냈는데, 이는 반전 여론이 한창일 때 조용히 베트남 전쟁을 지지하는 사람들을 가리켰다. 한편 로널드 레이건(Ronald Reagan)은 전통적 가치를 강조하고 주류 엘리트를 비웃는 일종의 반지성주의를 앞세워 신보수주의 정치와 신자유주의 경제를 결합했다. 그런가 하면 1992년 대통령 선거에 출마한 로스 페로(Ross Perot)는 막강한 재력을 바탕으로 공화당과 민주당의 양당 정치에 실망한 유권자들의 마음을 파고들어 20%에 가까운 득표율을 기록하기도 했다.

전체적으로 볼 때, 전후 미국의 포퓰리스트들은 산업화와 세계화의 홍수 속에 떠밀린 보통 사람들의 실망과 좌절을 흡수하고, 민권과 인종을 둘러싼 사회적 분열을 이용하며 중서부와 남부의 순수하고 소박한 미국적 가치를 이상화했다. 그런 가운데 미국 포퓰리즘은 양당 정치의 틈새를 파고들며 주류와 비주류, 제도권과 풀뿌리 모두에서 '카멜레온적' 특성을 드러내며 전개되었다(태가트, 2017, pp.75-84).

20세기 후반 유럽과 미국의 포퓰리즘에서 알 수 있는 사실은 두 가지이다. 하나는 포퓰리즘이 전후 유럽과 미국에서 자유민주주의가 복귀한 이래 사라진 듯했지만, 곧바로 귀환하여 주류와 비주류 정치 모두에서 맥을 이어오고 세를 넓혀왔다는 사실이다. 자유민주주의 체제에서 대중의 현실에 공감하지 못하고 그들의 요구에 반응하지 않는 대의제와 엘리트에 대한 반감이야말로 포퓰리즘의 나무를 키운 토양이었다. 그렇기에 포퓰리스트의 입장에서 파시즘이 반면교사라면, 자유민주주의는 타산지석이다. 포퓰리스트에게 파시즘은 위험천만하리만치 선을 넘었고, 대의제적 자유민주주의는 안타까우리만치 선에 못 미쳤으니 말이다.

또 하나의 사실은 극우 포퓰리즘 정당들이 오래전부터 활동해왔지만, 눈에 띄는 정치적 성공을 거둔 것은 대개 1990년대 이후였다는 점이다. 1989년 동유럽의 현실 사회주의 체제를 무너뜨린 혁명이 좌파의 무기력과 좌파에 대한 불신을 낳았고, 이것이 극우 포퓰리즘에 자양분을 공급했을 것이다. 그러나 좌파의 몰락만큼이나 우파의 실패도 포퓰리즘을 촉진했다. 좌파는 말로는 민중을 보호하겠다고 했으나 자신의 임무를 완수하지 못했다. 반면, 우파는 도덕적 가치를 내세웠으나 실은 서민들을 '탐욕의 제단'에 바쳤다. 프랑스 경제학자 다니엘 코엔(Daniel Cohen)이 현대 포퓰리즘의 불을 댕긴 민중의 분노가 좌파와 우파 모두의 "이중 실패의 산물"이라고 보는 까닭이 여기에 있다(코엔, 2020, pp.103–104). 이런 맥락에서 2008년 금융위기는 포퓰리즘의 불길에 기름을 부었다. 오늘날 우리의 눈앞에 파노라마처럼 펼쳐지는 21세기 포퓰리즘을 '새로운 포퓰리즘'이나 '포퓰리즘 2.0'으로 거론하는 것은 그래서 새삼스럽지 않다.[15]

4. 21세기 전환기의 '새로운 포퓰리즘'

20세기에서 21세기로의 전환기에 포퓰리즘은 양적·질적 측면에

---

[15] '새로운 포퓰리즘'이라는 표현은 저자마다 조금씩 다르게 사용된다. 어떤 이들은 이를 1990년대 이후 포퓰리즘에 사용하고, 다른 이들은 2008년 금융위기 이후 포퓰리즘에 적용한다. 어떤 경우든 '새로운 포퓰리즘'은 포퓰리즘의 새로운 물결을 일컫는 수사적 표현이다. 태가트는 20세기 후반 이래 서유럽에서 발전한 포퓰리즘을 '새로운 포퓰리즘'으로 부른다. 그에 따르면, '새로운 포퓰리즘'은 주로 1970년대 이후 등장한 좌파의 '신정치(new politics)' 운동과 정당을 차용하며 극우적 성격을 띠며 전개되었다. 이탈리아 역사학자 마르코 레벨리(Marco Revelli)도 오늘날의 포퓰리즘을 가리켜 '새로운 포퓰리즘' 혹은 '포퓰리즘 2.0'으로 부른다. '포퓰리즘 2.0'은 '고전적 혹은 전통적 포퓰리즘'의 1세대를 이어 등장한 '2세대' 혹은 '3세대' 포퓰리즘을 말한다. 물론 2세대와 3세대를 나누는 구분은 확실치 않다. 태가트, 『포퓰리즘』, p.129; Revelli (2019), *New Populism: Democracy Stares into the Abyss*, London: Verso, p.6.

서 도약을 거듭했다. 이런 맥락에서 특히 1990년대 이후 '새로운 포퓰리즘'이 자주 거론된다. 이때 혜성처럼 등장한 인물이 이탈리아의 실비오 베를루스코니(Silvio Berlusconi)였다. 그는 자수성가한 사업가로 자처하며 개인 소유의 TV 채널들과 축구 구단의 서포터스 조직 등을 활용하여 이른바 '포스트모던' 미디어 정치를 선보인, 대표적인 우파 포퓰리스트 스트롱맨이다. 그는 숱한 정치적·성적 추문을 흩뿌리며 재력과 정력을 과시했다. 법정을 들락거리며 베를루스코니는 선출되지 않은 판사들이 선출된 권력인 자신을 핍박한다고 질타하면서 공산주의자를 옹호하는 '붉은 판사들'이 나라를 망치고 있다고 비난했다(무데·칼트바서, 2017, pp.106, 134). 이런 진영론은 베를루스코니가 애용하는 '무딘 칼'인데, 그를 풍자한 파올로 소렌티노(Paolo Sorentino) 감독의 2018년작 영화 〈그때 그들(Loro)〉에는 베를루스코니가 다음처럼 농담을 던지는 장면이 나온다. "기독교와 공산주의의 차이는, 하나는 가난을 설파하고 다른 하나는 가난을 실현한다는 것이다."

스트롱맨까지는 아니지만 지나칠 수 없는 또 한 명의 포퓰리스트 정치가로 네덜란드의 헤이르트 빌더르스(Geert Wilders)가 있다. 그가 정계의 신데렐라로 떠오른 것은 2005년의 유럽 헌법 비준을 위한 국민투표 때였다. 비준이 당연시되던 분위기에서 빌더르스는 열띤 반대 논리를 펼치며 유럽연합의 관료주의를 신랄하게 비판하여 비준 부결을 이끌어내는 데 주도적인 역할을 했다. 그는 반이슬람의 목소리도 대변하면서 이슬람 과격파의 테러 위험을 경고하고 쿠란과 부르카를 금지하는 법안을 발의했다. 그는 2006년에 자유당을 창당하여 '1인 정당' 모델을 실험하며 선거에서 10~15%의 득표율을 기록하는 등 효과저인 정치저·이데올로기저 투쟁을 전개했다(미즈시마 지로, 2019, pp.156-167).

포퓰리즘은 아주 오래전부터 유럽 각국과 미국에서 전진과 후퇴를 거듭하며 존재해왔지만, 1990년대에 크게 진전되고 2008년 금융 위기 이후 급속도로 약진했다. 이 대약진의 시대에 두각을 나타낸 대표적인 유럽 포퓰리스트는 프랑스의 마린 르펜(Marine Le Pen)과 헝가리의 빅토르 오르반(Viktor Orbán), 이탈리아의 마테오 살비니(Matteo Salvini)와 베페 그릴로(Beppe Grillo) 등이다.

마린 르펜은 국민 전선의 창시자 장-마리 르펜의 막내딸로서 2011년 국민 전선의 총재직에 오르고 2012년과 2017년 대통령 선거에서, 비록 패했지만 인상적인 성과를 보여주었다. 오르반은 청년민주동맹(피데스)을 진두지휘하며 1998년에 총선 승리를 이끌어내 30대 중반의 나이에 헝가리 총리가 되었고, 2010년 이래 총리를 연임하는 데 성공했다. 그는 난민 수용 반대 등 반유럽연합 정책을 펴고 비자유주의적인 '평민 민주주의(plebeian democracy)'를 옹호했다. 살비니는 2013년부터 이탈리아 북부 동맹을 이끄는 리더로서 내각에 참여하며 강력한 난민 반대 정책을 펼치고 유럽연합 대신 미국을 최우선 파트너로 간주했다.

한편 그릴로는 이탈리아 코미디언 출신으로 포퓰리즘 정당 '오성운동(Movimento 5 Stelle)'을 이끌면서 국내외 여론을 휘어잡고 추종자들을 거느리며 정치적으로 약진했다. 2009년에 결성된 이 정당은 5개 쟁점, 즉 공공수도, 인터넷 접속, 지속가능한 교통수단, 지속가능한 개발, 생태주의를 내세웠다. 그릴로는 "국민이여, 이렇게 하시면 된다. 나한테 의견을 알려주시면 내가 앰프로 크게 틀어드리

160

겠다"라고 하며 '민중의 앰프'를 자처하고 추종자들로부터 '이탈리아의 여론'으로 추앙받았다(뮐러, 2017, p.52). 여기서 포퓰리즘의 중요한 특징이 드러나는데, 포퓰리스트들은 그동안 억눌린 민중의 목소리를 되돌려주는 일을 자임하는 것이다.

이상의 사례들이 우파 포퓰리즘으로 묶일 수 있다면, 좌파 포퓰리즘의 사례들도 속속 등장했다. 스페인의 포데모스(Podemos)와 그리스의 시리자(Syriza), 프랑스의 급진 좌파인 장–뤽 멜랑숑(Jean-Luc Mélenchon)과 그의 '굴복하지 않는 프랑스(La France Insoumise: LFI)' 등이 그것이다. 최근 정치이론가 샹탈 무페(Chantal Mouffe)가 포퓰리즘에 내재한 민주주의적 가치와 민족주의의 평등주의적 요소를 적극적으로 전유하는 좌파 포퓰리즘 전략을 제기했음을 고려하면, 유럽 좌파 포퓰리즘의 사례들은 더욱 우리의 관심을 끈다(무페, 2019, pp.75, 110).

시리자와 포데모스 등의 유럽 좌파 포퓰리즘 정당들은 금융 위기와 그에 잇따른 경기 침체의 국면에서 각국 정부의 긴축 정책이 민중의 분노를 야기했을 때 정치적으로 약진했다. 시리자는 2004년 그리스에서 다양한 스펙트럼의 좌파 연합으로 출범하여 2015년 총선에서 승리했으며 당수 알렉시스 치프라스(Alexis Tsipras)가 총리에 취임했다. 또한 2014년에 파블로 이글레시아스(Pablo Iglesias)의 주도로 창당된 포데모스는 당원 수에서 스페인 최대 정당으로 발돋움하면서 그 명칭 그대로 '우리는 할 수 있다'는 잠재력을 십분 보여주었다. 시리자와 포데모스 등의 약진은 1989년 동유럽 혁명 이후 좌파가 '멸종'되어 버렸던 정치 지형이 금융 위기 이후 급속히 바뀌었음을 보여주는 한편, 포퓰리즘이 침체된 좌파 정치를 활성화하는 수단이 될 수 있음을 입증해준다.

이상의 사례들이 정당을 중심으로 한 위로부터의 포퓰리즘을 보여준다면, 역사는 사회 운동으로 분출한 아래로부터의 포퓰리즘도 어김없이 드러낸다. 1960~70년대 미국과 유럽의 민권 운동과 신사회 운동이 그것이다. 좀 더 가까이로는 2008년 금융위기 이후 긴축정책에 맞서 폭발한 스페인과 그리스의 급진적 사회 운동들이 있다. 이들은 소셜 미디어와 소셜 네트워크로 연결되어 보통 사람들의 분노를 표출하는 현대의 '상퀼로트(Sans-culottes)' 내지는 '격앙파(Enragés)'를 대표한다. 스페인에서는 '분노한 사람들'인 인디그나도스(indignados) 운동이 "당장 진짜 민주주의를" "우리는 정치가와 은행가의 상품이 아니다"라고 외쳤다. 특히 "그들은 우리를 대표하지 않는다"라는 구호는 포퓰리즘의 정서를 집약하여 보여준다. 그리스에서도 '성난 사람들'인 아가낙티스메노이(aganaktismenoi)가 유럽연합 집행위원회와 유럽중앙은행, 국제통화기금(IMF)이라는 트로이카에 맞서 격렬히 항의했다. 이와 유사한 운동이 미국에도 있었는데, "우리가 99%"라고 외친 월스트리트 점령 운동이 그것이다. 그런가하면 버락 오바마(Barack Obama) 대통령의 구제금융 정책 등에 항의하며 등장한 티파티(Tea Party) 운동은 우파 풀뿌리 포퓰리즘으로 전개되었다(무데 칼트바서, 2017, pp.78-83; 무페, 2019, pp.35-38; 이정환, 2018; Douzinas, 2011).

과연 21세기 포퓰리즘은 우파 포퓰리즘과 좌파 포퓰리즘, 카리스마적 지도자와 정당 중심의 하향식 포퓰리즘과 사회운동 중심의 상향식 포퓰리즘 등 상하좌우 전방위로 전개되고 있다. 이 다양한 포퓰리즘들은 사회 여론을 형성하고 주류 정치에 압력을 행사하며 정치 지형을 흔들고 있다. 그런 점에서 일견 포퓰리즘은 21세기 정치의 닫힌 문을 열 수 있는 마스터키처럼 보인다.

5. '새로운 포퓰리즘'의 시대 대서양 양안에서는…

오늘날 포퓰리즘의 놀라운 기세를 보여주는 두 가지 사건이 2016년 대서양 양안에서 일어났다. 하나는 2016년 6월 영국의 유럽연합 탈퇴를 뜻하는 브렉시트(Brexit)에 대한 찬반을 묻는 국민투표에서 찬성이 결정된 일이고, 다른 하나는 2016년 11월 트럼프가 미국 대통령에 당선된 일이다. 두 가지 모두 예상된 결과가 결코 아니었다. 영국에서 300명 이상의 전문가들에게 브렉시트 투표 결과를 예측하게 했을 때, 설문 대상자의 90%가 잔류를 예상했다. 따라서 탈퇴라는 결과는 모든 사람의 허를 찌른 대반전이었다. 그런가 하면『뉴욕타임스』의 대통령 선거 예측도 힐러리 클린턴(Hillary Clinton)이 당선될 확률을 93%로 자신 있게 내다보았다. 심지어 99% 확률로 클린턴이 당선될 거라는 예측도 있었다. 따라서 트럼프의 당선은 정치적 대지진이나 다름없었다(Eatwell and Goodwin, 2018, pp.ix-x).

이 두 가지 사건으로부터 오늘날 '새로운 포퓰리즘'의 중요한 특징을 엿볼 수 있다. 브렉시트를 이끈 영국 독립당(UK Independence Party: UKIP)은 유럽연합에 반대하는 세력이 결성한 미니 정당으로 출범하여 2004년 유럽연합 의회 선거에서 12명을 당선시키며 두각을 나타냈다. 2010년 나이절 패라지(Nigel Farage)가 당대표가 되면서 쟁점을 반유럽연합 이외에 이민과 기성 정치에 대한 비판 등으로 넓히며 지지층을 확대했다. 주요 지지층은 글로벌 시티 런던에 반발하는, 농촌과 옛 공업 지대에 사는 사람들이다. 이들은 전 세계 사업가들과 유학생들이 붐비는 미국의 보스턴이 아니라 폴란드인들이 많은 영국 링컨셔의 작은 항구도시 보스턴에 산다. 이들은 경제적으로 불안하고 외국인을 싫어하며 기성 정당에 짜증낸다. 이들을 묘사할 때 자주 사용되는 표현이 '내버려진' 사람들이라는 표현이다. 브렉시트는 이기적이고 선출되지 않은 유럽연합의 기술 관료 엘리트들에 대한 이 '내버려진' 사람들의 반감이 표출된 것이었다(코엔, 2020, pp.109-110; 미즈시마 지로, 2019, pp.204-229).

그동안 전문가들은 브렉시트로 영국이 유럽의 품에서 떨어져 나와 얼마나 불리하고 불편해질 것인가에 대해 논의해왔다. 그러나 오히려 유럽이 영국과 대서양을 놓쳤다는 데 주목해야 한다. 500여 년 전 대서양 진출이 유럽의 발흥을 가능하게 했다면, 대서양의 상실로 유럽은 쇠퇴할 것인가? 그리하여 유럽은 다시 지중해로 움츠러들고, 제2의 대항해 시대를 열어줄 모험가들을 기다려야 할 것인가?

트럼프의 지지층도 대서양 반대편처럼 글로벌 엘리트와 기성 정당 및 노동조합으로부터 버림받은 '내버려진' 사람들이다. 이들은 대개 대학 교육을 받지 않은 '작은 백인들'로서 불만이 팽배하고 원한에 사로잡히며 소외감에 시달린다. 이들의 근거지는 쇠락한 공업 지대, 즉 위스콘신과 오하이오, 펜실베이니아 등 이른바 '녹슨 지대(lust belt)'이다. 이 지역은 한때 철강업 등이 융성하여 미국 경제를 떠받쳤지만, 이제는 영락하여 실업과 빈곤, 범죄로 골머리를 앓는 곳이다. 이때 트럼프가 홀연히 등장하여 트럼프주의(Trumpism)라는 특이한 정치 스타일과 이데올로기를 선보였다. 그는 "미국 우선", "미국을 다시 위대하게"를 부르짖으면서 보호무역 실시와 국경장벽 설치를 주장하여 자존심에 상처가 난 사람들의 마음을 흔들었다. 그는 이렇게 외쳤다. "우리나라의 잊혀버린 사람들은 다시 잊히지 않습니다." 그렇다면 트럼프주의는 기억되고자 하나 '잊혀버린' 사람들의 출현이자, 존중받고자 하나 '내버려진' 사람들의 귀환을 함축하는 표현일 터이다(코엔, 2020, pp.110-111; 미즈시마 지로, 2019, pp.233-240).

지금, 여기 대서양 양안 포퓰리즘의 사례들은 중요한 진실을 일깨워준다. 오늘날 포퓰리즘의 호소에 응답하는 이들은 한때는 사회의 '안'에 있었으나, '밖'으로 밀려난, 혹은 밀려난다고 두려워하는 사람들이다. 이탈리아 역사학자 마르코 레벨리(Marco Revelli)의 분석에 따르면, 19세기 후반 20세기 초반의 포퓰리즘이 '밖에 있는 자들의 반란'이었다면, 21세기 포퓰리즘은 "지금 주변으로 밀려나고 있는, 안에 있는 자들의 반란"이다. 그러면서 레벨리는 독일 정치학자 얀-베르너 뮐러(Jan-Werner Müller)를 인용하여 포퓰리즘은 "현대 대의민주주의에 영원히 따라붙은 그림자 같은 존재"라고 단언한다(Revelli, 2019, pp.3-4; 뮐러, 2017, p.23).

다른 모든 그림자들처럼 포퓰리즘의 그림자도 그 진짜 모습을 가늠하기란 쉽지 않다. 한편으로 이 그림자를 밟고 따라가는 사람들이 예전과 마찬가지로 계속 '안'에 남고자 고집하면, 포퓰리즘은 보수적인 방향으로 나아갈 공산이 크다. 즉 예전에 누리던 기득권을 그리워하며 그에 집착한다면 포퓰리즘은 현대 민주주의의 추세에 여행하는 편협하고 퇴행적인 운동이 될 위험성이 농후하다. 그러나 다른 한편으로, 아직까지는 '안'에 있지만 '밖'으로 밀려난다는 감정이 고조되면, 포퓰리즘은 근본적인 변화를 일으키는 힘으로 작용할 수도 있다. 바꿔 말해 포퓰리즘이 기성 체제의 불공정과 그 대표성의 한계에 문제 제기하는 방식으로 전개된다면, 그것은 어쩌면 현대 민주주의가 드러내는 주름들을 펴고 구멍들을 메꾸면서 혁신적인 체제 변형을 이끌어낼 수 있을지도 모른다.

6. 글을 맺으며

오늘날 브렉시트와 트럼프주의로 표출되는 포퓰리즘은 일련의 중요한 역사적 변화를 반영하고 있다. 영국 정치학자인 로저 이트웰(Roger Eatwell)과 매슈 굿윈(Matthew Goodwin)은 기민하게도 한 세대에 걸친 다음 네 가지 변화에 주목한다. 엘리트주의적인 자유민주주의 체제가 일반 대중 사이에 야기한 기성 제도에 대한 불신(distrust), 이민 등으로 촉진된 민족 구성의 변화에 따른 민족 정체성과 민족 문화의 분해(destruction), 글로벌 신자유주의 경제에 의한 경제적 불평등이 초래한 상대적 박탈(deprivation), 주류 정당과 민중의 유대 약화와 정치적 정체성의 분절(de-alignment)이 그것이다. 이트웰과 굿윈은 자신들이 재치 있게 표현한 이 네 가지 변화, 즉 '4ㅂ' 혹은 '4D'야말로 현대 포퓰리즘이 자라나는 배경이라고 진단한다 (Eatwell and Goodwin, 2018, pp.xxi-xxiii).

그런 배경에서 현대 포퓰리즘은 민족주의와 융합하며 '민족적 포퓰리즘'의 성격을 드러내며 발전하고 있다. 다시 이트웰과 굿윈에 따르면, 민족적 포퓰리즘이란 "민족의 문화와 이익을 우선시하고, 멀리 떨어져 있고 종종 부패한 엘리트들에 의해 무시당하거나 심지어 경멸당한다고 느끼는 민중에게 목소리를 되돌려준다고 약속하는 이데올로기"이다. 이 정의에서도 포퓰리즘이 민중의 목소리를 대변하지 못하는 자유주의 엘리트에 대한 반대라는 점이 명확히 드러난다. 이트웰과 굿윈은 자유민주주의가 존재하는 한 포퓰리즘도 존재할 것이라면서 포퓰리즘이 "그림자처럼" 자유민주주의를 따라다니리라고 예상한다(Eatwell and Goodwin, 2018, p.48).

'그림자'는 포퓰리즘 연구자들이 좋아하는 비유이다. 그러나 확실히해둘 점이 있다. 그림자는 오직 자유민주주의라는 동전의 이면을 뜻하는 말로 이해되어야지, 실체가 없다는 말로 이해되어서는 안된다. 포퓰리즘이 카멜레온처럼 모습을 바꿔왔지만, 그것은 확실히 존재했고, 또 존재하는 어떤 것이다. 포퓰리즘은 오늘날 사회적 현상이자 정치적 세력이고, 지난 두 세기의 역사적 사실이었다.

제4부

•

대표의 한계

제8장
·······

대의민주주의의 위기와
대중정치의 모색

심승우

핵심요지

- 대의민주주의는 통치자(엘리트)와 피치자(대중)의 이분법적 구조를 영속시키는 선거제도의 한계를 가지는바, 포퓰리즘은 이러한 주체와 객체, 우월과 열등의 이분법에 기반하여 발생한다.
- 자유주의에 경도된 대의민주주의는 대중의 정치적 무능력과 수동성을 양산하는 경향이 있는바, 주권적 주체화의 가능성을 적극 모색해야 한다.
- 대의민주주의가 대중의 정치적 삶과 욕망, 잠재력을 실현시키지 못하는 한, 분출할 수밖에 없는 포퓰리즘을 민주적 대중정치로 전환할 수 있는 방안을 모색해야 한다.

1. 포퓰리즘은 민주주의의 그림자?

이 글에서 포퓰리즘은 '인민의 자기지배(Self-rule)'라는 아테네 민주주의 이상과 분리 불가능한, 일종의 쌍생아로 간주한다.[1] 유력한 최소정의에 따르면, "포퓰리즘이란 사회가 궁극적으로 상호 적대하는 동질적인 두 진영, 즉 '순수한 인민'과 '부패한 엘리트'로 나뉘져 있다고 여기며, 정치는 인민이 가진 일반 의지의 표현이어야 한다고 주장하는 중심이 얇은 이데올로기"(Mudde and Kaltwasser)이다. 단순화시키면, 포퓰리즘은 "엘리트가 아니라 인민의 뜻에 따라 인민을 위하여, 인민의 힘으로 결정한다"는 근본적인 원리를 담고 있는바, 이러한 포퓰리즘의 속성이 어떤 맥락 속에서 어떤 계기를 통해 어떤 이념, 어떤 지도자, 어떤 주체, 어떤 대립물 등과 결합하느냐에 따라 상이한 정치적 효과와 파급력을 발생시킬 것이다. 그 때문에 포퓰리즘에 대한 선과 악, 좋음과 나쁨, 호불호 등의 판단은 잠정적으로 유보하는 인내심도 필요할 것이다.

그러나 포퓰리즘이 다수 대중의 뜻에 따른다는 근본적 원리에 주목한다면, 긍정적이든 부정적이든 민주주의와 불가분의 관계에 있다는 점은 분명하다. 주지하듯이 민주주의는 원형적으로 인

---

1 아테네 'democracy'에 대해 플라톤이 대중영합적인 정치로 비판한 것을 떠올린다면, 이미 고대부터 지금까지 민주주의 원형과 포퓰리즘을 분리시킨다는 것은 불가능할지 모른다. 한편 이 글에서 '대중'은 기본적으로 정치적 경제적 통치집단과 대비되는 인민 다수를 의미할 때 사용된다. 이런 맥락에서 대중은 마르스크가 말한바, 생산수단을 소유하고 있지 못한 인민(프롤레타리아)과 중첩되는 동시에 다양한 영역에서 지배적인 권력 자본을 소유한 소수의 엘리트 집단과 대비되는 개념으로 '인민'과 호환하여 사용한다.

민의 자기지배 이상을 지지한다. 그러나 '어떤' 민주주의, 민주주의의 '어떤' 특성에 초점을 맞추는가에 따라 포퓰리즘과 민주주의의 관계는 상당히 역동적이고 복잡해질 수 있다. 이런 점에서 "포퓰리즘은 민주주의의 그림자(a shadow cast by democracy itself)"라는 캐노반(Canovan)의 언설은 은유 이상의 정치적 진실을 드러내고 있다(Canovan, 1999). 캐노반 역시 '그림자'라는 비유를 통해 '밝은' 민주주의와 대비되는 포퓰리즘의 '어두운' 특성을 대비시키는 것으로 보인다. 그러나 저자의 의도와 다르게 그림자로서 포퓰리즘이라는 언설은 복잡한 함의를 가지고 있다. 그림자 담론은 '좋은' 민주주의로부터 '나쁜' 그림자(포퓰리즘)를 떼어놓으려는 전략을 정당화할 수 있지만, 포퓰리즘이 민주주의의 그림자로서 민주주의와 분리될 수 없다는 함의를 가지고 있는 동시에 때로는 민주주의를 돌아보게 만드는 성찰적 자화상의 의미를 가질 수 있다. 그러므로 모기처럼 민주주의를 집요하게 따라다니는 포퓰리즘이라는 그림자는 어떤 민주주의자에게는 거부와 경멸 혹은 공포의 대상일 수 있지만, 어떤 민주주의자에게는 민주주의를 새롭게 사고할 수 있는 성찰적 계기가 될 수 있으며 나아가 민주주의 이상을 추구하게 만드는 원동력이 될 수 있다.

그러므로 경험적이고 역사적으로 포퓰리즘이 특정 지도자에 대한 맹목적 추종, 인기영합적이고 감성에 호소하는 선동정치, 정치적 동원의 대상으로 대중을 객체화, 소수자에 대한 억압, 절차적 민주주의의 무시 같은 퇴행적인 현상을 야기한 측면이 있을지라도 그러한 몇 가지 부정적 요소를 포퓰리즘의 본질적 특성으로 규정하는 것은 포퓰리즘의 입장에서는 억울한 매도일 수 있다. 물론 엘리트주의를 단호하게 비판하고 인민주권과 대중의 정치적 역능 (potential)과 참여를 강조하면서 대의자들로 하여금 인민의 목소리에 직접 반응하고 주권자를 위한 직접민수주의를 주창하는 포퓰리즘이 대의제도를 매개하지 않는 중우정치(衆愚政治)로 전락할 가능성도 상존할 것이다.

2. 대의민주주의 원리와 포퓰리즘

1) 민주주의의 원형과 이상

대의민주주의 한계를 본격적으로 살펴보기 전에, 우리는 민주주의란 무엇인지를 정의하는 핵심적인 원리가 무엇인지 다시 한번 고찰할 필요가 있다. 주지하듯이 민주주의를 여타의 정치이념과 구별짓게 만드는 핵심적인 특징은 자기지배, 즉 공동체 구성원들이 스스로 집단적으로 의사를 결정하는 자치를 통해 운영한다는 것이다. 민주주의가 좋은 결과를 만들어내기 때문에 지지하는 수단적 관점이 아니라, 민주주의를 통해 설사 잘못된 결정을 내리게 될지라도 민주주의 자체가 가진 집단적 의사결정의 원리가 민주주의의 본질적인 가치라는 점이다. 달리 말해 만약 민주주의가 정치적 안정성, 정책결정의 효율성, 경제발전 등을 가져오기 때문에 가치가 있다면, 더 좋은 결과를 산출할 수도 있는 다른 집단적 결정원리로서 귀족정(훌륭한 가문 출신으로 덕성과 지혜, 품성 등에 있어 탁월한 엘리트들의 통치) 혹은 철인왕의 통치가 민주주의보다 우월한 정치체제일 수 있다. 강조하고 싶은 것은, 민주주의를 민주주의'답게' 만드는 근본적인 원리는 정치공동체의 의제를 특정한 개인이나 탁월한 소수집단이 결정해주는 것이 아니라 공동체 구성원 스스로 의사를 결정한다는 것이다(이한, 2018).

우리가 아테네 민주주의를 민주주의의 원형으로 간주하는 이유 역시 집단적 의사결정 과정에 참여하기를 원하는 자라면 누구나 동일한 원리에 의해 통치자가 될 수 있는 가능성을 보장하는 원리였기 때문이었다. 특히 추첨을 통한 대표의 선출은 당시 아테네에서 '인민의 지배'에 핵심적인 원리로서, 추첨은 시민들 간 평등을 전제로 원하는 누구나 공직자가 될 수 있는 '가능성'을 동등하게 보장하고 있었다(Mannin, 2004). 추첨은 누가 선출되어도 무방하다는 원리에 기초하기 때문에, 아테네 민주주의의 고유한 특성은 누구나 원한다면 추첨을 통해 공직자가 될 수 있었다는 점이며 달리 표현한다면, 통치권력이 시민들 사이에서 평등하게 순환되고 있었다는 것이다. 이러한 '추첨' 제도를 현대 정치사회에 그대로 적용하는 것은 논쟁의 여지가 있지만, 중요한 시사점은 공동체의 의사결정에 인민들의 참여와 영향력을 최대한 보장하는 것이 민주주의의 실천적 요청이라는 점이다.

2) 선거의 원리와 '엘리토크라시'

누구든지 통치할 수 있고 통치받을 수 있는 순환적 가능성을 보장하고 있던 아테네 민주주의와 달리, 현대 민주주의에서 실질적인 정치의 주체는 국민의 대표자들이며 이런 대의민주주의가 가장 지배적인 형태로 실천되고 있다. 그러나 이러한 경험적 민주주의는 우리가 실제적으로 경험하는 제한적 범위의 민주주의의 형태일 뿐이다. 이러한 대의민주주의는 정책결정 과정에 인민들이 자유롭게 참여하는 정치원리가 아니라, 선거와 투표의 핵심적인 제도를 통해 인민이 자신들을 통치할 대표자들을 선택하고 엘리트 집단 사이에서 정권 교체가 순환되는 원리이다.

이런 사고를 명료하게 정리한 슘페터는 자유주의적 자본주의 사회에서 민주주의는 선거경쟁을 통한 엘리트 집단 간의 정권교체를 의미하며 그 이상의 의미를 담고 있지 않다고 강조한다. 즉 "민주주의란 통치 엘리트를 선택하는 제도적 장치에 불과하며 정권교체 역시 인민의 노력 결과가 아니라 선거경쟁에서 승리하는 엘리트 집단 간의 능력에 달려있다"는 것이다(슘페터, 2011). 결국 대의민주주의는 선거, 투표, 권력분립 등을 통한 사실상 '정치 엘리트의 통치'에 불과하다는 것이다.[2]

실제로 우리가 역사적으로 정부 형태를 평가할 때, 통치권력이 귀족들의 분파 사이에서만 순환되는 체제를 귀족정이라고 부르고, 일인(一人)이 최종적인 결정권을 행사하는 체제를 군주정이라고 부르는 것을 고려한다면, 선거나 특정한 상황을 제외하고 다수의 인민들은 생업에 종사하면서 사실상 여론조사 외에는 집단적 의사

---

2 사실 이런 입장은 고전적 자유주의와 보수주의의 공통된 주장이었다. 즉 "어렵고 힘든 정치는 상류층에 맡기고 일반 평민들은 생업에 종사하라! 사익 추구적인 보통 사람들이 정치에 참여하면 파벌정치와 정치부패, 도덕적 타락 등이 야기된다. 가문과 재산 등을 배경으로 가진 소수가 통치해야만 공동체가 안정 속에서 발전을 일구어낼 수 있다"는 논리다

결정에 영향력을 미칠 수 없는 사회를 과연 진정한 민주주의로 부를 수 있을까? 사실상 인민은 정치공동체의 주체가 아니라 자신들을 통치할 정치엘리트를 승인하거나 거부하는 '무늬만 주권자'이며 기껏해야 '압력'이나 '민원'을 행사하는 객체의 자리에 머무는 정치에 과연 이상적인 민주주의는 만족할 수 있을까? 민주주의 원리상으로 통치의 주체가 되어야 할 인민이 실질적으로 객체가 되어버린 현실, 사실상 통치엘리트라는 대리인에게 주인의 자리를 합법적으로 내주고 경제적 이익을 지고의 가치로 추구하는 소시민의 일상에 안주하는 현실 속에서 민주주의는 한없이 초라해지고 자본주의 시장에 종속되어 버린 것이다. 이러한 현실 속에서 대중의 참여와 통제권은 사실상 무력한 상황인 바, 민주주의는 '엘리토크라시(elitocracy)', '금권정치(plutocracy)', '기업정치(corporatocracy)'로 전락해 버렸다는 비판이 나오는 것이다(긴스버그 외, 2013).

사실 지금 우리가 대중의 정치적 참여의 핵심적인 기제로 평가하는 선거는 본질적으로 귀족주의적(aristocratic) 특성을 지니며 선거에 기초한 대의제에는 대중을 배제하는 엘리트 정치의 요소가 명백히 존재한다. 즉 '뛰어난 소수'와 '열등한 다수'의 대립구조를 본질로 하며 대표자와 대표되는 자, 즉 정치적 권위의 실행 주체로서 지배자와 그 대상으로서 피지배자의 '구별'(distinction)을 전제로 한다. 선거는 바로 이러한 '우월한 엘리트 대(對) 열등한 대중'의 구별을 생산할 뿐만 아니라 지속 강화시키는 기제로 작동하는 것이다. 역사적으로 보아도, 선거는 소수 엘리트의 지배를 정당화하는 절차였다. 20세기에 들어와 확립된 보통선거제와 맞물려 선거제도가 '간접' 민주주의로 구분되기는 하지만, 선거 자체는 민주주의의 산물이 아니다. 19세기 자유주의가 지배저인 시대에 영국을 비롯한 유럽 등에서 선거권을 가진 유권자의 비율은 전체 인구의 3~5%에 불과했으며, 현재 우리가 익숙한 '보통선거권'은 '엘리트' 자유주의자들이 민주주의와 사회주의 등의 공격을 받고 체제를 수호하려는 대응의 산물이었다. 실질적으로 모든 대중에게 보통선거권이 확장된 것은 "정치에 참여할 자격이 없는 자들, 그래서 몫이 없는 자들로 간주되었던" 노동자와 농민, 여성 등 대중들의 오랜 민주주의 투쟁으로 가능했던 것이다(Ranciere, 2010). 그렇다면 보통선거권이 확장되는 혁명적인 역사적 사건에 있어 언제나 등장하는 대중운동, 대중도 부르조아 엘리트처럼 똑같이 생각하고 판단할 수 있다는 요구와 저항을 분석하는 데 포퓰리즘과 민주주의의 경계를 확연하게 구분하는 것이 가능한 것일까?

더욱 근본적인 문제는 선거를 통해 '지배하는 자'와 '지배받는 자', 통치자와 통치받는 자의 불일치가 고착되고 재생산될 경우에 포퓰리즘은 언제나 발생할 수 있다는 것이다. 이분법적 구조의 불평등과 배제 속에서 '평범하게 노동하는 사람들의 일상'과 멀리 떨어진 정치에 대한 무관심과 냉소, 환멸과 분노가 대중들의 내면의 심연에 자리 잡게 된다면, '우리 선한 대중들'과 '나쁜 위정자들'이라는 도덕적인 이분법적인 구도는 물질적인 기반을 가지며 때문에 포퓰리즘은 대의민주주의하에서 항상 언제나 발생하고 작동할 수 있다는 것이다. 유럽의 극우적인 지도자들이 기성정치인들에 대해 "인민들과 동떨어진 채 자기 이익만 챙기는 기득권 정치엘리트"라고 비판하면서 대중의 저항을 촉구할 때, 그런 선동의 옳고 그름을 떠나, 이것은 선거제도의 취약성에 기반하는 대의제의 치자−피치자의 이분법적 논리의 한계를 그대로 '뒤집어' 대의제를 공격하는 것이다.

3. 대의정치의 위기와 포퓰리즘 낙인

1) 엘리트의 정치와 대중정치

인민의 자기 지배라는 민주주의의 이상을 포퓰리즘으로 비난하는 것은 그 연원이 오래되었다. 노골적인 비난을 가했던 플라톤은 말할 것도 없고 중우정의 위험성을 경고했던 아리스토텔레스와 같은 고전적인 정치사상가들 뿐만 아니라 미국 건국의 아버지이자 연방문서를 주도적으로 기초한 매디슨(James Madison) 역시 민주주의 체제에 대해 사회의 공공선을 저해하고 정치체제의 존속을 단축시키는 것으로 비난한 것이 단적인 사례이다. 윈스턴 처칠이나 루스벨트조차도 공공연히 대중의 정치참여에 대해 회의와 환멸을 표출한 것도 널리 알려진 사실이다. 매디슨의 경우에는 파벌의 특수이익과 공동이익을 구별할 줄 알고 사회의 공공선을 추구할 수 있는 이성과 지혜, 덕성을 갖춘 엘리트의 통치를 기반으로 한 귀족적 공화주의를 주창하기도 했다. 매디슨은 사실상 민주주의를 포퓰리즘과 동일시하면서 정치부패와 공동체 파괴의 위험성을 경고하고 있는 것이다.

그렇다면 궁극적으로 엘리토크라시로 귀결되는 선거제도의 한계 및 대의제를 비판하면서 인민의 집단적 자기결정과 직접행동을 강력하게 주창하는 포퓰리즘은 왜 위험하고 불온하며 심지어 공포의 대상이 되어 버린 것일까? 포퓰리스트와 민주주의자는 야누스의 두 얼굴인가?

정치계, 학계, 시민사회 등을 유통하는 포퓰리즘에 대한 매도에 대해 포퓰리즘을 옹호하는 사람들은 그런 매도가 인민주권을 현실화시키겠다는 대중들에 대한 공포를 불러일으키고 대중을 경계하고 대중의 직접통치를 봉쇄하려는 지배담론의 전략이라고 비판하기도 한다. 달리 말해 국민이 주인이라고 추켜세우면서도 사실상 정치공동체의 중요한 정책을 독단적이고 일방적으로 결정해오면서 사실상 국민을 계몽과 통치의 대상으로 여기는 파워 엘리트 집단의 사목적 권력에 대한 저항에 포퓰리즘이라는 낙인을 부여한다는 것이다.

그런데 민주주의 자체를 노골적으로 경멸하고 맹비난했던 고전적 사상가들의 경우에는 그들이 처한 시대적 한계를 고려한다고 할지라도, 민주주의를 헌법이념으로 내세우는 현대 민주주의 국가에서 '인민의 자기지배(self-rule)'라는 민주주의 이상을 추구하는 대중의 실천과 운동을 폄하하거나 비난하는 역설을 어떻게 이해해야 할까? 이들에게 대의민주주의는 근본적으로 정치엘리트의 실질적인 의사결정 독점을 정당화시켜줄 수 있는 '선거'에 국한되어야 하는 것으로, 이는 통치할 자격과 역량을 가진 지배 엘리트와 대중의 무능을 극명하게 대비시키는 것이다. 더구나 이런 대의정치의 한계는 대중의 정치적 무관심과 무능력을 양산하는 악순환을 재생산하고 있으며 이것이 대의민주주의의 위기의 본질이라고 비판받는다. 대중이 직접 정치에 나서겠다는 의지와 행동을 포퓰리즘으로 규정하고 지배적인 자유주의적 대의민주주의와 구분지으려는 시도들을 어떻게 이해해야 할까? 달리 말해 직접행동을 통해 대의정치를 돌파하려는 대중의 주체성, 능동성을 부정하고 통치의 객체에 머무르게 만들려는 시선을 어떻게 해석해야 할까?

이 문제는 포퓰리즘이 어떤 대중에게 호소하는가, 포퓰리즘이 기반하는 대중은 어떤 사람들인가도 포퓰리즘의 특성을 분석하는 데 중요할 것이다. 이런 관점에서 다음과 같은 발본적인 질문이 필요하다. 즉 기꺼이 자신들의 정치적 무관심과 무능력에 만족해하는 수동적 대중과, 인민을 소외 배제시키는 대의제 질서에 저항하는 대중들은 같은 존재인가, 다른 존재인가? 신중하지 못하고 근시안적인 이익과 편견에 매몰되어 맹목적인 집단주의에 휩쓸려가는 대중과, 정부의 실정에 대한 격렬한 비판과 저항, 엘리트의 부패와 타락, 권력독점 등에 대한 집단적 항의에 참여하는 대중은 같은 존재인가, 다른 존재인가? 이러한 모순적이고 혼란스러우며 이율배반적인 것처럼 보이는 대중의 존재와 운동, 현상은 도대체 왜, 어떻게 발생하는 것인가? 그리고 이 양가적인 존재의 관계는 어떻게 파악되어야 하는가?

이는 대중의 양면성과도 깊은 연관이 있다. 랑시에르의 표현을 빌려, "몫이 없는 자"들로 데모스를 규정할 때, 이미 이런 개념 규정에는 대중에 대한 양가성을 노정하고 있다. 즉 몫이 없기에 평등한 몫의 배분 혹은 결핍된 경제적 이익을 맹목적으로 요구하는 데모스. 그런 데모스들이 유대와 연대의 공동 세계(common world)를 상실한 채, 경제적 박탈과 공포로부터 벗어나려는 맹목적인 무리를 형성할 때 대중은 부정적인 포퓰리즘의 먹잇감이 될 가능성이 높아진다. 그런데 동시에 대중이 요구하는 그 몫은 반드시 화폐적, 물질적 함의를 가질 필요는 없을 것이다. 집단적 의사결정 과정 (정치!)에 대한 동등한 발언권과 영향력을 요구하는 것도 근본적으로 중요한 몫이 될 것이다. 최소한의 정의상, 민주주의란 집단적 의사결정 과정에서 주권자들이 배제되지 않는 것을 의미한다면, 대중의 정치적 몫을 요구하는 것은 사실 민주주의 그 자체이다. 단순히 빵을 더 달라고 요구하는 대중이 아니라 빵을 어떻게 분배할지에 대한 결정권을 요구하는 데모스의 민주주의는 글자 그대로 'democracy'의 본질이며 대중정치의 민주주의를 의미한다. 물론 상황과 맥락, 다양한 변수들의 개입으로 이런 대중정치의 요구와 역동성은 상이한 효과를 가져올 것이다(이진경, 2012).

2) 정당정치의 위기와 포퓰리즘

대의제의 가장 근본적 토대로 평가받는 정당정치 역시 엘리트-대중의 이분법적 위계 속에서 위기를 맞고 있다. 의회정치, 대의정치가 국민의 의사를 제대로 대변하지 못하고 있는 현실의 근본적인 원인에는 정당정치의 부실과 왜곡이 지적된다. 정당정치에 대한 비판은 정당이 사실상 당원 및 국민과 괴리된 과두정으로 '그들만의 리그'에 혈안이 되어 있으며 특정 파벌의 정치적 이익 추구 및 기성 정치엘리트의 자원 동원 수단으로 전락하고 있다는 비판이다. 현실적으로, 일반 대중들의 정당에 대한 가입률이나 활동률도 지극히 낮을 뿐만 아니라 무엇보다도 정당의 정책이나 입장에 영향을 미칠 통로와 권한도 가지고 있지 못한 것이 현대 민주주의 국가의 현실이다.

　이러한 정당정치의 위기와 한계 속에서 포퓰리즘은 정치적 함의를 가진다. 특히 우리가 살아가고 있는 과학기술혁명의 시대에 정당정치에 영향을 미칠 수 있는 포퓰리즘은 쉽게 형성되고 쉽게 출현하며 또 상황에 따라 쉽게 사라지기에 더욱 중요한 변수가 될 수 있다. 홉스봄의 『혁명의 시대』에서 비교적 큰 규모의 대중적 운동이 100년에 발생한 횟수를 고려할 때, 지금은 일국적 세계적 차원에서 생활정치적인 의제나 불평등 등과 같은 사회적인 이슈에 대해서도 대규모의 집회와 국경을 넘어 연대하는 시민운동이 발생하고 있는 상황이다. 우리나라의 경우에도 미국산 소고기 수입 등 먹거리 문제부터 교육개혁이나 검찰개혁 등 정치사회적·문화적 이슈를 중심으로 휴대폰과 인터넷으로 공유하는 대중적인 흐름들이 역동적으로 발생하고 있는 것을 쉽게 목도할 수 있다. 이러한 대중정치의 현상들에도 포퓰리즘이 직간접적으로 연동되어 있다고 볼 수 있다. 대중들은 어떤 사안에 대해 순간적으로 거대한 흐름을 형성하면서 정당정치, 대의정치를 매개하지 않거나 우회하면서 정치적 의사결정에 직접적으로 영향력을 미치기 때문이다. 심지어 육아 문제에 대해 맘클럽 회원들의 온라인, 오프라인 시위 역시 사회적으로 큰 쟁점과 관심을 끌면서 대중적인 운동을 촉발하기도 하고 많은 경우 정당정치인들은 이에 적극 화답한다. 이러한 포퓰리즘적 현상이 대의정치와 맺는 역동적인 관계를 알기에 정당정치인들은 가변적이지만 거대한 물결로 솟아오르는 대중의 요구와 분노를 의식하고 있으며, 위선적이거나 입발림 수준일지라도, 대중의 목소리를 경청하는 자세를 취해야만 하는 것이다. 포퓰리즘을 부정하면서도 포퓰리즘에 의존해야 하는 대의적 정당정치의 모순이자 역설적 현상인 것이다.

그렇다면 일상정치 상황에서는 정당정치, 대의정치에 의사결정권을 위임하고 살아가다가 특정한 국면에서 대의기제에 의존하지 않는 대중들의 아래로부터의 자율적이고 실천적인 정치활동에 반응하고 그것을 포섭하는 진정한 대중정당으로의 길을 모색할 수 있지 않을까? 정당 관료들이나 강력한 이익집단에만 반응하는 기성정당이 그저 '국민을 위하여'라는 위선적인 입발림 수준만으로 대중적 지지를 확보할 수 없다면, 이는 선거승리를 장담할 수 없다는 것이고 정당은 불규칙적이고 유동적으로 발생하고 흘러가는 포퓰리즘에 반응하지 않을 수 없을 것이다. 2004년, 노무현 대통령에 대한 탄핵을 계기로 17대 총선에서 과반수 의석을 차지한 열린우리당의 선거 승리는 당시에 노무현 대통령에 대한 기득권 세력의 공격이 촉발한 '포퓰리즘' 정당정치의 결과라고 보아도 무방할 것이다. 당시 탄핵을 주도했던 세력들로서 '정치 엘리트 기득권 세력'과 대비되어, 이에 대한 대중의 저항과 분노를 표출하는 열린우리당에 포퓰리즘의 이미지가 작용했다는 것이다. 실제로 대선 과정과 취임 이후에 노무현 대통령을 향해 야당과 보수 언론이 포퓰리스트라는 맹폭을 가하고 기득권 관료 세력의 조직적인 반발이 이어졌음에도 불구하고, 대중의 눈에는 '엘리트 세력'과 대비되는 열린우리당에 대해 '기성 정치 문법과 다른' 질서를 추구하는 정치세력으로 인식되었고 단숨에 의석수 1위 정당으로 급부상할 수 있었다. 다양한 변수를 고려해야 겠지만, 이 시기에 소위 '노무현을 사랑하는 사람들의 모임(노사모)'이 정치적 포퓰리즘의 상징처럼 되었던 것도 엘리트–대중의 대립적 관계에 기반하여 "기득권 지배 계급이 만들어낸 기성 질서에 대한 인민의 분노가 있는 곳이면 어디든지 포퓰리즘이 존재한다"는 논리를 적용할 수 있을 것이다.

실제로 긍정적이든 부정적이든 포퓰리즘 현상이 확산된다면 기성 정당으로서는, 국민과 소통하지 않는 '나쁜 정치 엘리트의 무리'라는 이미지를 벗어나기 위해서라도 대중들의 행동과 의견, 소란에 적극 반응하지 않을 수 없다. 긍정적으로 바라보자면, 그런 역동성 속에서 당 차원의 구조와 제도, 조직문화의 개혁과 정당정치의 과두제 현상도 완화될 수 있을 것이다. 그리고 이러한 반응성의 제고는 기존의 대의정치를 넘어서, 대의정치의 빈 구멍 곳곳에서 분출되고 흐르는 대중의 움직임과 목소리들을 경청하고 그것을 대의민주주의의 질적 도약의 계기로 삼으려는 노력을 추동할 수 있는 바, 이것이야말로 포퓰리즘과 정당정치가 생산적으로 결합하는 방식이자 공식이며 이는 힘과 권력이 없는 평범한 대중들의 축제로서의 정치적 공간이 활성화되는 것을 의미할 수 있다. 때로는 현실화되고 때로는 잠재적인 형태로 존재하는 포퓰리즘은 대의정치가 폄하, 무시, 경멸하고 때로는 공포를 느끼는 대상인 동시에 대의정치의 과두제적 경향을 제어하는 외부성으로 작용할 수 있다는 것이다. 오히려 진정한 정당정치이자 진정한 대의'민주주의'라면 집단적 의사결정에 있어 포퓰리즘을 근본적으로 중요한 재료이자 자원으로 삼을 수 있을 것이다.

3) 보다 '직접적인' 민주주의

　일반적으로 엘리트주의적인 대의정치 및 정당정치의 한계를 보완하고 정책과 법안의 발안과 개정 등의 권위적인 결정 과정에 대한 시민의 최종적 통제 방안과 관련해서 자주 언급되는 장치와 제도들로는 국민투표, 소환제 및 국민발안 등이 많이 거론된다. 물론 이러한 장치들은 수많은 복잡한 문제들에 대해 지속적인 의사결정 제도로서는 기능하지 못하고 현재의 제도적 수준에서는 충분한 심의 과정이 빈약하며 때문에 자칫 부정적인 포퓰리즘으로 경도될 위험성을 지적받고 있지만, 지금의 엘리트주의적인 대의정치의 대표성과 심의성을 강화하는 동시에 대중에 의한 민주적 통제의 수준을 업그레이드하는 데 큰 도움을 줄 수 있다.

　특히 우리의 경우에 강력한 대통령제와 대비되어 견제 및 책임성이 취약한 제도로 평가받고 있는 정당민주주의의 한계 속에서 발생한 박근혜 대통령 탄핵 사태를 계기로 직접민주주의 제도들의 적극적인 도입 필요성이 높아지고 있다. 만약 대중을 대신하여 행정부를 견제, 감시한다는 대의정치, 정당정치가 온전하게 작동하고 있었다면 박근혜 대통령 탄핵 같은 불행한 사태는 미연에 방지하거나 더욱 효과적이고 민주적인 절차를 통해 신속하게 처리되었을 것이다. 주지하듯이 국정농단이 사실로 드러나던 당시 박근혜 대통령에 대한 국민의 지지율이 5%에 불과한 상황에서도 국회의 탄핵안 채택과 헌법재판소의 탄핵결정이 이루어질 때까지 우리의 정당민주주의는 정치권력을 효과적으로 견제하지도 통제하지도 못했고 지지부진하고 소모적인 논쟁을 거듭했을 뿐이다. 국정농단과 민주적 의사결정 절차의 지속적인 무시, 권력의 사유화와 오남용, 국정원 등의 선거개입 사태 등에도 주권자인 국민들이 표명한 사실상의 불신임은 반영되지 않았으며 그렇다고 국민들이 이를 통제할 수 있는 장치 역시 무력했거나 작동되지 않았다. 이는 주권자가 국민이고 모든 권력은 국민으로부터 나온다는 헌법 제1조에도 불구하고 실제적으로 국민주권은 선거 이외에는 사실상 무기력하다는 것을 반증하는 것이다. 그러므로 국민주권의 실효성을 높이기 위해서는 국민이 직접 국정에 참여할 수 있는 제도적 장치를 마련하거나 효과적으로 작동시킬 필요성이 높아진 것이다. 그러므로 공동체의 최종적 의사결정 과정에 대한 대중의 영향력과 통제를 실질화시킬 수 있는 방안을 적극적으로 모색하고 추진해야 한다.

4. 나오며

한 가지 확실한 것은, 지금 이 시대를 '대의민주제의 위기'라고 규정할 때, 위기는 최소한 한국에서는 포퓰리즘이 너무도 강력하게 작동해서 대의제를 압도한다는 문제가 아니라, 정치엘리트가 진정한 '대의'를 제대로 못하고 있기에 대중의 정치적 무관심과 불신이 팽배해 있으며 이것이 다양한 스펙트럼의 포퓰리즘 분출을 자극할 수 있다는 것이다.

필자는 포퓰리즘에 대해 선과 악, 옳음과 그름을 선험적으로 규정하지 않으며 또 이분법적으로 단정해서도 안 된다고 생각한다. 물론, 단순한 도식이지만, 인권과 민주주의, 차이와 다양성 등 공동선의 증진에 기여하는 포퓰리즘이 있을 수 있고 오히려 공동선을 위축시키고 저해하는 포퓰리즘도 있을 것이다. 물론 이런 경향들과 가치들이 때로는 모순과 갈등, 대립과 충돌하면서도 혼재하고 접합되는 역동성도 가능할 것이다.

이런 쟁점들을 고려한다면, 위험한 포퓰리즘이 반복해서 나타나지 않기 위해서라도, 엘리트−대중의 이분법적 대립 구도를 순화시키고 선거의 엘리트주의적 통치기제를 근본적으로 개혁하여 대중의 목소리와 실천들이 지금보다 더욱 가시화되고 소통될 수 있게 만드는 정치적 과정을 모색하는 것이 더욱 효과적인 대응 방안으로 보인다. 일차적으로는, 정치적 의사결정에 대한 인민 대중의 참여와 실질적인 영향력 확보를 가능하게 만들 수 있는 세련된 제도적 디자인을 모색하는 것이 필요할 것이다. 비례대표제 등 선거제도 자체의 개혁 못지않게 대중의 영향력과 통제권 강화를 위한 통로와 제도를 창안하여 그 공간에서 대중의 목소리, 차이와 다양성이 소통되고 투쟁하면서 잠정적 합의를 도출하는 실질적인 효과를 가져온다면, 선과 악, 지배와 피지배 등의 단순한 이분법에 기반한 포퓰리즘의 부정적 현상은 제어될 수 있을 것이고 이는 지금의 자유주의적 대의민주주의 제도를 질적으로 업그레이드시키는 데 기여할 것이다.

포퓰리즘 혹은 보다 넓은 차원에서 주권자의 직접민주주의를 지향하는 대중정치는 정부와 정당, 의회 등 대의기관의 책임성과 대표성을 제고하는 방향으로 기능할 수 있으며 사법의 영역에서도 정치공동체의 중대한 사안에 대한 사법적 판단을 소수의 사법관료에만 맡기는 것을 반대한다. 긍정적 의미의 포퓰리즘적 대중정치는 공직자에게 정치적 책임을 국민이 직접 묻는 것이고 국민의 뜻에 반하거나 독단적인 의사결정 행위를 하지 못하게 하면서 공직자에게 맡은 바 임무를 충실히 이행하도록 하는 강제하는 것이다. 말로만 국민과의 대화, 국민만을 보고 간다는 레토릭에 만족하는 것이 아니라 국민에게 최종적인 통제권을 부여하는 것이다. 이러한 시도와 모색을 무조건 포퓰리즘으로 비난하고 차단하려는 것은 정치현실에 대한 왜곡이자 민주주의를 엘리트의 지배로 축소시키는 효과를 가진다.

그렇다면 우리의 대의자들이 주권자인 주인의 정당한 지시와 명령에 따라야 하고, 따르게 만들려는 모색과 노력을 '뭉뚱그려' 포퓰리즘으로 비난한다면, '포퓰리스트'라는 낙인이 무조건 불명예스러운 것만은 아닐 것이다.

제9장

포퓰리즘은 왜 그리고 어떻게 몹쓸 것이 되었나?

박성진

핵심요지

- 기득권들의 창조적 반작용은 포퓰리즘이라는 가상의 개념을 만들어냈다.
- 포퓰리즘은 포퓰리즘으로 존재하는 것이 아니라 '포퓰리즘들'로 존재하며 포퓰리즘들을 가로지르는 하나의 개념은 존재하지 않는다.
- 지금 우리는 포퓰리즘이라는 '기의(記意)' 없는 허상의 '기표(記表)'에 포획되어 있다.

한국 사회는 포퓰리즘이라는 비극에 빠졌다.

깨어 있는 국민만이 포퓰리즘의 비극에서 벗어날 수 있다.

포퓰리즘에 나라가 무너지고 있다.

1. 들어가며

위의 말이 의미하는 것처럼 한국 사회에서 '포퓰리즘'에 대한 가치평가는 이미 끝난 것처럼 보인다. 현재 포퓰리즘은 민주주의 발전을 위해 반드시 극복해야 할 것이며 망국적인 정치행태로 인식되며 일반대중에 영합하여 갈등과 정치혐오를 부추기고 반엘리트주의를 조장하는 것이 되었다. 간단히 말해 지금 포퓰리즘은 '나쁜 것' 혹은 '몹쓸 것'이 되었다. '포퓰리즘적 발상이다', '포퓰리즘적 정책이다'라는 말은 이미 정치인에 대한 비판의 대명사가 되었고 포퓰리스트라고 비판받는 정치인이나 관료는 자신을 변명하기 바쁘다. 많은 학자와 지식인들이 민주주의의 탈을 쓰고 민주주의를 잠식하여 결국 파멸로 몰아넣는 것이 포퓰리즘이라고 말한다. 그리고 '반(反)이성주의'로 점철된 포퓰리즘으로부터 대의민주주의를 구해야 한다고 주장한다. 지금 한국이라는 이 시공간 속에서 포퓰리즘은 '악(惡)'이다.

그런데 무언가 이상하다. 수많은 정치인들과 관료들이 주권자인 국민을 섬기고 그들의 뜻을 받들겠다고 말하며 동시에 포퓰리즘을 비난하고 대중에 영합하는 것은 잘못된 것이라 주장한다. 국민과 대중이 전혀 다른 존재가 아니고서는 아주 단순하게 생각해도 모순이다. 물론 수많은 이유를 들어 대중과 국민이 서로 다른 의미라고 말할 수도 있다. 하지만 '국민의 뜻을 받들겠다'는 것과 '대중에 영합한다'는 명제 사이에 중첩 지점이 존재한다는 것은 부정할 수 없는 사실이다. 왜 이런 모순된 현상이 발생한 것인가?

본 연구는 도대체 포퓰리즘이라는 것이 '왜' 그리고 '어떻게' 부정익 가치를 가지게 되었는지를 추적한다. 그렇다면 포퓰리즘이 왜 '몹쓸 것'이 되었는지부터 살펴보도록 하자.

2. 포퓰리즘은 왜 '몹쓸 것'이 되었나?

선거기간 후보자 TV 토론회나 시사토론 방송에서 상대방을 공격할 때 자주 듣게 되는 말이 있다. 그것은 "무책임한 포퓰리즘적 발상입니다"라는 말이다. 그리고 이후의 전개되는 과정은 식상하다. 포퓰리즘이라고 공격을 당한 사람이 자신의 발언이나 공약이 '포퓰리즘적'이 아니라고 항변하고 변명하기 바쁘다. 그리고 대부분의 사람들이 이러한 과정을 아무런 거부감이나 의심 없이 자연스럽게 받아들인다. 그렇다면 우리는 포퓰리즘은 '나쁜' 것이라는 이 공유된 정서가 정당성이 있는지를 살펴보아야 한다. 포퓰리즘이 시작한 바로 그 지점으로 돌아가 보자. 도대체 그 당시 무슨 일이 있었는가.

19세기 말, 정확히 1892년은 포퓰리즘 정치 역사에서 매우 중요한 해이다. 이해는 미국에서 국민당(People's Party)이 창설된 해이기 때문이다. 이 당은 당시 다른 이름으로 포퓰리스트당(Populist Party)이라고 불렸고, 당원들은 포퓰리스트라고 불리었다(미즈시미 지로, 2019, p.60). 물론 많은 학자들이 포퓰리즘의 기원을 1870년 러시아에서 나타난 '인민 속으로' 운동이라고 평가하기도 하지만 포퓰리즘이라는 언어의 어원에서 보자면 미국의 국민당은 매우 중요한 위치에 있다(서병훈, 2008, p.27). 실제로 국민당을 창당하기 위해 모인

1891년 전국대회에서 캔자스 농민 동맹의 회원이 '포퓰리스트'라는 용어를 제시한 것이 사실이다. 이들은 19세기 말 경제·사회의 대규모 변동으로 인한 극심한 빈부격차와 가공할 가난 그리고 거대 기업의 독점과 횡포에 대항하고자 포퓰리스트라는 용어를 사용했으며 정말로 '보통 사람들(the plain people)'을 위한 정부를 희망하였다. 다음은 1892년 7월 4일에 작성된 국민당 강령의 일부이다.

우리를 둘러싼 상황은 우리의 단합된 행동을 무엇보다도 잘 정당화하고 있다. 우리는 도덕적으로, 정치적으로 물질적으로 파멸의 위기에 봉착한 나라의 한복판에 서 있다. 부패가 투표함과 주의회와 연방의회를 지배하고 사법부에까지 미치고 있다. 사람들의 사기는 땅에 떨어졌다. 대부분의 주는 횡행하는 협박과 매수를 방지하기 위해 투표자를 투표함에서 격리시키고 있다. 신문은 대부분 매수당했거나 침묵을 지키거나 재갈이 물려 있고 여론은 말이 없으며, 사업은 위축되고, 가옥은 저당 잡히고, 노동자는 가난하고, 토지는 자본가의 수중에 집중되고 있다. (…) 수백만 노동의 결실이 인류 역사상 전례 없는 소수의 거대한 부를 축적시키기 위해 뻔뻔스럽게 도난당하고 있으며, 이들 거대한 부의 소유자는 공화국을 멸시하고 자유를 위태롭게 하고 있다. 또한 이에 못지않게 정부의 부정으로 인해 두 거대 계급부랑자와 백만장자이 양산되고 있다(한국미국사학회, 2006, pp.210-11).

위의 글에 나오는 것처럼 국민당원들, 즉 포퓰리스트들은 당대의 모순을 지적하며 대안을 제시하고 새로운 미국을 건설하고자 하였다. 정치의 현장에서 처음 나타난 포퓰리즘은 당대의 모순된 현실을 극복하고자 하는 하나의 운동이었지 개념화된 이데올로기로서 기능하지 않았다. 그리고 이것은 당대에도 그리고 이후 역사적으로도 긍정적인 평가를 받고 있다. 실제로 당시 1898년 자료를 보더라도 국민당 지지자들을 '포퓰리스트'라고 지칭하며 노동자 문제와 실업 문제의 해결에 대안을 제시하는 이들의 활동과 노력에 가치를 부여한다. 포퓰리스트들의 헌신적 노력이 언젠가는 미래의 지도자들에게 새로운 길을 안내하고 그들의 진실이 보상을 받을 것이라고 평가하며 포퓰리즘에 대한 긍정성을 인정한다(Peffer, 1898, p.23).

하지만 우리가 이 지점에서 주목해야 할 것이 있다. 국민당의 진출과 성장이 기존의 기성정당, 즉 민주당과 공화당에게 두려움의 대상이었다는 점이다. 특히나 당시에 기득권을 가지고 있던 사람들, 즉 막대한 자본을 소유하고 있는 대기업이나 금융회사에게 포퓰리스트 당과 정책은 자신들의 부와 재산을 위협하는 불안과 공포의 존재였다. 그리고 다시 시간이 흘러 라틴아메리카에서 새로운 현상이 나타나기 시작한다.

1930년 브라질에서 제툴리우 바르가스(Getulio Vargas)는 쿠데타를 일으켰다. 그리고 지역에서 소외된 사람들을 새로운 유권자로 포섭하고 기존의 부패세력을 처리하겠다는 캠페인을 전개하며 자신의 입지와 독재 권력을 굳혀갔다. 이후 대통령직에 취임한 뒤 주요 산업을 국유화하고 복지와 사회개혁을 추진했다. 하지만 높은 인플레이션과 열악한 경제 상황으로 다시 쿠데타로 실각하고 만다(Taggart, 2017, p.108). 그리고 1943년 6월 아르헨티나에서는 후안 페론을 포함한 장교단이 쿠데타를 통해 권력을 장악하게 된다. 페론과 그의 동조자들은 노동자 계급에 주목하며 임금 인상, 지대 동결, 노동조합 인정 등의 정책을 실시하며 노동자와 빈민층의 지지를 확보해 나아갔다. 하지만 페론은 자신의 정적이 라디오나 신문 등 언론에 접근하는 것을 차단하였으며 명예훼손법을 이용하여 언론의 자유를 억압하기도 하였다.

브라질과 아르헨티나에서 나타난 정치 현상은 당대의 지역적 상황과 특수성에 기반한 고유한 것이었다. 하지만 1962년 라틴아메리카에서 지노 제르마니(Gino Germani)가 포퓰리즘을 중심으로 라틴아메리카의 정치 현상을 설명하기 시작하면서 포퓰리즘이라는 단어가 붐(boom)을 일으키기 시작한다(김은중, 2012, p.28). 그러나 포퓰리즘이라는 개념은 1960년대까지 정립되지 못한 채 남아 있었고 그것에 대한 가치평가는 보류되었다. 실제로 영국의 런던정경대학에서 진행된 포퓰리즘에 관한 논의에서도 아무런 합의와 정의를 도출하지 못하고 있었다(Gellner & Ionescu, 1969).

그런데 지금은 '포퓰리즘'이라는 단어가 라틴 아메리카의 정치를 설명하는 대명사가 되었고 과거 포퓰리즘이 가진 긍정적인 측면은 모두 삭제되고 라틴아메리카에서 발생된 많은 문제들, 즉 독재와 대중기만 그리고 경제침체 및 국가파산의 원인이 되었다. 라틴 아메리카라는 특수한 지역에서 발생한 정치현상이 포퓰리즘으로 설명되면서 포퓰리즘이 가진 본래의 긍정적 의미는 모두 사라지고 부정의 가치로 전환되었던 것이다.

처음에는 긍정적이었던 것이 부정적인 것으로 전환되었다는 사실, 즉 단어가 가진 기표(記表, signifiant)는 그대로 있는데 기의(記意, signifié)가 변경되었다는 것은 매우 흥미로운 일이다. 역사적으로 이러한 현상이 발생한 이유는 대부분 권력 작용에 의한 것이었다. 왜냐하면 일반적으로 권력이 가치를 작동시키며 그것은 단어가 가지는 코드를 조작하는 방식으로 운용되기 때문이다.

한국의 경우도 크게 다르지 않다. 한국의 보수 일간지들은 포퓰리즘에 대한 가치를 부정적인 것으로 설정하고 이것을 '대중영합주의'로 번역하며 이를 확대 재생산시키기 시작했다. 실제로 홍윤기(2006)의 분석에 따르면, 한국에서는 김대중, 노무현 시대에 포퓰리즘에 대한 것을 '대중영합주의'라고 번역하는 시도가 폭발적으로 증가해 나갔다.[3] 그리고 홍윤기는 그 이유를 다음과 같이 설명한다.

한국 언론들이 populism을 부자연스러운 외래어(번역어) 병기법까지 동원하며 의미를 대중영합주의로 고착시키는 의도가 단순한 어학적인 데 있는 것이 아니라 "시민참여를 조장하는 모든 시도, 시민단체들에 의한 모든 정치적 연대의 시도"를 포퓰리즘으로 공격하는 데 있다고 본다. 즉 노무현 집권기의 포퓰리즘 공세는 이제 단순히 수구적 이익에 반하는 정권에 대한 정치적 비방이 아니라, 시민 차원에서 연대적 진보를 추구하는 시민사회의 모든 움직임을 사상적으로 규정하면서 실천적으로 봉쇄하는 이데올로기 담론으로 작동한다.(홍윤기, 2006, p.17)

---

3   홍윤기(2006), "한국 포퓰리즘 담론의 철학적 검토", 『시민사회와 NGO』제4권 제1호, p.11. 홍윤기의 분석에 따르면, 종합일간지의 포퓰리즘에 대한 언급이 노태우 정부 때는 3건, 김영삼 정부 시절에는 14건에 불과하던 것이 김대중 정부에 와서는 432건 그리고 노무현 정부 시절에는 약 1,200건(2003년부터 2006년까지 4년 동안의 언급 횟수만 1,158건으로 집계됐다) 이상으로 증가하게 된다.

위 홍윤기의 지적처럼 가치 중립적인 단어, 때로는 긍정의 가치를 함의하고 있었던 '포퓰리즘'은 언론을 비롯한 기존의 기득권들의 권력 작용으로 부정의 가치를 함의하게 되었다. 니체(F. Nietzsche)의 이론에서 도덕에서의 노예 반란이 원한 자체가 창조적이 되고 가치를 낳게 될 때 시작되는 것처럼,[4] 처음 포퓰리즘 혹은 포퓰리스트가 등장했을 때 기득권이 가졌던 두려움과 원한이 창조적이 되고 가치를 산출하면서 그들은 포퓰리즘을 몹쓸 것으로 만들어 버렸다. 기득권들이 가진 창조적 반작용은 '포퓰리즘'이라는 시니피앙(signifiant)이 가진 시니피에(signifié)를 '대중영합주의'로 한정 짓고 포퓰리즘이 가진 가능성들에 한계를 부여한 것이다. 그리고 포퓰리즘이 긍정적으로 해설될 수 있는 여지를 차단하며 이러한 담론을 지속적으로 재생산시킨다. 또한 권력과 기득권은 '포퓰리즘'이 가진 의미 그대로를 해석하지 않고 이것을 '인기영합주의'나 '대중영합주의'라는 단어로 해석하는 것을 지식이나 교양으로 만들어 버렸다. 그리고 언론과 미디어를 통해 이러한 지식을 재생산하며 포퓰리즘을 긍정적으로 해석하는 시도들을 '반지성'이나 '지식이 없는

---

4 니체는 '좋음'과 '나쁨'의 개념이 어떻게 '선'과 '악'이라는 개념으로 변질되었는지를 추적한다. 그는 선과 악이라는 개념이 탄생한 이유를 약자 혹은 노예들이 가지는 원한의 감정에 기인한다고 보고 있다. 강자에게 가지는 원한의 감정이 강자의 행위를 '악'으로 만들어버리고 자신들, 즉 약자의 행위를 '선'으로 포장했다는 것이다. 니체는 이러한 것을 원한 자체가 창조적이 되고 '선과 악'이라는 가치를 만들었다고 지적하며 이것을 노예 반란으로 규정한다. 니체에게 원한의 감정은 약자들이 가지는 부정의 것이며 이것은 다시 화살을 자기 자신에게 돌려 '양심의 가책'이라는 병을 만들어낸다. 이에 대해서는 F. Nietzsche, tran. Douglas Smith (2009), *On the Genealogy of Morals*, Oxford: Oxford University Press, GM I no.10 참조.

것', '몰상식한 것'으로 치환한 것이다.

푸코의 분석에 따르면, "지식은 어떤 규칙이나 정해진 코드를 따르는 것을 '정상적'이나 '합리적'이라 정당화하고 그렇지 않은 것을 '비정상적'이나 '병리적'이라 배척한다. 지식이 권력의 작동에 다름 아닌 이유가 여기에 있다. 지식은 규범을 만들고 이를 정상화/자연화한다. 지식은 권력에 의해 형성되고 권력은 지식 없이 작동하지 못한다."(조원광, 2012, p.256) 이처럼 권력과 기득권은 포퓰리즘이 처음 등장했을 때의 두려움을 상기하며 자신들이 가진 권한과 이익에 배치되는 정치행위 일반을 '포퓰리즘'이라는 단어로 규정하고 그 의미를 무책임한 '인기영합주의'나 '대중영합주의'로 규정하여 이들의 정치행위를 축소한 것이다. 권력은 '포퓰리즘은 악(evil)이다'라는 도식을 만들고 그것을 지식으로 포장하여 유통 및 재생산하며 자신들의 기득권을 지켜갔다.

3. 포퓰리즘은 어떻게 '몹쓸 것'이 되었나?

권력과 지식의 관계에서 알 수 있듯이 포퓰리즘에 대한 비판에는 기득권이 자신의 이익을 수호하고자 하는 전략이 담겨져 있다. 이러한 사실은 역설적으로 민주주의와 포퓰리즘이 긴밀한 관계라는 것을 말해 준다. 그리고 이것은 역사적 사실을 검토했을 때 더욱 극명하게 드러난다. 그렇다면 포퓰리즘에 대한 가치판단을 하기 전에 '포퓰리즘' 혹은 '포퓰리스트'라고 불리는 정치행위는 민주주의 국가에서는 필연적으로 등장하는 것으로 민주주의에 함의된 요소가 아닌지 의심해보아야 한다. 아울러 이것이 일반적인 정치 현상이 아닌지도 살펴보아야 한다.

하지만 기득권의 원한의 감정으로 진보적 정치인들을 공격하기 위해 만들어진 '포퓰리즘'에 대한 비판적 인식이 지금은 진보와 보수 혹은 좌우를 가리지 않고 상대방을 비난하는 용도로 사용되고 있다. 우파와 좌파 구분 없이 상대 정치인을 비난하는 데 포퓰리즘이라는 말이 사용되고 있는 것이다. 도대체 이러한 현상이 발생한 이유는 무엇인가? 그 이유를 알기 위해 우리는 포퓰리즘이 어떠한 방식을 통해 '몹쓸 것'이 되었는지 살펴보아야 한다. 위에서 포퓰리즘이 몹쓸 것이 된 이유를 알았다면 이제는 그 방식에 대해 알아야 한다. 다시 말해 민주주의 국가에서 당연하게 등장하게 되는 정치현상이 어떻게 포퓰리즘이라고 공격받게 되었는지 그 과정을 살펴보아야 하는 것이다.[5] 바로 여기서 이데올로기나 가치관 그리고 개인적 신념을 가로질러 포퓰리즘을 '나쁜 것'으로 만드는 방법이 드러나게 될 것이다.

포퓰리즘을 정의할 수 있거나 우리가 지금까지 포퓰리즘이라고 칭했던 모든 정치행위들을 가로지르는 개념이 존재하지 않음에도 불구하고 우리는 지금도 어떤 정치행위나 현상들을 포퓰리즘이

---

5   포퓰리즘과 민주주의의 관계에 대해서는 서병훈(2012)을 참조. 서병훈은 포퓰리즘과 민주주의의 관계를 포퓰리즘을 현대사회의 병리적 현상으로 간주하는 병리론, 포퓰리즘을 민주주의의 내적 갈등에서 비롯되는 일종의 적신호로 민주주의의 한 부분으로 보는 그림자론, 그리고 포퓰리즘이 민주주의의 한 부분임을 인정하면서도 그것이 민주주의의 주변부에 있다는 주변부론으로 구분하며 이 중 주변부론이 가장 설득력 있다고 주장한다. 아울러 주변부는 민주주의의 중앙과 분리해서 솎아내야 한다고 말한다.

라고 부르고 있다. 이러한 현상, 무엇이든 포퓰리즘이라고 낙인찍고 거의 모든 정치행위를 포퓰리즘이라는 범주에 넣을 수 있었던 이유는 규정된 포퓰리즘이라는 범주의 테두리가 굉장히 넓고 모호하기 때문이다. 포퓰리즘을 규정하는 데 사용되는 일반적 요소로 '인민에의 호소', '적과 동지의 구분', '이분법적 구성', '갈등의 재생산 및 확대', '민중과 엘리트 집단의 구분', '이상향 추구', '위기 상황의 대응', '대의 민주주의에 대한 적대적 방식' 등이 있다. 포퓰리즘 연구로 유명한 폴 태가트(Paul Taggart)의 주장이나 브리태니커 백과사전에서도 포퓰리즘을 이와 같은 요소를 중심으로 판단한다 (Taggart, 2017, p.18).[6] 얼핏 보기에 어떤 정치현상이나 행위를 포퓰리즘으로 규정하기 위해 설정한 이와 같은 요소들은 충분한 정당성을 가지고 있으며 포퓰리즘의 특징을 잘 설명하고 있는 것처럼 보인다. 하지만 이것이 정말 포퓰리즘이 가진 고유한 특성인지는 의심스러운 일이다.

'인민에의 호소'나 '적과 동지의 구분', '이분법적 구성' 및 '갈등의 재생산 및 확대'를 비롯해 포퓰리즘의 특성이라고 규정된 요소들 모두 일반적인 정치행위의 특성이다. 최소한 민주주의를 표방하는 공동체에 소속된 정치인이나 정당에게 경쟁 상대는 늘 존재하는 것이며 이 경쟁 상대들은 권력을 쟁취하는 데 있어 주요한 방해 요소이다. 따라서 거의 모든 정당이나 정치인들은 배척의 대상으로 결코 권력을 가져서는 안 되는 적과 반드시 권력을 쟁취해야 하는 동지를 구분한다. 다시 말해 거의 모든 정당이나 정치인이 갈

---

6   https://www.britannica.com/topic/populism(검색일: 2020. 10. 2.)

등의 양상이나 균열을 확대하고 재생산하는 것이다. 정당체제의 형성과 변화에 대해 밀도 있게 연구한 립셋과 로칸에 따르면, 균열(cleavage)이란 일반적으로 사회구성원 간의 이해관계의 상충으로 인한 갈등이 집단의 정체성과 결합되어 조직적으로 표출되는 것으로 유권자들의 정치적 판단과 정당 간 경쟁, 그리고 정당체계를 구성하는 역할을 한다.[7] 이는 균열과 갈등은 정당체제를 유지하는 정치 공동체에서는 늘 발생하는 일이라는 것을 의미한다. 이렇게 이분법적으로 적과 동지를 구분하여 균열과 갈등을 생산하는 것이 정치 공동체의 일반적 현상이다. 포퓰리즘을 비판하는 사람들은 대부분 이렇게 정치 현상의 일반적 요소들을 가지고 포퓰리즘이라고 규정한다. 즉 일반적이며 대부분의 정치현상을 포함할 수 있는 범주를 먼저 설정한 후 비판의 대상을 바로 이 범주 안에 집어넣고 개별적 공약이나 정책을 비난하기 시작하는 것이다. 다시 말해 포퓰리즘을 화두로 상대방을 공격하는 것은 일종의 포러 효과(Forer effect) 혹은 바넘 효과(Barnum effect)라 할 수 있는 것이다.

바넘 효과란 일반적이고 모호하며 그 범위가 매우 넓어 누구에게나 적용될 수 있는 성격묘사 등이 자신에게만 해당되는 것으로 받아들이는 현상을 의미하는 심리학 용어이다(Forer, 1949, p.118). 예

---

7 조성대(2008), 「균열구조의 정당체계: 지역주의, 이념, 그리고 2007년 한국 대통령선거」, 『현대정치연구』 1(1), p.170. 정당체제와 사회 혹은 정치 균열에 대해서는 Seymour M. Lipset & Stein Rokkan (1967), Party System and Voter Alignment, New York: The Free Press; 마인섭(2004), 「정당과 사회균열구조」, 심지연 편(2004), 『현대 정당정치의 이해』, 서울 백산서당; 오상택(2017), 「한국 정당체계의 기원과 형성: 해방기 사회균열구조와 정치적 동원의 상호작용을 중심으로」, 성균관대학교 정치외교학과 박사학위 논문 참조.

를 들어 "당신은 고집이 세지만 가깝다고 생각하는 사람의 말은 잘 듣는 편이다"라는 말을 들은 사람은 상대방이 자신의 성향을 정확히 파악하고 있다고 판단하여 그 사람의 다른 말도 신뢰하게 되는 현상으로 누구에게나 해당될 일반적 내용을 통해 신뢰를 획득하는 일종의 속임수라고 할 수 있다. 그런데 바로 이러한 바넘 효과가 포퓰리즘에 대한 비판에도 나타나고 있다. 대부분의 정당이나 정치인 누구에게나 해당되는 일반적 요소들을 포퓰리즘이라고 규정한 이후 대중들의 신뢰를 획득하고 상대방에 대한 비판의 설득력을 높이는 것이다. 이를 도식화해보면 다음과 같다.

포퓰리즘에 대한 정의를 일반적이고 모호하게 구성한다.

↓

일반적이고 모호한 정의에 근거하여
상대방을 포퓰리즘의 범주 안에 넣는다.

↓

대중들로부터 신뢰를 획득한다.

↓

다른 부정적 요소들을 덧입혀 대중들에게
상대방이 부정적으로 인식되게 한다.[8]

위의 도식화된 구조에서 알 수 있듯이 개념 정의도 모호하며 세

---

8 이 도식은 D. H. Dickson & I. W. Kelly (1985), "The 'Barnum Effect' in Personality Assessment: A Review of the Literature", Psychological Reports 57 (1)를 참조하여 구성하였음.

계 곳곳에서 다양한 모습으로 등장하고 사라지며 그 실체도 알 수 없는 '포퓰리즘'이 상대방을 비판하는 데 광범위하게 사용되는 이유는 바로 이러한 바넘 효과 때문이다. '포퓰리즘'에 대한 정의가 모호하면 모호할수록 바넘 효과는 배가되고 정치적 이익을 획득하기 쉬워진다. 바로 이러한 이유로 인해, 즉 상대방을 너무나 쉽게 공격할 수 있기 때문에 포퓰리즘에 대한 비판이 좌우를 가리지 않고 진보와 보수를 가리지 않고 선택된 것이다. 포퓰리즘에 대한 비판은 처음부터 실체가 없었기 때문에 어디서든 누구에게나 적용 가능했고 아무나 사용 가능했다.

이제 우리는 누군가 상대방을 포퓰리즘으로 규정한다면 그것이 우리를 현혹시키는 바넘 효과가 아닌지 의심해 봐야 한다. 그리고 군이 '포퓰리즘'이 현 정치 체제에 존재하는 어떤 것이라고 믿는다면 포퓰리즘은 없으며 '포퓰리즘들'만이 존재한다는 것을 알아야 한다. 실체가 없기에 어디든 있을 수 있으며 어디에도 없는 것이 바로 '포퓰리즘'이다.

4. 나오며

본 연구는 포퓰리즘에 대한 일반적 사유, 즉 포퓰리즘은 대의민주주의에 대해 적대적이며[9] 대중영합적으로 인기에 집착하고 경쟁

---

9   대의민주주의(Representative Democracy)가 정당한 것인지에 대해서는 다시 재성찰을 해볼 필요가 있다. 대의와 민주주의의 합성어인 대의민주주의, 즉 '민주주의'가 '대의'라는 형용사에 의해서 꾸밈을 받고 있는 것이 형용모순은

적 선거에 당선되기 위해 무책임한 정치행태를 보이는 것이라는 일반적 관념을 점검해보는 것이 목적이었다. 하여 포퓰리즘이 정치 현장에서 처음 사용되었던 시점으로 다시 돌아가 지금의 사유가 어떻게 구성되었는지를 살펴보았다. 처음에는 자랑스럽고 민중의 삶과 사회적 모순을 적극적으로 대면하며 그것의 문제를 해결하기 위해 분투했던 포퓰리즘은 기득권의 원한의 감정이 새로운 가치를 창조하며 '몹쓸 것'이 되고 말았다. 포퓰리즘은 이 원한의 감정을 통해 민주주의의 적이 되었고 대의민주주의를 파괴하는 '나쁜 것'이 되었다. 지금 우리가 가지고 있는 일반적인 포퓰리즘에 대한 인식은 이러한 권력과정의 산물이었던 것이다. 아무도 정의하거나 규정할 수 없는 것을 라틴아메리카에서 발생한 정치현상과 경제침체의 원인으로 규정하며 포퓰리즘을 부정적 인신의 산물로 만들었다.

또한 포퓰리즘에 대한 정의를 모호하게 만들어 어떤 정치 현상이든 포획될 수 있게 만들어 경쟁적 정당이나 정치인을 포퓰리즘 혹은 포퓰리스트로 규정하는 모습도 살펴보았다. 기득권이나 정치인들이 이익을 성취하기 위해 바넘 효과를 사용하는데 포퓰리즘이라는 정의될 수 없는 모호한 단어는 최상의 먹잇감이었다. 일반적 정치현상을 포퓰리즘으로 규정하고 상대방의 정치를 모호하게 설정된 포퓰리즘으로 포획하며 다시 부정의 이미지를 덧칠하였던 것이다. 이러한 현상, 가치의 전도와 바넘 효과가 광범위하게 발생하

아닌지 고민해보아야 하는 것이다. 우리가 지금 과두정의 정치체계를 '대의민주주의'라고 부르며 그것을 억지로 애써 정당화하고 있는 것은 아닌지에 대한 재성찰이 필요하다.

기에 우리는 아무런 의심 없이 포퓰리즘이 '몹쓸 것'이라는 주장을 상식이고 교양인 것처럼 받아들였다. 하지만 지금 포퓰리즘을 다시 보아야 한다. 최소한 정치 현상이나 사태를 철학적으로 성찰하고자 한다면 포퓰리즘은 없으며 포퓰리즘들만이 존재할 수 있다는 것, 그리고 포퓰리즘이라는 단어가 가진 기표의 성격과 권력에 의해 허무하고 정교하게 난자된 기의를 살펴야 하는 것이다. 지금 우리는 기의없는 기표 혹은 아무것도 아닐 수 있는 것, 허무의 공간을 주유하는 어떤 것에 포획되어 있다.

제10장

....

다른 민주주의의 재등장

백미연

핵심요지

- 포퓰리즘은 새로운 정치프레임 즉 정치 문법이다. 대의민주주의라는 정치 문법에 대항하는 참여민주주의라는 정치 문법이 바로 포퓰리즘이다.
- 포퓰리즘은 정치 문법이고 이데올로기는 정치내용이다. 현실에서 포퓰리즘 은 다양한 이데올로기와 가치와 결합하여 변주되고 있다.
- 포퓰리즘은 정책에 영향을 받는 사람들(인민, 국민, 평범한 사람들, 보통 사람들, 노 동자, 농민, 빈민, 불리한 위치에 있는 사람들)을 사회적 자원분배 결정과정에 적극 적으로 포함하는 새로운 민주정치 방식 즉 '다른 민주주의'이다.

1. 포퓰리즘은 정치 문법이다

한국 사회에서 요즘처럼 포퓰리즘, 포퓰리스트라는 말이 일상적으로 사용된 적은 없다. 포퓰리즘은 학문적으로도 정의내리기 어렵고 복잡한 논쟁적 개념이다. 그런데 한국 사회에서는 별 근거 없이 자신이 반대하거나 대중이 선호하는 정책에 포퓰리즘이라는 꼬리표를 붙여 무차별하게 공격하는 것이 일상화되었다. 왜 이와 같은 어처구니없는 일이 허용되는 것일까. 그 이유는 우리 사회에서 '포퓰리즘이 무엇인지'에 대한 학문적 논쟁이 거의 진행되지 않은 채 포퓰리즘에 대한 부정적 해석이 신화처럼 자리 잡았기 때문이다. 이제라도 포퓰리즘에 대한 왜곡과 오해를 넘어 균형감각을 갖고 포퓰리즘이 무엇인지를 규명하는 논쟁은 반드시 필요하다.[10]

초기 연구들은 포퓰리즘을 하나의 이데올로기(Hofstadter, 1955; Shils, 1956)로 정의한다. 포퓰리즘이 생각하는 사회는 두 개의 동질적이고 적대적인 집단, 즉 '순수한 인민'과 '부패한 엘리트'로 나뉘어 있는 사회이다. 따라서 정치는 인민의 '일반의지'의 표현이 되어야 한다. 포퓰리즘은 '우리'와 '그들'을 구분하고 '우리'에 호소하는 이데올로기인 것이다. 이데올로기는 빛깔이 서로 다른 색안경을 끼고

---

10 '포퓰리즘이란 무엇인가'에 대한 국내연구는 초기 부정적 관점이 주를 이뤘지만, 최근 부정적 관점, 긍정적 관점, 균형적 관점 등이 경합중이다. 포퓰리즘은 반민주주의 혹은 민주주의에 해가 된다는 관점(김준현·서정민, 2017; 서병훈, 1988; 2008; 2012; 2017; 양승태, 2012; 정진영, 2018)에서부터 포퓰리즘에서 인민주권 실현, 급진민주주의 가능성(이승원, 2018; 장석준, 2019; 홍태영, 2018)을 기대하는 관점, 포퓰리즘 정치를 가치중립적 혹은 균형적으로 이해하는 접근(김주형·김도형, 2020; 윤비 외, 2017; 이관후, 2019; 정병기, 2020; 진태원 외, 2017; 홍철기, 2019)이 있다.

〈표 10-1〉 미국 포퓰리즘 정치와 이데올로기의 결합

포퓰리즘 정치	주요 이슈	이데올로기 입장
1890년대 인민당(좌파)	노조합법화, 토지두기종식, 기간산업 국유화, 농민부채탕감	생산자주의, 뉴딜자유주의진보주의
1950년대 반공주의(우파)	인종분리, 재분배 반대, 총기규제 반대	생산자주의, 인종주의, 반복지주의, 자유지상주의, 보수주의
2008년 월스트리트점령운동 (좌파)	금융부문 정부구제 반대, 진보적 사회정의 의제	생산자주의, 자유주의적 평등주의
2008년 티파티운동(우파)	금융부문 정부규제 반대, 오바마케어 반대, 증세반대	생산자주의, 종교적 근본주의, 인종주의, 자유지상주의, 보수주의, 반동주의, 반복지주의
2016년 미국우선주의 (트럼프주의)(우파)	신자유주의 반대, 인종차별, 성차별, 반이민, 자유무역반대, 현실주의 외교정책 지지	배타적 민족주의, 인종주의, 종교적 근본주의, 반동주의, 반페미니즘
2016년 버니 샌더스 진보주의(좌파)	신자유주의 반대, 전국민의료보험지지, 공립대학 무상교육, 탄소세, 금융 투기 반대	민주사회주의, 진보주의

자료: 무데 칼트바서(2019), 주디스(2017), 태가트(2017) 등을 참고하여 연구자 재구성.

사회현상을 설명하고, 사회갈등을 주요 대립 집단 간의 갈등으로 분석하여 나름의 정치 프로그램을 제시한다. 이처럼 포퓰리즘도 사회를 인민과 엘리트의 대립구도로 이해하며 인민의 일반의지를 표현하는 정치를 제시하고 있다는 것이다. 그러나 포퓰리즘은 확고한 가치체계를 바탕으로 분명하고 구체적인 정치적 프로젝트를 제시하는 이데올로기로 보기는 어렵다. 실제 미국, 라틴 아메리카, 유럽에서 등장한 포퓰리즘 정치들의 이데올로기적 스펙트럼은 매우 넓고 다양한 가치들과 결합하고 있다.

〈표 10-2〉 라틴아메리카 포퓰리즘 정치와 이데올로기의 결합

포퓰리즘 정치	주요 이슈	이데올로기 입장
1930년대 제1물결 (중도)	노동자 생활수준 개선, 임금인상, 휴일증가, 반제국주의	공산주의와 자본주의의 중도주의 표방
1990년대 제2물결 (우파)	자유 시장 지지, 극단적 빈곤 퇴치	신자유주의
2000년대 제3물결 (좌파)	자유 시장 반대, 사회경제적 불평등 완화	사회주의와 급진 좌파 표방

자료: 무데 칼트바서(2019), 주디스(2017), 태가트(2017) 등을 참고하여 연구자 재구성.

미국 사회에서 포퓰리즘 정치는 자유주의에 기초한 민주당의 왼쪽에서, 보수주의에 기초한 공화당의 오른쪽에서 이념적 스펙트럼을 확장해왔다. 사회주의가 발전하지 않은 미국사회에서 인민당-진보주의-월스트리트 점령운동과 같은 좌파 포퓰리즘 정치는 '노동자, 농민, 빈민'의 이해를 대변해왔다. 다른 한편 반공주의-티파티운동-미국우선주의로 이어지는 우파 포퓰리즘 정치는 반복지주의, 인종차별주의, 반페미니즘, 종교적 근본주의, 백인우월주의, 반이민주의 등 배제의 정치(politics of exclusion)를 확대 재생산해왔다.

세 개의 물결로 진행된 라틴아메리카 포퓰리즘 정치에서도 이데올로기적 일관성과 충실성을 찾기는 어렵다. 제1물결 포퓰리즘 정치는 공산주의와 자본주의 사이의 중도주의를 기초로 했고, 제2물결 포퓰리즘 정치는 신자유주의식 자본주의를 추구했다. 제3물결 포퓰리즘 정치는 사회주의와 급진좌파를 표방했다. 하지만 이들 포퓰리즘 정치는 정치인의 리더십에 의존하였고, 물질적 보상으로 통해 중앙권력화를 추구했다.

유럽 사회에서 출현한 포퓰리즘 정치는 1994년 유럽연합의 탄생과 2008년 경제 대침체와 깊은 연관이 있으며, 미국 포퓰리즘 정치 지형과 닮아 있다. 유럽의 포퓰리즘은 서유럽과 북유럽의 우파 포퓰리즘 정치와 남유럽의 좌파 포퓰리즘 정치로 명확히 구별된다. 포퓰리즘 정치가 좌우 이데올로기와 결합하여 진행되었고, 각각의 포퓰리즘 정치가 주요하게 관심을 기울인 이슈도 비슷하다. 좌파 포퓰리즘 정치가 사회경제적 불평등과 빈곤, 재분배 문제에 집중했다면, 우파 포퓰리즘 정치는 이민, 재분배, 인종주의 문제에 집중했다. 좌우로 포퓰리즘으로 불리는 정치 모두 유럽연합과 경제를 핵심 이슈로 상정한다. 표면상으로는 유럽 사회에서 좌파 포퓰리즘과 우파 포퓰리즘이 상이한 주제에 몰두하는 것으로 보이지만, 자세히 살펴보면 두 진영 모두 사회경제적 삶의 안정을 위협하는 무언가에 주목하고 있는 것을 알 수 있다. 좌파는 불평등에서, 우파는 이민자에게서 그 원인을 찾고 있을 뿐, 사회경제 문제가 그 핵심을 차지하고 있다.

실제 사례에서 보았듯이 포퓰리즘은 다양한 이데올로기와 가치들을 자유롭게 흡수하는 스펀지와 같다. 포퓰리즘은 정치 문법이고 이데올로기는 정치 내용이다. 자유주의 포퓰리즘, 신자유주의 포퓰리즘, 사회주의 포퓰리즘, 보수주의 포퓰리즘, 반동주의 포퓰리즘, 인종주의 포퓰리즘, 성차별주의 포퓰리즘, 생태주의 포퓰리즘, 세계시민주의 포퓰리즘 등 모든 이데올로기는 포퓰리즘과 결합 수 있다. 미국, 라틴아메리카, 유럽에서 등장하고 일정 정도 성공을 거둔 포퓰리즘 정치 사례들은 포퓰리즘이 정치 문법이며 다양한 이데올로기와 가치와 결합하여 변주되고 있음을 분명히 보여주고 있다.

〈표 10-3〉 유럽 포퓰리즘 정치와 이데올로기의 결합

구분	포퓰리즘 정치	주요 이슈	이데올로기 입장
좌파 포퓰리즘	그리스 시리자	재정지출, 복지, 실업	중도좌파
	스페인 포데모스	재정지출, 실업, 동물복지, 삼림보호, 시민의 정치참여	중도좌파 개혁주의, 포스트 신자유주의, 신케인즈주의
우파 포퓰리즘	덴마크 국민당, 오스트리아 자유당	난민, 이민자, 이슬람교도	반이민주의(외국인 혐오), 자국민우선주의
	영국 독립당	이민, 유럽연합	반이민주의, 자국민우선주의, 유럽연합회의주의
	프랑스 국민전선	이민, 유럽연합, 불공정 거래, 복지지출삭감 반대, 공공서비스 민영화 반대	반이민주의(정교분리, 세속주의), 자국민우선주의, 사민주의, 경제민족주의, 드골주의

이와 같이 포퓰리즘이 어떠한 이데올로기적 내용과도 결합이 가능하다면, 포퓰리즘을 특정이데올로기로 해석하기는 어려워 보인다. 그렇다면 포퓰리즘을 무엇으로 해석해야 하는가. 이러한 질문에 답하기 위해 포퓰리즘을 정치 논리, 담론, 정치 전략, 정치 스타일 등으로 규정하는 학문적 시도들이 있어왔다.[11]

---

11 우르비타티는 포퓰리즘에 대한 개념연구를 최소주의와 최대주의 관점으로 구분한다. 최소주의는 규범적 판단을 피하며 모든 포퓰리즘의 사례를 최대한 포함하여 이해하며, 포퓰리즘을 얇은 이데올로기(Mudde & Kaltwasser, 2013; Koen Abts and Stefan Rummens, 2007; Ben Stanley, 2008; Crist bal Rovira Kaltwasser; 2012), 정치 스타일(Kazin, 1995; Moffitt, 2016), 정치 전략(Weyland, 2001) 등으로 해석한다. 최대주의는 포퓰리즘을 시민공동체가 자유롭게 인민을 구성하여 권력획득을 위해 기성 헤게모니에 대항하는 민주정치과정으로 해석하는 라클라우(Laclau, 2005) 등의 입장이 포함된다(Urbinati, 2019). 파니자는 포퓰리즘의 개념연구 접근방식을 경험주의, 역사주의, 대중주의로 구분한다. 경험적 접근법은 포퓰리즘

그중 포퓰리즘에 대한 새로운 개념들은 급진민주주의 이론의 대표자인 아르헨티나 출신의 에른스트 라클라우와 벨기에 출신 샹탈 무페에 의해 제안되었다. 그들은 '인민'을 효과적으로 정치영역을 새롭게 바꿀 수 있는 주체(a subject)라고 주장하며 포퓰리즘은 그러한 정치프로젝트를 달성하는 논리(a political logic)(Laclau, 2005)라고 말한다. 또한 포퓰리즘은 사회를 인민(하층계급)과 인민의 타자를 상징적으로 구분하여 정치공간을 단순화하는 현상유지 반대 담론(a discourse)(Laclau, 2005; Mouffe 2018)이라고도 지적한다.

포퓰리즘을 좌파 혁신을 이끌 유력한 담론이자 논리로 이해하는 관점과는 달리 좌파 포퓰리즘은 인민이라는 단일한 집합주체를 창출하기 위한 정치 전략(a political strategy)(Laclau, 2005; Mouffe, 2018; Weyland, 2001)이라는 관점도 존재한다. 라틴아메리카 포퓰리즘 정치 사례를 증거로 제시하며, 포퓰리즘은 '우리'와 '그들'을 구분하는 경계를 명확히 하는 전략을 구사하여 단일한 집합주체인 인민을 구성한다는 것이다. 기성 정치세력뿐만 아니라 사회의 일부 사람들까지도 부당하게 특권을 누리는 사람들도 낙인을 찍어 '그들'과 '우리'를 구분한다는 것이다. 그리고 이렇게 구성된 '우리'(인민)의 직접

현상들의 특성을 범주화하여 일반화한다. 역사적 접근법은 특정한 시기와 사회, 역사적 환경을 연결하여 포퓰리즘을 설명한다. 특히 1930년대 경제위기 시기부터 1950년대 수입대체산업화 시기까지의 라틴아메리카의 정치상황을 포퓰리즘과 연결한다. 대중적 접근법은 인민을 정치적 주체로 구성하여 포퓰리즘을 규정한다. 포퓰리즘은 하층계급으로서의 '인민(the people)'과 '타자(the other)' 간의 정치공간으로 사회를 단순화하는 현상유지반대담론(anti-status quo discourse)이며 주권자 인민을 구성하는 정체화/동일화 양식(a mode of identification)인 것이다(Panizza, 2005).

적이고 비제도화된 지지를 기반으로 정치권력을 추구하거나 행사한다는 것이다.

이데올로기, 담론, 정치 논리, 정치 전략으로 설명되는 방식과는 달리 포퓰리즘은 지도자와 인민간의 정치적 관계를 만들어내는 퍼포먼스들의 집합, 즉 정치 스타일(a political style)(Moffit and Tormey, 2014)로 제시되기도 한다. 초기 연구에서는 포퓰리즘을 단순하고 직접적으로 의사소통하면서 해결책을 제시하는 정치스타일로 이해했다면, 이후 연구에서는 반복적 수행을 통해 지도자와 인민 사이의 견고한 정치적 관계를 만들어내는 정치스타일로 여겨지고 있다 (Moffit and Tormey, 2014, p.387).

포퓰리즘에 대한 상이한 해석접근법들은 공통적으로 포퓰리즘이 '우리'(인민)와 '그들'(기성 특권층)을 구분하여 정치적 힘을 만들고 정치목표를 추진하는 것만을 주목하는 경향이 있다. 그러나 포퓰리즘을 구성하는 요소 중 우리가 주목해야 하는 부분은 '사회의 자원배분 결정과정에 인민(국민, 평범한 사람들, 보통 사람들, 불리한 위치에 있는 사람들, 노동자, 농민, 빈민 등)이 직접 참여할 수 있는 프레임'을 제공하고 있다는 점이다.

포퓰리즘은 새로운 정치 프레임, 즉 정치 문법인 것이다. 대의민주주의라는 정치 문법에 대항하는 참여민주주의라는 정치 문법이 바로 포퓰리즘인 것이다. 과거에는 정책결정 과정에서 소외되고 배제되었던 사람들이 실질적으로 정책결정 과정에 포함되었을 때, 정치적 의제가 달라지고 생산된 정책과 결과물은 완전히 달라질 수 있다. 동일한 이슈를 바라보고 해결하는 관점은 완벽히 변화될 가능성이 있다.

2. 민주주의 vs. 민주주의

포퓰리즘은 반민주주의라는 비판을 받아왔다. 그러나 이러한 비판은 대의민주주의만이 진짜 민주주의이고 그 이외 다른 민주주의는 민주주의가 아니라는 가정에 기초해 있다. 그러나 민주주의는 하나의 사상으로서나 정치적 실체로서나 근본적으로 논쟁의 대상이다. 민주주의 역사를 둘러싸고 상반된 해석이 존재하며, '정치 참여'의 진정한 의미, '대표'의 의미 등에 관한 논쟁이 여전히 진행 중이다(헬드, 2010, p.11). 국민투표와 같은 직접민주장치를 활용한다고 해서, 참여의 이상을 강조한다고 해서 민주주의가 아니라는 주장은 타당하지 않다. 포퓰리즘은 또 다른 민주주의 이념이자 형태일 수 있기 때문이다.

자유주의, 보수주의, 사회주의 이데올로기가 발전하기 시작한 19세기는 대중 민주주의가 발전한 시기다. 서구 사회에서 대중 민주주의는 대의제와 정치적 자유주의(제한정부, 입헌주의, 법의 지배)와 결합하여 내용적으로는 자유민주주의, 형식적으로는 대의민주주의로 발전하였다. 그 결과 우리는 민주주의와 자유민주주의, 대의민주주의를 동일시하게 되었다. 대중민주주의가 처음 등장하였을 때, 자유주의자와 보수주의자는 민주주의를 위험한 사상 혹은 제도라고 생각하며 반대했다. 보수주의는 원래 사람들은 태어난 신분에 따라 상이한 역할과 권리를 누리는 것이 자연스럽다고 여겼으며, 자유주의는 다수의 전제(tyranny of majority), 즉 다수결의 원칙이 작동하는 민주주의가 소수의 권리를 희생시킬 가능성이 있기 때문에 위험하다고 여겼다. 그러나 19세기 이후 대중민주주의는 피할 수 없는 대세가 되었고, 보수주의와 자유주의는 민주주의를 받아들일 수밖에 없었다. 대신 개인의 기본적 자유에 대한 다수주의 정부(민주정부)의 권력행사를 제한할 수 있는 제도(제한정부, 사법부의 독립, 언론의 자유 등)를 결합시킨 자유민주주의를 발전시켰다. 또한 보수주의와 자유주의는 '대중'(평범한 사람들, 보통 사람들, 데모스, 인민, 민중)의 통치능력에 대한 불신을 상쇄시킬 방안으로 대의제를 민주주의와 결합하여 대의민주주의를 발전시켰다.

원래 아테네에서 민주주의는 자원의 분배결정 과정에 가난한 다수의 시민계급이 참여하는 정치체계를 의미했다. 그리고 2500년 뒤 19세기에 민주주의의 재등장의 신호탄이 된 차티스트운동의 진짜 목표 역시 자원의 분배과정에 대중 시민이 참여하는 길을 획득하는 것이었다. 19세기 산업화로 '먹고사는 데 심각한 위기'를 느낀 대중이 택한 방법은 새로운 정치, 즉 (대의)민주정치였던 것이다. 그리고 20세기 후반부터 포퓰리즘이라 불리는 정치는 신자유주의식 자본주의가 대중의 '사회경제적 삶'을 심각하게 위협하는 시기마다 전 세계 곳곳에서 다양한 얼굴로 등장했다. 그렇다면 전 세계 각지에서 등장한 포퓰리즘 정치는 '먹고사는 데 심각한 위기'를 느낀 대중이 택한 새로운 정치, 즉 (참여)민주정치로 해석할 여지가 충분히 있다. 포퓰리즘은 항시적 실존의 어려움을 겪고 있지만 자원의 분배결정 과정에서 배제되어 있는 대중이 직접 정책결정 과정에 참여하는 정치방식인 것이다. 다시 말해 포퓰리즘은 '정책에 영향을 받는 사람들을 정책결정 과정에 포함하는 새로운 민주정치 방식'으로 규정할 수 있다.

포퓰리즘과 대의민주주의는 서로 다른 민주주의 실천방식, 즉 정치 문법인 것이다. 다시 말해 대의민주주의나 포퓰리즘은 둘 다 구체적인 정치이념을 실천하는 프레임인 것이다. 전 세계에서 작동하는 대의민주주의는 그것이 작동되는 사회의 숫자만큼 다르게 변주되어 왔다. 대표에 대한 신뢰를 바탕으로, 시민이 투표를 통해 대표를 결정하고 대표가 유권자 시민의 의사를 대변한다는 것을 전제로 공정하고 정기적 선거에 의해 대표를 선출하는 제도들이 추가된다. 이것이 대의민주주의 방식의 기본문법이다.

이에 비해 포퓰리즘은 대표에 대한 신뢰를 재고하며, 시민이 자원분배의 정책결정과정에서 직접 자신의 의사를 대변하는 것을 전제로 직접민주정치제도를 추가하는 민주주의 방식이다. 따라서 전 세계 곳곳에서 실천되고 있는 포퓰리즘 정치는 기본문법에 무슨 내용을 채우느냐에 따라 제각각 다르게 변주되고 있다. 포퓰리즘 정치가 등장한 모든 사회는 대표의 실패, 기성 정당정치와 질서의 위기가 우리의 삶을 위기로 몰고 간다는 문제의식을 공유하고 있다. 따라서 포퓰리즘 정치가 성공했다면, 그 사회의 다수의 시민은 정치 문법을 대의민주주의에서 참여민주주의로 바꾸기로 결심한 것이다.

하지만 포퓰리즘이라는 문법에 채워지는 내용은 모두 제각각이다. 기존의 정치 문법인 대의민주주의와 짝지어 있는 (작동 중인) 자유주의에 대항하여 보수주의·사회주의·자유주의 이데올로기는 포퓰리즘이라는 옷을 입은 것이다. 모든 정치이데올로기는 자신의 지지기반의 이해관계를 대변하며 발전하였는데, 자유주의는 부르주아 중간계급(middle class), 보수주의는 귀족특권층(noble class), 사회주의는 노동자 무산자계급(labor class)의 이해관계를 대변하였다.

그리고 지지기반의 이익을 극대화하기 위해 주적으로 상정되는 사람들과 그들의 이해관계를 대변하는 가치와 제도를 비판하였다.

자유주의는 부르주아 중간계급의 기회의 평등을 획득하기 위해 귀족특권계급을 공격하였고, 보수주의는 고귀한 귀족특권계급의 이익을 위해 혈통(blood)에 따른 자원과 신분의 분배를 거부하는 평범한 대중의 도발에 격렬히 반대했다. 사회주의 역시 노동자 무산자계급의 이익을 위해 귀족과 부르주아 유산자계급을 공격했고, 궁극적으로 계급구분이 없는 사회(classless society)를 주창하였다. 그러나 현재 포퓰리즘 옷을 입은 이데올로기들은 'people'을 지지기반으로 명명하는 동시에, 현재 기성질서체계에서 부당하게 특권을 누리는 계층을 '엘리트'라고 부르며 이들의 부당한 특권을 회수해야 한다고 지적한다. 따라서 현존하는 포퓰리즘 정치는 지지기반, 주적, 경제원칙, 다원성 인정 여부 등 모든 면에서 제각각이다. 또한 지지기반의 이익이 극대화될 수 있는 가치와 원칙들을 취사선택해 왔다. 자본주의, 사회주의, 자유주의, 자유지상주의, 신자유주의, 민족주의, 페미니즘, 생태주의, 종교적 근본주의 등 다양한 가치와 원칙을 지지기반의 이익을 극대화 하는 방식으로 취사선택하고 변용하여왔다.

3. 다른 민주주의의 재등장

포퓰리즘은 민주주의와 대립되는 사상이자 실천으로 오해를 받아 왔다. 포퓰리즘은 민주주의를 좀먹는 '사이비 정치'라는 해석에서부터 민주주의의 불완전성과 결핍으로 항상 민주주의를 따라다니는 숙명과도 같은 일종의 '그림자(shadow)'(Canovan, 1999), 민주주의의 '변방 혹은 주변부(edge or periphery)', 민주주의를 따라다니며 괴롭히는 '유령(spectre)'이라는 해석(Arditi, 2004)에 이르기까지, 나쁜 민주주의 혹은 반민주주의로 여겨져 왔다.

그러나 최근 들어 포퓰리즘을 기업이익, 엘리트의 이익이 정치에 과대 대표되는 '대표의 위기(crisis of political representation)'에 맞서 인민주권을 되찾는 인민 민주주의 혹은 급진적 민주주의 방식으로 바라보는 관점이 등장하였다. 급진 민주주의이론가인 샹탈 무페는 우리시대를 포스트민주주의(post-democracy) 시대라고 진단한다. 여전히 민주주의가 이야기되고 있지만 기존 정치지형에서 좌우세력간의 경계가 모호해지는 '중도화'가 진행되면서 시민들은 정치적 선택의 기회가 거의 없어지는 '탈정치(post-politics)' 현상이 나타났다는 것이다. 대의민주주의의 내용인 자유주의에서 경제적 자유주의만이 남고 정치적 자유주의는 축소되면서, 시민의 정치적 영향력은 감소해왔다는 것이다. 중도우파와 중도좌파 간의 신자유주의 자본주의에 대한 합의는 금융부문을 엄청나게 팽창시켰고 민영화와 탈규제 정책을 가속화시켜 불평등과 노동조건을 악화시켰다고 한다(무페, 2019, pp.21-43). 포퓰리즘 정치는 인민주권과 평등의 이상이 침식되고 있는 포스트 민주주의 국면에서 출현했다는 것이다. 현 시대 지배적인 민주주의 유형인 대의민주주의라는 문법은 인민(보통사람들)이 주권을 갖지도, 인민이 이익이 보장되지도, 인민이 참여할 수도 없는 구조인 것이다.

대의민주주의가 민주적 정당성을 상실해가며 인민의 삶의 불안정성을 높이고 있다. 무페의 지적처럼, 2008년 세계금융위기는 신자유주의 헤게모니의 위기로서 기성 질서에 반대하는 포퓰리즘 정치가 좌우 모두에서 발전하는 계기가 되었다.

델라 포르타(Donatella della Porta)는 현재 전 세계 곳곳에서 펼쳐지는 다양한 포퓰리즘 정치를 폴라니식 대항운동의 21세기 버전으로 해석한다. 폴라니는『거대한 전환』(1944)에서 19세기의 자유방임 자본주의의 물결로 인해 노동, 토지, 화폐의 무분별한 상품화가 진행되는 상황에서 전통적으로 보장받던 권리를 되찾으려는 대항운동이 일어났다고 한다. 대항운동의 성공은 국민국가 내 사회보호의 확대를 가져왔다. 1990년대 이후 진행된 신자유주의 세계화의 물결은 노동시장과 금융자본에 대한 규제철폐와 노동자 보호 장치 폐지, 토지의 수탈 등을 통해 노동, 토지, 화폐의 재상품화를 가속화시켰다. 이러한 신자유주의 폭압에 맞선 폴라니식 대항운동이 두 부류로 등장하였다고 한다. 한 방향은 진보적·포용적·세계시민주의적 시민의 권리 확대를 추구하는 진보적 대항운동으로, 다른 방향은 일부 구성원의 권리와 이익의 보장을 요구하는 반동적·배제적 대항운동으로 전개되었다는 것이다. '월스트리트 점령운동'이나 '그리스의 시리자', '스페인의 포데모스', '지구정의운동' 등과 같은 신자유주의 세계화 반대 진보운동은 2008년 금융위기 이후 불안정성 증가로 인해 생존을 위협받은 사람들 특히 미래가 없는 세대인 청년들의 참여가 도드라졌다(della Porta, 2017).

특히 '월스트리트 점령운동'이나 '그리스의 시리자', '스페인의 포데모스'와 같은 좌파 포퓰리즘 정치는 인민과 금권권력(과두권력) 간의 정치적 경계를 만들어서 대의정치에 개입하고자 노력하였다. 이들은 복지 보호와 회복을 촉구하고 국가체제의 불공정에 분노하며, 그 해결을 포용·참여·심의에 기초한 진짜 민주주의에서 찾았다. 민주주의에 반대하는 깃이 아니라 민주주의의 퇴행, 즉 현재의 자유민주주의의 실천을 반대한 것이다. 이들은 현재의 불안정과 위기의 해법으로 '영향을 받는 사람들' 더 나아가 '공통의 거버넌스에 종속된 사람들'이 사회의 규범, 의제, 정책결정 과정에 실질적으로 포함되어 목소리를 내고 영향을 줄 수 있는 새로운 민주주의를 지지하는 것이다. 이들은 선거과정을 통해 정권을 획득하고 궁극적으로는 급진민주주의와 민주적 혹은 자유주의적 사회주의를 부활시키는 것을 목표하였다. 무페와 같은 좌파이론가들은 좌파 포퓰리즘 정치가 새로운 좌파의 전략이 되기를 기대하고 있는 것 같다.

그러나 균형적 관점에서 볼 때 포퓰리즘은 좌우에 상관없이 대의민주정치 문법의 실패에 반응하여 구성된 참여민주정치 문법으로 보는 것이 타당하다. 대의민주정치 문법의 실패로 등장한 새로운 민주정치 문법인 포퓰리즘이 무조건 옳다고 말하기는 어렵다. 포퓰리즘이 정당한 혹은 좋은 민주정치 문법이 되기 위해 충족되어야 할 조건은 분명해 보인다.

포퓰리즘은 공동선의 추구, 포용과 타협, 토론과 심의의 정치 공간 강조하는지, 이것들을 간과하는지에 따라 포퓰리스트 민주정치와 반정치적 포퓰리즘으로 구분할 수 있다(Bretherton, 2019; Dzur and Hendriks, 2018; Schmitter 2019). 포퓰리스트 민주정치는 토론과 심의정치를 강화하고, 단일한 지도자나 이슈에 몰두하기 보다는 공동의 삶과 서로에게 관심을 기울인다. 또한 포퓰리스트 민주정치는 도덕적 명령의 언어가 아닌 타협과 조정의 언어로 이슈를 제안하며, 타자로 여겨지는 사람들을 악마화하기보다는 포용의 방식으로 people을 재구성한다. 다시 말해 포퓰리스트 민주정치는 일인, 소수, 다수에게 유리한 정치에 대항하여 '함께 살아가는 삶(common life)'을 만들고자 노력한다. 공동선이 아닌 공동체 일부분의 이익을 추구하게 되면 포퓰리즘은 타락하게 되고 나쁜 포퓰리즘으로 변질하는 것이다. 공동체 전체의 이익과 삶을 위한 포퓰리즘 정치는 정당하고 좋은 포퓰리즘이며, 공동체 일부의 이익에 집중하는 포퓰리즘은 부당한 즉 나쁜 포퓰리즘인 것이다. 또한 people을 배제를 통해 구성하는 포퓰리즘 정치는 부당하며, people을 포용을 통해 재구성해나가는 포퓰리즘 정치는 정당하다고 할 수 있다.

제11장

········

포퓰리즘, 민주주의와 한 몸이면서 분리된[12]

김주호

핵심요지

• 포퓰리즘은 민주주의적이면서 동시에 반민주주의적이다. 이 양가성을 인지하는 것이 포퓰리즘 이해의 출발점이다.

• 포퓰리즘은 민주주의와 인민이라는 몸통을 공유하지만 인민에 대한 독특한 해석 때문에 민주주의와 다른 존재로 갈라져 나간다.

• 포퓰리즘의 양가성을 포착하기 위해서는 그것의 이데올로기적 측면에 주목하고, 그것을 비자유주의적 민주주의로 이해하며, 부분이자 전체로서 인민의 이중적 의미를 인식할 필요가 있다.

---

12 이 글은 2019년 『시민과세계』 35호에 실린 논문 「포퓰리즘과 민주주의: 양가적 관계 이해하기」를 편저의 성격에 맞게 대폭 수정한 것이다. 보다 면밀한 이론적 논의를 살피고자 한다면 위 논문을 참조하기 바란다.

1. 포퓰리즘, 민주주의적이면서도 반민주주의적인

포퓰리즘이란 무엇인가? 우리 통념 속에서 그것은 민주 사회에 해악을 미치는 일종의 병처럼 여겨진다. 다소 일면적이기는 하지만 이런 인식이 무조건 잘못되었다고 할 수는 없을 것이다. 지나치게 단순한 해결책과 거친 언행으로 대중의 감성을 자극하는 행태가 분명 포퓰리스트에게서 자주 발견되기 때문이다. 예컨대 비등록 난민이 불법적으로 독일 국경에 진입하려고 할 때 "긴급한 경우 총기도 사용할 수 있다"는 독일 우익 포퓰리즘 정당의 대표가 한 발언은 사려 깊은 정치인의 모습과 상당히 거리가 멀다. 이는 인권을 무시한 비윤리적인 제안일 뿐만 아니라 국내외의 법과 규범을 전혀 고려하지 않은 비현실적인 제안으로서 난민 혐오를 조장하여 정치적 이득을 취하려는 비열한 의도의 결과일 뿐이다. 민주주의가 이성적인 개인들이 대화와 타협을 통해 미지의 해결책을 함께 찾아나가는 지난한 과정이라는 점을 상기한다면 단순한 논리로 대중을 선동하는 포퓰리스트는 분명 환영받기 어려운 존재다.

그렇다면 포퓰리즘은 반민주주의적인가? 쉽게 '그렇다'라고 대답할 수 없다. 포퓰리스트를 향한 대중의 열광적 지지 이면에는 우매한 이들의 부화뇌동이라고 할 수만은 없는 나름 민주주의적인 무언가가 있기 때문이다. 얼마나 진심인지는 모르겠지만 "포퓰리스트의 시끌벅적한 '민주주의 사랑'"(뭉크, 2018, p.71)은 단순히 대중을 현혹하기 위한 얄팍한 수사가 아니다. 그것은 기존의 정치 엘리트들이 도외시한 다수 대중, 즉 민주정치의 본래 주인공들을 다시 정치의 장으로 불러내는 주문이기도 하다. 베네수엘라의 전 대통령 차베스가 빈민의 영웅으로 불린다는 사실은 그가 누구의 목소리를 대변하고자 했는지를 명확히 보여준다. 그리스의 시리자와 스페인의 포데모스도 글로벌 금융위기 이후 가혹한 구조조정 속에서 신음하는 이들의 목소리를 등에 업고 급부상했다. 이런 포퓰리즘의 민주주의적 면모가 비단 좌파 진영에서만 발견되는 것은 아니다. 영국독립당의 성공은 소위 '남겨진 자들'의 전폭적 지지 없이 설명되지 않는다. 시대의 변화에 뒤처지고 신자유주의적 세계화에 낙오한 나이 든 저학력의 백인 남성 노동자들이 세계화를 찬양하는 고학력 고소득의 엘리트들로 꽉 찬 '변질된' 노동당이 아닌 유럽연합 탈퇴와 반이민을 내세우는 영국독립당을 지지하는 것은 어찌 보면 너무나 당연하다.

그렇다면 포퓰리즘은 민주주의적인가? 포퓰리즘에 대한 우리의 통념은 그저 오해일 뿐인가? 역시나 쉽게 "그렇다"라고 대답할수 없다. 단지 포퓰리스트의 자극적 언행과 선동 정치 때문만은 아니다. 훨씬 더 중요한 것은 포퓰리즘에 필연적으로 내재된 권위주의적 성격이다. 포퓰리스트는 오직 자신만이 인민(people)의 대변자라고 자처하면서 이견을 보이는 모든 세력을 불온시하고 억압한다. 또한 거리낌 없이 헌정 질서를 유린하고 언론을 통제하며 권력을 독점한다. 이런 면모는 극우 성향의 폴란드 카친스키부터 극좌 성향의 그리스 치프라스까지, 1940년대의 아르헨티나 페론부터 2000년대의 베네수엘라 차베스, 볼리비아 모랄레스, 에콰도르 코레아까지 집권한 거의 모든 포퓰리스트에게서 발견된다. 이런 이들을 무턱대고 민주주의자라고 부를 수는 없는 일이다.

포퓰리즘은 민주주의적인가 아니면 반민주주의적인가? 어느 하나를 택해야 한다면 우리는 결코 온전한 답을 구할 수 없다. 어느 쪽이든 항상 절반은 맞고 또 절반은 틀리기 때문이다. 오히려 포퓰리즘 이해의 출발점은 그것이 민주주의적이면서 동시에 반민주주의적이라는 것을 인지하는 것이다. 포퓰리즘은 인민을 중심에 세운 정치를 약속한다는 점에서 민주주의적이지만 권위주의적 수단을 동원해서라도 그것을 구현하려고 한다는 점에서 반민주주의적이다. 이런 의미에서 "민주화의 약속과 권위주의적 실행"(데 라 토레, 2018)이라는 말은 포퓰리즘을 나타내는 가장 간명하면서도 적확한 표현일 것이다.

포퓰리즘의 민주주의적 성격과 반민주주의적 성격은 서로 무관하게 존재하는 것이 아니라 하나의 몸을 이루고 있다. 비유하자면 포퓰리즘은 민주주의의 샴쌍둥이와 같다. 민주주의와 몸통을 공유하고 있지만 결국에는 그것과 갈라져 있는, 따라서 신체의 어느 부위를 보느냐에 따라 민주주의적으로 보이기도 하고 그렇지 않아 보이기도 하는 존재다. 그렇기에 누군가는 포퓰리즘을 민주주의를 더 민주주의답게 만드는 동력이라고 기대하고, 다른 누군가는 민주주의를 무너뜨리는 위협 요인으로 경계하고, 또 다른 누군가는 민주주의의 동력이자 위협 요인으로 받아들인다.

민주주의에 대한 포퓰리즘의 양가적 성격은 어디서 비롯하는가? 포퓰리즘은 왜 민주주의적이면서 반민주주의적인가? 포퓰리즘은 어떤 지점에서 민주주의와 만나고 어떤 지점에서 그것과 갈라지는가? 어떻게 접근해야 포퓰리즘의 양가성이 포착될까? 이하에서 이 물음들에 답하고자 한다.

2. 포퓰리즘과 민주주의, 어디서 만나고 어디서 갈라지는가?

1) 포퓰리즘, 민주주의적일 수 있는

포퓰리즘이 민주주의의 샴쌍둥이라면 이 둘이 공유하는 몸통은 무엇인가? 이에 답하기 위해서는 우선 포퓰리즘의 핵심 특성이 무엇인지 살필 필요가 있다. 그것이 바로 포퓰리즘의 몸통이며 동시에 민주주의의 몸통이기 때문이다.

대체로 일상이나 공론장에서 포퓰리즘은 자극적인 언행으로 대중을 동원하는 선동 정치 또는 일관된 원칙 없이 대중의 선호와 정세에 따라 기민하게 변모하는 기회주의 정치 등으로 여겨진다. 특히 한국에서 포퓰리즘은 '대중영합주의' 또는 '인기영합주의'와 동의어로 통용되면서 일반 대중의 인기에 영합하여 정치적 이득을 취하려는 것을 그것의 핵심이자 전부로 이해하는 경향이 있다. 하지만 대중 선동, 기회주의, 대중/인기영합주의와 같은 특성들이 포퓰리즘에서 자주 발견된다고 하더라도 엄밀한 의미에서 그것들이 포퓰리즘의 중추에 자리 잡고 있다고 보기는 어렵다.

오히려 포퓰리즘은 인민에 대한 호소, 인민주권에 대한 강조, 반엘리트주의, 반기성주의, 반다원주의, 단순한 이분법적 대립구도, 직접민주주의에 대한 동경, 대의민주주의에 대한 회의, 카리스마적 지도자, 자극적 언행 등으로 특징지어진다. 이 중에서도 가장 핵심은 단연 인민에 대한 호소이다. 포퓰리즘은 인민이 정치적 권력과 정당성의 근원이며 따라서 정치의 중심에 서야 한다는 확고한 믿음으로부터 출발한다. 이는 적잖은 입장 차에도 불구하고 거의 대부분의 포퓰리즘 연구자들이 동의하는 바이기도 하다. 예컨대 대표적 포퓰리즘 연구자인 무데는 "포퓰리즘의 핵심 개념은 분명히 '인민'"(Mudde, 2004, p.544)이라고 단언한다. 포퓰리즘이 인민과 엘리트의 이분법적 대립구도, 그리고 인민의 일반의지의 표현으로서 정치라는 인식에 근간한다고 보는 무데에게 엘리트와 일반의지도 물론 중요한 개념이다. 하지만 인민은 엘리트와 이분법적으로 대립하는 존재이자 정치의 준거점인 일반의지의 담지자라는 점에서 그것을 중심으로 나머지 두 개념을 아우르고 있다. 인민에 대한 가장 면밀한 연구를 수행한 캐노번도 주권자 인민이 포퓰리즘의 핵심 특성이라는 점에 이견을 보이지 않는다. 그는 관련 연구에서 매우 중요하게 취급되는 논문 「인민을 신뢰하라」에서 포퓰리즘의 핵심 특성이 "기성 권력구조와 사회의 지배적 사상과 가치에 맞서는 '인민'에 대한 호소"(Canovan, 1999, p.3)에 있다고 보고, 포퓰리즘이라는 것은 기본적으로 기존 정치가 주권자 인민으로부터 멀어져 갈 때 등장한다고 진단했다.

인민에 대한 호소가 포퓰리즘의 핵심 특성이라는 점은 포퓰리즘의 어원과 역사적 사례들에서도 확인된다. 포퓰리즘이라는 말은 고대 로마에서 인민을 뜻하는 라틴어 '포풀루스(populus)'에 뿌리를 두고 있다. 영어 'people', 프랑스어 'peuple', 이탈리아어 'popolo', 스페인어 'pueblo' 등의 유래가 되는 포풀루스는 고대 로마 이후 역사의 흐름 속에서 상당히 다양한 의미로, 심지어는 상반된 의미로 발전해 나갔지만 그 안에 정당한 권력의 궁극적 원천이라는 의미가 담겨 있다는 점에는 변함이 없었다. 인민에 대한 호소는 상당히 이질적인 포퓰리즘 현상들을 그나마 한데 묶어낼 수 있는 가장 중요한 공통 특성이기도 하다. 포퓰리즘이라고 불린 많은 현상들이 주도 세력, 지역, 이념, 조직 형태 등에 따라 상당한 차이가 있었음에도 불구하고 "'주권자 인민'은 상이한 포퓰리즘 전통들에 공통적으로 담겨 있는 주제"(Mudde and Kaltwasser, 2017, p.10)이다.

흥미로운 것은 포퓰리즘의 핵심 특성인 인민에 대한 호소가 또한 민주주의의 핵심 특성이기도 하다는 점이다. 민주주의란 무엇인가? 그 어원이 고대 그리스어로 인민을 뜻하는 '데모스(demos)'와 지배를 뜻하는 '크라토스(kratos)'의 합성어라는 점에서도 알 수 있듯이, 민주주의는 일인 지배 또는 소수 지배와 구별되는 다수 인민의 지배를 뜻한다. 인민이 정치권력의 담지자로서 지배한다는 것은 민주주의의 변치 않는 조건이다. 시민들이 추첨을 통해 직책을 돌아가면서 맡고 손수 통치에 참여하는 고대 그리스의 정치체제와 선거를 통해 선출된 대표자에게 통치를 맡기고 간접적으로 통치에 참여하는 오늘날의 정치체제가 그 적잖은 상이함에도 불구하고 모두 민주주의라고 불릴 수 있는 것은 바로 이 때문이다.

요컨대 정치권력이 궁극적으로 인민에게 있으며, 따라서 정당한 정치 행위는 원칙적으로 인민의 의지에 부합해야 한다는 믿음은 모든 포퓰리즘과 모든 민주주의의 출발점이다. 이 점에서만큼은 포퓰리즘과 민주주의가 명확히 구분되지 않는다. 아니, 보다 정확히 말해 구분될 수 없다. 정치적 권력과 정당성의 근원으로서 인민이라는 믿음은 포퓰리즘과 민주주의가 공유하는 '하나의' 몸통이기 때문이다. 포풀루스는 곧 데모스이고, 포풀루스를 정치의 중심에 세우려는 운동은 데모스를 정치의 중심에 세우려는 운동에 다름 아니다.

포퓰리즘 운동에서 민주주의의 언어와 열망을 발견하게 되는 것도 바로 이 때문이다. 예컨대 2010년대 중반 독일에서 발생한 포퓰리즘 정당과의 연계 의혹이 짙은 극단적 반이민・반이슬람 성향의 페기다 시위에서 "우리가 국민(people)이다"라는 구호가 등장했는데, 이는 30여 년 전 구동독에서 권위주의적 공산주의 정권에 맞선 민주화 운동의 상징과 같은 구호였다. 또한 프랑스의 르펜은 2017년 대선에서 "국민의 이름으로"라는 구호를 내세웠다. 동유럽의 대표적 포퓰리스트인 헝가리의 오르반과 폴란드의 카친스키가 과거 열렬한 민주화 운동가였다는 것은 단순한 우연 또는 변절로 치부할 수만은 없을 것이다.

2) 하지만 반민주주의적일 수밖에 없는

포퓰리즘과 민주주의는 인민이 정치적 권력과 정당성의 근원이라는 인식을 공유한다. 하지만 이 둘은 결코 동일하지 않다. 샴쌍둥이처럼 하나의 몸통을 공유할 뿐이다. 그렇다면 이 둘이 갈라지는 지점은 어디인가? 포퓰리즘은 왜 민주주의와 다르고 그것에 위협이 되는가?

흥미로운 점은 포퓰리즘이 반민주주의적일 수밖에 없는 근본적인 이유가 역설적이게도 민주주의적일 수 있는 바로 그 이유, 즉 인민에 있다는 것이다. 샴쌍둥이가 하나의 몸통으로부터 두 개의 몸이 분리되어 나가듯 포퓰리즘은 인민에 대한 독특한 해석 때문에 민주주의와 다른 존재가 된다. 오늘날의 일반적인 민주주의에서 결코 받아들여질 수 없는 방식으로 인민을 이해하기 때문이다. 그 독특한 해석은 크게 두 가지로 정리될 수 있다. 첫째, 인민의 의지는 절대적이다. 둘째, 인민의 의지는 단일하다. 이러한 해석이 어떻게 오늘날 민주주의와 충돌하게 되는지 살펴보자.

(1) 절대시된 인민의 의지 I: 헌정주의와의 충돌

포퓰리즘은 인민의 의지를 절대시한다. 물론 인민의 의지는 민주주의에서도 중요한 의미를 지닌다. 민주주의란 인민의 지배에 다름 아니기 때문에 민주 정치가 주권자 인민의 의지를 최대한 온전히 담아내려고 하는 것은 너무나 당연하고 바람직한 일이다. 하지만 그것이 꼭 인민의 의지를 절대시함으로써 실현되는 것은 아니다. 오히려 오늘날의 민주주의는 인민주권을 어느 정도 제약하는 제도들 위에서 작동하고 있다. 하지만 포퓰리스트는 이 자명한 사실을 받아들이지 않는 경향이 있다. 이들에게 인민의 의지는 언제나 옳으며, 따라서 어떤 제약도 없이 존재해야 하는 것으로 여겨진다. 이런 점에서 포퓰리스트는 민주주의자보다 더 '민주주의적'인 민주주의의 근본주의자로까지 보인다.

이런 경향은 특히 헌법에 대한 포퓰리스트의 태도에서 확인할 수 있다. 민주 국가에서 권력은 헌법이 허용하는 범위 내에서 그것이 규정한 절차에 따라 행사되어야 한다. 그래야만 권력의 자의적 행사를 막고 민주주의의 근간이 되는 개인의 기본적 자유와 권리, 권력 분립, 법치주의가 가능하기 때문이다. 이를 헌정주의라고 하는데, 근대 민주주의는 이 헌정주의의 토대 위에서 제도화되었다. 근대 들어 헌법이 제정되고 그것에 절대적 권위가 부여될 수 있었던 것은 본질적으로 주권자 인민의 존재 때문이다. 인민은 주권의 담지자이므로 헌법을 제정하는 권력의 담지자이기도 하며, 따라서 인민의 이름으로 만들어진 헌법은 모든 것에 우선한다는 논리가 그 기저에 자리 잡고 있는 것이다. 하지만 역설적이게도 헌정주의가 제대로 작동하기 위해서는 일단 국가의 모든 구성원인 인민이 헌법에 복종해야 한다. 말하자면 헌법에 절대적 권위를 부여한 것은 주권자 인민의 존재이지만, 헌법의 절대적 권위는 그것에 대한 인민의 복종을 요구하는 것이다. 인민주권을 제약한다는 점에서 이는 일견 민주주의에 반하는 것처럼 보인다. 하지만 사실 이 역설은 근대 민주주의가 작동하기 위한 불가피한 선택이다. 인민의 의지라는 미명하에 무소불위의 권력이 행사되어 민주주의를 마비시키지 않게 하려면, 인민주권에 근간한 헌법으로 인민주권을 미리 어느 정도 제약해두는 것이 효과적이기 때문이다.

하지만 포퓰리스트들은 이 역설을 온전히 받아들이지 못한 채 외눈박이의 시각으로 헌법을 바라본다. 이들은 주권자 인민이 헌법을 만들어낸다는 점에만 주목하고 인민이 헌법에 복종해야 한다는 점은 보지 않는다. "헌법보다 더 강력한 것이 하나 있다. (…) 그것은 인민의 의지다. 도대체 헌법이란 게 무엇이란 말인가? 그것은 인민들이 만들어 낸 것이다. 인민들이 권력의 첫 번째 원천이다. 원하기만 한다면, 인민은 헌법을 폐지할 수 있다"(캐노번, 2015, p.158에서 재인용)라는 월러스의 말은 인민과 헌법에 대한 포퓰리스트의 전형적 시각을 보여준다. 물론 다수가 동의한다면 헌법은 개정될 수 있다. 하지만 그것은 헌법이 보장하는 개인의 자유와 권리, 권력 분립, 법치주의를 강화하는 방향이어야 한다. 아니면 적어도 이것들을 침해하지 않는 범위 내에서 이루어져야 한다. 하지만 이 점이 집권에 성공한 포퓰리즘 정권에서 제대로 지켜지는지 의문이다. 오히려 현실은 그 반대인 경우가 많다. 예컨대 헝가리의 오르반 정권은 2010년대 초반 국민의 기본권을 제약하고 사법부의 독립성을 훼손하며 행정부와 입법부를 장악하는 방향으로 헌법을 개정했다. 이 과정은 인민의 이름으로, 하지만 야당이 배제된 채 부당한 절차에 따라 진행되었다. 라틴아메리카의 포퓰리즘 정권들도 크게 다르지 않다. 포퓰리즘은 인민을 내세우지만 그것에 대한 맹목적 믿음 때문에 헌정주의를, 결국은 그것에 기초한 근대 민주주의 자체를 잠식해버린다.

(2) 절대시된 인민의 의지 II: 대의제와의 충돌

인민의 의지를 절대시하기 때문에 포퓰리즘은 근대 민주주의의 한 토대인 대의제와도 충돌한다. 주지하듯 오늘날 민주 사회에서 시민들은 직접 통치에 참여함으로써가 아니라 선출된 대표자를 통해 간접적으로 권력을 행사한다. 통치를 위임받은 대표자는 나름의 재량을 발휘하면서 민의를 대변하고, 통치를 위임한 시민은 정기적으로 열리는 선거를 통해 대표자가 민의를 제대로 반영하고 있는지 심판한다. 이것이 대의제의 핵심이며 오늘날 민주주의가 작동하는 기본 원리이다.

이러한 대의제에는 헌정주의에서와 마찬가지로 근대 민주주의의 역설이 존재한다. 민주주의가 그 본질인 인민주권을 근대의 현실적 조건 속에서 최대한 실현하기 위해서는 오히려 그것을 어느 정도 제약할 수밖에 없었기 때문이다. 모든 시민이 통치에 직접 참여하여 진정한 의미에서 다수 인민의 지배를 실현한다는 것은 민주주의의 이상이다. 하지만 고대 그리스의 폴리스와 달리 광활한 영토와 엄청난 인구를 가진 근대 국가에서 이 이상을 그대로 구현한다는 것은 현실적으로 불가능하다. 더욱이 고대 아테네 몰락 이후 2천 년 이상 인류사에서 사라졌던 민주주의가 근대 초에 다시 도래했을 때, 민주주의는 자신에 대한 상당한 우려를 불식시켜야 했다. 고대 아테네에서처럼 시민들이 공동체를 직접 통치한다는 것은 당시만 해도 도무지 상상할 수 없는 일이었기 때문이다. 한 사람의 왕이나 소수 귀족의 통치에 익숙하고 인구의 다수가 충분한 교육을 받지 못한 당시의 현실을 고려한다면 이런 우려가 터무니없는 것만은 아니었다. 대의제는 이런 상황에서 고안된 하나의 타협책이었다. 근대 민주주의는 시민의 직접 통치라는 '순수한' 이상을 포기하고 소수에게 통치를 위임하는 귀족정의 특성을 부분적으로 수용한 대의제의 형태로 제도화되었다.

하지만 포퓰리스트는 대의제와 관련해서도 외눈박이의 시각을 가지고 있다. 대의제의 이 불가피한 역설을 이해하지 못하고 인민의 의지를 고스란히 대변하지 못하는 대의제의 한계만을 부각시킨다. 대의제의 한계를 묵인해야 한다는 뜻이 아니다. 오히려 그것이 지적되고 개선되어 제대로 된 대의가 이루어져야 민주주의가 보다 '민주주의적'일 수 있다. 그리고 이 점에서 포퓰리즘의 긍정적 기여가 있는 것도 사실이다. 포퓰리즘은 정치 엘리트들이 인민의 목소리에서 멀어져 갈 때 그들의 본래 역할이 인민 의지의 대변이라는 점을 환기시키면서 등장하기 때문이다. 하지만 대의제에 대한 포퓰리스트의 이해는 너무나 경직되어 있다. 인민의 의지를 절대시하는 포퓰리스트는 인민이 원한다면 설사 그것이 개인의 기본권과 자유를 침해하고 민주적 절차를 무시한다고 하더라도 따라야 한다고 믿는 경향이 있다. 그런 포퓰리스트에게 대의제는 인민주권의 실현을 제약하는 걸림돌에 불과하다.

이런 인식은 정치 엘리트를 보는 포퓰리스트의 시각에도 투영되어 있다. 포퓰리스트에게 대표자는 시민의 위임을 받긴 했으나 공동체의 사안을 결정하는 데 있어 나름의 재량을 발휘할 수 있는 존재가 아니라 시민의 위임을 받았기 때문에 한 치라도 민의를 거슬러서는 안 되는 존재다. 달리 말하자면, 포퓰리스트는 대의제가 자유위임이 아니라 기속위임에 기초해 있다고 보는 경향이 있다. 하지만 현실에서 대의민주주의는 자유위임을 전제로 한다. 그렇지 않으면 대표자는 자신을 지지한 특정 사회집단의 이익만을 대변하게 되어 다른 사회집단들의 대표자와 협의할 수 있는 여지를 확보하지 못하고, 특수한 이익과 공동체 전체의 이익을 조화시켜야 하는 기본 소임을 다할 수도 없기 때문이다. 포퓰리스트는 이 점을 보지 않는다. 이들의 눈에는 항상 인민의 목소리를 그대로 담아내지 못하는 정치 엘리트만이 존재할 뿐이다.

(3) 단일한 인민의 의지: 다원주의와의 충돌

인민의 단일한 의지가 존재한다는 믿음은 포퓰리즘이 민주주의와 갈라지는 두 번째 결정적 지점이다. 오늘날의 민주주의는 의심의 여지 없이 다원주의에 기초한다. 다원주의란 무엇인가? 개인이나 집단이 상이한 가치관과 이해관계를 가지고 있다는 것을, 즉 다원성을 인정하는 태도이다. 다원성이 존재하지 않는다면 민주주의는 일인 또는 소수의 지배와 사실상 다를 바 없고, 공동체의 사안을 대화와 타협을 통해 합의해나가는 민주주의가 필요하지도 않을 것이다. 개인의 기본권 보장, 민주적 절차의 확립, 권력분립, 정당과 이익집단의 활동 등은 민주주의에 필수적인 다원성을 확보하려는 노력의 산물이다. 다양한 가치관과 이해관계가 존재한다는 것은 엄연한 사실이기도 하다. 이것을 간과한 현실 정치는 가능하지 않다. 따라서 바람직한, 그리고 지각 있는 민주주의자라면 모든 국민이 동의하는 무언가를 찾아내어 그것을 대변할 것이 아니라, 자기 입장을 주장하되 다양한 입장들이 존재한다는 점을 인정하고 최대한 많은 국민이 동의할 수 있는 합의 지점을 찾아야 할 것이다.

이런 점에서 포퓰리스트는 결코 민주주의자가 될 수 없다. 인민의 의지가 오직 하나로 존재하며 그것이 오로지 자신에 의해서만 대변될 수 있다는 허황된 믿음을 가지고 있기 때문이다. 말하자면 포퓰리스트는 "엘리트에 반대하는 동시에 항상 다원주의에 반대"하며 "오로지 자기들만 국민을 대표한다고 주장한다"(뮐러, 2017, p.33). 무모해 보일 정도로 놀랍고 위험한 주장이다. 물론 인민의 뜻이 항상 자신의 뜻이라는 말에는 민주주의적 특성이 있다. 하지만 이 둘이 결코 다를 수 없다는 인식은 반다원주의적이며, 따라서 반민주주의적이다. 더욱이 인민의 뜻이 항상 자신의 뜻이라는 인식은 자신의 뜻이 곧 인민의 뜻이어야 한다는 인식으로 언제든 바뀔 수 있다는 점에서 권위주의로 흐를 가능성이 농후하다. "국민이 야당일 수는 없다"(뮐러, 2017, p.48에서 재인용)는 헝가리 총리 오르반의 발언을 단순히 정치인의 수사로 읽을 수만은 없는 이유이다.

단일한 인민의 의지에 대한 포퓰리스트의 집착은 이분법적 인식과도 결부된다. 포퓰리스트에게 스스로는 인민의 단일한 의지를 대변하는 유일한 존재이기 때문에 자신과 이견을 보이는 모든 이들은 '우리 인민'에 포함되지 않는 '그들'이자 '적'으로 간주될 수밖에 없다. 오스트리아 자유당 대표 호퍼가 자신의 편에 있지 않은 이들에게 던진 "여러분은 누구십니까?"(뭉크, 2018, p.58에서 재인용)라는 물음은 이런 맥락 속에서 읽혀야 한다. 호퍼에게 이들은 국민이 아닌, 또는 국민이어서는 안 되는 누군가이다. 이런 인식은 결코 민주주의에 어울리지 않는다. 인민을 배타적으로 대표하는 자신만이 절대적으로 '민주적' 정당성을 가지고 있다고 믿기 때문에 포퓰리스트는 반대의 목소리를 억압하고 거리낌 없이 헌법과 민주적 절차를 무시하며 권력을 독점한다. 포퓰리즘에서 인민이라는 민주주의의 언어는 쉽게 권위주의의 언어로 변모한다.

3. 포퓰리즘의 양가성, 어떻게 포착할 것인가?

앞 절에서 포퓰리즘이 민주주의와 어떤 부분을 공유하고 어떤 지점에서 갈라지는지를 살펴보았다. 이로써 포퓰리즘과 민주주의라는 샴쌍둥이의 윤곽을 그려내었다. 이제 어떤 관점에서 봐야 그 결합된 모습과 분리된 모습이 한눈에 들어오는지, 즉 포퓰리즘의 민주주의적 성격과 반민주주의적 성격이 하나의 틀 속에서 파악되는지 알아보자.

이와 관련하여 세 가지 참조점을 제시한다. 첫째, 포퓰리즘을 인민에 대한 독특한 이해에 기초한 이데올로기로 접근할 필요가 있다. 둘째, 포퓰리즘을 일종의 비자유주의적 민주주의로 이해할 필요가 있다. 셋째, 부분이자 전체로서 인민의 이중적 의미를 인식할 필요가 있다.

1) 이데올로기로서 포퓰리즘

포퓰리즘을 이데올로기로 접근하는 것은 민주주의에 대한 포퓰리즘의 양가성을 이해하는 데 있어 유용하다. 물론 포퓰리즘에 대한 접근방식은 다양하다. 누군가는 그것을 독특한 정치 스타일로 이해하고, 다른 누군가는 그것의 담론적 측면에 주목한다. 또 다른 누군가는 포퓰리즘을 특정한 정치적 의도 속에서 공동체의 구성원들을 동원해 내는 전략이나 레토릭으로 보기도 한다. 포퓰리즘을 이데올로기로 보는 것도 그것에 접근하는 한 가지 방식이다. 이런 접근방식들 중에서 어떤 것이 옳은지 판단하기는 어렵다. 또한 어떤 하나를 취한다고 해서 반드시 다른 것들과 거리를 둬야 하는지도 의문이다. 오히려 포퓰리즘을 분석하는 데 있어 각각의 접근방식은 나름의 유용성을 가지며, 경우에 따라서는 여러 접근방식들이 종합적으로 적용되어 상호보완될 필요도 있어 보인다. 하나의 방식으로만 접근하기에는 현실의 포퓰리즘 현상들이 너무나 이질적이기 때문이다.

하지만 포퓰리즘의 민주주의적 성격과 반민주주의 성격을 동시에 포착하기 위해서는 그것의 이데올로기적 측면에 주목해야 한다. 이데올로기를 인간의 사고와 행동에 강력한 영향력을 미치는 인식틀 정도로 간주한다면, 포퓰리즘을 이데올로기로 접근한다는 것은 포퓰리스트 특유의 사고와 행동을 만들어내는 체계적인 인식틀에 주목하고 그것을 포퓰리즘 이해의 출발점으로 삼는다는 것을 뜻한다.

그렇다면 포퓰리즘에서 발견되는 전형적인 인식틀은 무엇인가? 포퓰리즘 연구에서 가장 많이 인용되는 무데의 포퓰리즘 정의를 살펴보자. 그는 포퓰리즘을 "사회가 궁극적으로 '순수한 인민' 대 '부패한 엘리트'라는 두 개의 동질적이고 적대적인 집단으로 분리되어 있다고 여기며 정치는 인민의 일반의지의 표현이어야 한다고 주장하는 이데올로기"(Mudde, 2004, p.543)라고 간명하게 규정한다. 이 정의에서 알 수 있듯이, 포퓰리즘은 인민과 엘리트를 이분법적으로 구분하는 인식과 인민의 일반의지를 표현하는 정치라는 인식을 토대로 하며, 그 중추에는 인민 개념이 존재한다. 이 점을 중심으로 포퓰리즘에 접근한다면 포퓰리즘이 왜 그토록 엘리트에 적대적인지, 인민의 목소리가 닿지 않는 정치를 왜 그토록 문제 삼는지, 따라서 포퓰리즘이 왜 민주주의적 성격을 띠는지를 쉽게 이해할 수 있다. 동시에 다른 한편으로 포퓰리즘의 반민주주의적 성격도 포착할 수 있다. 앞서 언급한 두 가지 인식이 지나치게 강고할 경우 그로부터 타협 없는 반엘리트주의, 반다원주의, 적과 동지의 이분법적 대립구도, 대의제에 대한 강한 불신과 같은 특성들이 발현되기 때문이다.

무데와 마찬가지로 캐노번도 포퓰리즘을 인민에 대한 독특한 이해에 기초한 이데올로기로 간주한다. 그리고 그 안에 민주주의적 성격과 반민주주의적 성격이 병존하고 있음을 인지하고 있다. 그에 따르면, 포퓰리즘은 주권자 인민이 직접 정치에 참여하여 더 나은 세계를 만들 수 있다고 약속하고 이를 통해 정치적 행위를 이끌어낸다는 점에서 여느 민주주의 이데올로기와 다를 바가 없다. 포퓰리즘이 자주 보통 사람들의 목소리를 담아내지 못하는 기존 정치를 배경으로 등장하는 것도 이 때문이다. 하지만 캐노번도 지적했듯이, 포퓰리즘은 오늘날 우리에게 익숙한 자유민주주의 이데올로기와는 분명 다르다. 그것은 인민을 단일한 이해관계와 의지를 가진 이들로 상정하고 여기에 포함되지 않는 이들에 배타적이며 다수지배에 절대적인 의미를 부여하고 다름을 인정하지 않기 때문이다.

물론 포퓰리즘을 엄격한 의미에서 이데올로기라고 부를 수 있는지에 다소 의문이 드는 것도 사실이다. 사회주의, 자유주의, 페미니즘, 생태주의 등에 비해 포퓰리즘은 세계 전반을 이해할 수 있는 포괄적인 인식틀을 제공하지 않는다. 또한 체계적인 사상이나 이론을 갖춘 것도 아니고 포퓰리스트임을 자처하는 이가 존재하는 것도 아니다. 공동의 목적을 지향하는 운동으로서 포퓰리즘이 역사적으로 일관성 있게 발전해온 것도 세계 도처에서 동시다발적으로 전개되고 있는 것도 아니다. 무데와 캐노번 같은 학자들이 포퓰리즘에 '중심이 얇은' 이데올로기라는 유보 조건을 붙이는 것도 이런 한계를 인식하고 있어서일 것이다.

하지만 포퓰리즘이 이데올로기인지 아닌지 그 자체가 포퓰리즘의 양가성을 이해하는 데 있어 본질적으로 중요한 것은 아니다. 핵심은 이데올로기라고 부를 수 있을 정도로 어떤 나름의 인식틀이 포퓰리즘에 존재하고 그로부터 포퓰리즘의 양가성이 발원한다는 데 있다. 앞서 살펴보았듯이, 포퓰리즘은 인민을 정치적 권력과 정당성의 기원으로 본다는 점에서 민주주의에 부합하지만, 모든 인민이 공유하는 단일한 의지가 정치를 통해 어떤 왜곡도 없이 그대로 표현되어야 한다는 경직된 믿음 때문에 민주주의와 갈등한다. 포 퓰리스트가 이해하는 이런 식의 민주주의는 인민의 지배라는 민주 주의의 본질을 유지하기 위해서라도 인민의 의지를 제약할 수 있다 고 보는 오늘날의 일반적인 민주주의와 사뭇 다르다. "모든 인민이, 그리고 오직 인민만이 정치를 결정해야 한다"(Mudde and Kaltwasser, 2017, p.82)는 포퓰리스트의 확고한 믿음은 어느 정도까지는 민주주 의를 더 민주주의답게 만드는 동력이 되지만 그 정도를 넘어서면 도리어 민주주의를 위협한다. 요컨대 이데올로기든 아니면 그저 인 식틀이든 인민이 정치의 중심에 있어야 한다는 맹목적 믿음이 포 퓰리즘을 민주주의적이면서 동시에 반민주주의적으로 만든다. 이 점을 고려하지 않는다면 포퓰리즘의 양가성은 결코 설명될 수 없 을 것이다.

2) 비자유주의적 민주주의로서 포퓰리즘

비자유주의적 민주주의란 무엇인가? 문자 그대로 민주주의이긴 하되 자유주의적이지 않은 민주주의를 말한다. 민주주의가 자유주 의적이지 않을 수 있는가? 물론 오늘날 우리에게 익숙한 민주주의 는 그것과 자유주의가 결합한 자유민주주의이다. 근대 초 민주주 의가 국가의 권력 독점과 자의적 권력 행사에 대한 거부를 접점으 로 자유주의와 결합한 이후 늘 그러했다. 이 둘의 결합은 일견 자 연스럽다. 자유시민의 참여를 전제로 하는 민주주의가 제대로 작 동하기 위해서는 개인의 기본적 자유가 반드시 보장되어야 하고, 국가를 비롯한 외부의 영향력에서 벗어나 자유로운 상태를 추구하는 자유주의가 제대로 구현되기 위해서는 다수가 통제하는 민주적 절차가 매우 효과적인 수단이기 때문이다.

하지만 민주주의와 자유주의의 결합이 필연적인 것도 항상 조화를 이루는 것도 아니다. 오히려 이 둘은 상보적인 만큼 상충적이며, 동시에 발전할 수도 있지만 어느 하나의 발전이 다른 하나의 발전을 억누를 수도 있다. 일례로 19세기 유럽에서 자유주의자들은 구체제를 몰아내면서 민주주의가 도입될 수 있는 길을 내었지만, 다른 한편으로는 선거권 확대를 저지하면서 민주주의의 진전을 가로막았다. 신자유주의 시대에 민주주의가 직면한 도전도 본질적으로는 과도한 자유주의에 위협받는 민주주의의 문제로 환원될 수 있다. 반대로 '다수의 횡포'라는 말에 응축된 민주주의에 대한 우려는 민주주의라는 미명 하에 개인의 자유가 억압될 수 있다는 공포에서 기인한다.

민주주의에 대한 포퓰리즘의 양가성을 이해하기 위해서는 민주주의가 자유주의와 충돌할 수 있다는 점을, 달리 말하자면 민주주의가 자유민주주의의 형태가 아닐 수 있다는 점을 인지할 필요가 있다. 무데와 칼트바서는 (수식 없는) 민주주의를 인민주권과 다수지배가 결합한 형태로, 자유민주주의를 이 둘에 기본권 보장까지 결합한 형태로 규정할 것을 제안한다(Mudde and Kaltwasser, 2017, pp.80-86). 이렇게 규정해두면 민주주의는 얼마든지 자유주의적이지 않을 수 있다. 그리고 포퓰리즘이 비자유주의적 민주주의로 간주될 수 있는 가능성이 열린다. 그것은 인민주권과 다수지배를 토대로 하되 기본권을 제대로 보장하지 않는 형태의 민주주의이다. 요컨대 포퓰리즘은 "그 자체로 반민주주의적이지 않고"(Mény and

Surel, 2002, p.5) 오히려 "본질적으로 민주주의적이지만 자유민주주의와는 갈등한다."(Mudde and Kaltwasser, 2017, p.81) 심지어 "민주주의는 반자유주의가 될 수 있다."(뭉크, 2018, p.39)

이와 함께 '민주주의'가 두 가지 의미로 혼용되고 있다는 점을 유념할 필요가 있다. 본래 민주주의는 다수 인민의 지배를 뜻하지만 특별한 수식 없이 민주주의가 언급될 때 그것은 오늘날 보통 자유민주주의를 의미한다. 포퓰리즘과 민주주의의 관계에 관한 논의에서도 마찬가지이다. 누군가는 원형의 민주주의를, 다른 누군가는 자유민주주의를 염두에 두면서 민주주의라는 용어를 사용한다. 예컨대 "민주주의가 꼭 자유주의는 아니다. 자유주의가 아니어도 민주주의일 수 있다"(크라스테프, 2017, p.130에서 재인용)라는 오르반의 발언에서 민주주의는 결코 자유민주주의일 수 없다. 반면 포퓰리즘이 민주주의를 위협한다고 말할 때 민주주의는 보통 자유민주주의와 유사하게 이해된다. 대체로 포퓰리즘의 민주주의적 성격에 주목하는 이들은 민주주의를 본연의 의미에서 사용하는 편이며, 반대로 그것의 반민주주의적 성격을 강조하는 이들은 민주주의를 자유민주주의로 전제하는 경향이 있다.

이처럼 자유민주주의의 두 토대를 인식하고 원형의 민주주의와 자유민주주의를 구분하는 것은 포퓰리즘과 민주주의의 양가적 관계를 포착하는 데 꽤나 도움이 된다. 거칠게 말해, 포퓰리즘은 자유민주주의의 두 토대 중 민주주의에 조응하지만 자유주의와 갈등한다. 포퓰리즘을 '권리 보장 없는 민주주의'라고 한 뭉크(2018)의 표현은 이런 맥락에서 매우 적절하다. 그에게 포퓰리즘이란 자유민주주의의 민주주의적 토대에 지나치게 집착하면서 자유주의적 토대를 무너뜨리는, 즉 기본권 보장을 도외시한 채 인민주권과 다수 지배만을 고수하면서 발생한 현상이다. 실제로 뭉크는 권리 보장 없는 민주주의와 비자유주의적 민주주의를 구분하지 않고 동의어처럼 사용한다.

물론 자유민주주의가 실제로 민주주의와 자유주의라는 두 토대로 명확히 분리될 수 있는지, 포퓰리즘의 반민주주의적 성격을 일방적으로 자유주의적 토대에서 발생한 것이라고 여기는 것은 아닌지 의문을 제기할 수 있다. 실제로 앞서 언급한 것처럼 민주주의와 자유주의는 상충적일 뿐만 아니라 상보적이며 완전히 별개의 것으로 치부하기에는 무리가 있다. 하지만 자유민주주의의 두 토대를 구분하는 것은 포퓰리즘이 오늘날의 민주주의와 어떤 지점에서 조응하고 어떤 지점에서 갈등하는지를 포착하기 위한 일종의 분석틀로 받아들일 필요가 있다. 그리고 두 토대의 상충성에 주목한다는 것이 반드시 그것들의 상보성을 간과함을 전제로 하는 것도 아니다. 오히려 상보성을 인지하고 있기 때문에 상충성에 주목하는 것으로 보인다. 예컨대 뭉크(2018)가 포퓰리즘 안의 과도한 민주주의적 열정이 자유주의적 토대를 침식하는 것을 우려하는 이유는 그것이 결국엔 민주주의 자체를 위험에 빠뜨릴 것이라고 보기 때문이다. 이처럼 민주주의의 언어를 사용하는 포퓰리즘이 결국 민주주의를 무너뜨리는 이유를 설명하기 위해서는 그것의 비자유주의적 성격을 인지해야 한다.

3) 부분이자 전체로서 인민

포퓰리즘은 배제되었거나 주변화된 이들을 정치의 장으로 포섭해낸다는 점에서 민주주의적 성격을 띠지만, 다른 한편으로는 전체 인민의 일부만을 진정한 인민으로 상정하고 나머지는 배제한다는 점에서 반민주주의적 성격을 띤다. 포섭하면서 배제하는 포퓰리즘의 이중적 성격을 이해하기 위해서는 그것의 가장 핵심적인 개념인 인민의 이중적 의미를 들여다볼 필요가 있다. 이는 민주주의의 샴쌍둥이로서 포퓰리즘의 모습을 파악하는 데 도움이 되는 세 번째 참조점이다.

인민은 정치공동체 전체를 의미하면서 동시에 그 일부를 의미한다. 포퓰리즘의 어원인 고대 로마의 라틴어 포풀루스를 보자. '포풀루스 로마누스(Populus Romanus)'라는 말에서 드러나듯, 이 단어는 고대 로마 공화정에서 정치적 권리를 가진 이들 전체를 가리켰다. 하지만 다른 한편으로 그것은 포풀루스 로마누스의 일부인 평민 계급, 즉 노예와 달리 정치적 권리를 지니고 있긴 하되 귀족은 아닌 플레브스(plebs)만을 의미했다. 전체이자 동시에 부분일 수 있다는 점에서 민주주의의 어원인 고대 그리스의 데모스도 포풀루스와 다르지 않았다. 이 이중성은 이후 '인민'이 여러 언어에서 다소 상이한 의미로 발전해나가는 와중에도 변함없이 유지되었다.

인민의 이중성은 정치적으로 배제된 이들이 정치의 장으로 포섭되는 과정에서 독특한 방식으로 작동한다. 이들은 정치적 권력을 가지고 있는 이들과의 대립구도 속에서 자신들을 인민이라는 이름으로 묶어낸다. 이때 인민은 부분으로서의 인민이다. 하지만 동시에 정치적으로 배제된 이들은 주권의 담지자는 인민이라는 점을 내세우면서 자신들에게도 응당 정치적 권리가 주어져야 함을 강조한다. 이때 인민은 전체로서의 인민이다. 이 이중성은 예컨대 근대 초 부유한 백인 남성 부르주아지가, 이어서 무산자, 여성, 소수 민족·인종, 소수 종교·종파 등이 정치 기득권층에 맞서 정치적 권리를 획득하는 과정에서 발견된다. 이런 점에서 민주주의의 역사는 주권이 전체 인민에게 주어져야 한다는 신념과 아직 정치의 장으로 포섭되지 못한 부분으로서의 여러 인민'들'이 존재하는 현실 간의 괴리를 좁혀가는 과정으로도 읽힌다.

인민의 이중적 의미에 기대어 배제된 이들을 정치적으로 포섭해 낸다는 점에서 포퓰리즘 운동은 민주주의 운동과 크게 다르지 않다. 예컨대 19세기 후반 러시아와 미국의 고전적 포퓰리즘과 20세기 이후 라틴아메리카의 포퓰리즘은 각각 농민, 그리고 노동자와 빈민이라는 정치적으로 배제된 이들을 인민이라는 이름으로 묶어내려는 운동의 성격을 띠었다. 스페인의 포데모스는 글로벌 금융위기로 인해 안정된 삶이 위협받고 있는데 '아무도 우리를 대변하지 않는다'고 분노하는 사람들을 정치적으로 대변하기 위해 만들어졌다. 또한 오늘날 서구 각국의 우익 포퓰리즘은 경제만이 아니라 정치에서도 주변화되어 있는 러스트벨트 유권자들을 다시 정치의 장으로 불러들이고 있다. 이처럼 포퓰리즘은 기존 정치에서 실질적으로 목소리를 내지 못하는 '일부' 사회집단을 대변하고 이들을 위한 정치를 구현해야 한다고 주장한다. 이때 그 기저에는 주권이 '전체' 인민에게 주어져 있다는 생각이 깔려 있다. 요컨대 민주주의에서와 마찬가지로 포퓰리즘에서도 "'인민에게 정치를 되돌려 주자'는 요구는, 우선 '인민'이 권력을 쥔 자들과는 대조적인 세력으로 이해되면서도(이렇게 이해할 때 인민은 전체 주민 일반보다 작은 것이다), 다음으론 (상반되게) 인민이 전체로서 주권 인민의 권위를 행사하는 존재로 확대되는 모호함을 이용하고 있다."(캐노번, 2015, p.21)

하지만 보통의 민주주의와 달리 포퓰리즘에서 부분으로서의 인민과 전체로서의 인민은 상당히 의아스러운 방식으로 인식된다. 포퓰리스트는 자신들이 말하는 인민이 분명 전체의 일부임에도 불구하고 오직 그들만이 인민이라고 말한다. 말하자면 부분으로서의 인민과 전체로서의 인민이 모호하게 결합되어 있는 것이 아니라 아예 등치되어 있는 것이다. 뮐러가 정확히 지적한 것처럼 "국민 가운데 일부만 진정한 국민이라는 이 같은 주장이 바로 포퓰리즘의 핵심이다"(뮐러, 2017, p.35). 이런 인식 속에서 근대 민주주의의 토대인 다원주의가 존재할 공간은 없다. 포퓰리스트가 인민의 의지는 하나로 존재하며 오직 자신들에 의해 대변될 수 있다는 황당한 믿음을 가질 수 있는 것도 자신이 대변하려는 이들만을 인민으로 규정하고 있기 때문이다. 이 협소한 '우리 인민'에 포함되지 않는 이들은 정치적 권력을 공유할 수도, 공유해서도 안 되는 '그들(적)'로서 정치에서 배제되어야 할 존재이다.

그렇기에 포퓰리즘은 배제된 자들을 정치적으로 포섭하지만 이 과정에서 다른 누군가를 배제하는 경향이 있다. 이는 특히 이민자와 난민에 배타적인 유럽의 우익 포퓰리즘에서 분명하게 발견된다. 유럽 각국의 우익 포퓰리스트는 이민과 난민의 유입에 누구보다도 강력히 반대하면서, 심지어는 이미 정치적 권리를 가지고 있는 자국민의 일부를 이민 배경과 종교적 차이를 빌미로 타자화하면서 '이

방인'에 대한 불만이 높은 가난한 백인 남성 노동자들을 정치적으로 결집시킨다. 포섭의 대가가 누군가의 배제라면 그것은 결코 바람직한 민주주의라 할 수 없다. "우리도 국민"이라는 주장이 "오로지 우리만 국민"(뮐러, 2017, p.93)이라는 주장으로 변질되는 만큼 포퓰리즘의 민주주의적 성격은 엷어지고 반민주주의적 성격은 짙어진다.

4. 포퓰리즘의 양가성, 왜 여기서 출발해야 하는가?

지금까지의 내용을 정리해보자. 이 글은 포퓰리즘이 민주주의적인가, 아니면 반민주주의적인가 하는 양자택일적 질문을 거부하고, 두 상반된 성격을 동시에 내포하고 있는 포퓰리즘의 양가성을 이해의 출발점으로 삼을 것을 제안한다. 그리고 샴쌍둥이라는 비유를 통해 포퓰리즘이 민주주의와 부분적으로 같은, 하지만 엄연히 다른 존재라고 말한다. 포퓰리즘은 민주주의적일 수 있다. 인민이 정치적 권력과 정당성의 근원이며 따라서 정치의 중심에 있어야 한다는 믿음을 하나의 몸통처럼 민주주의와 공유하고 있기 때문이다. 하지만 또한 포퓰리즘은 반민주주의적일 수밖에 없다. 인민의 의지는 절대적이고 단일하다는 독특한 해석으로 말미암아 오늘날의 일반적인 민주주의와 충돌하고 그것과 갈라지기 때문이다. 민주주의와 공유하고 있는 몸통만을 보고 포퓰리즘이 민주주의적이라고 여기거나 또는 반대로 민주주의와 갈라져 있는 부분만을 보고 그것을 반민주주의적이라고 여기는 일면적 이해에 빠지지 않기 위해서는 샴쌍둥이의 모습 전체를 시야에 담아내야 한다. 이런 시야는 무엇보다도 포퓰리즘의 이데올로기적 측면을 주목할 때, 포퓰리즘을 비자유주의적 민주주의로 이해할 때, 그리고 부분이자 전체로서 인민의 이중적 의미를 인식할 때 확보될 수 있다.

그렇다면 우리는 왜 포퓰리즘에 민주주의적 성격과 반민주주의적 성격이 병존한다는 것을 인지하고 그 토대 위에서 포퓰리즘 현상을 바라봐야 하는가? 그 대답은 명확하다. 오늘날 포퓰리즘이 급부상하는 이유를 정확히 파악하여 그것에 현혹되지 않고 제대로 대처하기 위해서이다. 오늘날 포퓰리즘이 세계 곳곳에서 동시다발적으로 확산하는 것은 단순히 포퓰리스트 특유의 자극적 언사, 의도적 도발, 거짓 선동에 어리석은 유권자들이 동조했기 때문이 아니다. 그런 경향이 없지는 않을 테지만 그것만으로는 포퓰리즘의 놀라운 성공을 제대로 설명할 수 없다. 우리가 놓치지 말아야 것은 포퓰리즘 안에 있는 민주주의적 성격이다. 유권자들은 우둔해서가 아니라 자신들의 목소리가 닿지 않는 기존의 민주주의에 실망했기 때문에 인민 중심의 정치를 약속하는 포퓰리스트에 이끌리는 것이다. 포퓰리즘을 민주주의에 해악스러운 것으로만 여긴다면, 즉 포퓰리즘의 민주주의적 가능성을 인지하지 못한다면 민주주의에 대한 실망이 포퓰리즘 부상의 한 원인이라는 점을 포착하지 못한다.

하지만 포퓰리즘의 민주주의적 가능성에 과도한 기대를 걸어서는 안 된다. 포퓰리즘은 포퓰리즘이다. 민주주의적 성격을 띠고 있기는 하지만 오늘날의 기준에서 결코 민주주의가 될 수 없다. 포퓰리즘에 반민주주의적 성격도 내재되어 있다는 것을 간과해서는 안 된다. 포퓰리즘이 인민을 내세운다고 하더라도, 아니 정확히는 그것만으로 모든 것을 정당화하기 때문에 민주주의를 침식하고 언제든 권위주의로 나아갈 수 있다. 포퓰리즘을 통해 민주주의를 반추하되 그것과 거리를 두어야 한다. 우리가 필요로 하는 것은 더 많은 민주주의이지 결코 포퓰리즘이 아니다.

제5부

•

민주주의의 다양성

제12장
·········

민주적 포퓰리즘과
정치의 재구성

이승원

핵심요지

- 포스트 민주주의 상황에서 포퓰리즘은 정치적 선동이 아닌, 사회경제적 불
  평등과 미래에 대한 불확실 등에 관한 '불안'과 위기에 대한 대응이라 할 수
  있다.

- 포퓰리즘 현상이 우파나 권위주의로 빠지지 않고, 민주주의 발전으로 이어
  지기 위해서는 포퓰리즘을 민주적으로 재구성하고 시민 주도 정치를 재활성
  화해야 한다.

---

1. 포퓰리즘 계기

1) 한국 사회에서 다뤄진 포퓰리즘

포퓰리즘만큼 상처가 많은 용어도 드물 것이다. '민주주의'도 200년 전만 해도 폭도를 지칭하는 용어로 사용되곤 했다. '마르크스주의'가 그 학술적 내용과 무관하게, 오래전부터 지금까지 우리 사회에서 '빨갱이'와 동전의 양면처럼 사용되는 것도 마찬가지다. 이와 마찬가지로, 포퓰리즘도 이 용어가 탄생하게 된 역사적 맥락과 학술적 의미에도 불구하고, 한국 사회에서 그리 좋은 의미로 사용되지 않았다.

'포퓰리즘'이 부정적 의미를 품고서 상대를 비난할 때 사용하는 용어가 될 수 있었던 역사적 맥락은 아마도 냉전이 깊어진 1950년대 미국의 매카시즘(McCarthyism), 그리고 소련 사회주의 연방의 붕괴, 동구 사회주의 국가의 자본주의 시장으로의 편입, 동서독 통일이라는 격변기를 통과한 1990년대 유럽 극우 보수세력의 정치적 급부상에서 찾을 수 있다. 포퓰리즘은 이후 주로 반민주적이고 반인권적인 대중선동으로 기존 자유민주주의 체제를 위협하는, 통제되지 않는 병리적 현상을 가리키는 용어로 사용되어 왔다. 이와 함께 포퓰리즘은 '대중 추수주의', '인기 영합주의'와 연결되면서, 이념적 경계를 넘어 '우파 포퓰리즘', '좌파 포퓰리즘'처럼 정치적으로 대립하는 세력들 사이에서 상대 정치지도자와 지지자들을 비난하거나, 심지어 악마화하기 위해 가장 쉽게 사용된 비난 용어 중 하나였다.

특히 냉전이 종식된 1990년대 초반 이후 포퓰리즘은 신자유주의 지구화와 밀접한 연관이 있다. 신자유주의 지구화 구호와 함께 모라토리엄(moratorium: 채무 이행 유예 상태), 구조조정, 공공 서비스의 민영화, 자본시장 확장을 위한 탈규제, 초국적 기업, 신용평가, 노동시장 유연화, 긴축재정 등 낯선 경제용어와 국제관계 언어들이 전 세계를 지배해왔다. 1990년대 말 우리가 겪은 IMF 금융위기 또한 이러한 흐름 속에서 이해될 수 있다. 문제는 이 흐름이 국가와 국가 사이에는 물론, 우리 사회 안에서도 사회경제적 양극화, 불평등, 차별을 빠르게 심화시켰다는 것이다. 우리 사회 또한 지난 20여 년 동안 사회경제적 양극화와 불평등은 계속해서 악화되었으며, 이에 대한 정부와 국회가 제시하는 해법들은 이 악화 속도와 방향을 뒤집지 못했다. 오히려 대의제 정치는 해법의 주체가 아니라, 악화의 원인 제공자와 같은 모습을 보여왔던 것이다.

여기서 세 가지 정도 포퓰리즘 현상을 이해할 때 주목해야 할 것을 제시하고자 한다.

첫째, 국내외적으로 이 '포퓰리즘'이라는 용어는 특정 정치집단이나 정부 스스로 자신을 칭하기 위해 사용되기보다 상대방, 즉 정치적 경쟁세력의 활동을 침체시키기 위해 다른 상대집단에 의해, 혹은 다른 상대방을 부정적인 이미지로 묘사하기 위해 사용된다는 것이다.

둘째, 포퓰리즘의 의미에 대한 정확한 이해나 상호 간 합의 없이, 단지 정치적 경쟁자를 비난하기 위해 마구잡이식으로 이 용어가 사용되는 경향이 크다는 것이다. 이것은 정치발전을 위해서도 대단히 좋지 않은 현상이다. 정치발전을 위해서는 '나' 혹은 그 정치인이 속한 정당이 국가와 사회에 대한 어떤 가치와 비전, 그리고 목표와 정책을 가지고 있는지, 무엇이 우리 사회가 직면한 가장 중요한 문제이고, 이 문제를 해결하기 위해서는 어떤 방법을 사용해야 하는지, 즉 자신의 정체성과 자신의 실천방안을 제시해야 한다. 그리고 이 제안이 다른 정치세력이나 정당의 제안보다 훨씬 현실적이며 동시에 사회발전을 위해 낫다는 것을 설명해서 시민들의 지지를 얻어나가야 한다. 그런데 현재 포퓰리즘 용어가 사용되는 정치적 주장 대부분은 자기 정당이 이런저런 이유로 '포퓰리즘'보다 더 좋은 것이라는 설명은 빠져있다. 자기 내용 없이 상대방에 대한 비난이 앞세워지는 정치는 결국 시민들이 성숙한 민주적 성찰과 합의를 통한 최선의 정치적 선택이 아니라, 비난과 제거를 통한 의사결정과 울며 겨자 먹기식으로 차악을 선택하게 한다.

셋째, 결국 포퓰리즘은 기성 정치권력 집단을 비합리적으로 위협하는 정치 이데올로기나 집단행동, 즉 일종의 두려운 대상으로 묘사된다는 것이다. 이것은 포퓰리즘으로 지칭되는 대상의 행동을 도덕적으로 억제하는 효과를 만들기도 한다. 특히 우리 사회에서 포퓰리즘은 '좌파', '종북', '빨갱이' 등과 같은 단어와 연결되면서, 민주화운동세력을 무조건 '빨갱이', '친북용공', '체제전복세력' 등으로 낙인찍었던 과거 권위주의 정권 시절처럼 다양한 정치적 실험과 대안정치의 실천을 옥죄는 결과를 낳고 있다.

그러나 포퓰리즘은 이렇게 부정적으로 상대를 비난하는 나쁜 의미로 채워진 단어가 아니며, 그렇게 간단히 분석될 수 있는 현상도 아니다. 왜냐하면 포퓰리즘은 수많은 사람의 다양한 욕망과 얽혀있는 아주 복잡한, 그리고 때로는 우리의 이웃이나 나 자신이 포함된 집단행동이기 때문이다.

2) 포퓰리즘 계기

그렇다면 진짜로 포퓰리즘은 부정적이고, 비난받을 만한 정치 현상을 지칭하는 용어인가? 포퓰리즘을 오랫동안 연구해온 벨기에 출신 학자 샹탈 무페(Chantal Mouffe)가 주목하는 '포퓰리즘 계기(populist moment)'에 대해 먼저 알아보자(샹탈 무페, 2019).

먼저 역사적 맥락을 살펴보자. 영국 수상 마가렛 대처(재임 1979~1990)는 기존 복지국가 시스템을 해체하여 민영화 조치를 취하면서, 영국을 기업 위주 신자유주의 국가로 빠르게 바꿔나갔다. 대처리즘(Thatcherism)이라 불리는 대처의 신자유주의 행보는 같은 시기 같은 정치적 노선을 취한 미국 대통령 로널드 레이건(재임 1981~1989)의 레이거노믹스와 만나면서, 1980년대 이후 지금까지 글로벌 정치경제 질서를 지배하는 신자유주의 지구화를 이뤄냈다(장석준, 2011).

하지만 자본시장에 대한 공공 규제와 관리를 축소하는 '탈규제' 정책을 펼치면서, 신자유주의 지구화는 리먼브러더스나 론스타와 같은 초국적 금융자본, 그리고 우리나라 재벌기업의 투기적이고 부도덕한 행위를 자초하게 되었다. 그 결과 한국은 1997년 IMF 금융위기을 맞이하면서, 사회경제적 양극화와 불평등의 늪에 빠져버렸다. 미국과 유럽 또한 2008년 미국발 서브프라임 모기지(비우량 주택담보대출) 사태를 계기로 지금까지 엄청난 경제위기와 영국의 브랙시트, 연금 및 복지재정 감축 등 어려움을 겪고 있으며, 특히 좌우 포퓰리즘 정치의 도전 속에서 경제위기는 정치위기로 이어지고 있다.

무페는 바로 약 30년 동안 유럽 사회를 강력하게 지배해온 신자유주의를 흔든 2008년 미국발 금융위기와 이 위기가 만든 틈새에서 출현한 포퓰리즘 현상에 주목하고, 이 현상의 배경을 '포퓰리즘 계기'라 칭한다. 무페에 따르면, 포퓰리즘 계기는 1970년대 이래로 자유민주주의를 지배해온 모든 정치적 규칙과 대표성, 그리고 사회적 기대감이 무너지면서, 기존 정치 질서와 지배 헤게모니가 이에 대한 불만족의 폭발과 함께 불안정하게 되는 상태이다(무페, 2019). 20세기 초 이탈리아를 중심으로 활동한 정치사상가이자 정치가인 안토니오 그람시(Antonio Gramsci)가 정치적으로 재해석한 '인터레그넘interregnum),[1]' 즉 이미 정치적으로는 물론 상식적이고 도덕적

---

1 인터레그넘인터레그넘(interregnum)이란 유럽 신성로마제국 시대에 기존 황제 사후 다음 황제를 추대하지 못해 황제가 공석이었던 상태를 칭했다. 이후 가톨릭에서 새로운 교황을 뽑기 전까지 교황의 자리가 비어 있는 시기를 말하는 데 쓰이기도 한다. 1980년대 이후 탈규제와 소유적 개인주의가 중심이 되면서 신자유 주의 헤게모니는 세계 정치경제 질서는 물론 윤리와 사회 규범 영역까지 지배해오고 있는데, 미국에서 비우량 주택담보대출 사태를 시작으로 2008년 유럽을 강타한 금융위기 이후 인터레그넘에 들어섰다고 볼 수 있다. 왜냐하면 2008년 이후 미국과 유럽연합 차원에서 제시한 긴축 정책이 사람들이 겪는 불평등 문제에 대한 효과적인 대 책이 아니라 오히려 문제를 악화시키면서 정부와 엘리트 권력 집단, 그리고 의사결정 과정에 대한 사람들의 불신과 분노가 커졌지만, 전통적 좌우 어느 세력도 그럴듯한 정치적 대안을 제시하지 못했기 때문이다. 이런 측면에서 오늘날 인터레그넘은 포스트 민주주의 시대의 다른 표현일지 모른다. 바로 이 인터레그넘에서 기성 정치와 제도 에 도전하면서 새로운 규칙과 질서를 만들어가려는 정치적 시도가 포퓰리즘이다. 이 차원에서 포퓰리즘은 정치의 원형, 그리고 주권적 정치라고 부를 수 있다. 관료적 권위주의1980년대 후반 한국 정치학계에서는 아르헨티나 정치학자인 기예르모 오도넬 라틴 아메리카 국가체제 분석을 위해 제시한 개념이다. 관료적 권위주의(Bureaucratic Authoritarianism)는 일개인의 독재가 아니라, 외형적으로는 민주적 시스템이 갖춰진 국가라고 할지라도, 경제성장을 강조하면서 엘리트 기술관료 집단의 판단이 아래로부터의 시민의 요구보다 더 중요하게 받아들여지면서, 시민정치가 사실상 배제되고 민주주의가 왜곡되는

으로 받아드려지고 있는 사회적 합의와 규범들이 도전받는 시기와 같다고 볼 수 있다.

2008년 이후 유럽에서 형성된 포퓰리즘 계기의 주된 특징은 초국적 기업의 권한이 주권국가의 정책결정 권한보다 강력해졌지만, 정반대로 의회의 역할이 축소되고, 국민주권이 약해졌다는 것이다. 이것은 영국 정치학자 콜린 크라우치(Colin Crouch)가 제시한 '포스트 민주주의(post-democracy)'의 특징이기도 하다(크라우치, 2008). 즉 포퓰리즘 계기는 바로 민주주의가 시민이 아닌 초국적 금융자본과 신자유주의 자본시장의 이해에 따라 변질되고, 이것을 민주적으로 통제해야 할 국가의 주권적 권한과 대의제 정치의 핵심 역할이 쇠퇴하여, 결국 모든 책임과 고통이 시민에게 전가되는 '포스트 민주주의'의 맥락 속에서 만들어진다고 할 수 있다.

3) 포스트 민주주의: 탈정치와 금융과두제

포퓰리즘은 포스트 민주주의, 즉 초국적 금융자본의 정치적 영향력이 주권국가의 그것보다 커져, 민주정치가 후퇴하는 맥락에서 그 출현의 계기를 갖게 된다. 콜린 크라우치는 포스트 민주주의 관점에서 민주정치가 후퇴하는 현상을 '탈정치'라 부르고, 초국적 금융자본의 정치적 영향력 강화를 '금융자본 중심 과두제'라고 부른다.

탈정치는 정치적 허무주의나 무관심이 아니라 좌우, 진보와 보수, 민주와 반민주, 적과 아의 정치적 경계가 모호하고 흐릿해지는

특징을 보인다.

것을 의미한다. 즉 보수 대연합, 보수정당 구도와 같은 현상도 탈정치 현상 중 하나일 것이다. 이것은 좌우 혹은 정치적 경쟁·대립세력 간 타협이 아니라 합의를 의미한다. 타협은 공동의 적에 맞서기 위해 서로가 전술적으로 양보하는 것이다. 하지만 합의는 좌우가 공동의 목적, 즉 제한된 권력이라는 파이를 나눌 집단의 수를 최소화하여, 권력 유지의 기회를 줄이지 않는다는 정치적 목적을 위해 신자유주의 프레임, 의회정치 규칙, 선거법, 신관료적 권위주의와 같은 기본적인 틀을 합의하는 것이다.

탈정치 상황을 만드는 정치세력 간 '중도합의'는 새로운 정치적 주체의 참여기회를 막고, 시민의 새로운 정치적 시도를 어렵게 한다. 결국 시민은 정치를 관조할 수밖에 없고, 극단적으로는 정치적 팬덤 현상으로까지 이어지게 된다. 팬덤정치란 불평등과 차별, 개인의 무력함이 악화되어, 도저히 자기 자원을 동원하여 스스로 정치를 할 수 없을 때, 결국 자원이 있는 세력 중 특정 정치세력에게 지지를 표명하면서 시작하게 된다. 팬덤정치는 진영정치로 이어지고, 이 둘은 기본적으로 기성 정치 질서를 매개로 하고, 정치적 상상력 또한 자원을 독과점한 정치세력의 이해관계를 벗어나기 힘들어서 팬덤정치가 새로운 정치를 만드는 것은 한계가 있다.

포스트 민주주의의 또 다른 특징인 '금융자본 중심 과두제'는 1990년대 중반 이후 확산 및 강화된 금융자본의 글로벌 패권주의를 의미한다. 과거 워싱턴 컨센서스나 현재 WTO, IMF, 다보스 포럼과 같은 글로벌 협의체의 의사결정력은 주권국가의 권한을 넘어 신자유주의 글로벌 스텐더드를 만들어냈다. 신자유주의 글로벌 스텐더드는 점차 주권국가의 민주주의와 시민성을 침해하게 되었고,

시민과 사회적 약자가 아닌 초국적 금융자본 중심으로 정치지형을 변형하게 되었다. 결국 이 금융자본 중심 과두제는 미국과 유럽의 경우, 최근 2008년 글로벌 금융위기를 초래했고, 지금까지도 전 세계 사회경제적 양극화와 불평등, 차별이라는 부정적 여파가 확산되고 있다. 이에 대한 대중의 불안과 분노가 여러 급진적인 형태로 터져 나오고, 이것이 기성 정치권력과 금융 관료제에 대한 포퓰리즘적 저항으로 발전하고 있지만, 정부와 국회의 대응은 이에 대한 위로와 대안 제시가 아니라, 악마화 낙인과 부도덕한 폄하뿐이다.

4) 불안과 포퓰리즘

포스트 민주주의는 시민의 정치적 무기력과 좌절을 만들기도 하지만, 오히려 민주적 저항이 시작되는 조건이기도 하다. 포스트 민주주의 상황이 포퓰리즘이 발생하는 계기가 된다는 것은 이 상황이 혼란, 불안, 절망의 계기일 수 있지만, 반면 불안과 절망에 빠진 시민들이 새로운 세계에 대한 희망과 그 가능성을 갖게 되는 기회이기도 하다. 즉 포스트 민주주의 상황에서 시민들이 정치적 무기력이나 허무주의에 계속 남지 않고, 이 상황을 극복하려는 어떤 실천을 행할 수 있는 가장 근본적인 동기는 '불안'에 대한 대응이다.

불안이란 무언가 '나'에게 고통을 줄 것 같으나, 아직 그 인과관계가 설명되지 않은 채 반복되는 기이한 현상에 대한 감정 상태다. 20세기 말 이후 세계적으로 나타난 좌우파 포퓰리즘 모두 공통점은 탈정치와 금융과두제의 포스트 민주주의가 시민들의 사회경제적 불평등의 차별이 고통을 해결해주기는커녕, 오히려 악화의 원인이라는 좌절에서 시작했다는 것이다. 그리고 그 좌절은 시민 자신이 느끼는 고통이 어디에서 시작했고, 어떻게 해결될 수 있을까에 대한 명확한 답을 찾지 못하면서 불안으로 전환되었다. 이 불안은 투기, 혐오, 배제, 범죄, 자살이라는 반작용을 사회적으로 확산하기도 했고, 사회연대경제, 집단지성, 커뮤니티 케어, 상호부조와 같은 공동체적 가치와 실천을 촉발하기도 했다.

불안은 시민들이 오랫동안 포스트 민주주의 상황에 머물지 못하게 한다. 이 상황에 있는 것 자체가 고통의 연속이기 때문이다. 하지만 불안 자체가 어떤 인과관계와 해결책을 찾지 못한 상황이기 때문에, 포스트 민주주의 상황을 타개하려는 시도는 어떤 정치적 목적이나 지향점, 구체적인 실천방안을 가지고 시작하는 것이 아니다. 이것이 때로는 주체적이고 자율적이지 않은 군중심리에 따른다거나, 특정 정치 지도집단을 맹목적으로 따른다거나, 불법적이고 비합리적이며, 즉흥적인 행동으로 보여질 수 있다. 포스트 민주주의 상황에서 정치적 기득권을 유지하고 있는 권력집단은 이런 시도를 '포퓰리즘'이라 부르면서 악마화하고, 통제하고, 사회적으로 고립시키려고 한다. 그 이유는 간단하다. 포퓰리즘은 기성 권력집단의 존재 기반을 부정하는 것으로 보이기 때문이다. 기성 권력집단이 포퓰리즘을 대하는 가장 중요한 이유 또한 바로 '불안'인 것이다.

2. 포퓰리즘 특징의 재해석과 정치의 복원

포퓰리즘의 특징은 크게 세 가지로 나뉜다. 카리스마 리더십, 소수 엘리트와 다수 대중의 적대적 대립, 그리고 기존 정치 질서와 윤리를 넘어서는 정치적 실천과 실험이다. 여기서는 이 세 가지 특징을 정치의 복원 차원에서 재해석해보려고 한다.

1) 카리스마 리더십

포퓰리즘이 기성 정치제도에서 보면 도발적인 카리스마 리더십을 특징으로 하는 것은 포퓰리즘에 참여한 시민들이 무엇보다 기성 정치제도와 리더십에 대한 불신이 크고, 나아가 자신들이 겪는 사회경제적 고통의 원인을 바로 이 기성제도에서 찾는 경향이 크기 때문이다. 이 불안에 대한 원초적 대응으로 나타나는 포퓰리즘은 기성 정치제도를 넘어선 리더십과 결합될 수밖에 없다. 전통적 중도합의를 과감히 벗어나, 제도와 절차를 통한 문제해결의 기대감 대신 거리와 광장에서 직접 행동하고, 불공정과 부정의에 대한 적대감을 거침없이 드러내는 카리스마 리더십에 대한 기대감은 바로 불안하지 않을 대안 질서로 가는 시작으로 여겨질 수 있기 때문이다.

그러나 무페가 강조하듯, 포퓰리즘은 그 목표가 '포퓰리즘 정권'을 수립하는 것이 아니다. 오히려 포퓰리즘은 특정한 가치를 실현할 수 있는 새로운 제도화와 사회안정을 추진한다. 포퓰리즘은 기성제도에 대한 불신에서 출발하지만, 제도 자체의 필요성을 인정하기 때문이다. 여기서 포퓰리즘은 크게 좌우로 나뉠 수 있다. 우파 포퓰리즘은 자유민주주의 제도가 포용할 수 있는 가치와 주체를 최소화하기 위해 '배제의 논리'를 강조하고, 이를 위한 제도를 강요한다. 이민자, 난민, 성소수자 등을 대하는 우파 포퓰리즘의 태도는 이를 분명히 한다.

하지만 좌파 포퓰리즘은 자유민주주의 제도의 원래의 가치였던 '모든 이들의 자유와 평등'을 급진적으로 확장하려 한다. 좌파 포퓰리즘도 우파 포퓰리즘과 마찬가지로 불안에서 시작하지만, 더 많은 사회적 약자를 포용하는 새로운 질서를 세우기 위해 기존 자유민주주의 제도를 재구성하려고 한다. 이 과정에서 좌파 포퓰리즘은 여성, 아동, 청소년, 비정규 노동자, 실업자, 노인 장애인, 이주민, 사회문화적 소수자 등 다양한 사회집단이 함께 새로운 '민주시민'의 상을 세우는 과정에서, 전통적인 것을 넘어선 새로운 윤리와 상식을 합의해 나갈 기회를 제공한다.

중요한 것은 이 카리스마적 리더십이 어떤 정치적 담론을 가지고서 시민의 지지를 이끌어내는가이다. 그 정치적 담론이 무엇인가에 따라 포퓰리즘은 우파나 권위주의, 그리고 좌파나 민주주의 포퓰리즘이 될 수 있다.

2) 정치적 대중의 출현

포퓰리즘의 또 다른 특징은 사회경제 정책의 실패와 정치적 불신 속에서 고통받는 다수 대중, 그리고 이 고통의 원인과 책임을 대중에게 전가하면서, 사회경제적 이익 배분의 주도권을 장악한 소수 엘리트 집단 사이 적대적 대립이다. 이 과정에서 다수 대중은 소수 엘리트에 대한 적대를 어떻게 표출하는가에 따라, 좌나 우 혹은 제3의 정치사회적 특징을 드러내는 집단적 정체성을 스스로 통일해 나간다.

중요한 것은 시민들이 어떤 불안한 경험 속에서 움직이기 시작하는 것이 이것을 특정한 정치적 방향으로 묶는 정치적 시도를 통해서 가능했던 것은 아니라는 것이다. 대통령 탄핵을 이끈 촛불집회, 그 촛불집회의 원류였던 세월호 참사 진실규명 투쟁 또는 그 반대편에 있던 태극기 부대의 집회가 처음부터 대단히 정치 전략적인 개입에 의해 준비된 투쟁이 아니라, 폭발한 대중의 원초적 분노가 이후 특정한 정치 담론과 결합해서 새로운 방향으로 나갔던 것이라 할 수 있다. 물론 이 결합은 쉽게 이뤄지지 않는다. 오랜 시간 일상 속에 전개된 여러 시민사회운동과 캠페인, 각종 미디어 활동 결과가 축적되어야 가능할 수 있다. 특정한 정치적 담론과 실천이 결합한 시민은 이제 새로운 정치적 주체로서 이름(촛불 시민, 태극기 부대 등)을 얻게 된다

　이 과정에서 민주적이고 평등한 주체성을 강조하는 세력은 좌파 혹은 민주적 포퓰리즘으로 불릴 수 있다. 이 좌파 즉 민주적 포퓰리즘은 이민자나 난민을 배제하지 않고, 이들은 물론 다양한 사회적 소수자들과 함께 민주적 공생을 추구하는 새로운 포용적 시민의 탄생을 잉태하려 한다. 그리고 이 좌파/민주적 포퓰리즘은 새로운 시민이 더욱더 확장되고 깊어진 자유민주주의가 다시 후퇴하지 않을 제도적 장치들을 마련해나간다. 이것이 때로는 디지털 기반 직접민주주의 실험일 수 있고, 지역공동체 중심의 사회적 경제 기반을 만들어갈 수 있는 제도적 분권화의 추진이기도 하다.

　포퓰리즘 계기에 어떤 이념과 정치적 전략이 어떻게 결합하는가에 따라 포퓰리즘은 좌파나 우파의 방향을 취하게 되고, 때로는 좌파와 우파 포퓰리즘이 거대한 대립과 충돌을 벌이게 되기도 한

다. 이것은 포퓰리즘이 정치의 원초적 형태라는 것을 의미한다. 왜냐하면 바로 포퓰리즘은 기성 정치에 대한 불만과 동시에 새로운 정치를 위한 다양한 실천을 촉발하기 때문이다.

따라서 포퓰리즘은 어느 우연적인 현상이 아니라, 보수세력과 전통적 사회민주주의 세력들이 사이에서 만들어 낸 '중도합의' 결과로서 그저 선거공학과 의회의 의사일정 수준으로 전락해버린 정치를 다시 시민주도 정치로 복원하고 재활성화하는 중요한 민주주의 정치 전략으로 이해되어야 한다. 물론 이것은 민주주의를 후퇴시키는 신자유주의 체제와 우파 포퓰리즘에 대항하는 '좌파 포퓰리즘'의 목표가 될 것이고, 우리는 이것을 앞서 언급한 것처럼 '민주적 포퓰리즘'이라 부를 수 있다.

3) 불안을 넘어서려는 새로운 정치적 실험

사회적 불안은 포스트 민주주의 현상에 대한 대중의 정서적 반응이다. '정서적' 반응이라고 말할 수 있는 것은 불안 자체가 포스트 민주주의 현상에 대해 좌우나, 보수·진보 등 어떤 정치적 의도를 가진 반응이 아니라, 대단히 감각적이고 감성적인 반작용이기 때문이다.

포스트 민주주의가 증폭시킨 대중의 사회적 불안은 이중 운동을 촉발한다. 이중 운동의 한 축에는 '구성성'이 있고 그 반대 축에는 '전복성'이 작동하고, 대중은 이 사이에서 갈팡질팡하기도 하지만, 때로는 이 두 가지를 대단히 적극적으로 앞세우는 정치적 실천을 추진하기도 한다.

불안을 느끼는 대중은 그 불안의 원인이 제거된 새로운 정치사회 질서를 구성하여 불안의 재발을 막으려 한다. 하지만 동시에 새로운 질서는 불안의 원인 제공자로 인식되는 기성 정치사회 질서 자체를 전복하거나, 작동하지 못하게 하려는 과정과 병행하게 된다. 그러나 이 전복은 그 자체가 목적이 아니므로 불안이 제거되고, 정치적 신뢰가 회복되면 기성 질서 또한 새로운 질서와 언제든지 조화 가능하다.

불안을 해결하기 위해 구성과 전복을 오고 가는 포퓰리즘의 이중 운동은 다양한 실험을 시도할 수밖에 없다. 광장에 모이거나, 특정 정치인을 지지하거나, 기존 선거제도와 의회 중심주의, 사법제도나 조세제도의 개혁을 위한 다양한 실천을 전개할 수도 있다. 또한, 소수 엘리트에 대한 적대와 사회적 불공정성에 대한 분노 속에서 재벌개혁과 경제민주화, 기본소득이나 기본자산, 사회적 상속, 공동체 토지신탁, 토지임대부 사회주택이나, 부동산 거래 초과이익 환수제와 같이 사적 소유권의 배타적 권한에 도전하는 정책을 지지할 수도 있다.

물론 다른 차원에서 포퓰리즘은 여성, 장애인, 청소년, 이주민, 난민, 사회문화적 소수자, 상가나 주택 임차인들 차별하거나 사회적으로 배제하는 정책을 옹호하기도 한다. 이것은 전형적인 우파 포퓰리즘의 모습이며, 우파 포퓰리즘은 정치적 중도합의를 더욱 보수적으로 변경시키거나, 카리스마 리더가 주창하는 정치적 구호나 정책의 내용이 무엇이든 리더에 대한 맹목적 지지나 팬덤 현상을 보이기도 한다.

포퓰리즘이 어떤 정치적 담론과 결합하는가는 포퓰리즘을 통해 드러난 사회적 불안과 정치적 위기의 원인을 밝혀내고, 근본적인 해결책을 찾아내서 사회를 심각한 파국으로 빠지지 않도록 할 것인가, 아니면 사회적 파국과 민주주의의 쇠퇴로 갈 것인가를 정하는 중요한 결정이 될 것이다.

우리가 목격하고 경험하는 포퓰리즘이 적어도 사회적 파국으로 이어지는 우파 포퓰리즘으로 뒤틀어지지 않기 위해서는, 나아가 민주적 포퓰리즘으로 발전하여 새롭고 발전한 민주주의 정치 질서로 전환되기 위해서는 이 포퓰리즘을 지지하는 '우리'의 목록을 민주적으로 작성해나가야 한다. 해방 이후 대한민국이 이뤄낸 민주화의 성과는 바로 이 목록의 내용, 즉 해방 직후 미군정, 친일파, 엘리트 관료 등이 장악했던 '우리'의 목록을 억압받고, 배제되고, 차별받고, 소외받던 대중 각각의 이름으로 새로운 '우리'의 목록을 만든 것이라 할 수 있다. 즉 해방공간, 전쟁, 가난과 독재의 시대 속에서 불안으로 몸부림친 수많은 대중은 때로는 산업화에 동원되기도 하고, 때로는 민주화 운동의 무명투사로 참여하면서 자신의 이름을 '우리'의 목록에 넣었고, 민주주의 질서를 수립해나갈 수 있었다.

'우리'가 누구인가를 정의하는 작업은 '우리'에 속하는 사회집단과 계층들을 나열하는 목록을 만드는 것도 중요하지만, 그 목록을 어떤 원칙과 어떤 권위로 누가 만드는지, 그리고 그 목록은 개방적인 것인지에 대해 원칙을 정의하는 것 또한 중요하다. 왜냐하면 이 원칙은 감춰지고, 은폐되고, 억압받는, 그래서 사회적 불안을 가장 크게 느낄 수밖에 없는 사회적 약자의 존재를 '드러내는 과정'이기 때문이다.

3. 민주적 포퓰리즘을 위한 반성과 정치의 재구성

1) 민주주의 정치의 재활성화 복원의 맥락

포퓰리즘은 정치사회의 위기에 대한 대응이며, 이 포퓰리즘 현상이 우파나 권위주의로 빠지지 않고, 민주주의의 발전으로 이어지기 위해서는 포퓰리즘을 민주적으로 재구성해야 한다.

문제는 한국 사회에서 포퓰리즘은 좌나 우로 가기 이전에 사실은 제대로 발생하지 않는다는 것이다. 즉 기성 제도에 대한 대안적이고 혁신적인 비판과 도전이 활발하게 이뤄지지 않는다는 것이다. 혹자는 이미 뉴스를 통해 '포퓰리즘'이라는 말이 자주 나오고 있기 때문에 이런 주장은 틀렸다고 말할 수 있다. 그러나 앞서 다뤘듯이, 현재 언급되는 포퓰리즘은 단지 상대 정치인이나 견제해야 할 정치세력을 부정적인 이미지로 폄하하기 위해 사용될 뿐 제대로 된 정의조차 가지고 있지 않다. 포퓰리즘 용어를 이런 식으로 사용하는 것은 오히려 시민들의 다양한 정치적 실험을 억제하거나 차단하는 비민주적 효과를 만들기도 한다. 따라서 포퓰리즘에 대한 연구와 관심은 이제 우리 사회에서 보다 넓은 의미에서의 정치를 어떻게 다시 활성화시킬 것인가, 시민 주도 민주주의 정치를 어떻게 복원시킬 것인가에 대한 질문과 연결시켜야 한다.

민주주의 정치의 재활성화나 복원은 단지 앞으로 의회나 행정부가 어떤 과제를 다뤄야 한다는 것에 그치는 것이 아니다. 이것은 기성 제도정치 자체의 프레임과 굳어진 관습·상식을 바꾸고, 다양하고 서로 다른 여러 형태의 정치가 동시에 가능해야 한다는 것을 의미한다.

민주주의 정치의 재활성화와 복원을 주장하는 기본적인 맥락은 크게 두 가지이다. 첫 번째 맥락은 현재 정당정치와 대의제는 근본적으로 위기에 처해 있다는 것이다. 사회경제적 불평등과 차별에 대한 적극적인 해결책을 찾기는커녕, 선거 시기 관련 공약마저 이런저런 이유로 스스로 무산시키는 의회와 정부를 바라보는 시민들의 정치를 향한 불신은 점점 커져가고 있다. 결국 정당과 정당 사이 협치는 물론, 정부와 시민의 상호 협력은 점점 약해지고, 그 반대로 거리의 정치가 여기저기 분출하고 서로 다른 상식과 이해관계로 묶어진 집단지성이 서로 충돌하고 있는 모습을 보인다. 이것은 한편 민주주의가 갈등과 소란을 통해 만들어진다는 측면에서는 긍정적일 수 있지만, 다른 한편 팬덤과 진영정치 속에서 정당정치가 제대로 작동하고 있지 않다는 것을 보여준다.

두 번째 맥락은 첫 번째와는 달리 과학기술에 따른 일상의 변화가 민주주의 정치의 재활성화와 복원을 빠르게 끌어낼 수 있다는 것이다. 1990년대 이후 사회와 이해관계자들은 대단히 다원화되어 있고, 디지털 기술, 지식과 정보 공유 등을 통해 개개인이 스스로 중요한 정보에 접근할 수 있는 능력이 커져, 시민들의 역량은 비약적으로 발전했다. 정당과 선거라는 대의제 제도가 현대 민주주의의 불현하는 원칙으로 받아드려진 결정적인 이유는 국가 단위 규모에서는 고대 아테네 민주주의처럼 모든 시민이 직접 참여하는 직접민주주의제가 불가능하다고 여겨졌기 때문이다. 엄청난 비용을 지불해야 하고, 시민 각자가 직접 정치를 하기 위해 각자의 생활과 생계를 위한 공간을 벗어나는 것은 매우 어렵기 때문이다.

그러나 스마트폰 보급 확산과 앱 개발 기술의 발전은 시민들이 각자의 공간을 벗어나지 않고서도, 복잡하고 규모가 큰 의사결정 과정에 아주 손쉽게 참여할 수 있게 되었다. 특히 의사결정에 필요한 정보에 대한 접근은 물론, 그 정보에 대한 의사개진과 관련한 토론도 더욱 빠르고 정확하게 얻을 수 있기 때문에, 대의제 정치가 적어도 국가 단위 중앙 정부와 통치 시스템을 위한 유일한 정치참여와 의사결정 방식이라는 주장은 더 이상 절대적이지 않게 되었다.

이미 60년 전 모델인 낡은 대의제 정치는 위기에 직면했고, 이를 대체한 과학기술과 시민역량도 뒷받침되어 있다. 그럼에도 이 낡은 대의제 정치는 왜 여전히 21세기를 대표하고 있는 것일까? 다른 많은 이유도 있지만, 특히 이 글이 주목하는 것은 민주주의에 대한 협소한 상상력과 특정 집단에 의한 정치경제적 자원의 독과점 현상이다.

2) 한국에서 포퓰리즘이 비활성화된 이유

포퓰리즘을 비활성화시킨 민주주의에 대한 협소한 상상력과 특정 집단의 정치경제적 자원 독과점을 이해하기 위해서는 잠시 과거로 돌아가야 한다.

우리는 격변의 민주화 시대인 1980년대를 기억한다. 1980년대는 정치적 권위주의와 경제적 독점이 지배한 반민주적 권위주의 정권 시대였고, 재야 인사들과 386 학생운동 세력들은 시민들과 함께 6월 항쟁을 통해 직선제 개헌을 만들어냈다. 그런데 역설적으로 1980년대 중반부터 1997년 IFM 금융위기 전까지 우리 사회는 저유가·저달러·저금리 3저 호황에 따른 경제적 팽창이 있었고, 1990년대에 사회에 진출한 386세대의 많은 청년은 이 팽창의 혜택을 받을 수 있었다. 한국형 자본수의 시민이 탄생한 시기이기도 하다.

6월 항쟁 이후 보다 다양해지고 개방된 사회에서, 이들 중 상당수는 대기업은 물론 정부, 언론계, 대학, 사법연수원으로 진출했고, 2000년대부터는 사교육 시장, 벤처 또는 정보통신 산업 등 새로운 영역을 개척하기도 했다. 그뿐만 아니라 1990년 삼당합당과 1991년 지방선거 출범은 대학을 나온 386세대 학생들이 여야를 막론하고 진입할 수 있는 의회정치 공간을 확장할 수 있었다.

그러나 문제는 6월 항쟁과는 달리 여러 사망자와 유서 대필 사건 등 여러 사건이 겹치면서 소멸한 1991년 5월 투쟁을 경과하면서, 정치적 급진담론은 사실상 사회적 지지를 유실하게 되었고, 한국 정치는 운동정치의 퇴장과 노동운동의 고립 속에서 정당 중심 의회정치가 그 중심을 차지하고 사실상 독점하게 되었다는 것이다. 특히 1990년대 중반 학생운동 세력이 여러 사건을 거치는 과정에서 쇠퇴하고, 386세대와 단절되면서 소위 학생운동권 재생산구조는 사라지게 되면서, 결과적으로 이후 기성 정치공간에 진입한 386세대는 후배세력과 사실상 단절되었고, 지금까지 기성 의회정치와 주류 시민사회 영역에서 장기집권하는 모습으로 이어지고 있다.

민주주의 정치의 비활성화의 또 다른 중요한 이유는 '신관료적 권위주의'이다. 이 용어는 정치학자들이 1970년대 한국 유신정권 시대를 분석하기 위해 도입한 학술 개념인 '관료적 권위주의'를 오늘날에 도입하기 위해 이 책에서 새롭게 정의한 것이다. 지금이 신관료적 권위주의 시대라고 불릴 수 있는 건 기획재정부, 국토교통부,

법무부와 검찰과 같은 행정관료집단이 국회나 대통령보다 더 강력하게 정책적 의사결정 과정에서 큰 힘을 발휘하고 있다는 것이다. 물론 전문 관료집단의 의견은 중요한 국가적 정책결정 과정에서 매우 중요하다. 하지만 이것이 엘리트화되고, 시민사회에서 나오는 다양한 의견과 요구가 숙의민주주의가 아니라, 일방적인 엘리트 관료집단의 판단 속에서 다뤄진다면, 이것은 일종의 과두제적인 '관료적 권위주의'와 크게 다를 바가 없다.

신관료적 권위주의는 GATT(관세무역일반협정)에서 WTO(세계무역기구)로 바뀌는 1990년대 중반 이후부터 본격화되었다고 볼 수 있다. 이후 우리나라는 WTO, FTA, IMF, 세계은행이 주도하는 글로벌 경제질서로의 편입, 그리고 6자회담, NPT, 이라크 파병과 같은 외교안보 현안에 빠르게 들어가게 되었다. 이때 당시 정부는 통상, 안보, 국제관계, 국제법에 관한 엘리트 전문 집단을 중심으로 제한된 정보공유 속에서 필요한 국제협상을 진행했고, 이후 우리 사회는 시민들이 이해하고 적응하기도 전에 글로벌 스탠더드, 초국적 금융자본, 국제 통상 규범과 같은 낯선 전문 용어 속에서 새로운 전문 관료집단의 엘리트화를 받아들일 수밖에 없었던 것이다.

신관료적 권위주의는 한국 정치의 민주적 의사결정 및 시민의 다양한 요구를 수렴하는 과정에서, 시민의 정치적 참여를 배제하여 오히려 시민이 수동적인 응원부대처럼 취급되도록 한다. 이로 인해 시민들은 스스로 대안적인 정치 주체로 성장할 수 있는 기회를 차단당하게 되고, 정치적 상상 또한 엘리트 관료의 판단 속에서 수동적으로 걸러지기 때문에 제한될 수밖에 없다.

또한 신관료적 권위주의는 실패한 정책의 책임을 고스란히 시민의 피해와 고통으로 전가한다. 환경, 에너지, 교육, 부동산정책은 물론, 최악의 사례 중 하나는 신용카드 발급 규제 완화 정책이었다고 할 수 있다. 신용카드 발급 규제 완화 정책 결과, 수백만 명의 신용불량자가 발생하는 신용카드 대출 부실사태가 났지만, 누구 하나 책임지는 정치인이나 관료 한 명 없이, 오히려 정부와 국회의 대책은 미온적이었다. 더 심각한 문제는 이후 이어지는 경제위기와 실업률 증가, 사교육비 및 부동산 가격 급등으로 인해 많은 시민의 가계부채가 계속 증가하게 되었고, 이러한 가계부채 부담으로 인해 시민들의 자발적인 정치참여는 과거 삼저 호황에 따른 경제적 팽창시기와 비교하면, 매우 어려울 수밖에 없었다.

3) 민주적 포퓰리즘과 정치의 재구성

특정 집단에 의한 정치적 자원의 독과점, 그리고 신관료적 권위주의로부터 민주주의 정치를 재활성화시키고 위해서는 포퓰리즘이 출현할 수 있는 정치공간을 적극적으로 열고, 포퓰리즘이 보다 포용적이고 평등한 민주주의 담론 및 실천과 연결될 수 있도록 해야 한다. 이를 위해서 이 글은 크게 세 가지 민주주의 정치의 재활성화 방안을 제시하고자 한다.

첫째는 21세기 한국 사회에 맞는 적절한 민주주의 담론을 과감히 생산하는 것이다. 그중 하나는 한국 사회에 자신의 권리담론을 제대로 찾거나 결합하지 못한 채, 정치적으로 힘이 없고 수동적인 여러 사회적 약자가 자신의 권리 담론을 만나 새로운 정치주체로 재탄생하는 것이다. 이것은 대의제 정치와 대립하는 것이 아니라, 오히려 대의제 정치의 부족한 점을 채우고, 대의제가 독점한 정치 공간에 훨씬 다양하고 많은 정치적 주체와 정치 방식이 참여할 수 있도록 해서 대의제 정치는 대의제 정치의 위치에서, 그리고 새로운 주체의 새로운 정치는 각각 그 위치에서 서로의 한계를 상호 극복하는 기여할 수 있을 것이다.

둘째는 실천적 집단지성이 보다 개방적이고 민주적으로 발전할 수 있는 조건을 만들어내는 것이다. 이것의 필수 기반은 지식공유, 정보공개, 시민과학기술, 그리고 시민 주도 사회문제 해결 기회 제공이라 할 수 있다. 이 집단지성은 어떤 정치적 또는 윤리적 성역, 행정 장벽, 권위주의적 틀에 의해 제약되지 않고, 사회경제적 불평등과 차별, 기후위기, 대의제 정치의 한계와 같은 문제의 근본적 해결을 위해 창조적이고 대안적인 해답을 찾는 민주적 실험주의와 결합되어야 한다. 그리고 집단지성은 사회연대경제를 통해 구체화되어야 한다. 이때 사회연대경제는 제4섹터가 아니라, 사회연대경제의 복합체로서의 국가 수준에서 고려되어야 한다. 집단지성의 실천적 결과로 나타나는 사회연대경제는 투기적 금융자산이 아니라, '우리'의 민주적 자산과 사회적 자본을 공동생산하는 것이며, 이것은 '우리의 자유'를 위한 가장 중요한 조건이 될 것이다.

셋째는 사회구성원 모두가 자유로운 개인으로 재탄생되어야 한다는 것이다. 이 자유로운 개인은 일터와 삶의 터전에서 쫓겨난 가난하고 떠도는 자유인이 아니라, 실제로 다양한 복지 기반과 공동체 자산, 그리고 사회적으로 서로 승인하고 있는 자신의 권리담론을 가지고서 언제든지 스스로 정치적 주체가 될 수 있는 자유로운 개인을 의미한다. 따라서 자유로운 개인은 단지 정부가 제공하는 복지 자원의 수동적인 수혜자나, GDP 중심의 양적 경제성장을 위해 동원된 노동자가 아니라, 필요한 자원을 함께 생산하고, 배분하고, 관리·사용하는 주체가 되어야 한다. 그리고 이러한 공동생산은 사유재의 배타적 권한을 중심에 둔 신자유주의 시장경쟁 구조를 벗어나, 다중심적이고 수평적 협력, 지역 차원의 생태적 자원순환, 포용적 분배 차원에서 진행되어야 한다. 이를 위해 정부는 기본소득, 기본자산, 사회적 상속, 공동체 토지임대부 사회임대주택, 예방의학에 기초한 공공의료 정책 등 시민의 기본적인 자유의 기반을 만드는 데 집중해야 한다. 그리고 자유로운 시민들은 이 기반 위에서 자유로운 시민들은 위기의 신자유주의의 대의제 중심 정치의 한계를 돌파할 새로운 생산과 순환 시스템을 만드는 창조적이고 협력적인 실험을 전개해야 할 것이다.

새로운 권리담론의 등장, 집단지성의 향상과 구체적 실천, 개인의 자유를 위한 공공자산과 제도, 이 세 가지가 민주적 포퓰리즘의 핵심 조건인 이유는 이것들은 사실상 시민 개개인이 살아가면서 느낄 수 있는 사회경제적 불안이나 정치적 불안정성을 최소화할 수 있는 기반이기 때문이다. 이 조건을 창출하려는 시도 자체가 민주주의 정치를 재활성화하는 것이며, 포퓰리즘이 우익이나 권위주의로 흐르지 않고, 보다 민주적인 대안질서로 나아가도록 이끄는 민주적 포퓰리즘인 것이다.

제13장
·········

결사체 민주주의 재건을 통한 민주주의 위기의 극복 가능성

장석준

핵심요지

- 현재는 포퓰리즘 시대인데, 이는 자유주의적 민주주의의 모순에 대한 대중의 필연적인 불만에서 비롯된다. 다만 단순한 포퓰리즘은 이 불만을 새로운 국면을 여는 힘으로 발전시킬 대안이 될 수 없다.

- 21세기 초와 마찬가지로, 20세기 초에도 자유주의적 민주주의의 한계에 맞서는 대중의 반란이 폭발했다. 그런데 이는 지금의 포퓰리즘과 같은 양상이 아니라 대중 중심 사회주의로 나타났다.

- 대중 중심 사회주의를 새로운 조건에 맞춰 일반화하면, 결사체 민주주의로 정리될 수 있다. 현재와 같은 민주주의 위기 국면에서 가장 절실히 필요한 것은 결사체 민주주의를 재건하는 방향에서의 개입이다.

---

1. 민주주의의 위기 시대

사히 '민주주의의 위기' 시대다. 2008년 금융위기기 터지고 나서 지금까지 세계 곳곳에서 그간 민주주의의 표준이라 여겨온 정치 지형이나 관행, 제도들이 흔들리고 있다. 금융위기 전까지만 해도 자본주의 중심부에서는 신자유주의 정책에 합의하는 중도 좌·우파가 번갈아가며 집권하는 것이 상식처럼 되어 있었다. 그러나 금융 위기가 발생하고 몇 년이 지나자 이런 정책 합의를 벗어나는 세력들이 급성장하기 시작했다. 이른바 '포퓰리즘' 세력들이다.

그런데 여기에서 분명히 해야 할 한 가지 사실이 있다. 그것은 위기에 빠진 민주주의가 구체적으로 '어떤' 민주주의였는가 하는 점이다. 위기에 처한 민주주의는 자유주의와 일체화된 민주주의, 즉 자유주의적 민주주의였다. 그리고 1990~2000년대에 이렇게 대의 민주주의와 한 몸이 된 자유주의는 흔히 '신자유주의'라 불린, 자유주의의 한 역사적 형태였다. 이것의 근본 특징 중 하나는 시장이 지배하는 '경제' 영역과 민주주의가 작동하는 '정치' 영역을 엄격히 나눈다는 점이다. 이러한 명확한 분리를 바탕으로 경제를 정치보다 우위에 둔다. 정치는 시장의 자연스러운 작동을 교란해서는 안 되며, 오히려 그러한 작동을 보장하기 위해 안팎의 교란 세력을 제어하는 데 주력해야 한다. 이 점에서 신자유주의는 정치 영역이 경제 영역을 규제할 수 있다고 여긴 뉴딜형 케인스주의적 자유주의와 대립하며, 오히려 19세기의 고전 자유주의로 회귀한다. 이러한 신자유주의와 결합하며 20세기 말에 보편적 정치체제로 확산된 현대 민주주의는 1인 1표 보통선거제도와 대의제(의회제든 대통령제든)에 바탕을 두되 이들이 실질적인 효과를 미칠 수 있는 영역을 엄격히 시장의 바깥으로 한정했다. 지금 위기에 빠진 것은 바로 이러한 자유주의적 민주주의다.

반면 금융위기 이후에 이 자유주의적 민주주의를 흔들며 부상한 새로운 정치 흐름은 대체로 '포퓰리즘'의 특징으로 분류되는 공통점들을 지니고 있다. 많은 분석가들이 현재를 민주주의의 위기 국면이라 진단하는 것은 자유주의적 민주주의를 흔들고 그 대안으로 부상하는 흐름들이 좌·우 포퓰리즘이기 때문이다. 이들은 포퓰리즘의 여러 흐름을 싸잡아 병리 현상으로 몰면서, 대의민주제의 안정성을 회복하는 것을 민주주의의 위기 극복과 동일시한다.

이 글은 일단 이런 시각을 비판하며 출발한다. 우리가 주목해야 할 것은 포퓰리즘이 득세하게 만든 원흉이 자유주의적 민주주의라는 사실이다. 자유주의적 민주주의의 한계와 모순 탓에 대중의 반란이 분출하는 것이고, 이러한 반란이 논평가들에 의해 '포퓰리즘'이라 통칭되고 있는 것이다. 따라서 포퓰리즘 현상을 극복하길 바란다면, 포퓰리즘 자체보다는 오히려 이를 낳은 자유주의적 민주주의의 역사적 과오를 더욱 철저히 따져야만 한다. 달리 말하면, 포퓰리즘은 민주주의 위기의 '표현 형태'일 뿐이고, 위기의 '원인'은 자유주의적 민주주의에 있다.

물론 그렇다고 포퓰리즘이 바람직하거나 지속 가능한 대안이 될 수는 없다. 이 글은 감히 그 대안이 결사체 민주주의(associative democracy)라 주장한다. 아래에서는 결사체 민주주의론의 역사적 전개 과정을 그 뿌리인 20세기 초의 대중 중심 사회주의 조류들에서부터 살펴보고, G. D. H. 콜(George Douglas Howard Cole)의 논의를 중심으로 결사체 민주주의론의 핵심 명제들을 검토한 뒤에, 왜 결사체 민주주의론이 내세우는 이상과 원칙이야말로 우리 시대 민주주의 위기 극복의 핵심 요소인지를 설명해보겠다.

2. 자유주의적 민주주의에 대한 저항: 21세기 초의 반란과 그 선례인 20세기 초의 반란

앞 절에서 지적했듯이, 21세기 초에 자유주의적 민주주의에 대한 불만과 반란은 주로 포퓰리즘이라는 형태로 나타나고 있다. 그러나 기존 민주주의에 대한 불만과 반란이 대규모로 표출된 게 이번이 처음은 아니다. 역사상 가장 비슷한 사례로는 20세기 초에 여러 나라에서 전개된 급진적 대중운동과 혁명 내지는 준-혁명들을 들 수 있다.

물론 20세기 초와 21세기 초는 민주주의의 성숙과 확장 면에서 많은 차이가 있다. 민주주의의 다른 척도는 논외로 하고 자유주의적 민주주의의 기준만 적용해 봐도 그렇다. 무엇보다 20세기 초에는 지구자본주의 중심부 국가들에도 보통선거제도가 정착되지 못한 상태였다. 반면 21세기 초에는 인류 역사상 처음으로 보통선거제에 바탕을 둔 대의민주주의가 거의 지구 전체에 걸쳐 확대되어 있다.

그러나 이런 커다란 차이에도 불구하고 20세기 초의 사건들과 우리 시대의 사건들 사이에는 예상 외로 100여 년의 시간을 가로지르는 공통점도 있다. 도대체 어떠한 공통점이 있는지 확인하기 전에 우선 20세기 벽두에 자본주의 중심부에서 어떤 일들이 벌어졌는지 살펴보자.

20세기가 시작될 무렵, 선진 자본주의 국가들에서는 새롭고 전투적인 노동운동이 급속히 성장하고 있었다. 그 전까지 노동조합의 기본 형태는 직업별 노동조합이었다. 하지만 19세기 말부터 새로운 노동조합 형태가 등장했으니, 그것이 바로 산업별 노동조합이다. 산업별 노동조합의 기본 이념은 직종을 넘어 산업이라는 커다란 범주 안에서 함께 일하는 모든 노동자를 단결시킨다는 것이었다. 이에 따라 과거 직업별 노동조합의 주된 구성원이었던 남성 숙련 노동자뿐만 아니라 반숙련·미숙련 노동자, 여성 노동자, 유색인 혹은 이주 노동자까지 적극 조직했다.

새 세기는 이들 새로운 노동조합의 전투적 파업과 함께 시작됐다. 격렬한 파업 투쟁을 꺼려 하지 않는다는 것은 신흥 산업별 노동조합운동의 또 다른 특징이었다. 기성 직업별 노동조합들에 비해 훨씬 급진적인 성향을 지녔던 산업별 노동조합들은 파업을 최후의 방어 수단으로만 보지 않았다. 오히려 산업 발전과 함께 더욱 수가 늘어난 노동계급의 역량을 훈련하고 과시하는 기회로 여겼다.

영국에서는 20세기 초에 전국운수산업노동조합, 전국철도원조합 같은 산업별 노동조합들이 노동운동을 주도하기 시작했고, 1911년 런던 부두 파업을 필두로 철도, 광산, 해운 등의 부문에서 파업이 빈발했다. 이런 대중 파업들은 제1차 세계대전이 발발할 때까지 지속됐으며, 이 시기를 영국 현대사에서는 '노동 대불안기(Great Labour Unrest)'라 부른다(G. D. H. 콜, 2012; 김명환, 2011). 같은 시기에 미국에서도 산업별 노동조합주의를 표방한 세계산업노동자연맹(IWW)이 1905년에 결성돼 맹렬히 활동했고, 섬유, 광산, 철도 등의 부문에서 빈번히 파업 투쟁이 벌어졌다. 비슷한 시기에 프랑스에서는 1895년에 설립된 노동총연맹(CGT)이 1900년대에 산업별 노동조합주의를 분명히 하며 급진화했다. 이와 함께 파업 투쟁이 증가했고, 정부가 이를 군대까지 동원하며 진압하려 했기 때문에 파업이 대정부 봉기 양상을 띠는 경우가 다반사였다.

이 대목에서 우리가 주목해야 할 것은 새로운 전투적 대중운동이 주류 노동계급 정당이나 노총과는 구별되는 새로운 이념에 바탕을 두고 있었다는 사실이다. 프랑스의 CGT는 1906년 아미엥 대의원대회에서 이른바 '아미엥 선언'을 채택했다. 그 골자는 정당이 아니라 노동조합이 탈자본주의 변혁과 대안 사회 건설의 주체라는 것이었다. 정당을 통해 국가 권력을 장악하는 방식이 아니라 산업별 노동조합들의 총파업을 통해 국가 권력 자체를 해체하는 방식으로 사회를 변혁해야 한다는 주장이었다. 아미엥 선언의 입안자는 CGT의 이론가로 활약하던 에밀 푸제(Émile Pouget) 같은 아나키스트들이었고, 이 이념은 이후 '혁명적 생디칼리슴'이라 불리게 된다. 이와 비슷하게 미국의 IWW는 세계단일노동조합주의를 제창했다. 동종 산업 안의 모든 직종 노동자들을 조직한다는 산업별 노동조합주의를 넘어 전 세계의 모든 노동자들을 하나의 노동조합으로 조직하자고 주창한 것이다. IWW에서도 CGT처럼 국가가 아니라 이러한 거대 노동조합이 사회변혁과 새 사회 건설의 주체라 여기는 경향이 강했다. 한편 노동 대불안기를 겪고 있던 영국에서도 프랑스와 미국의 이러한 흐름과 어깨를 나란히 하는 길드사회주의 이념이 등장했다. 길드사회주의자들은 국가가 아니라 노동계급 대중조직이 변혁의 주된 기관이 되어야 한다는 시대정신을 수용하면서도 이를 혁명적 생디칼리슴이나 세계단일노동조합주의보다는 더 정교하고 세련된 이론과 전략으로 발전시켰다(콜, 1920; 러셀, 2012).

이들 이념은 자본주의 극복이라는 과제 측면에서 독일 사회민주 당 등의 주류 사회주의 노선과 궤를 같이하면서도, 하나같이 변혁의 주체로서 대중을 강조했다. 국가 중심의 사회 변화에서 주역의 위치를 차지하는 경향이 있는 엘리트층 대신 노동 현장과 생활 현장의 대중을 모든 기획과 실천의 중심에 놓았다. 이런 점에서 20세기 벽두에 부상한 이들 이념을 '대중 중심 사회주의'라 통칭할 수 있겠다(래시, 2014). 이 글이 민주주의의 대안으로 제시하는 결사체 민주주의는 이러한 대중 중심 사회주의의 전통에 바탕을 둔다. 이에 대해서는 다음 절에서 더욱 자세히 설명하겠다.

한편 이런 급진화 경향은 제1차 세계대전 발발로 돌연 중단되는 듯 보였다. 그러나 전쟁의 장기화로 노동력 공급이 부족해지자 노동 현장에서 전투적 분위기가 부활했다. 대표적으로 영국에서는 직장위원(shop stewards) 운동[2]이 벌어져, 현장 조합원들이 선출한 직장위원들이 전시 내각에 협력하고 있던 산업별 노동조합 집행부의 의사나 지령과 상관없이 비공식 파업이나 태업에 앞장섰다(콜, 2012). 전시에도 계속되던 이러한 물밑 흐름은 러시아 10월 혁명과 종전(終戰)을 거치며 다시 지상으로 터져 나왔다. 흔히 러시아 10월 혁명 이후 이 혁명의 영향으로 서유럽에서도 급진화 양상이 다시 나타났다

---

2 '직장위원'이란 산업별 노동조합 체계에서 노동 현장의 조합원들이 산업 전체가 아니라 기업 단위의 문제를 해결하기 위해 선출한 공식 혹은 비공식적 대표들을 말한다. 한국의 기업별 노동조합 체계에서 부서별 대의원이 맡는 것과 비슷한 역할을 맡는다고 할 수 있다.

고 하지만, 진실은 이와 좀 다르다. 제1차 세계대전 이전부터 각국에서 자생적으로 전개되던 급진화 흐름이 전쟁에도 불구하고 끊이지 않고 이어지다 10월 혁명과 종전의 영향 아래 다시 폭발했다고 보는 쪽이 더 정확하다. 프랑스 등 전승국들에서 노동조합운동이 급성장한 것이나 1920년대 중반까지 계속된 독일의 혁명적 분위기, 이탈리아의 '붉은 두 해'[3] 등을 모두 이런 관점에서 볼 수 있다.

지금까지 소개한 20세기 초의 반란들은 여러모로 21세기에 민주주의 체제에서 벌어지는 대중의 반란과는 다른 점이 많다. 그러나 그 핵심은 의외로 일치한다. 무엇에 대한, 누구의 반란이냐는 점에서 그렇다. 둘 모두 기존 민주주의에 대한 대중의 반란이다. 대의민주제가 얼마나 완성됐느냐는 점에서 20세기 초와 21세기 초 사이에 커다란 차이가 있지만, 일단 확립된 대의민주제가 어떤 방향에서 작동했는가 하는 점에서는 일치한다. 각각의 반란이 있기 전까지 기존 민주주의는 전적으로 시장 자유주의에 종속되는 방향에서 작동했다.

이와 관련해 칼 폴라니(Karl Polanyi)가 『거대한 전환』에서 전개한 분석이 도움이 된다(폴라니, 2009). 20세기 초 반란의 전사(前史)인 19세기 역사는, 폴라니에 따르면 시장자유주의라는 유토피아적 이념-운동의 전개과정이었다. 자유주의 이념-운동을 내세운 산업자본주의는 이제껏 인류 역사에서 상품화로부터 배제됐던 노동,

---

3 제1차 세계대전이 끝난 직후인 1919~1920년 두 해에 걸쳐 이탈리아에서는 격렬한 노동자 파업과 소작농 쟁의가 빈발했다. 이 시기를 '붉은 두 해'라 부른다. 안토니오 그람시(Antonio Gramsci)가 관여한 유명한 토리노 피아트(FIAT) 자동차 공장 파업도 이때에 벌어졌다.

토지(자연), 화폐를 상품화하기 시작했다. 선거와 의회를 골간으로 한 자유주의적 민주주의는 철저히 이 상품화—시장화 운동을 뒷받침하는 정치적 장으로서 설계됐다. 노동계급과 여성이 이 무대에 진입하려고 19세기 말~20세기 초에 격렬한 운동을 벌였지만, 보통 선거제가 도입된 이후에도 자유주의적 민주주의의 의회제가 상품화—시장화의 추진 기관이라는 근본적인 사실에는 변함이 없었다.

19세기 역사는 100년 뒤에 신자유주의 지구화 시기의 역사로 반복된다. 물론 변화한 점이 많지만, 한때 수정자본주의 형태로 족쇄가 씌워졌던 노동, 자연, 화폐의 상품화를 마치 봇물 터지듯 재개했다는 점에서는 19세기 고전 자유주의의 역사적 궤적과 일치한다. 그리고 이번에도 대의민주제는 상품화—시장화라는 자칭 '자연법칙'적 진리의 전개에 도움을 주거나 적어도 방해는 하지 않는 선에서만 정당성을 인정받았다.

폴라니는 이런 상품화—시장화 운동이 필연적으로 또 다른 운동, 사회의 자기보호운동을 낳는다고 설명했다. 노동, 토지(자연), 화폐의 상품화는 다수 대중의 생존권을 위협하며, 결국 사회를 붕괴시킨다. 사회는 이에 맞서 노동, 토지(자연), 화폐의 상품화를 막으려 하는데, 이것이 폴라니가 말하는 사회의 자기보호운동이다. 그래서 폴라니는 현대를 '이중 운동(double movements)' 시대라 규정한다. 시장 자유주의의 상품화—시장화 운동과 이에 맞서는 사회의 자기보호운동 사이의 긴장과 갈등, 대립이 지배하는 시대라는 것이다. 그런데 사회의 자기보호운동은 반동적 형태로 나타날 수도 있고, 자유주의의 성취를 흡수하고 넘어서는 진취적 형태로 나타날 수도 있다. 노동운동에서 자주 그랬던 것처럼 상품화—시장화 운동에 저항하면서 개인의 해방을 함께 추구할 수도 있지만, 농촌 기득권층을 중심으로 한 보호무역운동에서 나타난 것처럼 오래된 억압적 지배 질서를 유지하는 방향에서 상품화-시장화 운동에 반내할 수도 있다(프레이저, 2017).[4] 20세기 초와 21세기 초는 바로 이러한 여러 방향의 사회의 자기보호운동이 상품화-시장화 운동에 맞서 전에 없이 격렬하게 폭발한 국면이라 할 수 있다. 20세기 초에 대중 중심 사회주의와 파시즘이 어지럽게 대두한 것처럼, 21세기 초에는 우파 포퓰리즘과 좌파 포퓰리즘이 혼란스럽게 경쟁하고 있다.

그러나 자유주의적 민주주의에 대한 20세기 초의 항의와 21세기 초의 그것 사이에는 뚜렷한 차이점이 있다. 21세기 초에는 대중의 이의제기가 주로 투표장에서 유권자 반란으로 나타나는 반면 20세기 초에는 산업별 노동조합, 협동조합 등 결사체들의 폭발적 증가와 투쟁으로 나타났다. 또한 21세기 초의 반란들에서는 극우 포퓰리즘이 주도하는 양상이 나타나는 데 반해 20세기 초에는 극우적·반동적 대중운동도 분명 있었지만(그리고 이것이 나중에 파시즘으로 발전했지만) 반자본주의 좌파 경향이 주도하는 양상이 나타났다.

이 차이를 이해하려면, 각각의 전사를 확인해야 한다. 20세기 초의 반란들이 등장하기 전에는 결사체들의 성장사가 있었다. 좌파정당이 처음 등장해 세를 불리며, 직업별 노동조합의 성과와 한계를 딛고 산업별 노동조합이 성장하는 과정이 있었다. 반면 21세기 초

---

4   이 점 때문에 낸시 프레이저(Nancy Fraser)는 상품화-시장화 운동과 사회의 자기보호운동이라는 '이중 운동'이 아니라 여기에 (개인의) 해방운동을 더한 '삼중 운동'으로 바라봐야 한다고 주장한다. 이에 따르면 사회의 자기보호운동은 해방 운동과 연대할 수도 있지만, 그 반대 방향에서 작동할 수도 있다.

의 반란들 직전에는 20세기 초에 등장한 결사체들이 케인스주의 복지국가의 하위 구성요소가 되었다가 신자유주의 지구화·금융화·정보화를 통해 무력화한 과정이 있었다. 이 시기에는 결사체들을 배제하고 개인이 직접 시장, 국가와 관계를 맺는 것이 '해방'으로 이해되었다. 개인주의—자유주의 조합이 각국의 대중들 사이에서 유례없는 전성기를 누렸던 것이다. 이런 역사적 과정을 거친 뒤에 자유주의적 민주주의에 대한 불만이 터져 나오는 상황이기에 21세기 초의 대중은 포퓰리즘에서 무기를 찾을 수밖에 없다. 자발적 결사체들과 그들의 운동이라는 핵심 자원이 제거되거나 위축된 탓에 카리스마적 지도자와 부유(浮游)하는 정치담론, 주기적인 선거에 의존할 수밖에 없는 것이다.

이는 커다란 퇴행이다. 우리는 어쩌면 20세기 초 반란들의 요소를 되살려야 한다. 사회의 자기보호운동의 21세기적 양상에 커다란 한계와 장애가 있다면, 이는 역설적으로 20세기 초에는 있었으나 지금은 없거나 약화된 요소를 부활시킴으로써 돌파될 수 있을 것이다. 그것은 21세기 초의 포퓰리즘과 대비될 수 있는 20세기 초 반란들의 공통 지향, 즉 대중 중심 사회주의이며, 이는 다시 '결사체 민주주의'라 일반화될 수 있다.

3. 대중 중심 사회주의의 문제 제기와 결사체 민주주의

대중 중심 사회주의는 물론 넓은 의미의 사회주의 이념—운동에 속한 흐름들이었다. 그러나 당시에 독일 사회민주당과 영국 페이비

언협회가 대변하던 주류 사회주의와는 크게 구별되는 특징을 보였다. 주류 사회주의는 새로운 사회로 나아가는 이행의 주역을 국가로 보았다. 노동계급의 대표들이 장악한 국가가 사적 자본을 사회적 소유와 통제 아래에 두는 것을 자본주의 극복 과정으로 이해했다. 물론 개혁주의와 혁명주의의 입장 차이는 있었다. 개혁주의자들은 노동계급정당이 기성 대의기구에서 다수파가 되어 의회제 국가를 인수하면 된다고 여긴 반면 혁명주의자들은 기존 국가기구를 파괴하고 프롤레타리아 독재 기관으로서 새 국가기구를 수립해야 한다고 믿었다. 하지만 모종의 변화를 거친 국가가 사회 변화의 주된 기관이라는 데는 의견이 일치했다.

그러나 다양한 사회주의 이념-운동의 저류에는 자본뿐만 아니라 국가 역시 비판과 극복의 대상으로 바라보는 흐름이 존재했다. 실은 이런 흐름이 강력히 존재했기에 자본주의의 대립어가 '국가주의'가 아니라 '사회'주의가 됐던 것이다(라이트, 2012; 장석준, 2013). 가령 근대 사회주의의 창시자 가운데 한 사람인 로버트 오언(Robert Owen)은 자본주의를 극복해나가는 주체를 국가가 아니라 전국 단일 노동조합이나 생산자 협동조합에서 찾았다. 또 다른 창시자 생시몽(Saint-Simon) 백작의 제자들은 자본주의를 넘어선 사회를 표현하는 말로 '연합(association)'5을 창안했는데, 현존 국가나 기업과

---

5 association의 가장 적절한 번역어는 '연합'이다. 하지만 한국에서 '연합'이 특정 조직 형태를 뜻하는 용어로는 익숙하지 않기 때문에 흔히 '결사체'라 번역하며, 그래서 '연합' 민주주의가 아니라 '결사체' 민주주의라 한다. 하지만 이 글에서는 여러 군데에서 '연합/결사체'라 병기함으로써 고전 사회주의자들의 '연합' 개념과 결사체 민주주의의 '결사체' 개념 사이의 연관성을 강조하겠다.

는 달리 연합은 자유로운 개인들의 수평적 결합으로 이뤄진다. 이런 초기 사회주의자들을 계승하면서도 '과학적' 사회주의라는 새로운 국면을 연 카를 마르크스(Karl Marx)의 사상에도 연합의 이상은 뚜렷이 살아 있다. 마르크스와 엥겔스(Friedrich Engels)의 공저 『공산주의당 선언』은 탈자본주의 사회의 궁극적 형태를 '자유로운 개인들의 연합'이라 못 박았다. 하지만 이런 이상을 현존 국가와 극명히 대립시키며 더욱 강조한 쪽은 사회주의 이념-운동 안에서 마르크스주의자들과 경쟁하고 충돌한 아나키스트들이었다. 마르크스주의자들이 혁명 이후에는 연합을 실현시켜야 한다고 주장하면서도 혁명 과정에서는 국가의 역할이 중요하다고 본 반면, 아나키스트들은 혁명 과정에서도 국가가 아니라 연합 혹은 연합의 맹아들이 주역이 되어야 한다고 주장했다.

20세기 초의 대중 중심 사회주의는 사회주의 이념-운동 내의 이런 저류가 당대 주류 사회주의에 불만을 표하면서 지표면 위로 분출한 것이라 할 수 있다. 앞 절에서 소개했듯이 혁명적 생디칼리슴은 CGT의 이론 집단 역할을 하던 아나키스트들이 내놓은 대안이었다. 선배 아나키스트들이 주장한 연합이 다소 추상적인 수준에 머문 데 반해 CGT 이론가들은 산업별 노동조합이 그러한 연합의 구체적이고 현실적인 형태라 주장했다. 한편 영국의 길드사회주의자들은 대륙의 혁명적 생디칼리슴에서 커다란 영향을 받았을 뿐만 아니라 힐레어 벨록(Hilare Belloc) 같은 독창적 사상가들의 페이비언 사회주의 비판에서도 상당한 자극을 받았다. 벨록은 자본주의만이 아니라 페이비언 사회주의 역시 국가에 과도한 권력을 몰아주며 결국은 노예제 국가로 귀결될 수밖에 없다고 비판했다(벨록, 2019).

이런 흐름들을 수용한 길드사회주의자들은 혁명적 생디칼리스트들과는 좀 다르게 현존 산업별 노동조합이 사회 변화와 대안 사회 건설의 주역이 되려면 생산자 자치기관인 전국 길드(National Guilds)로 진화해야 한다고 주장했다.

이렇게 대안의 구체적인 형태는 달랐지만, 대중 중심 사회주의의 여러 흐름들에는 뚜렷한 공통점이 있었다. 거의 전능하다시피 한 국가를 상정하고 이 국가에 대한 개인의 관계를 (재)설정하는 것을 중심으로 민주주의를 바라보는 자유주의적 민주주의의 시각에 대한 철저한 비판이었다. 자유주의자들은 재산권의 옹호나 시장의 자율성 강조, 관료 기구들 사이의 견제나 권력 균형 등을 통해 개인과 국가 사이의 거리를 충분히 확보할 수 있다고 믿었고, 의회 활동과 선거에 대한 참여만으로도 개인들의 목소리가 국가에 반영될 수 있다고 주장했다. 이에 반해 대중 중심 사회주의는 개인과 국가만이 존재하는 이런 무대 위에 노동조합이나 협동조합 같은 연합/결사체라는 제3의 주역을 등장시켰다. 이를 통해 이들은 자유주의적 민주주의뿐만 아니라 그 기본 전제들을 무비판적으로 받아들인 당대 주류 사회주의 사조들(독일 사회민주당, 영국 페이비언협회 등의 국가사회주의)에도 비판의 칼날을 댔다.

여기에서 주목해야 할 것은 대중 중심 사회주의 조류들의 자유주의적 민주주의 비판의 근저에 반엘리트주의 동기가 강력히 작동했다는 점이다. 국가는 태생적으로 엘리트층이 주도하는 기구다. 조선시대에 '양반(兩班)'이 문반과 무반을 일컫는 말이었다는 사실에서 알 수 있듯이, 국가의 태동기부터 현대에 이르기까지 이 기구를 지배해온 것은 문관-지식인 엘리트와 무관-군사 엘리트였다. 자유주의는 이런 강력한 역사 전통을 의회제를 통해 일정하게 교정하려 한다. 그러나 자유주의적 민주주의에서 의회란 단지 대중의 선거 참여를 통해 정당성을 증폭시킨 엘리트 지배 기구일 뿐이다. 개혁주의 노선의 국가사회주의자들은 노동계급 정당의 선거 및 의회 참여를 통해 여기에 파열구를 낼 수 있다고 주장했다. 그러나 이런 방향의 실천은 역으로 노동계급 정당 안에 기성 엘리트 정치에 과잉 적응한 새로운 엘리트층이 성장하게 만들었다. 부정할 수 없는 이러한 현실 때문에 좌파 정치 안에서도 과두제 철칙이 예외 없이 작동한다는 로베르트 미헬스의 저 악명 높은 주장(미헬스, 2015)이 대두하기도 했다. 대중 중심 사회주의의 여러 흐름들은 이러한 엘리트 지배의 숙명을 거부하고 이에 맞서려 했다. 20세기 초의 격렬한 대중운동들을 지배한 기본 정서, 즉 자본주의 체제뿐만 아니라 기존 사회운동 안에도 존재한 엘리트 지배 질서를 모조리 거부하는 대중 중심 민주주의(한 세기 전의 포퓰리즘?)의 이상과 열망을 생생히 대변하려 한 것이다.

안타깝게도 대중 중심 사회주의는 20세기 초의 짧은 전성기 뒤에 망각되고 말았다. 20세기 중후반 내내 좌파 안에서마저 케인스주의나 스탈린주의 같은 '국가 중심' 흐름이 성공을 구가했기 때문이다. 그러나 20세기 말에 신자유주의가 대두하고 현실사회주의권이 붕괴하면서 국가사회주의의 권위는 땅에 떨어졌다. 영국의 신좌파 사상가 스튜어트 홀(Stuart Hall)은 마거릿 대처의 시장자유주의가 상당수 중산층을 비롯해 심지어 노동계급 일부에서까지 지지를 얻은 이유를 분석하면서 국가가 더 이상 사회개혁의 독점적 집행 기관이 될 수 없다고 주장했다. 그는 국가를 '사회주의의 늙은 임시 관리인'이라 칭했다(홀, 2007). 임시 관리인 말고 진짜 주인이 나서야한다는 것이었다. 정치학자 허스트는 이런 문제 제기를 수용하면서그 대안으로 길드사회주의처럼 연합/결사체를 중시하는 탈자본주의 이념들을 적극 재조명했다. 그는 이들 사상을 20세기 말의 변화된 사회 상황에 맞게 일반화시키며 '결사체 민주주의'라 재정식화했다(Hirst, 1994; Hirst & Bader, 2001).

그러나 이 글에서는 이러한 허스트의 결사체 민주주의보다는 그원형인 20세기 초의 대중 중심 사회주의, 그 가운데에서도 G. D. H. 콜의 길드사회주의 사상을 중심으로 결사체 민주주의의 이상과 원칙을 정리해보겠다. 왜냐하면 20세기 초에 급진적 대중 반란들이 분출하는 가운데에 제출된 콜의 논의가 오히려 신자유주의전성기에 나온 허스트의 논의보다 더 현재 상황에 직결되는 점이많다고 보기 때문이다. 결사체 민주주의의 원형을 보여주는 콜의사상은 다음과 같은 세 가지 핵심 주장을 담고 있다.

첫째, 정치만이 아니라 경제·사회 영역으로까지 민주주의가 확대되어야 한다. 민주주의를 좁은 의미의 정치 영역에 한정하는 자유주의적 민주주의는 자본주의를 지탱하는 가장 효과적인 정치제도이자 이념 구실을 한다. 자유주의적 민주주의 아래에서는 재산권이나 생산 현장의 제반 문제 따위는 대의민주주의의 영향력이미치지 못하는, 아니 절대 영향을 끼쳐서는 안 될 영역으로 남는다. 노동운동의 오랜 경구처럼, "민주주의는 공장 문 앞에서 멈추고 만다."

콜을 비롯한 길드사회주의자들은 이 한계를 돌파하는 것이 현대민주주의의 근본 과제라 주장한다. 일자리와 소득을 통해 대중의 삶이 대부분 결정되는 장소인 생산, 소비 등의 영역으로까지 대의민주주의가 확장되어야만 한다. 그러지 않으면 대의민주주의는 대중의 '먹고사는' 문제를 해결하는 것과는 거리가 먼 엘리트 분파들 사이의 권력 다툼의 장으로 전락하고 만다. 더 나아가서는, 민주주의 출입 금지 구역인 생산과 소비의 현장에서 막강한 권력을 형성한 세력, 즉 거대 자본이 그나마 있는 정치적 민주주의마저 흔들게 된다. '삼성 공화국'이라 불리는 현상이 바로 이러한 사례가 아닌가. 그렇기에 콜은 기왕에 확보한 대의민주주의가 퇴행하거나 왜곡되지 않게 막기 위해서도 반드시 대의민주주의를 경제·사회 영역으로까지 공세적으로 확장해야 한다고 역설한다. 민주주의가 자본주의보다 확실히 우위에 놓이고, 점차 후자가 전자로 용해·흡수되어야 한다.

콜의 주장에 따르면, 민주주의를 둘러싼 논란과 긴장, 갈등에 대한 해법의 출발점이자 대원칙은 노동 현장과 생활 현장의 민중이 자기 삶에 실질적 영향을 끼치는 문제들에 대해 결정권을 행사하는 것이다. 이보다 더 자유주의적 민주주의와 대립하는 민주주의론은 찾기 힘들 것이다. 이런 경제적·사회적 민주주의 이념은 사회 양극화에 제대로 대처하지 못하는 기성 민주주의에 반발하며 포퓰리즘 등에서 출구를 찾는 오늘날의 대중에게 가장 절실히 필요한 대안일 것이다. 또한 한때 '경제 민주화'론이 유행한 한국 사회에서 적극 재조명되어야 할 논의이기도 하다. 길드사회주의자들의 주장은 경제 민주주의가 결국 모종의 탈자본주의이지 않으면 안 된다는 점을 설득력 있게 제시한다.

이 점은 길드사회주의 식의 논법이 다른 사회주의 조류들과 뚜렷이 대비되는 대목이기도 하다. 길드사회주의자들은 이미 한 세기 전에 탈자본주의의 필요성을 역사 발전론이나 계급투쟁 논리만이 아니라 민주주의론의 형태로 개진했다. 오늘날은 좌파의 전통적 논리들에 따른 탈자본주의론보다도 오히려 이런 논의가 더 호소력을 지닌다. 즉 결사체 민주주의가 민주주의 위기 극복의 유력한 대안인 첫 번째 이유는 이 위기의 원인이 민주주의와 자본주의의 충돌과 대립에 있으며, 따라서 이 현실을 극복하는 과정에서만 민주주의의 위기가 해결될 수 있음을 정확히 지적한다는 데 있다.

둘째, 삶의 전 영역으로 민주주의가 확대되려면, 자발적 결사체들이 성장하여 민주주의의 생생한 주체가 되어야 한다. 중요한 것은 국가와 개인만으로 이뤄진 자유주의적 '유토피아'에서는 민주주의가 제대로 작동할 수 없다는 점이다. 이런 '유토피아'에 가까워진 사회일수록 권력은 국가로, 그리고 사실상 기업으로 집중될 뿐이다. 그러면 개인 역시 점점 더 무력감에 빠지면서 이런 거대 권력에 의존하게 된다. 자발적 결사체들이 발전하고, 이들 간의 연계와 조정, 협력이 활발히 이뤄지며, 그래서 개인들이 이런 결사체들을 통해 원자적 개인에게는 불가능한 강력한 역량을 펼쳐 보일 수 있어야 한다. 말하자면 연합/결사체는 민주주의에서 대중의 가장 중요한 공동 자원(커먼스, commons)이다.

이러한 결사체들 가운데에서도 콜과 같은 길드사회주의자가 가장 중요시한 것은 생산자 자치조직이다. 길드사회주의자들은 자본주의 사회의 노동조합이 탈자본주의 사회에서 곧바로 생산을 관리하는 임무를 맡을 수는 없다고 봤다. 노동조합의 주된 기능은 조합원의 권리를 방어하는 것인 데 반해 생산자 자치조직은 사회 전체의 이익을 위해 생산 및 서비스를 운영하는 것이기 때문이다. 길드사회주의자들은 이 새로운 생산자 자치조직을 중세 동업조합의 이름을 따 '길드(Guilds)'라 불렀다. 하지만 이름만 따왔을 뿐 중세 동업조합의 낭만적 부활은 아니다. 차라리 이는 현존 노동조합이 진화한 결과일 것이라 여겼다. 길드사회주의자들은 현존 노동조합과 미래 길드를 구별하면서도 전자에서 후자가 발전하리라 믿은 것이다. 즉 길드사회주의자들 역시 혁명적 생디칼리스트들과 마찬가지로, 노동조합을 늘 연합/결사체들의 목록에서 첫 번째 자리에 놓았다.

그런데 생산자 자치조직만 있어서는 안 된다. 대중 중심 사회주의의 이론가들 가운데에서도 특히 콜이 이 점을 강조했다. 생산이 중요하다면, 소비 영역 또한 중요하다. 둘이 서로 얽히지 않는다면, 어느 한쪽이 독자적으로 작동할 수 없기 때문이다. 너무 상식적인 이야기다. 그런데 혁명적 생디칼리스트나 일부 길드사회주의자들은 산업별 노동조합이나 산업 길드가 소비 활동도 관리할 수 있을 것처럼 사고했다. 콜은 이에 반대했다. 생산자 자치조직이 필요한 것처럼 소비자 자치조직 또한 필요하다. 재화와 서비스의 성격에 따라 소비협동조합이 진화한 형태의 자치조직이 필요한 경우도 있을 것이고, 공공적 성격이 강한 경우에는 이와는 또 다른 소비자 자치조직이 필요할 것이다. 아니, 소비자 자치조직만이 아니다. 전문성이 강하고 대개 자영업 형태로 이뤄지는 직종의 경우에도 생산 및 소비·이용의 자치조직들이 필요할 것이고, 농업에서도 비슷한 자치조직들이 필요할 것이다. 이런 점에서 콜의 길드사회주의는 산업 길드만을 내세우는 사회주의가 아니라 수많은 다양한 결사체들로 이뤄진 사회주의라 하겠다.

단지 여러 결사체들이 존재하는 것만으로는 부족하다. 이들 결사체 간의 교류와 연대, 협동과 협상이 일상적으로 작동해야 한다. 또한 결사체 내부에서는 구성원들이 정보와 지식을 충분히 공유하면서 상향식으로 의사를 결정해야 한다. 콜은 이 점을 힘주어 강조했다. 산업 길드를 포함한 모든 대중조직 안에서는 내부 민주주의가 철저히 보장돼야 한다. 산업 길드의 예를 들면, 기초 단위인 공장의 각 작업팀에서부터 대표를 선거로 뽑고, 이런 대표들 가운데에서 다시 상급 조직, 가령 해당 길드의 지역 조직이나 권역 조직, 전국 조직에 보낼 대표를 선출한다. 모든 조직이 이런 식으로 기층 수준에서부터 최정상 수준까지 아래로부터 통제를 받아야 한다. 콜은 엘리트층이 등장해 지배집단이 되는 것을 막으려면 대중이 다양한 결사체로 조직되어 있어야 할 뿐만 아니라 이렇게 결사체 안에서 민주주의가 철저히 실시돼야 한다고 주장했다. 이 대목에서 길드사회주의 등을 '대중 중심' 사회주의라 분류하는 이유를 다시 한번 확인할 수 있다.

셋째, 사회의 주요 기능들에 대응해 복수의 대의 체계가 발전해야 한다. 이 명제를 통해 결사체에 대한 결사체 민주주의론의 강조는 민주주의 개념과 제도의 혁신으로 나아가게 된다. 자유주의적 민주주의에서 대의 체계는 단 하나의 의회로 단일화되어 있다. 의회가 주권을 오롯이 대표하며, 정치뿐만 아니라 경제, 사회 등 대중의 삶과 관련된 모든 영역을 다룬다. 따라서 선거제도 또한 이 의회에 진출할 대표를 뽑는 일로만 제한되어 있다. 그러나 길드사회주의를 비롯한 결사체 민주주의의 여러 사조는 이런 민주주의관에

동의하지 않는다. 대안은 사회에 반드시 필요한 기능들에 맞춰 대의 체계가 복수로 존재해야 한다는 것이다. 기존 민주주의 개념과 대비해 이런 구상은 흔히 '기능 민주주의(functional democracy)'론이라 불리곤 한다.[6] 단일한 대의제가 아니라 기능적/기능별 대의제를 주장하기 때문이다.

좀 더 구체적으로 살펴본다면, 콜이 제안한 산업길드의회(Industrial Guilds Congress)를 예로 들 수 있다. 콜의 대안 사회에서 경제 영역은 기존 의회를 이어받은 정치적 대의기구의 관리 대상이 아니다. 생산 및 소비 활동의 관리는 산업길드의회가 담당한다. 위에서 살펴본 것처럼 콜의 구상에서 산업 길드는 기층 노동 현장에서부터 대표들을 뽑고 다시 여기에서 상급 조직들의 결정 과정에 참여할 대표들을 선출한다. 중앙의 산업길드의회에는 각 산업 길드의 중앙 대표들이 참여한다. 물론 소비자 자치조직의 중앙 대표들도 참여한다. 경제 계획의 수립과 집행은 소련식 국가사회주의와는 달리 관료기구가 아니라 중앙 산업길드의회가 담당한다. 지역 및 권역 수준에도 산업길드의회가 있고, 여기에는 산업 길드와 소비자 자치조직의 해당 수준 대표들이 참여한다.

물론 특별한 대의체계가 따로 있어야 하는 사회의 필수 기능들이 무엇인지에 대해서는 각 사회마다 숙의와 합의 과정을 거쳐 정해야 할 것이다. 또한 다양한 결사체들이 존재하는 사회에서 이 결사체들이 저마다 다 자신과 연관된 독자적 대의 체계를 보장받아

---

6 폴라니도 기능 민주주의론의 열렬한 지지자였다. 이 점에서 『거대한 전환』의 저자 역시 대중 중심 사회주의의 중요한 이론가 가운데 한 사람으로 볼 수 있다(데일, 2019).

야 하는지도 논쟁거리다. 그러나 콜이 제시한 것처럼, 최소한 생산 및 소비 활동, 즉 경제 기능에 대해 현존 의회 외에 독자적 대의 체계가 필요하다는 점만은 누구나 동의할 수 있을 것이다. 결국 경제 영역으로까지 민주주의를 확대해야 한다는 이상을 실현하자면, 기능적 대의제가 필요할 수밖에 없다. 그리고 이런 기능 민주주의야 말로 시장 독재에 대해 무력하기만 하며 '먹고사는' 문제와는 상관없는 듯 보이는 현존 민주주의에 절망하고 분노한 대중에게 가장 필요한 대안이다. 오늘날 "지금 당장 진짜 민주주의를!"을 외치는 모든 대중에게 필요한 것은 단순한 포퓰리즘 선동이 아니라 바로 기능 민주주의의 이상과 원칙이다.

4. 결사체 민주주의를 통한 민주주의의 위기 극복 가능성

대중 중심 사회주의는 21세기에 맞는 형태로 부활할 수 있는가? 결사체 민주주의는 과연 실현 가능성이 있는 대안인가? 어려운 질문이다. 그러나 그 전에 우리는 결사체 민주주의가 부재했기에 이제껏 민주주의가 어떤 퇴행의 길을 겪었는지를 먼저 확인해야 한다.

첫째, 20세기 중반에 고착된 '국가 중심' 좌파 전통은, 케인스주의 복지국가든 스탈린주의 체제든, 신자유주의가 등장하기 쉬운 토양이 되었다. 국가기구는 본래적으로 엘리트 관료 기관이기 때문에 특단의 민주화가 지속되지 않으면 대중에게 억압적으로, 최소한 권위적으로 느껴지지 않을 수 없다. 게다가 20세기 중반에는 산업별 노동조합마저도 거대화·관료화된 채 길드사회주의 문제의식의 왜곡된 실현이라 할 수 있는 코퍼러티즘(corporatism)[7]의 일부가 되었다. 이런 상황에서 신자유주의는 억압된 개인성의 해방을 내세우며 대중들 사이에서 헤게모니를 확보했다. 자유주의적 민주주의가 전면 부활하기 딱 좋은 조건이 만들어진 것이다. 이런 점에서 보면, 현대 민주주의는 제2차 세계대전 이후에 일정하게 진보하고 안정화됐지만 이후에 결사체 민주주의로 더욱 발전하지 못한 탓에 신자유주의 지구화 시기에 후퇴와 퇴행 과정을 겪게 됐다고 할 수 있다.

둘째, 결사체 민주주의의 요소들이 잠재적인 형태로라도 존재하지 않는 상황에서는 자유주의적 민주주의에 대한 반란 역시 퇴행적인 형태로 표출되지 않을 수 없다. 지금은 20세기 초반보다도, 그리고 신자유주의 등장 직전인 20세기 중반보다도 자발적 결사체들의 전통이 약해져 있다. '시민사회'가 과연 실체를 갖추고 있느냐는 물음까지 나오는 형편이다. 이렇다 보니 대중의 반란 역시 카리스마적 지도자나 부유하는 담론을 중심으로 전개되지 않을 수 없다. 네트워크 사회(카스텔, 2014)를 낳은 미디어 환경 변화 역시 이를 부

---

7 코퍼러티즘은 사회의 필수 기능들에 대응하는 이익단체 혹은 대중조직들을 국가의 정책 결정 과정에 참여시켜 경제 통제나 사회 통합을 달성하려는 시도 혹은 이런 관행이 일반화된 체제를 말한다. 제2차 세계대전 이후 여러 선진자본주의 국가들에서 코퍼러티즘이 시도됐는데, 그 뿌리는 이탈리아 파시즘에 있다. 혹자는 이탈리아 파시스트 체제의 코퍼러티즘이 길드사회주의와 유사하다 지적하는데, 실은 아주 근본적인 차이가 있다. 길드사회주의에서 결사체는 상향식 민주주의에 따라 대중의 통제를 받지만, 코퍼러티즘, 특히 파시즘의 그 시도에서는 사실상 국가가 각 단체를 위에서부터 통제한다. 길드사회주의와 코퍼러티즘의 외형상 유사성은 단지 어떠한 현대 사회든 고전적인 자유주의적 대의제만으로는 주요 사회 기능들을 운영할 수 없으며 따라서 어떤 형태로든 다른 관리 체계가 더 필요하다는 사실에서 비롯된 것일 뿐이다.

추긴다. 소셜 미디어 네트워크는 정보 접근과 유통의 민주화를 촉진했지만, 또한 정보의 범람과 파편화 때문에 반지성주의가 만연할 위험을 상화했다. 사발적 결사체들의 전동이 살아 있다면 정보 민주화를 적절한 숙의 과정과 결합시킬 가능성이 높을 테지만, 지금은 그렇지 못하다. 이런 국면이 과연 정치·사회 세력의 의도적 개입 없이 민주주의의 새로운 진화와 안정화로 귀결될 수 있을지에 대해서는 솔직히 회의적이다. 지식인과 대중을 유기적으로 (재)결합시키는 자발석 결사체들의 부활이라는 아래로부터의 적극적 개입이 있어야만 한다.

이 대목에서 우리는 지식인과 대중의 관계라는 근본 문제에 주목해야만 한다. 본래 '포퓰리즘'은 지식인과 대중의 유기적 관계가 해체된 상황에서 지식인이 대중의 민주주의를 얕잡아보며 붙이는 이름이라 해도 과언이 아니다. 역으로 대중 역시 이런 상황에서 지식인과의 거리를 스스로 벌리면서 '포퓰리즘'이라 불리는 바로 그 흐름에 의존한다. 그러나 이제까지 자본주의 역사를 보면, 이와 다른 경향도 존재했다. '포퓰리즘'이라는 말을 중심으로 지식인과 대중의 분리가 반복, 확대되기만 하는 경향도 있었지만, 이런 경향과는 사뭇 다른 흐름도 있었다. 가령 지식인과 대중이 둘을 서로 분리·괴리시키는 구조적 조건에도 불구하고 노동조합 같은 자발적 결사체들을 통해 이런 조건을 일정하게 극복하며 유기적 관계를 맺은 사례들이 있었다. 사회주의 이념-운동의 노력을 통해 19세기 말-20세기 초에 유럽에 이러한 사례들이 등장했다. 그러나 20세기 말에 결사체 전통이 이완되자 지식인-대중 분리가 유례없이 강화되었고, 바로 이런 조건에서 포퓰리즘의 전성기가 열렸다. 현실사회주의권 붕괴를 전후하여 유럽 좌파 세력이 약화되자 유럽 역시 아메리카 대륙의 국가들과 마찬가지로 포퓰리즘의 활발한 무대가 된 사실에서 이를 확인할 수 있다. 이런 상황을 역전시키려는 의도적인 개입이 없다면, 민주주의는 끊임없이 엘리티즘과 포퓰리즘의 악무한적 대립에 시달릴 것이다. 이런 맥락에서 볼 때에도 가장 주목되는 역사적 선례는 결사체 전통 안에서 대중의 주도성을 유독 강조하면서 지식인-대중의 관계를 가장 반(反)전통적인 형태로 재편하려 한 대중 중심 사회주의 이념-운동의 사례들이라 하겠다.

셋째, 신자유주의 이후의 대안을 모색하는 노력들 가운데에서도 결사체 민주주의 요소의 부재에 따른 심각한 결함이 나타나고 있다. 기본소득론의 경우가 그렇다. 기본소득론의 여러 흐름 가운데 상당수는 자유주의적 사회관을 전제한다. 여기에는 기본소득을 지급하는 국가와, 이를 통해 최소 생존조건을 확보하는 개인들이 있을 뿐이다. 기본소득론이 온정주의적 국가에 대한 거부에서 출발했다지만, 오히려 이런 자유주의적 기본소득론의 '유토피아'에서는 다른 맥락에서 개인이 국가 권력에 종속되는 양상이 나타날 수 있다. 특히 지식, 정보 등의 측면에서 엘리트 지배 질서가 이완, 해소되지 않으면, 기본소득은 영구히 하층의 지위에 처하게 된 대중을 관리하는 수단이 될 수도 있다. 이런 점에서 기본소득론 같은 대안은 반드시 결사체 민주주의의 문제의식과 결합되어야만 한다. 기본소득은 대중이 자발적 결사체들을 조직하고 운영하는 자원이자 토대가 되어야만 해방적 의미를 지닐 수 있다.[8]

---

8 기본소득론과 결사체 민주주의식 구상을 종합하려 한 대표적인 논자로는 에릭

특히 한국 사회에서는 과도하게 '지식인' 중심적인 전통과 관성에 맞서 '일하는 자=노동자, 농민', '생활하는 자=소비자, 지역주민'의 정체성을 부각시키는 결사체(결국은 어떤 형태의 노동조합이나 협동조합일 수밖에 없을 텐데)의 성장과 세력화가 더욱 절실히 필요하다. 그러지 않으면 민주화 세대가 주도하는 현 사회에서도 고스란히 나타나는 지식인 지배적인 양상('강남 중산층' 형성, 이중노동시장, 대학서열체제 등)이 기본소득 같은 대안이 일정하게 실현된 상황에서도 계속 지속, 강화될 것이다.

지금까지 크게 세 가지 맥락에서 오늘날 결사체 민주주의의 요소들이 부활하고 강화되어야 할 이유를 짚어보았다. 하지만 이런 문제의식을 현실에 적용하기 위해서도 먼저 이제까지의 역사 경로에서 벗어나는 시민사회의 자기 혁신이 있어야만 한다. 20세기 말~21세기 초에 지구자본주의 전역에서(물론 중심부에서 가장 심했지만) 굳어진 개인주의-자유주의 조합의 지배를 끝내야 하며, 어렵더라도 네트워크 사회라는 새로운 조건과 자발적 결사체 전통 사이의 결합을 시도해야 한다. 이는 어쩌면 20세기 초에 전개됐던 급진적 대중운동들보다도 더 심원하고 거대한 운동들을 통해서만 실현될 수 있을지 모른다. 아마도 기후위기에 맞서는 생태 전환과 경제사회적 불평등 해소라는 이중 과제를 해결하는 실천 속에서 이러한 결사체 민주주의의 활성화도 가능하지 않을까, 조심스럽게 전망해본다.

올린 라이트(Eric Olin Wright)를 들 수 있다(라이트, 2012).

제14장

포퓰리즘을 넘어
'강한 민주주의'로[9]

김만권

핵심요지

- '포퓰리즘'은 지구적 시장 아래 소외된 중산층의 문제 제기 운동이었지만, 당대에선 우파 포퓰리즘이 확산되며 병리적 현상으로 전락했다.
- 펜데믹 상황에서 포퓰리스트 정부들은 무능하게 대처했지만 한국에선 지방자치정부가 민첩한 위기대응능력을 보였다.
- 위기 시대 지방자치가 보여준 가능성을 주민자치로 연결시켜 '강한 민주주의'로 전환하자고 제안한다.

---

9 본 글 초고의 일부에 담긴 아이디어를 구체화하여 2020년 10월 『사회와 철학』에 「'지속적 위기'의 시대, 보호망 짓기의 새로운 방법으로서 '지방자치'의 가능성에 대한 정치철학적 제안」이라는 글을 실었다. 이와 관련하여 심화된 논의를 보려한다면 이 논문을 참조하라.

1. 팬데믹, 포퓰리즘, 지방자치

포퓰리즘이란 무엇일까? 흔히 우리말로 '대중영합주의'라고 옮기지만 포퓰리즘이 뭔지에 대한 합의된 정의는 존재하지 않는다. 용어 그 자체로만 보자면 포퓰리즘은 일종의 이데올로기이지만, 많은 연구자들이 포퓰리즘을 이데올로기로 보기엔 너무 빈약하다고 본다. 무엇보다 현실에서 운동의 형태로 나타나는 포퓰리즘은 국가마다 등장하는 맥락과 전개되는 양상이 서로 다르게 나타난다. 포퓰리즘이 아니더라도 합의된 정의가 존재하지 않는 용어가 다수 존재하지만, 포퓰리즘은 특히 일관성 있게 정의하기 어려운 용어다. 다만 거의 모든 포퓰리즘 운동에 내재해 있는 공통된 세 가지 정치적 수사가 있긴 하다(Canovan, 81–82).

첫째, 인민이 공동체의 기초이다.

둘째, 그런데 인민이 소수의 엘리트에게 이 정당한 최고 권력의 지위를 강탈당했다.

셋째, 이제 인민이 자신의 적합한 자리를 되찾아야 하며 사회를 소생해야 한다.

이 수사에서 보면 포퓰리즘은 최고권력으로서 인민에게 호소하는 입장이라고 정리해볼 수 있다. 하지만 이런 정의는 민주주의와 선명히 구분되지 않는다는 점에서 포퓰리즘만의 고유한 측면으로 볼 수도 없다. 이런 문제를 안고 있음에도 우리가 이 정치적 수사를 따라 포퓰리즘을 이해한다면, 일반적으로 쓰는 '대중영합주의'는 포퓰리즘의 한 측면만을 강조하는 편협한 번역일 수 있다. 오히려 포퓰리즘은 민주주의라는 체제가 '평범한 사람들'(인민)의 요구에 반응하지 않을 때 언제라도 등장할 수 있는 정치적 문제 제기의 한 형태로 보는 것이 더 바람직할 수도 있다.

2010년대 전 세계적으로 확산된 포퓰리즘 운동 역시 이런 맥락에서 볼 수 있을 것이다. 1970년대 후반부터 시작해 1980년이 이후 본격적으로 형성된 지구적 시장의 영향력 아래, 많은 국가들이 (초국적 기업의 등장과 더불어) 거대해진 자본과 친화적 성향을 보이며 유권자들이 대표자들과 단절되는 현상이 일어났다. 이는 단순한 소통의 단절이 아니었다. 이 단절 가운데 굳건하리라 믿었던 복지국가가 쇠퇴하며 개인들은 '각자도생'의 원칙 아래 자기 삶을 영위해야만 했다. 심지어 좌파들조차 '제3의 길'과 같은 중도주의를 내세우며 위기 속에서 개인들이 스스로 살아남을 수 있는 능력을 갖추어야 한다고 강조했다. 우리에게도 익숙한, 복지가 궁극적으로 '자활'을 목표로 해야 한다는 정치적 수사 역시 이런 이면에서 등장했다. 이런 각자도생의 원리는 '보호망'을 중심으로 만들어진 정치공동체를 약화시키는 반면, '생존'의 원칙으로 만들어진 시장의 힘을 확대시켰다.

2016년 대서양을 사이에 두고 영국과 미국에서 불어 닥친 제레미 코빈과 버니 샌더스 신드롬은 지구화 시대 '좌파 포퓰리즘' 운동의 서막이었다. 코빈과 샌더스는 지구적 시장이 만들어 낸 양극화 분배, 부실한 사회적 보호망, 대표자와 유권자 간 의소사통의 단절 등을 비판하며 권력을 인민이 다시 되찾아 와야 한다고 주장했다. 많은 전문가들이 이런 요구를 위기 상황에 제대로 대처하지 못하는 민주주의에 대한 정당한 문제 제기로 이해했다.

하지만 트럼프의 등장을 기점으로 일어난 '우파 포퓰리즘'의 '백래시'는 포퓰리즘 현상이 병리적 현상으로 전락하는 계기가 되고 말았다. 지금의 포퓰리즘은 거의 모든 곳에서 인종차별적인 성향을 드러내고 있을 뿐만 아니라, 이민자들과 이주노동자들을 배제하는 등 때로 프로토 파시즘이란 극우 이데올로기의 성향을 드러내고 있다. 우파 포퓰리즘은 좌파 포퓰리즘이 제기한 경제적 불평등의 해결과 사회적 보호망의 재건이란 요구에 편승해서 인종·여성·이민자·난민과 같은 사회적 약자들을 제물 삼아 중산층 이상의 기득권 세력의 자기지위 확보 운동으로 전락해버렸다.

이런 측면에서 보면 팬데믹은 두 가지 의미를 지니고 있다. 첫째, 팬데믹은 공동체의 보호 없는 각자도생의 삶이 얼마나 위험한 것인지를 한순간에 적나라하게 드러냈다. 예를 들어 지구적 시장의 형성과 확대된 비정규직이 그렇다. 정규직과 비정규직의 그 간단한 구분 하나가 개인들의 삶이 질이 얼마나 달라질 수 있는지 여실히 드러내고 있다. 둘째, 팬데믹은 포퓰리즘 정부의 제도적 무능력을 드러냈다. 미국·영국·브라질 등 각 대륙에서 가장 영향력을 갖춘 국가에 "평범한 사람들이 권력을 되찾아 와야 한다"고 외치는 우파 포퓰리즘 정부가 들어섰지만, 이들 국가는 코로나19를 제대로 통제하지 못하는 대표적 사례로 전락해버렸다. 이 사례는 평범한 사람들을 보호하는 일이 정치적 수사로는 이루어질 수 없으며 제도적 능력을 갖추어야 한다는 교훈을 명료하게 제시하고 있다.

이런 측면에서 볼 때, 팬데믹 아래 우리나라 지방자치체가 보여준 대응능력은 주목할 필요가 있다. 펜데믹이 터지자 우리나라의 지방자치체는 중앙정부와 긴밀한 연계 속에, 서로 경쟁하듯이 자기 구성원들을 적극적으로 방어하는 신속한 대응능력을 보였다. 이런 지방자치체의 대응능력은 세 가지 측면에서 주목할 만하다. 첫째, 위기 속에 보호망이 국가보다 작은 단위에서 더 적극적으로 작동했다. 둘째, 지방자치체의 대응을 통해 제도적 능력이 정치공동체가 갖추어야 할 중요한 요소임을 재확인할 수 있다. 셋째, 우파 포퓰리스트들의 대응이 폭력과 무질서, 나아가 의회 및 사법권까지 거부하는 등 규범적 요소를 무시하는 경향을 보인 반면, 지방자치체의 대응은 정치행위의 규범성을 보여주었다.

앞으로 이 글은 이런 측면을 참조해서 포퓰리즘을 넘어 (벤자민 바버의 표현을 빌려) '강한 민주주의'를 지어보자고 제안한다. 이 제안은 네 가지 단계를 거친다. 첫째, 지구적 시장의 도래와 더불어 사회적 안전망 없이 외로워진 개인들이란 현실을 직시한다. 둘째, 이런 현실에 대한 문제 제기이던 포퓰리즘 운동이 왜 병리적 현상으로 전락했는지 알아본다. 셋째, 팬데믹 상황에서 드러난 포퓰리스트 정부의 무능과 이와 상반되는 사례로서 우리 지방자치체의 대응을 살펴본다. 넷째, 이 대응을 통해 얻은 성과를 확인하며, 포퓰리즘을 넘어선 '강한 민주주의'로의 전환을 제시한다.

2. '지구적 시장' 속에 외로워진 개인들

'잉여', 요즘 우리가 인간 존재를 표현할 때 자주 쓰는 표현이다. 인간에게 잉여라는 딱지는 '남아돌아 쓸모없는' 존재라는 뜻이다. 우리는 이 말을 아무렇지 않게 쓴다. 어떻게 이런 일이 일어나게 될 것일까? 왜 사람들이, 넘쳐나서 쓸모없는 존재가 되어버린 것일까?

그 가운데는 지구적 시장의 도래가 있다. 이 지구적 시장은 기존의 국가들이 단단하게 쳐 놓았던 국가 간 경계를 허물었다. 제2차 세계대전 이후 폐허가 된 유럽의 국가들은, 국가의 재건을 위해 재원이 필요했다. 존 메이너드 케인즈가 건설한 브레튼 우즈체제는 이를 위해 자본에 국적의 꼬리표를 붙였다. 모든 자본은 영토적인 것으로, 어디를 가든 그 국적을 드러냈다. 유럽의 국가는 국적의 꼬리표가 붙은 자본에 세금을 부과해서 폐허가 된 국가를 재건했을 뿐만 아니라 복지민주주의를 건설했다. 브레튼 우즈체제는 '통제된 자본주의(controlled capitalism)'라 불리며 동안 그 전성기를 누렸다 (Rodrick, 2018: 33).

그런데 1960년대부터 이 브레튼 우즈 체제에 이상 징후가 나타나기 시작했다. 그 이유는 미국의 경제학자 존 케네스 갤브레이스가 1958년에 발간한 『풍요한 사회(The Affluent Society)』에 드러난다. 20세기 중반부터 서구 사회가 이미 과거에 없던 풍요의 시대로 접어들었던 것이다. 갤브레이스는 이 책에서 서구 사회가 걱정하고 있는 것은 더 이상 '결핍'이 아니라 오히려 과잉생산과 과잉소비라는 점을 지적한다. 소위 이미 서구의 몇몇 국가는 더 이상 필요 없을 정도로 많은 생산이 이루어지고 있었다. 이제 이 국가들은 남아도는 잉여상품을 내다팔 곳이 필요해졌다. 하지만 이런 일은 '통제된 자본주의'로 불리며 국가 간에 보호무역도 가능한 단단한 경계 속에서 이루어질 수 있는 일이 아니었다.

1970년대 몰아친 인플레이션과 '오일쇼크'는 통제된 자본주의를 허무는 중요한 계기가 되었다. 영국(대처리즘)과 미국(레이거노믹스)이 주도한 신자유주의적 질서가 만들어지며, 통제된 자본주의 아래

자급자족적 민족국가가 중심이 된 세계 시장(world market)이 허물어졌다. 그리고 그 자리를 대체한 것이 국가 간 상호 의존성을 강조하는 지구적 시장(global market)이었다. 이 지구적 시장에는 민족국가외에도 초국적 자본과 '세계무역기구(WTO)'로 상징되는 강력한 국제기구가 중요한 행위자로 등장했다. 국적의 꼬리표를 뗀 초국적 자본의 영향력과 국가의 정책 선택을 제한하는 국제기구의 통제 아래 지구적 시장은 국가 간의 단단한 경제적 경계를 사실상 허물어버렸다.[10]

이렇게 본다면 '지구적 시장'은 일종의 창조적 파괴였다. 하지만 지그문트 바우만이 『새로운 빈곤』(2004)에서 밝히고 있듯, 모든 창조적 파괴는 유독한 찌꺼기를 남긴다. 지구적 시장이란 창조작 파괴가 남긴 유독한 찌꺼기가 다름 아닌, 앞서 언급된 '더 이상 쓸모없는' '잉여'의 존재다. 바우만의 지적처럼, 찌꺼기는 '쓸모 있는 것'과 '쓸모없는 것'을 구분하는 과정에서 생겨난다. '지구적 시장'에서 이런 구분은 '구조조정'이라는 이름으로 행해진다.

구조조정은 기업이 생산비용을 줄이기 위해 하는 대표적 행위다. 기업이 생산비용을 줄이는 다양한 방식이 있겠지만, 가장 쉬운 방법은 '해고'다. 국세청의 통계자료에 따르면, 2019년 우리나라 직장인의 평균연봉은 3,744만 원이다. 이를 간단히 3,700만 원이라

---

10 대처의 보수당을 누르고 권력을 잡은 신노동당이 내놓은 '제3의 길'은 사실상 대처가 닦아놓은 길을 물려받는 것이었다. 대처 역시 자신의 가장 큰 업적이 토니 블레어를 낳은 것이라고 말할 정도였으며, 블레어 역시 자신이 하고 있는 일이 대처가 마련한 정책들 위에 서 있다는 것을 거부하지 않았다. 이를 기점으로 완전히 새로운 시장질서가 도래한 것이다.

해보자. 기업이 100명의 노동자만 해고해도 매년 37억 원의 비용을 절약할 수 있다. 기업 CEO의 연봉이 자신이 해고한 사람들의 숫자와 비례한다는 말이 괜히 나오는 것이 아니다. 만약 해고 절차가 복잡하다면, 기업은 소위 '희망퇴직'으로 비용을 줄인다.

문제는 이렇게 해고되거나 희망퇴직을 한 사람들이 모두 노동시장으로 다시 돌아갈 수 있지 않다는 데 있다. 우리가 살고 있는 사회는 '불완전고용사회'다. 실업의 상태로 남겨진 사람들이 있을 수 있다는 뜻이다. 이 실업의 기간이 길어진 실업자들은 '쓸모없는 자'로 전락하기 쉬운데, 그 이유는 생산 활동을 하지 않기 때문이 아니라 '소비능력'이 없기 때문이다. 생산자가 중심이었던 산업사회가 아닌 '소비자가 왕'인 소비사회에 살고 있다는 사실을 떠올리면 이런 일이 왜 일어나는지 쉽사리 이해할 수 있다.

이제 남아 있는 질문은 이렇다. "쓸모가 없어진 존재는 어떻게 될까?" 일반적으로 쓸모가 없어진 것들을 처리하는 우리의 태도는 버리는 것이다. 결국 잉여는 버려진 존재가 된다. 버려진다는 것은 경제적으로 무능력해진다는 것이고, 정치적으로는 대표되지 않는다는 것이며, 사회적으로는 차별받는다는 것이다. 무능력하고 대표되지 않고 차별받는 자들에게 자기혐오는 일상적인 것이 된다. 이런 일상적인 차별 속에서 인간은 외로워져 간다. 이런 맥락에서 보면, 2018년 1월 영국이 세계 최초로 '외로움'을 다루는 장관을 임명한 것은 전혀 뜻밖의 일이 아니었다.

3. 변화를 요구한 '포퓰리즘' 병리적 현상으로 전락하다

지구적 시장은 자본과 노동, 국가에 많은 변화를 일으켰다. 우선 자본의 본질이 바뀌었다. GAFA(구글, 애플, 페이스북, 아마존)으로 대표되는 새로운 플랫폼 자본은 초국적 자본이 되었고, 우버, 에어비앤비 등 공유경제라는 이름으로 등장한 플랫폼 자본은 '생산수단'을 더 이상 소유하지 않는다. 이 플랫폼에서 노동자들은 스스로 생산수단을 소유하고, 관리·유지 비용을 지불하고, 독립사업자가 되어 전통적인 노동 3권의 보호를 받지 못하고 있다. 특히 비정규직에서는 특수고용 등과 같이 프리랜서와 경계가 모호한 노동이 만들어지면서 노동자에 대한 전통적인 보호가 내려앉고 있는 상황이다.[11]

이런 현실에서 국가는 유권자와 초국적 자본 사이에서 결단력 있는 실행력을 보이지 못하고 있다. 콜린 크라우치(2004)와 같은 이들은 '포스트 민주주의'라는 개념을 통해 현재의 국가가 초국적 자본 혹은 거대한 자본과 결탁하여 소수의 경제 엘리트와 정치 엘리트가 새로운 봉건주의를 만들어내고 있다고 비판한다. 이 가운데 민영화 및 민간위탁이 일반화되고, 공공사업과 시민 간의 연계가 무너지고 있다고 말한다. 한편 정치경제학자이자 오바마의 정치고문이었던 래리 바텔스(2017)는 미국의 상원의원들과 유권자 간 반응성 연구에서 대표자들이 소득수준이 낮은 사람들의 요구는 무시하고

---

11 "배달의 민족은 배달하지 않는다", "공유경제는 공유하지 않는다"는 말은 이런 맥락에서 등장하고 있다. 무엇보다 '디지털 디바이드'라 불리는, 접근성에서 양극화와 자본의 독점을 만들어내는 디지털 기술의 본질적 속성은 분배에 있어서도 양극화를 일으키고 있다. (박정훈, 2019; 래브넬, 2020을 보라.)

소득수준이 높은 사람들의 요구를 높은 수준에서 수용하는 현상을 지적하며, 이런 현상이 불평등 민주주의로 이어지고 있다고 비판한다. 이 두 연구 모두 기존의 대표자들이 평범한 유권자들의 요구를 외면하고 있으며 양자 간에 소통이 이루어지지 않고 있음을 지적하고 있다.

2015년부터 시작된 영국에서 코빈 열풍, 미국에서 샌더스 열풍은 이런 유권자와 기득권 대표자 간 단절의 문제를 극명하게 드러낸 사례였다. 영국 노동당에서 늘 아웃사이더였던 제레미 코빈이, 당의 주축 세력인 노동조합을 약화시키고 중도주의 노선을 강화하기 위해 3파운드만 내면 누구나 당대표 선거에 참여할 수 있도록 하는 제도 개혁의 결과인 3파운드 선거인단에서 오히려 83.8%의 지지를 이끌어내며 노동당의 총수가 된 사건은 세계를 깜짝 놀라게 했다. 연이어 미국 민주당 대통령 후보 경선에서는 사회 민주주의 성향의 무소속 의원으로 자신의 정치경력을 온전히 보낸 버니 샌더스가 참여 자격을 얻어 뛰어들었다. 비록 힐러리가 당선되기는 했지만 그 열풍은 가히 폭발적이었다. 전 세계로 확산되어 나간 포퓰리즘의 시작이었으며, 존 쥬디스(2016)와 같은 학자들은 이를 '좌파 포퓰리즘'으로 분류한다. 이 좌파 포퓰리즘은 앞서 소개된 전형적인 포퓰리즘의 정치적 수사를 따르고 있었다. 권력을 빼앗아 간 욕심 많은 엘리트, 권력을 빼앗긴 고귀한 평범한 사람들이란 대결 구도 아래 뭉친 사람들은, 코빈과 샌더스라는 아웃사이더에 열광했다. 두 아웃사이더 모두 2008년 경제위기에서 어려운 처지에 놓인 기업을 정부가 도왔듯이, 이제는 평범한 사람들을 위한 양적 완화, 다시 말해 평범한 사람들을 보호하기 위한 보호망이 필요함을 역설했다. 이런 측면에서 이 당시 포퓰리즘의 요구는 작동하지 않는 민주주의에 대한 명백한 경고였다.

하지만 이어진 2016년 대선에서 트럼프라는 또 다른 아웃사이더의 등장은 지구화 시대 포퓰리즘 운동에서 큰 불운이었다. 트럼프는 많은 중산층이 보호 없이 살아가는 미래에 불안해하고 있음을 이용했다. 이 중산층에게 자신의 자리를 지켜내는 것은 매우 중요한 일이었다. 미국에서 전통적인 중산층을 이루는 핵심은 백인 남성 노동자다. 이 백인 남성 노동자는 미국 사회 내 가부장적 질서의 근간이기도 하다. 이와 친화력을 보이는 보수층이 많은 공화당 지지자들 사이에서 여성·유색인종·이민자는 이들을 동원할 수 있는 가장 쉬운 먹잇감이었다. 트럼프는 이들에 대한 수많은 혐오의 발언을 퍼부으며 대통령에 당선되었다. 불행히도 트럼프의 당선을 계기로 여성·유색인종·이민자들에 대한 차별과 혐오를 퍼붓는 우파 포퓰리즘이 전 세계적으로 확산되었다.[12]

무엇보다 여기서 우리가 유의해야 할 점은 이 극우 포퓰리즘이 '빈곤한 자들'의 운동이 아니라는 점이다. 트럼프 지지 세력에서 볼 수 있듯이 이들은 대개 중산층 이상의 삶을 누리고 있다. 전통적으로 빈곤한 자들은 정치적 영향력이 없는데, 이들에게 중요한 것은 하루하루의 생계이기 때문이다. 우파 포퓰리즘이 이용한 것은 이

---

12 2018년을 기준으로 유럽연합 28개국 중 22개 국가에서 포퓰리즘을 전면에 내세운 정당들이 선거에서 승리하거나 약진했다. 이탈리아, 그리스, 체코, 헝가리, 폴란드에선 권력을 쟁취했고, 16개국에선 연정을 이루는 일부가 됐다. 2020년엔 영국이 '브렉시트'로 유럽연합과 결별했는데, 이 역시 '극우 포퓰리즘'의 결과였다(강병익, 2018).

중산층 이상의 사람들이 앞으로 지켜내야 할 것들에 대한 불안이었다. 누군가에게는 그 지켜내야 할 것이 인종적 우위일 수도 있고, 여성에 대한 우위일 수도 있으며, 이민자 및 이주노동자들에 대한 우위일 수도 있다. 우리는 이 인종, 여성, 이민자에 대한 각각의 우위가 전통적인 노동시장에서 우위를 차지하고 있던 요소라는 점을 간과하지 말아야 한다. 문화적·사회적 현상으로 보이는 우파 포퓰리즘이 경제적·정치적 현상에 가깝게 보이는 좌파 포퓰리즘과 만나는 접점이 바로 여기에 있다.

4. 펜데믹이 드러낸 당대 포퓰리즘의 무능과 지방자치의 가능성

코로나19가 만들어낸 팬데믹은 여러모로 우리가 느끼고는 있었으나 소리 내어 말하지 못한 것들을 드러내 보였다. 우선 국가의 '보호 없는 삶'의 본질이 일종의 위기라는 것이다. 위기의 본질이 불확실성이라면, 보호 없다는 삶의 본질 역시 불확실성이라는 점에서 양자는 서로 맞닿아 있다. 예를 들어 정규직이라는 보호 없는 삶을 누리는 자들은 팬데믹 아래 어떻게 자신을 보호할 것인가를 두고 두려움에 떨고 있다. 그 한 예로 우리나라에선 코로나19 1년 기간 동안 비정규직 10명 중 4명이 실직한 것으로 설문조사 결과 드러났는데, 이는 정규직의 8.8배에 달하는 수치였다(한겨레, 2020년 1월 17일).

한편으로 팬데믹은 대다수 지역에서 당대 포퓰리즘의 제도적 무능력을 드러냈다. 세계 곳곳에서 평범한 사람들이 빼앗긴 권력을 되찾아 주겠다는 약속을 통해 많은 포퓰리스트들이 권력을 잡았지만 팬데믹 앞에 이들 정부는 제대로 된 방어능력을 보여주지 못했다. 대표적으로 트럼프의 미국, 보리스 존슨의 영국, 자이르 보우소나루의 브라질이 그렇다. 이 모든 국가는 각 대륙에서 가장 높은 수준의 확진자와 사망자를 기록하고 있다.[13]

포퓰리즘이 무능력을 드러낸 이들 국가와 달리, 우리나라의 경우 방역 모범국의 사례로 꼽히고 있다. 그런데 우리의 경우 주목해야 할 현상이 하나 있다. 바로 지방자치단체의 팬데믹 대응능력이다. 팬데믹이 시작되자 각 지방자치단체들은 자체적인 방역 체계를 갖추었을 뿐만 아니라 중앙방역본부와의 적극적인 협력 아래 감염병을 보다 효율적으로 막아낼 수 있는 제도적 경로를 마련했다. 여기에 더하여 지방자체단체의 구성원들이 처한 경제적 어려움을 해결하기 위한 재정지원 측면에서도 적극적인 모습을 보였다.

예를 들어 서울시는 중위소득 100% 이하 가구 중 정부 지원을 받는 가구를 제외한 117만 7,000가구에 30만~50만 원씩을 재난 긴급생활비로 지급했으며, 경기도는 모든 도민들에게 1인당 10만 원의 재난소득을 지급했다. 전주시는 중위소득 80%이하 가구에 해당하는 5만여 명에게 52만 7,000원을 지급했고, 화성시 역

---

13 특히 미국과 브라질은 팬데믹 아래 지지자들의 무규범적인 행위로 인해 정치 질서마저 무너지는 일이 일어났다. 2020년 대선 이후 트럼프와 그 지지자들이 행한 대선결과 불복은 미국을 아수라장으로 만든 수준을 넘어 내전의 수준까지 끌고 갔다. 많은 정치인들이 미국의 상황을 '내전(civil war)'이라고 표현하길 주저하지 않았다. 브라질의 경우 보우소나루는 친정부 집회에서 의회와 대법원 폐지를 주장하는 지지자들을 부추기는 반민주적 행위마저 주저하지 않았다.

시 전년 대비 매출액이 줄어든 소상공인 3만 3,000여 명에게 평균 200만 원의 재난 생계수당을 지급했다. 경상남도지사는 전국민기본소득을 제안했고, 이후 지방자치단체장들의 지지를 획득하며 전국민재난소득으로 이어졌다. 이런 경험은 그동안 무시되어 왔던 새로운 분배대안으로서 '기본소득'에 대한 관심을 불러일으켰을 뿐만 아니라, '전국민고용보험' 대 '기본소득'이라는 분배논쟁으로 이어지는 성과도 이루어냈다.

이런 과정에서 우리는 세 가지 측면을 발견할 수 있다. 첫째, 팬데믹이란 위기 상황 아래 지방자치단체의 대응이 중앙정부보다 '신속하게' 이루어졌다는 점이다. 재정적 지원 논쟁에서도 모든 자치단체들이 중앙정부를 향해 이 신속성을 강조했다. 이는 위기 상황에서 좀 더 작은 정치공동체가 더 빠르게 '효율적'으로 움직일 수 있음을 보여준 사례로 해석할 수 있다. 둘째, 지방자체단체들의 대응이 체계성을 가지고 '제도적으로' 이루어졌다는 점이다. 재정적 지원에서 볼 수 있듯이 지방자치단체들이 자신들의 필요에 맞는 상이한 제도와 기준을 가지고 위기 대응에 나섰다. 셋째, 이런 제도적 대응은 시민들이 지방자치단체와 정부가 행하는 정책에 적극적으로 협조하는 유인이 되었다는 점에서, 정치행위자로서 정치공동체의 구성원들이 '규범적'으로 행위 할 수 있는 동기를 부여했다. 역설적으로 이런 구성원들의 규범적 반응성은 지방자치체들의 제도적 대응이 더욱 원활하게 진행될 수 있게끔 했다. 결론적으로, '효율성', '제도적 능력', '규범성'의 측면에서 볼 때 유권자와 대표자들이 서로 상호작용하면서 민주주의가 '민주주의답게' 움직일 수 있는 가능성을 보여주었다.

5. '포퓰리즘'을 넘어 '강한 민주주의'로

예기치 않았던 팬데믹은 백래시가 만든 우파 포퓰리즘의 민낯을, 반면 제도적 능력을 갖춘 우리 지방자치단체의 능력을 보여주었다. 이제 우리에게 남은 질문은 다음과 같다. "이 경험으로부터 우리는 무엇을 배울 것인가?" 만약 우리가 더 나은 포퓰리즘이 있고, 그 더 나은 포퓰리즘을 만들어야 한다고 주장한다면, 이런 주장은 우선 이 질문에 답할 수 있어야 한다. "왜 민주주의자들이 역사적 과정을 통해 규범을 축적하고 정립한 민주주의 대신 혐오와 차별, 증오와 원한의 정치적 유입이란 위험을 감수하며 포퓰리즘을 정상적인 과정으로 포섭해야만 하는 것일까?"(김만권, 2020) 이런 점에서 우리의 대안은 포퓰리즘이 아니라, 민주주의를 더욱 민주주의답게 만들어가는 일이어야 하지 않을까? 이렇게 민주주의를 민주주의답게 만들어가는 과정에서 가장 중요한 부분은, 정치공동체의 구성원들에게 제도적 능력을 불어넣는 일이다. 더불어 우리가 불확실성의 시대를 살아가고 있음을 인정한다면, 그 불확실성에 대응하는 공동체의 단위는 팬데믹 시대에 우리가 확인하고 있듯 국가보다 작아도 좋을 것이다.

이 글은 이런 방향성의 민주주의를 벤자민 바버의 용어를 빌려와 '강한 민주주의(strong democracy)'라고 부른다. 바버(1984)에 따르면, 기존의 자유민주주의는 자유주의의 강력한 영향력 아래 소극적으로 개인의 권리를 방어하는 일에 집중해왔다. 하지만 '강한 민주주의'는 개인의 권리를 방어하는 체제 이상의 것이다. '강한 민주주의'는 정치공동체의 구성원들이 공공사의 참여를 일상의 생활방식으로 여기는 체제다. 단지 공공사의 참여뿐만이 아니라 이런 참여를 통해 문제해결력을 갖는 곳이다. 이런 문제해결력은 제도가 만들어지고 실행되는 과정을 이해할 때만 갖게 된다는 점에서 역설적으로 정치참여는 필수적이 된다. 아렌트의 표현을 빌리자면, '공론 영역'으로 입장이 누구에게나 필수적인 곳이다.

이런 공공 영역으로 더 많은 구성원을 입장시키기 위해 바버는 국가 수준이 아닌 지방자치 수준에서 시민권이 중요하다고 강조한다. 시민들이 자신의 일상과 밀접한 법률과 정책을 마주하고, 토론하고, 실행하고, 다시 제안하는 행위자가 되는 경험을 얻기 위해선 국가보다 지방자치 수준이 훨씬 유리하기 때문이다. 이런 지방자치 수준의 시민권이 확대된다면, 우리 사회에서 추진되고 있는 주민자치, 마을 공동체 등 여러 활동과의 접점을 만들 수 있을 것이다.

더불어 바버는 이런 강한 민주주의는 대표자와 구성원들이 서로 마주 앉아 이야기할 수 있는, '집담(talk)'이 일상화되어야 한다고 강조한다. 이런 집담의 행위와 과정은 구성원들 간의 이해와 연대의 원천이 될 것이다. 이 가운데 구성원들은 제도적 능력과 공론의 장에서 행위자로서 민주적인 규범을 익히는 기회를 갖게 될 것이다.

여기서 강조하고 싶은 바는, 이런 바버의 제안은 강한 민주주의를 만드는 수많은 방법 중 하나일 뿐이라는 점이다. 우리의 정치적 상상력은 무한하고, 그 무한한 상상력 속에서 더 강한 민주주의가 탄생할 수 있을 것이다. 한 예로 바버의 '강한 민주주의'는 대규모 산업사회를 전제로 만들어졌다는 점에서, 대규모 소비사회로 변모한 현재에 적용하기 위해선 반드시 새로운 상상력이 필요하다. 다만 이런 상상력은 공론의 장에 더 많은 사람이 입장할 때 더욱 풍성해지고 널리 확장될 수 있을 것이다. 이런 점에서 '강한 민주주의'는 그 어느 정치공동체보다 열린 개념이다. 이런 강한 민주주의를 만드는 여정에 여러분 역시 함께 했으면 하는 바람이다. 다시 강조하지만 이 여정은 우리가 함께 공론 영역에 입장할 때에만 시작할 수 있다.

제15장

실천적 시민과 민주주의 지속

김성하

핵심요지

- 프랑스 노란 조끼 운동과 같은 시민의 실천적 운동은 기존 민주주의의 한계를 벗어나 더 민주적인 민주주의를 요구한다.
- 포퓰리즘의 확산은 기존 민주주의 한계를 극복하고자 하는 민주주의에 대한 강한 열망으로 볼 수도 있다.
- 다양한 개인으로서 시민이 의견을 자유롭게 제시하고 그들의 목소리가 제약 없이 들리며 정책적으로 반영될 때, 더 민주적인 민주주의의 지속이 가능하다.

1. 시민의 목소리

2018년 11월 17일을 시작으로 매주 토요일 프랑스에서 일어났던 시민 집회는 전 세계의 이목을 집중시켰다. 일명 '노란 조끼 운동(Mouvement des Gilets jaunes)'[14]으로 불리는 이 집회는 에마뉘엘 마크롱(Emmanuel Macron) 대통령이 발표했던 유류세 인상을 반대하는 시민들의 목소리였다. 노란 조끼 운동은 정당, 노조, 시민사회 단체 등 기존의 정치 결사체를 중심으로 조직화되고 동원된 사람들의 목소리가 아니라는 점에서 기존의 시민 집회와 구별될 수밖에 없다. 프랑스 사회학자 로랑 뮤치엘리(Laurent Mucchielli)는 '단 한번도 그 어떤 정치운동이나 이데올로기에 관여한 적이 없었던 사람들'에 의해 '자발적'으로 일어난 운동(Laurent Mucchielli, 2018)으로 평가하기도 하였다. 노란 조끼 운동의 특징은 시위 지도자가 없었고, 일반 시민들에 의해 자발적으로 발생(Federico Tarragoni, 2019, p.354)하였다는 점이다.

---

14 유류세 인상 반대로 시작된 '노란 조끼 운동'은 점차 프랑스 정치, 사회, 경제, 환경 등 다양한 분야에 대한 문제 제기와 함께 개선 방향을 담은 제도 변화의 요구를 주장하게 되었다. 이들의 다양한 주장을 대표적으로 집약한 것이 2018년 11월 29일 노란 조끼 운동 대표단이 언론과 의원들에게 보낸 노동(travail), 교통(transports), 구매력(pouvoir d'acht), 세금(impôts), 민주주의와 제도(democratie et institution) 등을 포함한 '45개 요구 목록(la liste de 45 revendications)'이었다. 당시 제시된 요구사항들은 대체로 '환경(transition ecologique), 제도(institution), 일자리와 기업(emploi et entreprises), 불안정성 제거(lutte contre la precarite), 공공재정(finances publiques), 교육·장애인·상속권·차량 등 기타사안(postbac, handicap, dorits de succession, controle technique)'으로 분류(심성은, 2019/Ouest France, 2018) 된다.

시위 지도자 없이 일반 시민들에 의해 '자발적'으로 일어난 노란 조끼 운동을 비사회적이며 비정치적인 무지한 폭력이 동반된 몰지각한 대중 운동으로 쉽게 규명할 수 없는 이유는 민주주의(民主主義)를 지향하는 사회라면 구성원의 목소리를 외면해서는 안 되며, 외면할 수도 없다는 암묵적 동의가 있기 때문일 것이다. 그리고 이러한 암묵적 동의 속에서 민주주의 사회는 구성원의 다양한 목소리를 어떤 방식으로 어느 정도까지 담아내야 하는가 하는 문제에 답을 해야 하는 것이 숙명일 것이다.

정당 혹은 시민사회 단체 등의 활동 공간인 정치의 공간에서 정치라는 사회운동에 이름을 올리지 않았던 일반 시민들이 거리로 나와 그들의 목소리를 내는 것이 왜 많은 사람들을 놀라게 하고 그들의 이목을 집중시킬 수밖에 없었을까 반추해보는 것 역시 고대 그리스 이후 인류에게 던져진 '민주주의'의 의미와 실체, 그리고 지속성에 대한 고민과 실천의 과제를 푸는 하나의 열쇠가 될 수 있을 것이다.

노란 조끼 운동을 불러왔던 유류세 인상은 궁극적으로 환경보호를 위한 프랑스 정부의 결정이었다. 그러나 환경보호를 위한 국가적 차원의 세금 증액이 직간접적으로 환경오염을 야기하는 거대 기업들을 제외하고 일반 국민들, 소시민들에게만 적용된 것이 문제였던 것이다. 그리고 이러한 정부의 정책 결정에 반대하는 시민들이 그들의 목소리를 전달하기 위해 거리로 나온 것이 노란 조끼 운동이었다.

노란 조끼 운동에 참여한 많은 일반 시민들은 환경보호라는 취지에 반대한 것이 아니었다. 시위에 참여한 그들은 대도시에 거주하는 부유층이 아니라 자동차에 의존하여 그들의 삶과 일상을 지켜나가는 소시민들이 대부분이었다. 그들에게 유류세 인상은 그들의 일상을 불확실성 속으로 내몰며 불안을 야기하는 불평등하고 부당한 결정일 수밖에 없었다. 그래서 그들은 자신들의 삶이 불안과 불확실한 일상으로 전락하는 것을 방관할 수 없었으며, 자신들의 목소리를 정부를 향해, 정책 결정권을 지닌 곳을 향해, 그들이 몸담고 살아가는 사회 구성원 모두를 향해 외치며 거리로 쏟아져 나온 것이다.

일반 시민들이 거대한 정치이념이나 사회문제가 아닌 '구매력이나 세금(la fiscalité et le pouvoir d'achat)과 같은 일상의 당면 문제'에 대해 자신들의 목소리를 냈다는 점에서 노란 조끼 운동은 '대중 운동(mouvement populaire)'으로, 특히 시민의 사회적 권리와 이를 보장하려는 제도적 절차에서 민주주의가 더욱 강화되어야 한다고 주장하는 대중 운동으로 간주될 수 있다(Federico Tarragoni, 2019, p.356).

이는 세금이나 구매력과 같은 일상의 당면 문제가 기존의 민주주의라는 질서 안에서 해결되지 않고 있다는 데 대한 불만이 누적되고 있었음을 보여주는 것이기도 하다. 그리고 이러한 불만은 기존 민주주의 질서 안에서 기득권을 보장받고 있는 사람들보다는, 그러한 기득권으로부터 소외된 일반 시민들에게서 더욱 크게 증폭되고 있었으며, 이들의 목소리가 기존의 민주주의 질서 안에서 반영되지 않았음을 의미하는 것으로 해석될 수 있다.

따라서 일반 시민들, 특히 외면받고 소외된 사람들의 삶과 사회적 권리를 실질적으로 보장받지 못하고 있는 현실로부터 자신들의 일상과 권리를 보장해달라고 외치는 목소리는 기존의 민주주의 제도와 질서 안에서 절차를 준수하는 방법으로는 반영되는 데 한계가 있었기 때문에, 기존의 민주주의 틀의 바깥이라 할 수 있는 거리에서 더욱 크게 울려 퍼졌다. 결국 그들의 기본적 삶과 권리가 소외되고 외면받는 현실을 벗어나, 자신들의 목소리를 실질적인 정치의 공간으로 전달하고 그것이 정책적으로 반영되기를 원하는 대중의 실천적이며 직접적인 운동은 자연스럽게 기존 민주주의의 한계를 벗어나 보다 더 민주적인 민주주의를 요구할 수밖에 없는 것이다.

2. 새로운 틀에 대한 요구

프랑스 정치철학자 쟈끄 랑시에르(Jacques Rancière)는 《설명할 수 없는 것의 미덕(Les vertus de l'inexplicable)》에서 노란 조끼 운동의 핵심 논리는 "민주주의에서 질서와 무질서를 판단하는 근거와 그 근거에 따른 판단에 익숙한 사람들이 일반적으로 받아들이고 있었던 틀을 부수는 것"이며, 이러한 '틀(les cadres)'은 '민주화(민주화(la démocratisation)'라는 이름 하에 부숴져야 한다고 언급한다(Jacques Rancière, in Sylvain Bourmeau(dir.), 2019. Federico Tarragoni, 2019, p.356 재인용).

이에 따르면, 기존 민주주의 질서가 정착시켜 온 '틀'은 전체 사회 구성원의 목소리를 담아내는 데 한계가 있고, 그 한계를 극복하기 위해서는 기존의 '틀'과는 다른 '새로운 틀'이 필요하다는 것이다. 특히 기득권층에 속하지 못한 사람들이 자신들의 기본적인 삶의 권리가 외면받는 상황에서 외치는 목소리는 기존 민주주의 제도와 질서라는 '틀' 안에서는 잘 들리지도, 충분히 외쳐지지도 못하는 한계에 부딪힐 수밖에 없으며, 결국 거리로 나와 그들도 당당한 정치주체로서 새로운 '틀'을 요구하게 되는 것이다.

그리고 그 '새로운 틀'을 만드는 과정은 '민주화'라는 과정이어야 한다. 그렇다면 기존 민주주의 질서가 한계를 가지고 있다 하더라도, 이미 '민주화'를 성취한 사회가 분명한데, 랑시에르는 왜 다시 '민주화'가 요구된다고 언급한 것일까? 이러한 주장은 민주주의 성취를 위해 필요한 과정이 민주화이지만, 민주화를 통해 성취된 민주주의라 하더라도 그것은 완결된 것이 아니라는 점을 강조하는 것이라고 볼 수 있다.

기존의 민주주의 제도와 질서가 정착되었다 하더라도 사회구성원의 다양한 목소리를 모두 담아내기에는 한계가 있다. 그럼에도 사회구성원들은 다양한 자신들의 목소리를 내기 원하고 또 그러한 목소리를 담아내는 것이 민주주의의 실천 과정이라고 볼 때, 이는 민주화라는 과정을 통해 이루어져야 한다. 아울러 민주화를 통한 민주주의 실현은 단선적이며 일회적인 인과관계에 따른 완성체 혹은 완결체가 될 수 없으며 지속적인 민주화 과정이 필요하다고 볼 수 있다. 민주주의는 나고 자라고 성장하는 생명과 같다. 그래서 최장집의 언급처럼, "민주주의는 어떤 형식적 기준을 갖고 외부로부터 부여되는 것이 아니라, 이를 실현하고자 하는 끊임없는 실천의 과정이라고 할 수 있다. 그렇기 때문에 '민주주의를 민주화'하는 노력이 중단되거나 거부될 때 민주주의는 고사할 수밖에 없다"(최장집, 2006, p.24)는 점을 명심해야 할 것이다.

민주주의가 끊임없이 민주화의 과정을 밟아야 한다는 것은 다른 의미로 민주주의 사회구성원 모두의 목소리가 최대한 반영되어야 한다는 것이며, 이것은 기존 사회에서 소외되고 외면받는 소수의 구성원들이라도 그들의 목소리가 정치의 공간에서 외쳐지고 늘려야 하며 정책으로 반영될 수 있어야 한다는 것이다.

3. 더 민주적인 민주주의

기존 민주주의 사회가 숙제로 남겨놓은 불평등과 이에 따른 일반 시민들의 불만을 해소하고자 하는 목소리는 "민중의 권력에 대하여 기득이익을 수호하려는 사회세력과 민중 간의 일정한 갈등을 전제"(최장집, 1993, p.4)로 할 수밖에 없다. 그리고 이러한 갈등의 증폭은 기존 사회의 기득권 세력으로부터 소외되고 외면받는 시민들의 불만 증폭으로 볼 수 있을 것이다. 민주주의 전개와 함께 점차 민주주의는 사회로부터 외면받는 소수자, 약자들의 목소리를 더욱 많이 담아내야 하는 과제를 안고 있다.

기득권 혹은 엘리트(elite)에 속한 사람들과 그렇지 못한 사람들, 즉 인민 혹은 민중 간의 갈등을 전제로 이들 간의 대립 관계에서 인민 혹은 민중의 외면받은 기본적 권리와 삶의 불평등을 해소하고자 하는 정치 운동, 정치 양상 혹은 정치 이념 등이 포퓰리즘(populism)[15]이라는 이름으로 불리고 있다는 점을 고려한다면, 어쩌

---

15 "글자 그대로 해석하면 민중(또는 인민)을 우선하는 정치원리"(서영표, 2014)라고 볼 수 있는 포퓰리즘을 설명하고 이해하는 여러 국내·외 정치학자, 사회학자 그리고 역사학자들 간에 공통적으로 언급되는 것이 있다면, 바로 기득권

면 포퓰리즘의 확산은 기존 민주주의 사회의 한계를 드러내는 것이며 동시에 그 한계를 극복하고자 하는 민주주의에 대한 강한 열망을 의미하는 것인지도 모른다.

이 지점에서 우리는 사회의 이분법적 대립관계에서 하층부에 속한 사람들이 상층부에 속한 엘리트에 대해 대립적이며 적대적인 관계를 갖는 근본적인 이유가 바로 사회에 내재하는 불공정 혹은 불평등 때문이라는 점에 주목해야 할 것이다. 이는 민주주의 사회라 하더라도 엘리트와 인민(혹은 민중)으로 대립할 수밖에 없는 불평등과 불공정이 사회에 내재할 수 있다는 점을 명시하고 있을 뿐만 아니라, 이러한 불평등과 불공정은 결국 민주주의 사회를 덜 민주적

세력이라 할 수 있는 '엘리트(elite)'와 '인민 혹은 민중'의 대립 관계일 것이다. 그리고 포퓰리즘은 이러한 대립 관계 속에서 기득권층에 속하는 엘리트와 달리 덜 중요하게 인식되거나 부차적인 것으로 여겨지는 인민의 기본권을 되찾고 보장하기 위한 일종의 정치 현상 혹은 "정치 구성의 한 양상"(Laclau, 2016. Pierre Rosanvallon, 2020, p.30 재인용)으로 이해된다. 프랑스 역사학자이자 사회학자인 로장발롱(Pierre Rosanvallon)은 그의 저서 《포퓰리즘의 세기(Le siècle du populisme)》에서 "상층부와 하층부로 구분된 사회에서, 엘리트(les elites)가 속해 있는 상층부의 세계와 달리 일반인이 속한 하층부의 세계는 엘리트들에게는 이름도 없는 그저 남자와 여자로만 인식되는 사람들로 구성된 세계"일 뿐이라고 제시하며, 포퓰리즘의 대표적인 학자들 중 한 명인 라클라우(Laclou)의 언급에 주목한다. 라클라우에 따르면 "상층부와 하층부 둘로 나누어진 사회에서 근본적으로 사회질서가 불공정하다고 느껴질 때, 기득권에 대항하여 그 질서를 재구성할 수 있는 새로운 주체로서 하층부에 속한 인민(또는 민중, people)들을 동원하고 이들의 공동 행동을 이끌어낼 때 포퓰리즘이 등장"한다. 이에 대해 로장발롱은 포퓰리즘에 대한 라클라우의 해석과 시각에는 "사회에 존재하는 갈등과 요구사항들이 항상 정치적·경제적·사회적·문화적 권력을 가진 자들과 갖지 못한 자들(인민 혹은 민중, le peuple, people) 사이의 대립 혹은 적대 속에서 정해진다는 전제"가 깔려 있음을 강조한다(Laclau, 2016; Pierre Rosanvallon, 2020, p.31).

인 사회로 전락시키는 주범이 될 수 있음을 경고하는 것이라고 볼 수 있다.

따라서 포퓰리즘은 딜 민주적인 사회로 전락할 위기를 맞은 민주주의 사회에 울려 퍼지는 일종의 경고음이며 경고등이라고도 볼 수 있다. 그리고 이러한 포퓰리즘이 제기하는 근본적인 화두는 정치, 경제, 사회, 문화 등 여러 분야에서 나타나는 불평등과 불공정에 따른 인간의 기본적 권리에 대한 문제이다. 이는 인간이 타인의 기본적인 존엄과 권리를 침해할 수노 있다는 점을 인정하고, 그로부터 타인의 기본적인 권리와 존엄을 지켜주기 위한 끊임없는 노력이 필요하다는 의미다.

그러나 민주주의 사회구성원인 시민으로서 그 '존엄과 권리'의 동등함을 보장받기 위한 인민 혹은 민중의 외침이 기득권 세력인 엘리트와의 대립적인 적대적 관계를 해소하지 못한다면 결국 민주주의는 후퇴할 수밖에 없다. 이러한 문제를 해결하지 못한 상황에서는 포퓰리즘이 엘리트 대(對) 인민이라는 이분법적 대립관계를 공고히 하면서 그로부터 발생하는 갈등과 불만을 더욱 증폭시킬 뿐만 아니라, 그러한 불만과 적대감을 토대로 민주주의 사회를 점점 분열시키고 덜 민주화된 사회로 전락시키는 주범이 될 수도 있다.

따라서 포퓰리즘이 민주주의 사회를 더욱 진전시키는 계기로 작동하기 위해서는 엘리트 대 인민이라는 이분법적 대립관계를 벗어나야 한다. 엘리트에 대립하는 단일한 동질체로서 인민 혹은 민중에서 벗어나 다양한 개인의 수준으로까지 확대된 시민의 목소리를 정치주체의 목소리로 담아낼 수 있어야 더 민주적인 민주주의 사회로 진전될 수 있는 것이다.

4. 시민의 실천과 민주주의 지속

민주주의 사회는 누구를 위한 사회인가 하는 물음을 던진다면 거의 모든 사람이 '국민' 혹은 '시민'이라는 답을 할 것이다. 또한 이러한 물음 자체를 의아해하거나 깊이 성찰할 필요가 없는 것으로 생각하는 경우도 많을 것이다. 그것은 아마도 '민주주의(民主主義)'라는 단어가 가지고 있는 어원적 의미 때문일지도 모른다. 여기서 중요한 단어는 한자로 '백성'과 '주인'를 뜻하는 '민주(民主)'일 것이다. 즉 '백성'을 의미하는 '시민' 혹은 '국민'이 '주인'이라는 의미로 해석되기 때문이다.

따라서 민주주의 사회에서 시민 혹은 국민을 배제하고 민주주의를 이야기하는 것은, 언어 그 자체의 의미에서 보더라도 이미 모순이며 불합리한 것일 수밖에 없다. 하물며 민주주의가 단지 언어로서만 그 의미를 지니는 것이 아닌, 사람들이, 시민들이, 국민들이 모여 함께 살아가고 있는 사회의 주요한 작동 기제로서 그 실천적 행위를 지니고 있다는 점을 부인하지 않는다면 민주주의가 시민 혹은 국민을 배제할 수 없음은 명백한 사실일 것이다. 결국 민주주의는 시민의, 국민의 기본적 권리를 보장하기 위한 절차이며 제도로서 그 일차적 목적을 내세워야 하고, 그 과정에서 시민의 목소리가 배제되어서는 안 될 것이다. 그리고 이것은 민주주의가 제도와 절차의 차원을 넘어 시민사회 내에서 실천의 작동 기제로서 민주주의의 궁극적 지향점이 되어야 함을 뜻한다. 즉 시민들이 자신들의 의견을 자유롭게 표현할 수 있는 사회, 그들의 목소리가 자유롭게 들리는 사회, 그리고 그 목소리가 자신들의 삶의 기본권을 보장할 수 있도록 충분히 수용되는 사회가 궁극적인 의미에서 민주주의 사회[16]일 것이다.

아마르티야 센 역시 민주주의의 궁극적인 지향점으로서 시민의 참여를 강조한다. 그는 민주주의의 성과를 제도와 절차의 완성에서만 찾기보다 시민들이 정치 문제, 즉 시민들의 삶과 연관된 사회, 경제, 교육 등 다양한 문제들에 대해 목소리를 낼 수 있는 기회를 충분히 활용할 수 있는가 혹은 활용하고 있는가라는 점에서 찾아야 함을 강조하며, 이를 필리핀 전 대통령 피델 발데스 라모스(Fidel Valdez Ramos)가 오스트레일리아 국립대학에서 했던 강연(1998년 11월)을 인용하며 재확인한다. 라모스는 강연에서 다음과 같이 언급한다. "독재의 지배 아래서 사람들은 생각할 필요가 없고, 선택할 필요도, 결심하거나 동의를 표현할 필요도 없다. 그들이 해야만 하는 것은 따르는 일뿐이다. 이것은 최근 필리핀의 정치적 경험으로부터 배운 비통한 교훈이다. 이와 대조적으로 민주주의는 시민적 덕목 없이는 생존할 수 없다. (···) 오늘날 세계의 많은 사람들이

---

16 일반 시민들의 목소리와 그들의 참여를 토대로 작동하는 민주주의에 대하여 최장집은 "민중(people)의 광범한 정치참여에 의한 공적 결정과 그 결정을 집행하는, 일련의 규칙 또는 제도를 가지며, 이를 통하여 그것은 정치의 영역에서 민중의 권력으로 표현되고 사회의 영역에서 민중의 물질적·문화적·정신적 삶의 질적 고양이 담보되는 정치적 체계"로 설명한다(최장집, 1993, p.4). 그리고 여기서 등장하는 '민중(people)'이 시민 혹은 일반인 혹은 일반 시민과 사회학적·정치학적 차원에서 동일한 의미일 것인가에 대한 논의는 차치하더라도, 최장집은 『민중에서 시민으로 – 한국 민주주의를 이해하는 하나의 방법』에서 민중과 시민의 연속성을 언급하며, 여전히 한국 민주주의가 제한적인 시민의 참여와 시민권의 부재 속에서 빈약한 발전의 한계에 직면하고 있음을 제시한다(최장집, 2011, pp.201-212).

직면하는 정치적 문제는 권위주의적 체제를 민주주의로 교체하는 것만이 아니다. 그것을 넘어서 일반인들 사이에서도 민주주의가 작동하게 하는 것이다."(아마르티야 센, 2017, p.237/Fidel Valdez Ramos, 1998)

즉 시민들의 일상의 삶에서 민주주의가 작동한다는 것은 다양한 개인으로서 시민들이 자유롭게 자신들의 의견을 제시하고, 그들의 목소리가 제약 없이 들리며 정책적으로 반영되는 사회를 의미한다고 볼 수 있을 것이다. 그리고 개인의 기본적 권리가 동등하게 보장되고 실현되는 지속가능한 민주주의 사회를 만들어가는 주요한 실천 기제가 '시민의 실천'이라고 한다면, 먼저 '시민'은 동질적인 단일체가 아닌 다양한 개인의 목소리를 담은 다양체로 이해되어야 한다. 이런 의미에서 앞서 살펴 본 프랑스의 '노란 조끼 운동'은 기존 민주주의 제도와 절차가 지닌 한계를 극복하고, 시위 지도자에 의해 동원된 단일체로서 인민이 아닌 다양한 개인의 목소리를 담고 있는 시민들의 자발적인 운동이라는 의미에서 더 민주적인 민주주의를 실천하는 현장이라고 이해할 수 있을 것이다.

민주주의가 덜 민주적인 사회로 전락하지 않고 더 민주적인 사회로 지속되기 위해서는 결국 다양한 개인을 의미하는 시민이 정치주체로서 자신들의 기본적 권리 보장과 삶의 불평등을 해소하기 위한 목소리를 자유롭게 낼 수 있어야 한다. 그리고 이들의 목소리가 새롭게 마련된 틀을 통해 최대한 정책으로 반영될 수 있도록 끊임없이 노력하는 사회가 바로 지속가능한 민주주의 사회라고 볼 수 있을 것이다.

제16장

연대의 두 얼굴과
한국 복지국가의 미래

남재욱

핵심요지

- 복지국가는 사회연대를 제도화한 것으로 그 연대의 성격에 따라 복지국가와 포퓰리즘의 관계가 달라진다.
- 복지국가가 변화하는 사회경제적 환경에 대응하기 위해서는 보편적이고, 다양성을 인정하는 포용적 연대를 필요로 한다.
- 한국 복지국가에서 포용적 연대를 실현하기 위해서는 제도개혁과 함께 시민이 주체가 되는 복지정치가 필요하다.

---

1. 들어가며

한국에서 복지국가와 포퓰리즘에 관한 논의는 "무분별한 복지확대는 무책임한 포퓰리즘이며, 국가재정과 경제발전을 저해한다"는 '복지 포퓰리즘론'을 둘러싼 공방이 지배적이었다. 복지 포퓰리즘론은 성장과 분배를 대립적인 것으로 전제하고, 복지확대와 재정적자를 동일시하며, 포퓰리즘의 다양한 양상을 무시하고 획일화한다는 점에서 복지국가와 포퓰리즘 모두에 대한 편협한 이해에 기초한다.[17] 그럼에도 우리나라에서 복지 포퓰리즘론이 최근까지도 논란이 되고 있는 것은 복지국가 발전의 지체 때문이기도 하고, 복지국가와 포퓰리즘의 관계에 대한 국내의 논의가 매우 부족하다는 현실을 반영한 것이기도 하다.

이 글에서는 종전의 협소한 복지 포퓰리즘론을 넘어 복지국가와 포퓰리즘 간 관계를 '복지국가가 구현하는 사회적 연대(social solidarity)의 성격'이라는 측면에서 살펴보고자 한다. 복지국가는 다양한 원리를 기초로 성립하지만, 사회연대는 복지국가 성립의 근거가 되는 핵심원리 중 하나다. 복지국가는 사회구성원 간의 연대를 제도로서 구현한 것이기 때문이다. 복지국가를 '제도화된 연대'라고 볼 때 중요한 것은 그 연대의 범위가 얼마나 포괄적인가에 있다. 만약 복지국가를 통해 제도화된 연대의 범위가 특정한 인종, 민족, 계급으로 한정되고 그 범위 밖을 배제한다면, 최근 서구 복지국가에서 나타나는 '복지 쇼비니즘(welfare chauvinism)'과 같이 배제적 포

---

17 복지 포퓰리즘론에 대한 좀 더 상세한 논의는 남재욱(2019)을 참조하라.

퓰리즘을 실현하는 도구가 될 수 있다. 반면 복지국가가 서로 다른 민족, 인종, 계급 간의 포용적 연대를 제도화한다면, 오히려 '포퓰리즘 수요'(무데·칼트바서, 2019)를 감소시키고 사회통합(social cohesion)의 기반이 될 수도 있다.

이 글에서는 "지금 우리에게 필요한 연대의 성격은 무엇이며, 복지국가는 그 연대를 어떻게 제도화해야 하는가?"라는 질문을 중심으로 복지국가와 사회연대, 그리고 포퓰리즘의 문제를 살펴본다. 또한 지금 한국의 복지국가가 구현하고 있는 연대의 범위 문제를 고찰하고, 미래의 한국 복지국가가 포용적 연대를 제도화하기 위해 필요한 과제를 살펴볼 것이다.

2. 연대의 두 얼굴: 포용적 연대와 배타적 연대

1) 사회연대의 개념과 유형

연대(solidarity)는 다의적이고 모호한 개념이다. 사회연대의 개념이 사회운동이나 노동조합운동뿐 아니라 사회주의운동, 휴머니즘운동, 파시스트 운동과 같이 전혀 그 성격을 달리하는 다양한 운동에서 중심개념으로 사용되어 올 수 있었던 것도 연대 개념의 다의성 때문이다(서유석, 2013, p.386). 연대 개념이 다의적으로 사용되다 보니 연대의 유형을 분류하는 것은 개념을 명확하게 하는 데 도움이 된다. 이 때문에 연대에 관한 많은 연구들은 연대의 유형 구분을 논의의 출발점으로 삼고 있다.

가장 널리 알려진 연대의 유형화로는 전근대적 공동체에서의 연대를 '기계적 연대'로 현대사회에서의 연대를 '유기적 연대'로 정의한 뒤르켐(E. Durkheim)의 분류를 꼽을 수 있다(뒤르켐, 2012). 뒤르켐의 연대 개념은 흔히 연대가 사라졌다고 여기는 현대사회에도 노동의 사회적 분업이라는 형태로 연대가 존재한다는 것을 설명했다는 점에서 중요한 의미가 있다.

촐(R. Zoll)은 뒤르켐의 구분에 사용된 기계적 연대와 유기적 연대라는 개념을 차용하되, 노동자의 연대를 중심으로 형제애, 기계적 연대, 유기적 연대를 구분하였다(촐, 2008). 형제애는 18세기 중반 이전 직공들을 중심으로 이루어진 상호부조 형태의 연대를, 기계적 연대는 1840년대부터 1980년대까지 '노동자 계급'을 중심으로 이루어진 연대를, 그리고 유기적 연대는 1990년대 이후 노동자 계급이 다원화되고, 여성, 장애인, 성소수자와 같은 소수자 문제가 제기된 시대에 구축되어야 할 새로운 연대의 방향을 가리킨다. 촐의 연대론은 단순한 유형화를 넘어 연대의 발전과정을 담고 있는 것이다.

바이예르츠(K. Bayertz)는 연대 개념이 사용되어 온 용례에 따라 네 가지 유형을 구분했다. 전 인류를 대상으로 한 형제애인 도덕성으로서의 연대, 좀 더 좁은 범위의 공동체에서 나타나는 사회적 통합으로서의 연대, 노동운동과 사회운동에서 나타난 공통의 이해를 위한 투쟁 및 사회정의 실현을 통한 해방으로서의 연대, 그리고 복지국가를 통한 재분배를 정당화하는 개념으로서의 연대가 그것이다(Bayertz, 1999). 바이예르츠의 연대 개념은 재분배의 제도화라는 측면에서 연대가 복지국가의 토대라는 점을 제시했다는 의의가 있다(여유진 외, 2018, p.46).

뒤르켐, 촐, 바이예르츠의 연대에 대한 접근은 서로 다르지만, 그 접근 방식에는 두 가지 공통점이 있다. 하나는 연대의 개념이 상황에 따라 다르게 적용된다는 것인데, 특히 뒤르켐과 촐의 경우 연대의 개념이 역사적으로 변화·발전했다는 시각을 보여준다. 또 한 가지는 연대의 범위 문제다. 연대가 개인들의 공통성 혹은 공통의 이해에 기초하여 공동체 구성원 간의 상호의존과 상호부조를 발휘하는 것이라고 볼 때, 그 연대의 범위 안에 누가 포함되고 누가 배제되는지에 따라 그 의미가 크게 달라질 수 있다는 것이다.

연대의 범위가 가장 넓게 확대된다면, 모든 인류를 지향할 수 있을 것이다. '인류애(love of mankind)'로서의 연대다. 그러나 바이예르츠는 현실적으로 이것이 인간의 도덕적 능력을 과대평가하는 것이라고 지적한다(Bayertz, 1999, pp.8-9). 로티(R. Rorty) 역시 셀라스(W. Sellars)의 '우리 중의 하나(as one of us)' 개념을 가져와 개인이 갖는 연대성은 '우리라는 인식(we-intention)'에서 비롯되며, 일반적으로 인종보다는 더 작고 지역적인 범위를 포괄한다고 설명한다. 그에 따르면 현대사회에서 연대의 가치는 이 '우리'의 범위를 어떻게 넓혀나가는지에 달려 있다(로티, 1996).

연대의 범위가 중요한 것은 자칫 연대가 상호의존과 상호부조가 아닌 타자에 대한 배제가 될 위험이 있기 때문이다. 연대가 가족으로부터 확대된 전통적 의미의 공동체로 좁아질 경우 그 좁은 범위의 공동체 외부에 대해 적대적이고 배타적으로 작용할 수 있다(이승훈, 2015: 220). 그러나 이 점이 현대적 의미에서 연대성이 불필요하고 무의미하다는 것을 의미하지는 않는다. 오히려 연대의 이와 같은 특성은 로타나 촐이 제시한 것처럼 서로의 차이에 대해 좀 더 이

해하고, 서로 다른 사람들까지 연대의 범위 안으로 확대하려는 의
식적인 노력이 필요하다는 의미로 보아야 할 것이다(로티, 1996; 촐,
2008).

2) 복지국가와 연대

복지국가는 사회연대를 제도로서 구현한 체계다. 사회연대의 핵
심이 결국 공동체 구성원 간의 상호의존과 상호부조라고 할 때, 국
가가 복지제도들을 통해 공동체에 대한 기여(조세와 사회보험 기여금)
와 공동체가 제공하는 보호(사회보험, 공공부조, 사회수당, 사회 서비스 등
주요한 복지제도)를 제도화한 것이 복지국가다.

복지국가의 형성을 설명하는 이론 중 권력자원동원이론(power
resource theory: PRT)은 복지국가와 사회연대의 관계를 잘 보여준다
(Korpi, 1983). PRT에 따르면 복지국가의 형성과 발전에서 핵심적인
행위자는 노동계급과 좌파정당인데, 중앙집권적인 노동운동이 발
달할수록, 노동계급을 대표하는 사민주의 정당의 영향력이 클수
록, 우파정당의 영향력이 작을수록, 노동계급 내부의 인종적·종교
적·언어적 이질성이 작을수록 복지국가가 발전한다(Pierson, 1991).
요컨대 PRT가 제시한 복지국가 발전의 조건은 "이질성이 적은 노동
계급의 정치세력화"로 요약할 수 있는데, 이는 촐의 '기계적 연대'나
바이에르츠(K. Bayertz)의 '해방으로서의 연대'와 유사성이 높다. 노
동과 자본 간의 민주적 투쟁(democratic struggle) 과정에서 노동계급
이 공통의 이해를 제도로서 구현한 것이 복지국가인 것이다.

그러나 복지국가의 제도화 과정이 노동계급만의 연대로 이루어

진 것은 아니다. PRT 이론의 배경이 된 스웨덴 복지국가 발전의 핵심에는 강한 노동계급도 있었지만, 노동계급과 다른 사회계급 간의 계급교차적 협력의 영향이 결정적이었다.[18] 역사적으로 스웨덴 복지국가 성립 초기에는 노동계급과 농민계급 간 협력이, 이후 발전 과정에서는 노동계급과 중간계급의 협력이 보편적 복지국가 발전의 동력이 되었다. 단일 계급의 이해가 아닌 복지국가를 지지할 수 있는 여러 계급 간의 광범위한 연대를 동원하고, 제도로 구현하는 과정이 복시국가의 형성과 발전과정이었던 것이다. 일례로 스웨덴 복지국가를 상징하는 '국민의 집'이라는 개념은 복지국가가 구현하는 연대의 범위를 특정 계급이나 특정 공동체가 아닌 국민국가 전체로 확장하고자 하는 시각을 담고 있다.

이렇게 보면 복지국가의 제도화에 있어서 연대의 범위는 결정적으로 중요하다. 복지국가를 형성하고 발전하는 단계에서 전통적 의미의 권력자원의 유무나 강도 외에도 이들이 어떻게 연대의 범위를 형성하는지가 복지국가의 유형과 성격에 영향을 미쳤다. 그리고 국민국가 수준의 광범위한 연대를 형성한 국가에서 '보편적 복지국가'가 나타날 수 있었다.

---

18 스웨덴 복지국가 발전의 역사와 계급 교차적 협력의 과정에 대해서는 버먼(2010), 홍기빈(2011) 등을 참조할 수 있으며, 복지국가 발전과 계급교차적 협력에 관한 좀 더 이론적인 검토로는 김영순(2013)을 참조하라.

3) 포퓰리즘, 복지국가, 그리고 사회연대

1) 포퓰리즘과 배타적 연대의 제도화

포퓰리즘 역시 사회연대만큼이나 정의하기 어려운 용어다. 표퓰리즘이라는 말에 주의(-ism)라는 접미어가 붙어 있음에도 불구하고 포퓰리즘은 어떤 특정한 방향을 지향한다기보다는 기존 체제에 대한 반대담론을 바탕으로 형성되는 정치운동 일반을 가리킨다. 이 때문에 포퓰리즘은 '중심이 얇은 이데올로기'(무데·칼트바서, 2019, p.16) 또는 하나의 '정치활동 방식'(무페, 2019, p.24)이라고 불리기도 하고, 지배이데올로기나 가치관에 따라 마치 거울처럼 변화한다고 묘사된다(미즈시마 지로, 2019, p.40). 요컨대 포퓰리즘은 정치운동의 '방식'이지 '내용'이 아니다.

포퓰리즘의 이와 같은 가변적 성격은 포퓰리즘과 복지국가의 관계에서도 확인할 수 있다. 우리에게 알려진 것과 달리 실제 포퓰리즘의 역사에서 표퓰리즘과 복지국가의 관계는 다양한 양상을 보여왔다. 한국의 복지 포퓰리즘론이 종종 그 근거로 소환하는 라틴 아메리카의 포퓰리즘도 시기에 따라 복지확대를 지지하기도 했지만(예: 아르헨티나의 페론 정권), 반대로 복지축소와 시장확대를 지지하기도 했다(예: 페루의 후지모리 정권)(무데·칼트바서, 2019, pp.12-13). 유럽에서도 포퓰리스트 정당들은 복지국가가 지배이데올로기였던 기간 동안은 복지축소를 주장하다가(1990~2000년대 초까지의 오스트리아, 스위스, 덴마크, 노르웨이 포퓰리스트 정당), 서유럽 주류정당의 노선이 복지축소로 바뀌자 열성적인 복지국가 옹호자로 변신했다(Schmancher & Van kersbergen, 2016, p.300). 지배 이데올로기의 거울로써 상황에 따라 지향이 변하는 포퓰리즘 정치의 특성이 나타난 것이다.

최근의 복지국가-포퓰리즘 관계에서 서유럽 우파 포퓰리즘 정당들은 복지 쇼비니즘 경향을 보인다. 복지 쇼비니즘은 유럽통합에 대한 반대와 복지지출에 대한 축소 반대를 결합한 것이다 (Schmancher & Van kersbergen, 2016, p.302). 그 결과 복지국가를 매개로 '우리'(복지수혜의 자격이 있는 원주민)와 '그들'(복지수혜 자격이 없으면서도 복지를 수급하는 이민자)을 대립시키고, 이민자 배격을 정치적 지지의 기반으로 삼는다.

이처럼 복지 쇼비니즘은 복지국가를 통해서 제도화되는 연대를 일정한 범위로 제한하고 그 범위 밖을 배격한다. 배타적 성격의 연대이다. 복지 쇼비니즘의 배타적 연대에서 배제되는 이들은 그들이 정한 자격(deservingness)에 미달하는 이들(주로 이민자들)이다. 따라서 복지 쇼비니즘의 논리는 복지 수혜자의 자격을 따지는 선별적 성격이 강한 복지국가와 친화성이 있다. 선별적 복지 체제에서 복지국가에 대한 수급권은 권리(rights)보다 자격(deservingness)의 성격이 강하며, 이것이 복지 쇼비니즘의 논리와 일맥상통한다. 실제로 유럽 주요 복지국가들의 복지 쇼비니즘 정도를 분석한 연구에 따르면, 자산조사를 통해 자격을 부여하는 제도의 비중이 낮고, 불평등의 정도가 낮은 복지국가일수록 복지 쇼비니즘에 대한 지지도 낮은 것으로 분석한다(Swank & Betz, 2003; Van Der Waal, 2013).

노동시장의 이중화(labour market dualization) 역시 포용적 연대로서의 현대 복지국가에 대한 중요한 도전이다. 노동시장 이중화는 비교적 안정적인 고용과 괜찮은 보수를 받는 내부노동시장과 불안정한 고용과 낮은 보수를 받는 외부노동시장이 분절되어, 두 노동시장 사이에 이동이 이루어지지 않으며 그 결과 격차가 고착화되는 상황을 의미한다. 복지국가가 사회연대를 제도화한 것이라는 관점에서 보면, 복지국가는 노동시장 이중화를 완화하는 장치로 기능해야 한다. 그러나 실제로 많은 국가에서는 오히려 복지혜택이 상대적으로 안정적인 지위에 있는 내부노동시장 노동자에게 집중되고, 그 결과 노동시장 이중화를 강화한다는 지적이 제기된다 (Emmeneger et al., 2012).

노동시장과 복지국가에서 동시에 나타나는 이중화의 양상은 해당 복지국가가 제도화하고 있는 사회연대가 적어도 부분적으로 배타적이라는 것을 의미한다. 사실 출이 설명하고 있는 것처럼 현대 사회에서 노동계급은 −스웨덴에서 '국민의 집'이라는 개념이 형성됐던 시기와 달리− 동질하지 않다. 성별, 연령, 직종, 국적, 노동시장 지위 등에 따라 노동계급은 다양하게 분화되어 있으며, 노동계급을 중심으로 한 광범위한 연대를 형성하는 것은 전보다 훨씬 더 어려워졌다(출, 2008, p.9).

노동시장과 복지국가의 이중화는 포퓰리즘과도 무관하지 않다. 사회경제적 불평등은 포퓰리즘 수요를 증가시키는 주요한 원인 중 하나다(미즈시마 지로, 2019; 남재욱, 2019). 더구나 포퓰리즘이 기존 정치 엘리트에 대한 안티테제로 성립한다는 것을 고려하면, 복지국가가 노동시장 내부자만을 보호하는 상황이 포퓰리즘의 확대에 유리한 환경이라는 것을 쉽게 짐작할 수 있다. 이 경우 주류 이데올로기를 공격하는 포퓰리즘의 특성이 주류로부터 소외된 노동시장 외

부자들의 지지를 얻게 될 수도 있다.[19]

2) 보편적 복지국가의 한계와 포퓰리즘의 또 다른 가능성

보편적 복지국가가 포퓰리즘의 부정적 영향력을 낮출 수 있으리라는 기대에는 어느 정도 근거가 있지만, 어디까지나 상대적인 것이다. 사실 우파 포퓰리즘의 부상은 노르딕 국가들을 포함한 대부분의 국가에서 연대의 균열을 초래하고 있다(Deeming, 2018). 또한 북유럽의 보편적 복지국가 모델도 노동시장 이중화 문제로부터 자유롭지 못하다(Rueda, 2005; 2006).

이른바 '복지국가의 황금기'로 불리던 1940년대에서 1970년대의 30여 년이 지난 후 전통적 복지국가 모델은 위기에 봉착했다. 기술변화, 경제적 세계화, 서비스 경제로의 전환과 같은 변화 속에서 전통적 복지국가의 기반이었던 완전고용, 표준적 노동, 안정된 핵가족 구조와 같은 조건들은 약화되었다. 1990년대 이후 복지국가에서 나타난 '제3의 길', '근로연계복지', '사회적 투자'와 같은 경향은

---

19 노동시장 이중화와 복지 쇼비니즘의 관계는 복잡하다. 노동시장 이중화와 이민자 문제를 실증분석한 케빈스와 라이트맨(A. Kevins & N. Lightman)의 연구에 따르면 노동시장 이중화는 이민자에 대한 배타성을 증가시킨다(Kevins & Lightman, 2019). 서유럽에서 노동시장과 복지국가의 이중화는 배타적 연대를 제도화하고 있으며, 이민자 문제와 결합하여 포퓰리즘 수요를 높이는 방식으로 작동한다고 해석할 수 있는 부분이다. 그러나 노동시장 이중화와 이민자 배격의 관련성이 "노동시장 외부자(outsiders)가 이민자를 배격한다"는 결론으로 이어지는 것은 아니다. 오히려 Häusermann(2020)에 따르면 포퓰리즘 정당에 대한 지지는 노동시장 내부자(insiders), 즉 전통적 제조업 부문 노동자들에게서 가장 강하기 때문이다. 이 주제에 대해서는 향후 추가적인 연구가 필요한 것으로 판단된다.

변화하는 환경에 맞게 복지국가를 현대화하려는 시도였다. 이와 같은 사회투자적 기획은 한편으로 일정하게 능동적·적극적 복지국가로 전환했다는 평가를 받기도 했지만, 다른 한편으로는 복지국가의 사회권을 상대화하고 복지국가에서 배제된 이들이 증가했다는 비판도 제기된다(Jessop, 2002; Morel et al., 2011; Bonoli, 2013).

복지국가의 현대화 시도는 적지 않은 국가에서 기존 중도 좌파 정당의 '우클릭'으로 나타났다. 영국 노동당의 '제3의 길'은 신자유주의와 전통적 복지국가 노동당 노선 사이의 제3의 길이었으며, 클린턴의 민주당(미국)과 슈뢰더의 사회민주당(독일)의 경우도 마찬가지였다. 중도좌파 정당의 우클릭은 서구 복지국가 정치의 주역인 중도좌우파 간의 정책적 차이를 축소시켰다. 이는 변화하는 노동시장에서 취약한 위치에 처한 노동시장 외부자나, 제조업 부문의 일자리 감소로 위협을 받기 시작한 블루칼라들이 자신을 대변하는 정당이 없다고 느끼는 상황으로 이어졌다. 결국 복지국가의 현대화 기획은 모두가 공감할만한 새로운 복지국가의 상을 완성하지 못한 상황에서, 기존 정당으로부터 대표되지 못한다고 여기는 이들을 증가시킨 요인 중 하나였다. 우파 포퓰리즘 정당들은 이와 같은 상황에서 부상하여 한편으로는 복지 확대를, 다른 한편으로는 이민자 배격을 무기로 영향력을 확대했다. 효과적이지 못한 복지국가가 배타적 연대에 기초한 복지 쇼비니즘과 관련성이 있다고 볼 수 있는 대목이다(남재욱, 2019).

사실 '노동계급의 다원화'와 '이민자의 증가'라는 환경은 서유럽 국가들에게 보편적 복지국가들을 포함하여 매우 새로운 도전이다. 종전의 포용적 연대가 어디까지나 '계급정치'의 문제였다면, 지금의 새로운 도전은 '계급구조의 변화'와 '정체성 정치' 문제가 뒤섞여 있다. 복지국가 제도라는 측면에서 보면, 종전에는 '동질성'에 기초해서 발전해온 복지국가의 '보편주의(universalism)'가 사회구성원들의 증가하는 '다양성(diversity)'을 포용해야 하는 새로운 도전에 직면한 것이다(Anttonen et al., 2012). 연대라는 측면에서 보면 촐이 말한 것처럼, 동질성에 근거한 기계적 연대로부터 다양성을 포용하는 유기적 연대로 전환이 요청된다. 그러나 차이를 넘어서는 연대는 쉬운 일이 아니다.

무페(C. Mouffe)는 역설적이게도 이 상황을 돌파할 가능성을 '포퓰리즘'에서 찾는다(무페, 2019). 그는 포퓰리즘의 대중동원 능력을 활용하여 자유민주주의를 '급진화'해야 한다고 주장한다. 대중들의 다원적 요구를 수용하고 이를 '등가사슬'로 구성하여 그 등가사슬에 동의하는 이들을 동원함으로써 현재의 '포스트 민주주의'(Crouch, 2008) 상황을 돌파할 수 있다는 것이다. 이른바 '좌파 포퓰리즘'론이다.

좌파 포퓰리즘론의 주목할 만한 점은 이 기획이 대중의 다원적 요구들을 포괄하는 데 초점을 맞추고 있다는 점이다. 이는 이 글에서 비판적으로 설명한 '배타적 연대'와 포퓰리즘의 결합이 필연적인 것은 아니라는 시각에 기초한다. 복지 쇼비니즘은 포퓰리즘과 배타적 연대가 만나 형성된다. 그러나 앞서 언급한 대로 포퓰리즘이 특정한 정책에 대한 지향이 아닌 정치적 동원의 방식이라면, 그 동원이 반드시 배타적 연대를 결과해야 하는 것은 아닐 수도 있다. 오히려 '부패한 정치 엘리트'에 맞서는 '우리'의 범위를 충분히 넓혀갈 수 있다면('we-intention'의 확장), 포퓰리즘적 동원을 통해 더 포용적인 연대를 구축할 수 있는 가능성이 있다고 보는 것이 무페의 좌파 포 퓰리즘론이다.

3. 한국 복지국가와 포용적 연대

복지국가가 어떤 범위와 성격의 사회연대를 제도화하는지에 따라 크게 달라진다고 할 때, 한국 복지국가가 구현하고 있는 연대의 성격에 대해 살펴볼 필요가 있다. 사실 복지국가의 연대성을 평가할 수 있는 합의된 분석틀은 없다. 여기에서는 연대와 복지국가에 대한 지금까지의 논의를 바탕으로 다음 두 가지 기준을 바탕으로 한국 복지국가의 연대성을 간략하게 진단해보고자 한다.

첫째, 복지국가에서 '사회연대'의 정신은 사회적 위험의 집합적 관리, 즉 위험분산의 제도화를 통해 실현되는데, 제도적으로는 사회보험이 위험분산에서 핵심적 역할을 수행한다. 또한 사회보험은 한국 복지국가에서 가장 중심이 되는 제도이기도 하기 때문에 사회보험제도가 얼마나 실질적으로 사회적 위험을 분산하고 있는지 살펴볼 필요가 있다.

둘째, 한 사회의 가장 이질적인 구성원을 복지국가가 얼마나 포괄하고 있는지는 어느 정도의 포용적 연대가 이루어지는지를 직접적으로 보여준다. 여기에서는 이주민에 대한 복지수준에 대한 검토를 통해 이를 검토할 것이다.

1) 한국의 사회보험과 연대의 제도화

　사회보험이 사회적 연대를 어느 정도 제도화하고 있는지는 그 적용이 어느 정도 보편적인지, 급여가 어느 정도 필요를 반영하는지, 기여가 어느 정도 지불 능력에 비례하여 이루어지는지를 통해 판단할 수 있다(장승혁, 2017). 그중에서도 가장 기본이 되는 것은 적용범위의 보편성인데, 사회적 위험분산이 필요한 이들이 제도에 충분히 포괄되지 않은 상태에서는 기여와 급여가 어떻게 설계되어 있는지와 무관하게 포용적 연대의 실현이 불가능하기 때문이다.

　〈그림 16-1〉은 2020년을 기준으로 정규직과 비정규직 노동자의 사회보험 가입률을 비교한 것이다. 제도에 따라 차이는 있지만, 비정규직의 사회보험 가입률은 정규직의 절반이나 그 이하 수준이다. 노동시장에서 불리한 위치에 있는 비정규직일수록 사회보험에 대한 필요는 절박할 텐데, 오히려 복지국가에서 배제되어 있다. 노동시장의 이중화를 복지국가가 강화하고 있는 양상이다.

〈그림 16-1〉 정규직과 비정규직 노동자의 사회보험 가입률(2020년)

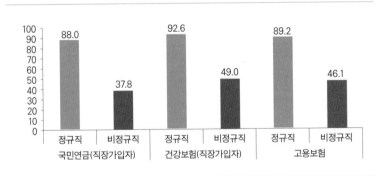

자료: 통계청, 경제활동인구조사 근로형태별 부가조사(2020년 8월).

한국의 사회보험 적용에서 또 하나 크게 문제가 되고 있는 것은 특수형태근로종사자, 프리랜서, 자영업자와 같은 비임금근로자다. 한국은 취업자에서 비임금근로자가 차지하는 비중이 24.6%로 OECD에서 가장 높은 나라 중 하나인데(통계청, 2020), 이들은 근로계약 하에 있지 않다는 이유로 고용보험과 산재보험으로부터 원천적으로 배제되어 있다.[20] 코로나19를 계기로 비임금근로자를 포함하는 취업자 전체로 사회보험 적용범위를 확대해야 한다는 목소리가 높아지고 있지만, 아직은 그 실현까지 갈 길이 멀다.

한국 사회보험의 이와 같은 상황은 한국 복지국가가 노동시장에서의 다양성 증가에 매우 취약함을 보여준다. 노동시장에서 일하는 방식은 계속해서 다변화하고 있는데, 사회보장제도는 전통적 노동시장을 전제하고 있어 충분한 보호를 제공하지 못한다. 정부는 현재까지 산재보험의 특수형태근로종사자, 소상공인 등에 대한 특례나 고용보험의 예술인에 대한 특례와 같이 기존의 제도를 그대로 둔 채 예외적으로 다양성을 수용하는 방식으로 대응을 시도하고 있지만, 그 실효성에는 한계가 있다(남재욱 외, 2020: 6장 참조).[21]

---

20 특수형태고용 중 일부는 '특수형태근로종사자의 특례'의 형태로 산재보험에 가입하도록 규정되어 있다. 그러나 이 특례규정은 ① 모든 특수형태근로자가 아닌 일부 직종(2020년 10월 현재 14개 직종)만 가입하도록 하고 있고, ② 전속성이 있는 경우만 가입하도록 하고 있으며, ③ 적용제외 신청이 가능하고 보험료를 사용자와 특고 노동자가 반반씩 부담하도록 하고 있어 실효성이 낮은 상황이다. 이와 관련하여 좀 더 자세한 내용은 남재욱 외(2020: 6장)를 참조하라.

21 현재 정부, 정치권, 시민사회에서 논의가 이루어지고 있는 '전 국민 고용보험'이 모든 취업자를 포괄하고, 고용이 아닌 소득을 보장하는 방식으로 도입된다면 사회보험이 다양한 일의 방식을 포괄하는 방향으로 상당한 진전을 이루게 될 것이다. 그러나 적어도 이 글을 쓰는 현재(2020년 11월)까지 정부가 검토하고 있는

그 밖에도 한국의 사회보험은 일부 취약계층 또는 외국인에 대한 적용 제외, 국민연금 등의 낮은 급여 수준, 일부의 사회적 위험(예를 들어 산재가 아닌 질병)에 대한 급여 부재, 건강보험 부과체계의 자격에 따른 이질성과 소득 역진적 성격, 가입자 참여에 의한 자치의 형식화 등으로 인해 사회적 연대의 제도화에 한계가 있다는 평가를 받고 있다(장승혁, 2017).

2) 이주민의 사회권

복지 쇼비니즘이 포퓰리즘과 복지국가가 맞물려 나타나는 최근의 현상이라고 볼 때 복지제도가 이주민을 어떻게 통합하고 있는지는 매우 중요하다. 특히 한국에서도 최근 이주노동자, 결혼이주여성, 다문화 가정의 증가와 함께 난민 문제 등에서 나타난 외국인 혐오 혹은 인종차별 문제가 심화되고 있어 우리 사회의 포용성이 시험대에 오르고 있다.

그러나 한국의 복지제도는 이주민을 통합하는 정도에서 좋은 평가를 받지 못하고 있다. 이주노동자는 내국인 노동자에 비해 높은 산재위험에 노출되어 있으나, 막상 산업재해가 발생했을 때는 산재보험의 혜택을 받지 못한다(설동훈, 2017). 이주민은 건강보험 가입 시 지역가입자 평균보험료를 최저선으로 보험료를 산정하고 있어 더 높은 보험료를 부담하는 경우가 많으며, 지난 2018년 건강보

방안은 종전의 산재보험의 특례방식과 크게 다르지 않은 것으로 추정된다. '전국민 고용보험' 논의에 관해서는 남재욱(2020)을 참조하라.

험법 개정으로 건강보험에 대한 접근성은 더 낮아졌다(김사강, 2018). 결혼이민자의 경우 빈번한 가정폭력과 높은 가족해체 문제에 직면해 있으며, 이들의 자녀 역시 기본적인 돌봄과 교육 혜택을 받지 못하고 있다(설동훈, 2017). 최근에는 코로나19와 관련된 방역 및 경제적 지원에서 이주민이 배제되는 문제가 제기되고 있기도 하다. 요컨대 노동, 건강, 생활 측면에서 한국의 이주민은 명백한 차별을 받고 있다. 그리고 이는 한국이라는 국가의 구성원 자격에 위계가 있다면, 가장 아래에 머물고 있는 것이 이주민이라는 자성적 비판의 배경이 되고 있다(Seol & Seo, 2014).

비교적 동질적인 인종 및 민족 구성을 특성으로 하던 한국에서도 이주민의 비중은 점점 증가하고 있다. 향후 인구구조의 변화에 따라 이와 같은 경향은 가속화될 가능성이 크다. 이와 같은 상황에서 이주민의 낮은 사회권은 이주민과 정주민 간의 사회적 연대와 통합을 형성하는 데 걸림돌이 될 것이다. 그리고 서유럽의 사례에서 본 것처럼 배제적 연대로 제도화된 복지국가와 이주민의 증가가 더해질 때, 포퓰리즘의 부정적 영향력을 증가시키고 배제를 공고하게 만드는 결과로 이어질 수 있다는 점에서 그 위험성에 대해 경계할 필요가 있다.

4. 어떻게 포용적 연대를 형성할 것인가?

사회보험의 포용성과 이주민의 사회권이라는 두 가지 기준으로 살펴본 결과는 한국 복지국가가 제도화하고 있는 연대가 포용적이지 못하다는 것을 시사한다. 실제로 최근 코로나19가 초래한 경제 위기 속에서 한국 복지국가가 위기에 처한 사람들을 제대로 보호할 수 있는시에 대한 의구심이 제기되고 있다. 지금과 같이 복지국가가 사회경제적 불평등에 효과적으로 대응하지 못하고, 상대적으로 안정적인 지위에 있는 사람들에 대한 협소한 보장에 그칠 경우, 국내에서도 부정적 의미의 포퓰리즘이 심화될 수도 있다(남재욱, 2019).

한국 복지국가의 배제적 연대를 극복하기 위한 제도적 해법은 지금까지 세시한 분제점들을 해결하는 것에 있다. 즉 사회보험의 사각지대를 축소하고, 노동시장 이중구조를 완화하며, 복지제도를 확대하고, 기존의 복지 프로그램에서 소외된 이들을 위한 보충적 제도를 도입하는 것이다. 특히 사회보험제도의 경우 일하는 방식의 다양성 증가에 대응하여 종사상 지위나 고용형태와 무관하게 모든 일하는 사람을 보호할 수 있는 제도로 발전시켜 나가야 한다.

사회보장제도의 재구조화에 있어서 주목할 필요가 있는 또 다른 제도화 방식은 사회 서비스다. 사회 서비스는 사회보험과 비교할 때 노동시장 지위에 연동되는 정도가 낮고, 사회부조와 달리 선별적이지 않으며, 사회수당과 달리 수급자의 다양한 욕구를 고려할 수 있다는 점에서 다양성(diversity)을 고려한 포용적 연대를 형성하는 데 적합하다. 물론 궁극적으로 복지국가는 현금급여와 사회 서비스의 결합을 통해 형성되어야 한다. 그러나 다양성의 포용과 복지국가의 지속가능성 제고라는 관점에서 사회 서비스의 공공성과 서비스 질을 높이고, 이를 바탕으로 사회 서비스 중심 복지국가의 모델을 모색하는 것은 앞으로 중요한 과제가 될 것이다.

이와 같은 제도적 과제의 실행은 쉬운 일이 아니다. 무엇보다 어려운 것은 재정확대다. 한국 복지국가의 지출규모는 OECD에서 가장 낮은 수준이다. 향후 인구구조 변화에 따라 복지지출은 자동적으로 확대되겠지만, 이것이 포용성 증대를 의미하지는 않는다. 포용적 연대가 제도화된 복지국가를 형성하기 위해서는 지금 단계에서의 지출확대가 필요하다. 다행히 한국은 현시점에서는 재정건전성이 높은 편으로, 중단기적 재정여력이 있다. 따라서 더 늦기 전에 복지확대를 위한 재정전략을 수립할 필요가 있다(반가운 외, 2019: 3장).

단기적으로는 부채를 활용하여 시급한 복지확충에 대응하는 것도 하나의 방법이 될 수 있다. 그러나 복지제도는 지속적이고 반복적인 지출이라는 점을 고려하면, 중장기적으로는 증세를 통한 복지확대 전략이 필요하다. 포용적 사회적 연대의 제도화라는 측면에서 보면, 그간 진보진영에서 이야기해온 '부자증세'보다는 '보편증세'를 통한 복지재원 마련방안이 더 좋은 전략이다. 복지국가를 통한 연대의 제도화는 소득에 비례하여(혹은 누진적으로) 기여하고, 필요(혹은 권리)에 근거하여 급여를 수급하는 과정을 통해 형성되기 때문이다. 포용적 연대에서는 급여의 보편성만큼이나 기여의 보편성도 중요하다.

제도적 과제의 실현을 통해 보편적 복지국가에 가까운 형태로 한국 복지국가를 발전시키는 것은 '배타적 연대'에서 '포용적 연대'로 전환할 수 있는 기반이기도 하다. 그러나 한국에서 이 같은 전환이 나타나기 위해서는 PRT 이론이 제시했던 질문, 즉 "누가 복지국가를 만들 것인가?"에 답할 수 있어야 한다.

전통적 복지국가는 노동계급과 좌파정당, 그리고 중간계급과의 계급교차적 협력을 통해 만들어졌다. 그러나 이와 같은 경성(hard) 권력자원은 한국에서 상당히 취약하다. 노동조합 조직률은 수년째 10% 부근에 머물러 있고, 좌파정당의 현실정치에 대한 영향력은 미미한 수준이다. 그뿐만 아니라 설사 이런 조직들이 존재한다고 해도 한국 복지국가의 역사적 시기는 서구 복지국가가 확대되던 20세기 중후반과 다르다. 노동계급의 동질성이 약화되고 다원화됐을 뿐 아니라 성별, 연령, 국적, 인종, 성적지향 등 정체성(identity)의 차이에 따른 다양성이 증가하고 있다. 이처럼 다원화된 사회경제적 환경 속에서 '우리-의식'을 확대하고(로티, 1996), '유기적 연대'(Zoll)를 형성하기 위해서는 어떤 전략이 필요할까?

오건호(2018)는 이를 위한 전략으로 '아래로부터의 복지 정치'를 제안한다. 그 핵심은 시민들이 삶의 과정에서 느낄 수 있는 구체적 의제를 중심으로 시민들의 연대를 형성하자는 것이다. 예컨대 사회보험의 적용범위를 비임금 근로자까지 확대하기 위해 노동자와 자영업자가 연대하고, '기초연금 확대'를 위해 노인과 그 노인을 부양하는 청·장년층이 연대하고, '보육 서비스 공공성 제고'를 위해 보육서비스 노동자와 이용자가 연대하는 것이다. 이와 같은 의제별 연대는 서구 복지국가 형성기의 노동조합이나 좌파정당보다 느슨하다는 점에서 연성(soft) 권력자원으로 구분되지만, 여러 의제를 바탕으로 형성된 느슨한 연대의 중첩을 통해 다양성이 공존하는 포용적 연대의 정신을 구현할 수 있다. 각각의 시민들이 모든 의제들에 연대하는 것은 아니겠지만, 그 연대의 연쇄 어딘가에 다수의 시민들이 포괄되어 간다면 무시할 수 없는 정치적 에너지가 될 것이다.

'아래로부터의 복지 정치' 전략은 다양한 의제를 하나로 묶어간다는 점, 그리고 시민의 직접 참여를 통한 복지국가 주체 형성을 추구한다는 점에서 무페(C. Mouffe)의 '좌파 포퓰리즘 전략'론과 유사성이 있다. 지난 2017년 촛불시민혁명에서 드러난 우리 사회의 민주적 에너지 역시 직접민주주의적 동원으로서의 포퓰리즘과 중첩되는 지점이 있다. 이렇게 본다면 포퓰리즘이 가지고 있는 정치적 가능성은 보편성과 다양성의 공존이라는 현재의 복지국가가 처한 난제를 극복하는 데 시사하는 바가 있다.

그러나 실제로 포퓰리즘이 긍정적으로 작용하기 위해서는 그간 포퓰리즘 정치가 경험해왔던 부정적 측면들, 즉 특정한 소수집단에 대한 배척, 카리스마적 정치가에 대한 의존, 정치적 지향의 부재(혹은 가변성)와 같은 문제를 극복해야 한다. 현실에서 포퓰리즘은 사회변혁을 위한 에너지보다는 배제적 연대와 그 정치적 성과를 독식하는 또 다른 엘리트들의 등장을 이루어냈다는 점도 '아래로부터의 복지 정치'를 간단히 '좌파 포퓰리즘'이라고 말하기 어렵게 만드는 요인이다. 따라서 무페식의 포퓰리즘론을 포용적 연대를 위한 복지국가 정치의 전략으로 삼기 위해서는 포퓰리즘의 부정적 영향력에 대한 엄격한 경계가 필요할 것이다.[22]

---

22 실제로 포퓰리즘에 따라 붙는 부정적 요인들이 모두 제거됐을 때, 그 '아래로부터의 정치'를 과연 '포퓰리즘'으로 명명하는 것이 적합한지는 다소 의문이다. 이는 일반적으로 사용되어 온 포퓰리즘의 개념정의와 상당한 거리가 있을 것으로 보이기 때문이다.

제6부

·

마무리하며

제17장

·········

포퓰리즘을 넘어 피플-이즘으로

본 장은 경기연구원 이한주 원장을 비롯한 김만권, 김성하, 김주호, 남재욱, 박성진, 안효성, 윤비, 이상원, 이승원, 장문석(가나다순)의 참석 하에 이루어진 좌담회 내용을 녹취하여 정리한 것입니다.

핵심요지

• 포퓰리즘은 '인민에게 호소'한다는 정치적 레토릭과 함께 기존 민주주의의 한계를 확인하고 더 민주적인 민주주의를 향한 약진의 계기가 될 수 있다.

• 배제와 경계 짓기를 넘어선 어울림과 섞임을 통한 인민 주권을 요구하는 포퓰리즘의 실천과정은 열린 의미로서 '피플-이즘'으로 확장될 수 있는 가능성이 있다.

• '피플-이즘'은 정치 이데올로기로서가 아니라, 민주주의를 재구성하면서 더욱 강화시키는 새로운 정치, 즉 더 많은 민주주의를 실천할 수 있는 계기로서 그 이미를 찾을 수도 있을 것이다.

---

1. 포퓰리즘에 대한 개념 정의는 가능한가?

포퓰리즘은 대중영합주의, 인기영합주의, 인민민주주의, 민중민주주의, 정치 이데올로기, 정치 양상 등 다양한 용어와 측면에서 사용되거나 해석되고 있지만, 일차적으로 19세기 보통선거제 등장에 따른 근대성에 대한 도전 혹은 근대성을 사고하는 하나의 방식으로 볼 수 있다. 기존 정치 질서가 답을 주지 못하는 현실 속에서 그 질서에 반기를 드는 현상으로서 포퓰리즘은 우파 혹은 좌파라는 편가르기를 떠나서 왜 이러한 현상이 나타났는가를 물어볼 필요가 있다. 즉 기존의 정치 질서 혹은 정치 문법이 무엇이었으며 어디가 어긋났기에 어떤 틈새에서 이런 현상이 일어났는가를 찾아보면 포퓰리즘에 보다 가까이 다가갈 수 있을 것이다.

포퓰리즘에 대한 다양한 해석과 정의들이 가질 수 있는 몇 가지 약점들이 있다면, 먼저 미국 중심의 민주주의와 그 반대물로서 포퓰리즘을 정의하고 있다는 경향과 현재 포퓰리즘을 논의해온 대부분의 학자들이 비교정치 전공이라는 점이다. 비교정치는 여러 가지 유형의 이데올로기를 가르고 분류하는 데 관심을 갖고있지 실제로 그 안에 존재하는 사람들의 사고의 동력, 사고의 매카니즘을 분석하는 데는 약점을 보이고 있다는 점에 주목할 필요가 있다. 따라서 포퓰리즘이 기존의 이데올로기에서 무엇과 어떻게 차이가 나는가를 보는 것도(비교정치 입장) 중요하지만 사실은 그 안에서 실제로 포퓰리즘을 추동하고 있는 동력은 무엇인가 포퓰리즘을 추동하고 있는 그 안의 어떤 열망은 무엇인가를 자세히 들여다보는 것도 매우 중요할 것이며, 더불어 포퓰리즘이라는 것이 정말 있는가 하는 점도 한번 생각해볼 필요가 있다.

포퓰리즘을 정의한다는 것은 사실상 불가능할지도 모른다. 왜냐하면 현실에서의 포퓰리즘(고전 포퓰리즘과 현대 포퓰리즘, 러시아와 미국, 남미와 유럽 등)은 너무나 이질적이기 때문에 공통분모를 찾아 귀납적으로 정의한다는 것은 어려운 일이며, 또한 포퓰리즘이 어떤 공통된 사상이나 개념에서 출발한 것이 아니라 현실에서 등장한 것들을 명명하다보니 개념적 보편성을 통한 연역적 접근도 쉬운 일이 아니기 때문이다. 결국 포퓰리즘의 등장과 진행의 역사를 면밀히 기술하고 살펴봄으로써만 포퓰리즘에 보다 가까이 다가갈 수 있는지도 모른다.

다양하며 이질적인 포퓰리즘 운동의 특성들과 지역적 맥락을 관통하는 공통분모를 찾기는 어렵지만, 그 속에 흐르는 유사한 혹은 공통적인 정치적 레토릭(rhetoric)이 있다고 한다면 그것은 아마도 '인민에게 호소'하면서 포퓰리즘이 출발하고 있다는 점이다. 그리고 이러한 정치적 레토릭이 함의하고 있는 세 가지 행위 패턴들은 첫째 인민은 공동체의 기초이며, 둘째 인민은 민주주의가 말하는 자신들의 정당한 최고 권력의 지위를 실질적으로 갖지 못하고 있고, 셋째 그래서 인민은 자신에게 적합한 자리를 되찾아야 하고 그걸 되찾을 때 민주주의 사회는 진정한 의미에서 실천의 과정으로서 민주적인 사회가 될 수 있다는 것이다. 그러나 이러한 정치적 레토릭과 행위 패턴들로 포퓰리즘을 정의할 수는 없을 것이다. 왜냐하면 기득권 혹은 엘리트와 인민의 대립관계로부터 인민의 권리 획득을 위한 정치 운동은 포퓰리즘이 아닌 지난 민주주의 역사에서 빠질 수 없는 중요한 부분이기 때문이다. 바로 이 지점에서 포퓰리즘과 민주주의의 관계를 물어볼 수 있을 것이다.

2. 포퓰리즘과 민주주의의 관계는 무엇인가?

포퓰리즘과 민주주의를 언급할 때 일반적으로 포퓰리즘은 반민주주의적이다 혹은 포퓰리즘이 곧 민주주의이다 하는 두 가지 상빈된 입장이 기론된다. 그러나 포퓰리즘은 민주주의적이며 동시에 반민주주의적인 양가성을 지니고 있다고 봐야 할 것이다. 왜냐하면 포퓰리즘이 강조하는 '인민주권'은 민주주의가 강조하는 바이기도 하지만, 동시에 포퓰리즘은 인민의 의지를 절대시하고 단일하다고 생각함으로써 민주주의가 담보하는 다원주의를 위배하기 때문이다.

그렇다면 포퓰리즘이 실제로 존재하는 것인가 아닌가 하는 논의에 앞서 포퓰리즘 혹은 포퓰리즘적 현상이 민주주주의 사회에 던지는 화두가 무엇인지를 살펴보고 그러한 과정을 통하여 포퓰리즘에 연결된 아주 긍정적인 정치 요소들이 민주주의와 친화력을 갖는 지점을 포착하고 이를 새로운 민주주의를 향한 약진의 계기로 전환시킬 필요가 있다.

포퓰리즘이 등장했던 역사적·사회적·정치적 맥락을 살펴보면 대체로 기존 민주주의 체제에 대한 불만, 기존 정치엘리트들이 people(인민, 민중, 시민 등)의 현실과 요구에 응답하지 못하는 현실에 대한 비판에서 비롯됨을 확인 할 수 있다. 이는 민주주의를 대변하는 대의민주주의 혹은 의회민주주의가 세계 여러 곳에서 민주주의의 이상과는 거리가 멀어지며 그 한계를 드러냈기 때문이다. 그리고 이에 대한 일반 시민들의 불만과 민주주의의 지속을 위한 요구는 점차 커졌으며, 한국 사회도 예외는 아니었다. 그 한 예가 2016년과 2017년에 있었던 촛불집회 혹은 촛불혁명이라해도 과언이 아닐 것이다. 기존 대의민주주의 혹은 의회민주주의에 대한 절망에서 사람들은 광장으로 나왔으며, SNS를 통해 소통하고 의견을 나누는 등 더욱 다양한 의견이 직접적으로 표출되고 집약되는 직접민주주의를 연상시키며 시민이 주인임을 밝힌 것이다.

시민이 주인인, 즉 민주주의가 중요시하는 '인민주권'은 정치가들의 선언적 의미에서 벗어나야 할 때가 된 것이다. 그리고 기존의 민주주의가 실질적 인민주권을 실현하는 데 한계를 보였고 이로부터 등장하는 여러 정치운동 혹은 정치현상 중에 포퓰리즘 운동 혹은 포퓰리즘 현상이 드러났다고 볼 수 있다. 포퓰리즘과 민주주의의 관계를 살펴보는 것은 각각의 개념적 정의를 비교하는 것이 아니다. 역사를 통해서 그리고 동시대 민주주의를 표방하는 다른 여러 국가에서 드러난 실질적 '인민주권'에 대한 요구와 실천, 그리고 기존 민주주의의 한계를 확인하는 것을 의미한다. 포퓰리즘을 정의할 수는 없지만, 포퓰리즘적 현상 혹은 포퓰리즘 현상이 있다면 그것이 민주주의 사회에 던지는 화두는 이상적 민주주의가 아닌 실질적 민주주의를 실천하자는 것이며, 이를 위해 보다 많은 다양한 사회구성원들, people, 즉 인민 혹은 시민들이 그들의 기본적 권리를 주장하고 보장받을 수 있는 제도가 민주주의라는 이름 하에 실현되어야 한다는 점일 것이다. 결국 민주주의와 포퓰리즘이 강조하는 '인민', 즉 people이 전면에 나설 수밖에 없는 것이다.

3. 피플-이즘의 의미는 무엇인가?

기존 민주주의의 한계를 극복하고 더 민주적인 민주주의를 향해야 한다는 것은 그 누구도 부인할 수 없는 명제일 것이다. 그리고 이 과정에서 더욱 강조되는 것은 선언적 의미에서 people(인민, 민중, 시민 등)이 아닌 실질적 의미에서 people이다. 이것은 people의 존재에 대한 근원적 물음, 즉 인간은 근본적으로 타자와 함께할 수밖에 없는 존재라는 점에서 출발해야 함을 의미한다. 타자와 경계를 짓고 타자를 배제하는 행위를 통해 인간은 불평등과 불공정한 사회를 만들어 가기 때문이다. 더 민주적인 민주주의를 향하기 위해 민주주의와 포퓰리즘은 경계 짓기와 배제의 함정에서 빠져나와야 할 것이다. 그리고 기존 민주주의 사회가 그 한계를 극복하기 위해서는 다양한 사회구성원의 존재가 경계 짓기와 배제가 아닌 어울림과 섞임을 통하여 people이 people로서 일상의 삶과 기본적 권리를 보장받아야 하는 것이다.

따라서 people이 인민, 민중, 시민 등 다양한 의미로 해석될 수 있다는 점을 감안하면서, 민주주의가 그리고 포퓰리즘 혹은 포퓰리즘적 현상이 더 많은 인민의 권리를 보장하고 확대해야 한다는 점은 본질적 문제일 수밖에 없다. 한국의 전통 유교 정치사회에서도 백성을 대하는 위정자들의 태도가 백성을 사랑하는 애민(愛民)과 백성을 두려워하는 외민(畏民)을 동시에 추구하고 있다는 점은 시사하는 바가 크다. 이런 점에서 people이 중심이며 people이 주체인 민주주의 사회를 지향하는 일련의 정치 현상 혹은 정치 운동을 '피플-이즘'으로 확대할 수 있는 가능성에 대한 타진은 '피플-

이즘'을 정의하는 것이 아님을 다시 한 번 확인할 필요가 있다. 선언적 의미의 주권이 아닌 실질적 주권이 없는 인민들이 더 이상 남겨지지 않는 그러한 정치, 그러한 사회가 근본적으로 민주주의가 지향하는 사회이며, 우리 모두가, 보다 많은 인민이, 더욱 다양한 people이 지향하는 사회일 것이다.

4. 피플-이즘은 새로운 정치에 대해 무엇을
이야기할 수 있는가?

기존 민주주의의 한계를 극복하는 것은 기존과는 다른 새로운 정치를 요구하는 것일지도 모른다. 그리고 새로운 정치란 민주주의가 정치의 영역에서 나아가 경제영역, 사회영역으로 확대되어 제대로 된 민주주의로 자리매김하는 과정을 의미한다. 이것은 대의민주주의의 한계를 극복하고 민주주의를 재구성하면서 더욱 강화시켜야 한다는 과제이며, 그것을 실천하는 주체가 people(인민, 민중, 시민 등)이어야 한다는 의미다. 누군가들만의 people 혹은 특정 정치세력이 동원하는 people이 아닌 진짜 주체로 민주주의를 재구성하고 강화하기 위해서는 이들이 제도적으로 주권을 행사할 수 있는 통로가 마련되어야 함을 의미하는 것이기도 하다.

어쩌면 이러한 민주주의가 더 민주적으로 지속되기 위해서 요구되는 다양한 인민의 권리 주장을 '피플-이즘'이라는 또 다른 용어를 사용함으로써 오히려 혼선에 빠뜨리고 기성 민주주의 사회가 안고 있는 불평등과 불공정을 희미하게 할 수있다는 우려를 무시해서도 안 될 것이다. 그래서 피플-이즘이라는 용어의 사용보다는 포퓰리즘 혹은 포퓰리즘적 현상을 직시하면서 기존 민주주의를 어떻게 민주적으로 재구성할 것인가에 집중하는 것이 더 의미있는 일일지도 모른다.

'이즘(-ism)' 자체가 사상 혹은 이데올로기를 의미하지는 않지만 그럼에도 일반적으로 일종의 세계관 혹은 일종의 보편적 개념으로 이해된다는 점에서 포퓰리즘에 대한 정의도 불가능한 상황을 고려한다면 '피플-이즘'이라는 용어를 사용함으로써 많은 에너지가 엉뚱한 곳에서 소비될 위험을 무시할 수는 없을 것이다.

그럼에도 사회가 더욱 다원화되고 다양한 구성원들로 복잡해지고 있는 지금 이 시대가 기존의 삶의 방식과 사고방식을 급격하게 변화시키고 있다는 점을 고려한다면, 기존의 정치 문법과 형식이 지니고 있었던 지위도 그 기반부터 흔들리고 있지 않나 다시금 살펴 볼 필요가 있을 것이다. 그리고 바로 이 지점에서 people이 도대체 무엇인가 그리고 그동안 소외되고 무시당하고 자신의 정당한 몫으로부터 배제되었다라고 느끼는 이런 people의 존재와 그들의 요구를 좀 더 진지하게 사유해 볼 수 있는 기회를 제공할 지도 모른다는 옅은 기대속에서 '피플-이즘'에 접근한다면, 새로운 기회, 새로운 정치, 그래서 더 많은 민주주의를 실천할 수 있는 계기가 될 수 있지 않을까!

공통 참고문헌

무데, 카스·크리스토발 로비라 칼트바서, 이재만 옮김(2019). 『포퓰리즘』, 교유
서가.

무페, 샹탈, 이승원 옮김(2019). 『좌파 포퓰리즘을 위하여』, 문학세계사.

뮐러, 얀 베르너, 노시내 옮김(2017). 『누가 포퓰리스트인가: 그가 말하는 '국민'
안에 내가 들어갈까』, 서울: 마티.

미즈시마 지로, 이종국 옮김(2019). 『포퓰리즘이란 무엇인가: 민주주의의 적인가,
개혁의 희망인가』, 일산: 연암서가.

서병훈(2008). 『포퓰리즘: 현대 민주주의의 위기와 선택』, 서울: 책세상.

서영표(2014). 「포퓰리즘의 두 가지 해석: 대중영합주의와 민중 민주주의」, 『민족
문화연구』, 63: 3-42.

주디스, 존, 오공훈 옮김(2017). 『포퓰리즘의 세계화』. 서울: 메디치.

진태원 편(2017). 『포퓰리즘과 민주주의』, 소명출판.

캐노번, 마가렛, 김만권 옮김(2015). 『인민』. 서울: 그린비.

콜린 크라우치, 이한 옮김(2008). 『포스트 민주주의: 민주주의 시대의 종말』, 미
지북스.

태가트, 폴, 백영민 옮김(2017). 『포퓰리즘: 기원과 사례 그리고 대의민주주의와
의 관계』, 파주: 한울 아카데미.

Ionescu, Ghita and Ernest Gellner(eds.) (1969). *Populism: Its Meanings and National
Characteristics*, London: Weidenfeld & Nicolson.

Laclau, Ernesto(2005). On Populist Reason, London: Verso.

Mudde, Cas and C. R. Kaltwasser(2017). *Populism: A Very Short Introduction*, Oxford and New York: Oxford University Press.

제1장 (한국) 민주주의를 다시 생각하다. 포퓰리즘이 던지는 질문

강정인(2000). 「민주주의의 한국적 수용」. 『한국정치학회보』, 34(2): 69-86.

이관후(2016). 「왜 '대의민주주의'가 되었는가?: 용례의 기원과 함의」. 『한국정치연구』, 25(2): 1-26.

이동수(2007). 「개화와 공화민주주의. 《독립신문》을 중심으로」. 『정신문화연구』, 30(1): 5-29.

이영록(2010). 「한국에서의 '민주공화국'의 개념사」. 『법사학연구』, 42:49-83.

장규식(2018). 「3·1운동 이전 민주공화제의 수용과 확산」. 『한국사학사학보』, 38: 48-66.

Kaltwasser, C. R. et al(2017). "Populism. An Overview of the concept and the State of the Art". In C. R. Kaltwasser et al. eds., *The Oxford Handbook of Populism*. Oxford: Oxford University Press.

Mudde, Cas(2017). "Populism: An Ideational Approach". In C. R. Kaltwasser et al. eds., *The Oxford Handbook of Populism*. Oxford: Oxford University Press.

제2장 서양정치사상에서 인민의 실존과 정치적 문제성

김남국(2019). 『문화와 민주주의』. 서울: 이학사.

서병훈(2008). 『포퓰리즘: 현대 민주주의의 위기와 선택』. 서울: 책세상.

진태원(2017). "포퓰리즘, 민주주의, 민중". 진태원(편), 『포퓰리즘과 민주주의』. 서울: 소명출판, pp.19-54.

주디스, 존, 오공훈 옮김(2017). 『포퓰리즘의 세계화』. 서울: 메디치.

캐노번, 마가렛, 김만권 옮김(2015). 『인민』. 서울: 그린비.

태가트, 폴, 백영민 옮김(2017). 『포퓰리즘: 기원과 사례 그리고 대의민주주의와 의 관계』. 파주: 한울 아카데미.

Aristotle (1985). Politics, translated by Carnes Lord. Chicago: University of Chicago Press.

Aristotle (2003). Nicomachean Ethics, translated by Harris Rackham. Cambridge: Harvard University Press.

Derrida, Jacques (2005). The Politics of Friendship, translated by George Collins. London: Verso.

Hamilton, Alexander, James Madison, and John Jay (2003). The Federalist Papers, edited by Charles Kesler. New York: Signet Classic.

Heidegger, Martin (1962). Being and Time, translated by J. Macquarrie and E. Robinson. New York: Harper & Row.

Hobbes, Thomas (2006). Leviathan. Cambridge: Cambridge University Press.

Lee, SangWon(2020). "Democracy, Faction and Diversity: An Analysis of the Existential Ground of Democratic Republic Reflected in *The Federalist Papers*." *Korea Observer* 51(2): 295–312.

Levinas, Emmanuel(1969). Totality and Infinity, translated by A. Lingis. Pittsburgh: Duquesne University Press.

Locke, John (2005). Two Treatises of Government. Cambridge: Cambridge University Press.

Plato (1991). Republic, translated by A. Bloom. New York: Basic Books.

Plato (1925). Lysis, Symposium, Gorgias, translated by W. Lamb. Cambridge: Harvard University Press.

Plato (1999). Timaeus, Critias, Cleitophon, Menexenus, Epistles, translated by R. bury. Cambridge: Harvard University Press.

제3장 고대 데마고고스의 정치술과 참된 정치술

박성우(2014). 『영혼돌봄의 정치』, 인간사랑.

아리스토텔레스, 천병희 옮김(2009). 『정치학』, 숲.

아리스토텔레스 외, 최자영·최혜영 옮심(2002). 『고대 그리스정치사 사료』, 신서원.

아리스토파네스, 천병희 옮김(2010). 『아리스토파네스 희극1』, 숲.

도널스케이건, 허승일·박재욱 옮김(2006). 『펠로폰네소스전쟁사』, 까치.

베터니 휴즈, 강경이 옮김(2012). 『아테네의 변명』, 옥당출판.

투키디데스, 박광순 옮김(2011). 『펠로폰네소스전쟁사 상』, 범우사.

플라톤, 박종현 옮김(2009). 『법률』, 서광사.

플라톤, 김인곤 옮김(2014). 『고르기아스』, 이제이북스.

플라톤, 박종현 옮김(2004). 『플라톤의 국가·政體』, 서광사.

플라톤, 강철웅 옮김(2014). 『소크라테스의 변명』, 이제이북스.

김봉철(1989). 「데마고고스『클레온』」, 『역사학보』. 113: 101-140.

문지영, 강철웅(2011). 「플라톤『국가』의 민주정 비판과 이상 국가 구상: "정치"와 "통치자"에 대한 새로운 전망」, 『사회과학연구』 35(1): 243-268.

손병석(2015). 「플라톤과 민주주의」, 『범한철학』, 78(3): 39-69.

이병택(2011). 「고대 아테네 헌정의 발전과 공동성의 변천: 『아테네 헌정』을 중심으로」, 『오토피아』, 26(1): 5-28.

황옥자(2017). 『플라톤 정치철학에서 정치의 개선가능성과 좋은 민주주의: 정치와 철학의 관계를 중심으로』, 학위논문(박사), 전남대학교.

M. I. Finley (1985). *Democracy Ancient and Modern*, 2nd ed, London: Hogarth Press.

Tim Duff (1999). *Plutarch's Lives: Exploring Virtue and Vice*, Oxford: Clarendon Press.

제4장 현대중국에서의 포퓰리즘과 민본주의의 동거

江澤民(2006). 『江澤民文選』(第Ð卷), 北京：人民出版社.

賴星(2013). 『當代中國民粹主義思潮的複起』, 上海: █旦大學.

鄧小平(1994). 『鄧小平文選』(第2卷), 北京: 人民出版.

毛澤東(1991a). 『毛澤東選集』(第3卷), 北京: 人民出版社.

毛澤東(1991). 『毛澤東選集』(第1卷), 北京: 人民出版社.

毛澤東(1990). 『毛澤東早期文稿』, 長沙: 湖南出版社.

習近平(2017). 『決勝全面建成小康社會奪取新時代中國特色社會主義偉大勝利』, 北京: 人民出版社.

梁啓超(2014). 『先秦政治思想史』, 東方出版社.

中央文獻研究室(2014). 『十八大以來重要文獻選編』(上), 北京: 中央文獻出版社.

吳海江, 徐偉軒, 「"以人民爲中心"思想對傳統民本思想的傳承與超越」, 『毛澤東鄧小平理論研』, 2018年 第7期.

張分田, 「論"立君爲民"在民本思想體系中的理論地位」, 『天津師範大學學報』(社會科學版), 2005(02).

胡偉希, 「中國近現代的社會轉型與民粹主義」, 『戰略與管理』, 1994年 第5期.

"胡錦濤在中國共產黨成立85周年大會上的講話," 2006年06月30日新華網. https://news.qq.com/a/20110611/000822_2.htm(검색일: 2020. 7. 29.)

"習近平總書記經濟思想的民本情懷", 人民論壇網, 2016年02月03日. http://news.cntv.cn/2016/02/03/ARTIXbvvE01dTGMNS2PNXjs9160203.shtml(검색일: 2020.06.11.)

西藏軍區政治部, "人民對美好生活的向往, 就是我們的奮鬥目標", 西藏日報, 2015年01月03日. http://theory.people.com.cn/n/2015/0103/c40531-26314849.html(검색일: 2020. 6. 11.)

제5장 한국정치사상에서 people의 대응개념과 그 의미 그리고 포퓰리즘

『國語』/『孟子』/『尙書』/『荀子』/『新書』/『禮記』/『春秋左傳』/『淮南子』/『說文解字注』, 『조선왕조실록』(한국고전종합DB)

김형효 외(2000). 『민본주의를 넘어서』, 청계.

박명규(2014). 『국민·인민·시민』, 삼화.

박휘근(1998). 『한국인의 존재지혜 Ⅰ: 단군신화와 한국인의 존재지혜』, 미출간 서적.

송호근(2011). 『인민의 탄생』, 민음사.

송호근(2013). 『시민의 탄생』, 민음사.

장현근(2016). 『관념의 변천사』, 한길사.

한자경(2008). 『한국철학의 맥』, 이화여자대학교 출판부.

김윤희(2009). 「근대 국가구성원으로서의 인민 개념 형성(1876~1894)」, 『역사문제 연구』, 13(1): 295-331.

박병석(2014). 「중국 고대 유가의 '민' 관념: 정치의 주체인가 대상인가?」, 『한국동 양정치사상사연구』, 13(2): 1-80.

이나미(2018). 「'사민공치(士民共治)'로 본 한국 공화주의」, 『담론 201』, 21(3): 35-62.

이승환(2005). 「동양에서 '공적 합리성'의 특성과 근대적 변용」, 『철학연구』, 29: 3-46.

이태진(2000). 「민본(民本)에서 민주(民主)까지: 한국인 정치의식의 과거와 미래」, 『韓國史市民講座』, 26: 1946.

최성흠(2006). 「중국 '인민'의 유교적 내재성」, 『중국학연구회 학술발표회 자료집』.

함규진(2016). 「한국적 민주주의의 형성과 민본주의의 역할」, 『정치·정보연구』, 19(1): 275-300.

溝口雄三 外 編(2001). 『中國思想文化事典』, 東京大學出版會.

제6장 라틴아메리카 포퓰리즘과 인민

가라타니 고진, 조영일 옮김(2012). 『세계사의 구조』, 도서출판b.

갈레아노, 에두아르도, 조숙영 옮김(2004). 『거꾸로 된 세상의 학교』, 르네상스.

김은중(2012), 「라틴아메리카 포퓰리즘에 대한 정치철학적 재해석」, 『이베로아메 리카연구』, Vol.23, No.2, pp.27-61.

김은중(2013). 「라틴아메리카 포퓰리즘을 다시 생각한다—민중 개념의 재구성과 급진민주주의」, 『역사비평』, 105: 127-156.

랑시에르, 자크, 양창렬 옮김(2013). 『정치적인 것의 가장자리에서』, 길.

무데, 카스·크리스토발 로비라 칼트바서(2019). 『포퓰리즘』, 교유서가.

무페, 샹탈, 이승원 옮김(2019). 『좌파 포퓰리즘을 위하여』, 문학세계사.

무페, 샹탈, 서정연 옮김(2020). 『경합들: 갈등과 적대의 세계를 정치적으로 사유하기』, 난장.

이진경(2008). 『사회구성체론과 사회과학 방법론』, 그린비.

주정립(2006). 「포퓰리즘에 대한 이론적 검토」, 『시민사회와 NGO』, 4(1):43-79.

진태원(2013), 「포퓰리즘, 민주주의, 민중」, 『역사비평』, 105, 역사비평사.

킨, 벤자민·키스 헤인즈, 김원중·이성훈 옮김(2014). 『라틴아메리카의 역사(하)』, 그린비.

Basset, Yann(2006), "Approximación a las nociones de populismo y gobernabilidad en los discursos contemporáneos sobre América Latina", *Revista Opera*, abril, Vol.6, No.6, pp.27-45.

Castro, Fidel (1975), " "La Historia me absolverá", http://www.adelante.cu/index.php/es/coberturas/48-26-de-julio-en-cuba/4284-el-pueblo-de-fidel.

Du ssel, Enrique (2001). Hacia una filosofía política crítica, Bilbao: Editorial Desclée de Brouwer, S.A.

Dussel, Enrique (2012). "Cinco tesis sobre el populismo" El eterno retorno del populismo en América Latina y el Caribe, Márquez Restrepo, Martha Lucía et. al.(eds.), Bogo tá : Editorial Pontificia Universidad Javeriana, 159-180.

Germani, Gino (1978). Authoritarianism, Fascism and National Populism, New Brunswick, NJ: Transaction Books.

Gonzales, Osmar (2007). "Los orígenes del populismo latinoamericano. Una mirada diferente," Cuadernos del CENDES, 24(66):75-104.

Ionescu, Ghita and Ernest Gellner(eds.) (1969). *Populism: Its Meanings and National Characteristics*, London: Weidenfeld & Nicolson.

Kazin, Michael (1998). *The Populist Persuasion: An American History*, Ithaca & London: Cornell University Press.

Laclau, Ernesto (1987). "Populismo y transformación del imaginario político en América Latina", Boletín de Estudios Latinoamericanos y del Caribe, 42: 25-38.

Laclau, Ernesto (2005). *On Populist Reason*, London: Verso.

Perón, J.D. (1947). Discurso pronunciado en la Academia Argentina de Letras con motivos del Día de la Raza en el Cuarto Centenario de nacimiento de Don Miguel de Cervantes Saavedra, Buenos Aires, Argentina.

Vatter, Miguel (2012). "The Quarrel between Populism and Republicanism: Machiavelli and the Antinomies of Plebian Politics", Contemporary Political Theory, 11(3): 242-263.

제7장 유럽과 미국 포퓰리즘의 역사적 조망

무데, 카스·크리스토발 로비라 칼트바서, 이재만 옮김(2019). 『포퓰리즘』, 교유서가.

무페, 샹탈, 이승원 옮김(2019). 『좌파 포퓰리즘을 위하여』, 문학세계사.

뮐러, 얀 베르너, 노시내 옮김(2017). 『누가 포퓰리스트인가: 그가 말하는 '국민' 안에 내가 들어갈까』, 마티.

미즈시마 지로, 이종국 옮김(2019). 『포퓰리즘이란 무엇인가: 민주주의의 적인가, 개혁의 희망인가』, 연암서가.

진태원 편(2017). 『포퓰리즘과 민주주의』, 소명출판.

코엔, 다니엘, 김진식 옮김(2020). 『유럽을 성찰하다』, 글항아리.

태가트, 폴, 백영민 옮김(2017). 『포퓰리즘: 기원과 사례, 그리고 대의민주주의와의 관계』, 한울.

장문석(2017). "'정상 국가'를 향하여: 이탈리아 포퓰리즘의 실험", 진태원(편), 『포 퓰리즘과 민주주의』, 소명출판.

장문석(2020). 「트랜스내셔널 파시즘으로 가는 길목에서: 파시즘 비교 연구의 최 근 동향」, 『서양사론』, 145.

"주류 언론의 배신, 소셜 미디어가 혁명의 무기가 됐다", 미디어오늘(2018.6.18). http://www.mediatoday.co.kr/news/articleView.html?mod=news&act=arti cleView&idxno=143167(검색일: 2020. 10. 4.)

Eatwell, Roger and Matthew Goodwin (2018). *National Populism: The Revolt against Liberal Democracy*, Penguin Books.

Ionescu, Ghita and Ernest Gellner, eds. (1969). *Populism: Its Meaning and National Characteristics*, London: Weidenfeld and Nicolson.

Losurdo, Domenico (1993). *Democrazia o Bonapartismo: Trionfo e Decadenza del Suffragio Universale*, Torino: Bollati Boringhieri.

Revelli, Marco (2019). *The New Populism: Democracy Stares into the Abyss*, London: Verso.

Rossi, A.[Angelo Tasca] (1938), *The Rise of Italian Fascism 1918-1922*, trans. Peter and Dorothy Wait, London: Methuen & Co. Ltd.

Eatwell, Roger, "Populism and Fascism", *The Oxford Handbook of Populism*, eds. Cristóbal Rovira Kaltwasser, Paul Taggart, Paulina Ochoa Espejo, and Pierre Ostiguy (2017). Oxford: Oxford University Press.

Douzinas, Costas, "In Greece, We See Democracy in Action," *The Guardian*, 15 June 2011, https://www.theguardian.com/commentisfree/2011/jun/15/greece-europe-outraged-protests(검색일: 2020. 10. 4.)

Setta, Sandro (2000). "GIANNINI, Guglielmo" Dizionario Biografico degli Italiani, 54. https://www.treccani.it/enciclopedia/guglielmo-giannini_%28Dizionario-

Biografico%29/(검색일: 2020. 10. 4.)

"Uomo Qualunque," Enciclopedia Italiana: Il Appendice (1949),
https://www.treccani.it/enciclopedia/uomo-
qualunque_%28Enciclopedia-Italiana%29/(검색일: 2020. 10. 4.)

"Qualunquismo," Vocabolario On Line, https://www.treccani.it/
vocabolario/qualunquismo/(검색일: 2020. 10. 4.)

제8장 대의민주주의의 위기와 대중정치의 모색

심승우 외(2015). 『정치학:인간과 사회 그리고 정치』, 박영사.

이진경(2012). 『대중과 흐름: 대중과 계급의 정치사회학』, 그린비.

이한(2018). 『철인왕은 없다: 심의민주주의로 가는 길』, 미지북스.

버나드 마넹, 곽준혁 옮김(2004). 『선거는 민주적인가』, 후마니타스.

벤저민 긴스버그 외, 서복경 옮김(2013). 『다운사이징 데모크라시』, 후마니타스.

요셉 슘페터, 변상진 옮김(2011). 『자본주의 사회주의 민주주의』, 한길사.

자크 랑시에르, 양창렬 외 옮김(2010). "민주주의에 맞서는 민주주의들", 『민주주의는 죽었는가?』, 난장.

제9장 포퓰리즘은 왜 그리고 어떻게 몹쓸것이 되었나

마인섭(2004). "정당과 사회균열구조", 심지연(편), 『현대 정당정치의 이해』, 서울: 백산서당.

미셸 푸코(2011). 『감시와 처벌: 감옥의 역사』, 파주: 나남.

미즈시미 지로, 이종국 옮김(2019). 『포퓰리즘이란 무엇인가』, 일산: 연암서가.

서병훈(2008). 『포퓰리즘이란 무엇인가』, 서울: 책세상.

존 주디스, 오공훈 옮김(2017). 『포퓰리즘의 세계화』, 서울: 메디치.

폴 테커드, 백영민 옮김(2017). 『포퓰리즘』, 파주: 한울.

한국미국사학회(2006). 『사료로 읽는 미국사』, 서울: 궁리.

김은중(2012). 「라틴아메리카 포퓰리즘에 대한 정치철학적 재해석」, 『리베로아메리카연구』, 23(2): 27-61.

서병훈(2012). 「포퓰리즘과 민주주의」, 『리베로아메리카연구』, 23(2): 1-25.

서영표(2014). 「포퓰리즘의 두 가지 해석: 대중영합주의와 민중 민주주의」, 『민족문화연구』, 63: 3-42.

오상택(2017). 『한국 정당체계의 기원과 형성: 해방기 사회균열구조와 정치적 동원의 상호작용을 중심으로』, 학위논문(박사), 성균관대학교 정치외교학과.

조성대(2008). 「균열구조와 정당체계: 지역주의, 이념, 그리고 2007년 한국 대통령선거」, 『현대정치연구』, 1(1): 169-198.

조원광(2012). 「미셸 푸코 권력이론의 재조명: 교환이론, 네트워크이론, 3차원 권력이론과의 비교를 중심으로」, 『경제와 사회』, 94: 242-273.

홍윤기(2006). 「한국 포퓰리즘 담론의 철학적 검토」, 『시민사회와 NGO』, 4(1): 7-41.

Gellner, Ernest & Ghita Ionescu (1969). *Populism: Its Meaning and National Characteristics*, London: Macmillan.

Gidron, Noam. & Bart Bonikowski (2013). *Varieties of Populism: Literature Review and Research Agenda*, MA: Harvard Weatherhead Center.

Lipset, Seymour M. & Stein Rokkan (1967). *Party System and Voter Alignment*, New York: The Free Press.

Lipset, Seymour M. (1981). *Political Man: The Social Bases of Politics*, Baltimore: The Johns Hopkins University Press.

Nietzsche, F. tran. Douglas Smith (2009). *On the Genealogy of Morals*, Oxford: Oxford University Press.

Forer, B. R (1949). "The fallacy of personal validation: A classroom demonstration of gullibility", *Journal of Abnormal and Social Psychology*, 44(1): 118-123.

Peffer, W. A.(1898). "The Passing of the People's Party", *The North American Review*, 166(494): 12-23.

https://ko.wikipedia.org/wiki(검색일: 2020. 10. 4).

https://www.britannica.com/topic/populism(검색일: 2020. 10. 2).

제10장 다른 민주주의의 재등장

무데, 카스 · 칼트바서, 크리스토발 로비라, 이재만 옮김(2019). 『포퓰리즘』, 교유
　　서가.

무페, 샹탈, 이승원 옮김(2019). 『좌파 포퓰리즘을 위하여』, 문학세계사.

바우만, 지그문트 외, 박지영 외 옮김(2017). 『거대한 후퇴: 불신과 공포, 분노와
　　적개심에 사로잡힌 시대의 길찾기』, 살림.

서병훈(2008). 『포퓰리즘: 현대민주주의의 위기와 선택』, 책세상.

윤비 외(2017). 『의회주의와 의회정치발전을 위한 정치적 포퓰리즘 분석』, 국회사
　　무처.

주디스, 존, 오공훈 옮김(2017). 『포퓰리즘의 세계화』, 메디치.

진태원 편(2017). 『포퓰리즘과 민주주의』, 소명출판.

태가트, 폴, 백영민 옮김(2017). 『포퓰리즘: 기원과 사례, 그리고 대의민주주의와
　　의 관계』, 한울.

헬드, 데이비드, 박찬표 옮김(2010). 『민주주의의 모델들』, 후마니타스.

김주형·김도형(2020). 「포퓰리즘과 민주주의: 인민의 민주적 정치 주체화」, 『한국
　　정치연구』, 29(2): 57-90.

김현준·서정민(2017). 「포퓰리즘 정치 개념 고찰: 문화적 접근의 관점에서」, 『한국
　　정치학회보』, 51(4): 49-74.

양승태(2012). 「21세기 초반 한국정치에서 파퓰리즘의 의미: 정치철학적 및 정치
　　사상사적 탐색」, 『정치사상연구』, 18(1) :9-31.

이관후(2019). 「통치 주체의 자격에 대한 역사적 고찰: 현대 포퓰리즘이 제기한
　　질문은 무엇인가?」, 『시민과세계』, 35: 1-40.

이승원(2018). 「직접민주주의의 정치철학적 기반에 관한 연구: 포퓰리즘인가 민
　　주주의인가?」, 『시민과세계』, 32: 1-29.

장석준(2019). 「오늘의 대한민국에서 포퓰리즘에 주목해야 하는 이유」, 『시민과세계』, 34: 1-36.

정병기(2020). 「포퓰리즘의 개념과 유형 및 역사적 변화: 고전적 포퓰리즘에서 포스트포퓰리즘까지」, 『한국정치학회보』, 54(1): 91-110.

정진영(2018). 「세계화와 자유민주주의 위기의 두 얼굴: 신자유주의와 포퓰리즘의 정치적 동학」, 『한국정치학회보』, 52(4): 81-102.

홍철기(2019). 「포퓰리즘-반포퓰리즘 논쟁에 던지는 두 가지 질문: 포퓰리즘은 정말로 반-헌정주의적이고 반-자유주의적인가?」, 『시민과세계』, 34: 37-68.

홍태영(2018). 「주권자(sovereign)의 귀환과 민주주의적 정치? 포퓰리즘과 근대정치의 위기 그리고 새로운 가능성」, 『아세아연구』, 61(2): 43-75.

Laclau, Ernesto (2005). *On Populist Reason*, Verso.

Mouffe, Chantal (2018). *For a left populism*, Verso.

Panizza, Francisco, ed (2005). *Populism and the Mirror of Democracy*, Verso.

Bretherton, Luke (2019). "Who speaks for the people?", Christian Century June 19.

Dzur, Albert W. and Hendriks, Carolyn M. (2018). "Thick populism: democracy-enhancing popular participation", Policy Studies, 39(3): 334-351.

Fraser, Nancy (2016). "Progressive Neoliberalism versus Reactionary Populism: A Choice that Feminist Should Refuse", NORA-Nordic Journal of Feminist and Gender Research 24(4): 281-284.

Morffitt, Benjamin and Tormey, Simon (2014). "Rethinking Populism: Politics, Mediatisation and Political Style", Political Studies 62(2): 381-397.

Panayotu, Panos (2017). "Towards a transnational populism: A chance for European democracy(?) The case of DiEM25", POPULIMUS Working Papers 5. Populismus.

Schmitter, Philippe C. (2019). "The Vices of Virtues of 'Populisms'",

Sociologica 13(1): 75-81.

Urbinati, Nadia (2019). "Political Theory of Populism", Annual Review of Political Science 22: 111-127.

Weyland, Kurt (2001). "Clarifying a Contested Concept: Populism in the Study of Latin American Politics", Comparative Politics 34(1): 1-22.

제11장 포퓰리즘 민주주의와 한몸이면서 분리된

데 라 토레, 카를로스, 정동희 옮김(2018). 「포퓰리즘의 재건: 민주화의 약속과 권위주의적 실행」, 『라틴아메리카이슈』, 131-147.

뭉크, 야스차, 함규진 옮김(2018). 『위험한 민주주의: 새로운 위기, 무엇이 민주주의를 파괴하는가』, 서울: 와이즈베리.

뮐러, 얀 베르너, 노시내 옮김(2017). 『누가 포퓰리스트인가: 그가 말하는 '국민' 안에 내가 들어갈까』, 서울: 마티.

서병훈(2008). 『포퓰리즘: 현대 민주주의의 위기와 선택』, 서울: 책세상.

캐노번, 마거릿, 김만권 옮김(2015). 『인민』, 서울: 그린비.

크라스테프, 이반, 박지영 외 옮김(2017). 「다수결주의의 미래」, 『거대한 후퇴: 불신과 공포, 분노와 적개심에 사로잡힌 시대의 길찾기』, 파주: 살림.

Canovan, M. (1999). "Trust the People! Populism and the Two Faces of Democracy". Political Studies 47(1): 2-16.

Kaltwasser, C. R. (2012). "The Ambivalence of Populism: Threat and Corrective for Democracy". Democratization 19(2): 184-208.

Mény, Y. and Surel, Y. (2002). "The Constitutive Ambiguity of Populism". Mény, Yves and Surel, Y. (ed.). Democracies and the Populist Challenge. Basingstoke; New York: Palgrave Macmillan.

Mudde, C. (2004). "The Populist Zeitgeist". Government and Opposition 39(4): 541-563.

Mudde, C. and Kaltwasser, C. R. (2017). *Populism: A Very Short Introduction.*

Oxford: Oxford University Press.

제12장 민주적 포퓰리즘과 정치의 재구성

데이비드 하비, 한상연 옮김(2014). 『반란의 도시』, 에이도스.

무페, 샹탈, 이승원 옮김(2019). 『좌파 포퓰리즘을 위하여』, 문학세계사.

이승원(2013). "현대 정치의 '주체', '공간', 그리고 민주주의: 최장집의 '정당민주주의'에 대한 비판적 고찰을 기반으로", 김정한(편), 『최장집의 한국민주주의론』, 소명출판.

이승원(2014). 『민주주의』, 책세상.

장석준(2011). 『신자유주의의 탄생: 왜 우리는 신자유주의를 막을 수 없었나』, 책세상.

최장집(2010). 『민주화 이후의 민주주의』, 후마니타스.

콜린 크라우치, 이한 옮김(2008). 『포스트 민주주의: 민주주의 시대의 종말』, 미지북스.

제13장 결사체 민주주의 재건을 통한 민주주의 위기의 극복 가능성

김명환(2011). 『영국 노동불안기 연구: 영국사의 전환점 1911~1914』, 혜안.

달링턴, 랠프, 이수현 옮김(2015). 『사회변혁적 노동조합운동: 20세기 초 유럽과 미국의 신디컬리즘』, 책갈피.

데일, 개러스, 황성원 옮김(2019). 『칼 폴라니: 왼편의 삶』, 마농지.

라이트, 에릭 올린, 권화현 옮김(2012). 『리얼 유토피아: 좋은 사회를 향한 진지한 대화』, 들녘.

래시, 크리스토퍼, 이희재 옮김(2014). 『진보의 착각: 당신이 진보라 부르는 것들에 관한 오해와 논쟁의 역사』, 휴머니스트.

러셀, 버트런드, 장성주 옮김(2012). 『버트런드 러셀의 자유로 가는 길』, 함께읽는책.

미헬스, 로베르트, 김학이 옮김(2015). 『정당론』, 한길사.

벨록, 힐레어, 성귀수 옮김(2019). 『노예국가: 자본주의 사회에서 노예로 산다는 것』, 루아크.

장석준(2013). 『사회주의』, 책세상.

장석준(2019). 『세계 진보정당 운동사: 큰 개혁과 작은 혁명들의 이야기』, 서해 문집.

카스텔, 마누엘, 박행웅, 오은주, 김묵한 옮김(2014). 『네트워크 사회의 도래』, 한울.

콜, G. D. H, 김철수 옮김(2012). 『영국 노동운동의 역사』, 책세상.

폴라니, 칼, 홍기빈 옮김(2009). 『거대한 전환: 우리 시대의 정치, 경제적 기원』, 길.

프레이저, 낸시, 임옥희 옮김(2017). 『전진하는 페미니즘: 여성주의 상상력, 반란 과 반전의 역사』, 돌베개.

홀, 스튜어트, 임영호 옮김(2007). 『대처리즘의 문화정치』, 한나래.

Cole, G. D. H. (1920). *Guild Socialism Restated*. Leonard Parsons.

Hirst, Paul. (1994). *Associative Democracy: New Forms of Economic and Social Governance*. Polity Press.

Hirst, Paul & Bader, Veit (2001). *Associative Democracy: The Real Third Way*. Frank Cass.

제14장 포퓰리즘을 넘어 강한 민주주의로

박정훈(2019). 『배달의 민족은 배달하지 않는다』, 빨간소금.

알렉산드리아 J. 래브넬, 김고명 옮김(2020). 『공유경제는 공유하지 않는다』, 롤러 코스터.

김만권(2020). 「'지속적 위기'의 시대, 보호망 짓기의 새로운 방법으로서 '지방자 치'의 가능성에 대한 정치철학적 제안」, 『사회와 철학』, 40: 123–146.

강병익(2018). 『2017–2018년 4월 유럽연합 국가별 총선결과: 우파강세 및 포퓰리 즘 확산, 그리고 유럽연합의 미래』, 민주연구원.

"코로나 1년, 비정규직 10명 중 4명 실직…정규직의 8.8배", 한겨레(2021.1.17).

Barber, Benjamin (1984). Strong Democracy, The Regents of the University of California.

Bartels, Larry M (2017). Unequal Democracy (2nd), Princeton UP.

Bauman, Zygmunt (2004). Work, Consumerism and the New Poor (2nd edition), Open University.

Canonvan, Margaret (2007), The People, Polity.

Crouch, Colin (2004). Post-Democracy, Polity.

Giddens, Anthony (1998). "The Third Way: The Renewal of Social Democracy", Polity Press, 4446.

Galbraith, John Kenneth (1958). The Affluent Society, Houghton Mifflin.

Judis, John B. (2016). The Populist Explosion, Columbia Global Report.

제15장 실천적 시민과 민주주의 지속

서영표(2014). 「포퓰리즘의 두 가지 해석 – 대중영합주의와 민중 민주주의」, 『민족문화연구』, 63: 3-42.

심성은(2019). 「노란 조끼 시위의 동인과 특징에 대한 고찰」, 『의정연구』, 25(1): 117-129.

아마르티야 센, 김원기 옮김(2017). 『자유로서의 발전』, 갈라파고스.

최장집(2011). 『민중에서 시민으로』, 돌베개.

최장집(2006). 『민주주의의 민주화』, 후마니타스.

최장집(1993). 『한국민주주의의 이론』, 한길사.

Federico Tarragoni (2019). L'esprit mocratique du populisme, Paris, La Découverte.

Jacques Rancière (2019). Les vertus de l'inexplicable, in Sylvain Bourmeau(dir.), Gilets jaunes, Hypothèses sur un mouvement, Paris, La Découverte.

Pierre Rosanvallon (2020). Le siècle du populisme : histoire, théorie, critique, Paris, Ed. du Seuil.

Gilets jaunes. Environnement, emploi, précarité, impôts: voici leurs 45 revendications, Ouest France, 29 novembre 2018. URL : https://www. ouest-france.fr/societe/gilets-jaunes/gilets-jaunes-environnement-emploi-precarite-impots-voici-leurs-revendications-6099353

Laurent Mucchielli, "Deux ou trois choses dont je suis presque certain à propos des Gilets jaunes", The Conversation, December 4, 2018, updated December 9, 2018. URL : https://theconversation.com/deux-ou-trois-choses-dont-je-suis-presque-certain-a-propos-des-gilets-jaunes-108183(검색일: 2020. 7. 10.)

제16장 연대의 두 얼굴과 한국 복지국가의 미래

김사강(2018). 「가입 장벽은 높아지고 차별은 강화될 이주민 건강보험제도 개정 안의 문제」, 『월간 복지동향』, 참여연대사회복지위원회.

남재욱(2019). 「한국에서의 복지국가와 포퓰리즘: 복지 포퓰리즘론을 넘어서」, 『시민과 세계』, 35: 41-70.

남재욱(2020). 「소득기반 전국민 고용보험 방안」, 내가만드는복지국가 이슈페이 퍼 2020-01 (https://mywelfare.or.kr/2222), 최종 접속일: 2021. 07. 22.

남재욱·김봄이·크리스티나히슬(2020). 『플랫폼 노동자의 사회적 권리 보장 연 구』, 한국직업능력개발원.

라이너 촐, 최성환 옮김(2008). 『오늘날 연대란 무엇인가?』, 한울 아카데미.

리처드 로티, 김동식·이유선 옮김(1996). 『우연성, 아이러니, 연대성』, 민음사.

무데, 카스·크리스토발 로비라 칼트바서, 이재만 옮김(2019). 『포퓰리즘』, 교유 서가.

무페, 샹탈, 이승원 옮김(2019). 『좌파 포퓰리즘을 위하여』, 문학세계사.

미즈시마 지로, 이종국 옮김(2019). 『포퓰리즘이란 무엇인가: 민주주의의 적인가, 개혁의 희망인가』, 연암서가.

반가운·김봄이·김형만·남재욱·이수현·조영철·최영준·티모 플렉겐슈타인 (2019).『사회정책전략 수립을 위한 의제발굴 연구』, 한국직업능력개발원.

버먼, 셰리, 김유진 옮김(2010).『정치가 우선한다: 사회민주주의와 20세기 유럽의 형성』, 후마니타스.

서유석(2013).「연대(solidarity) 개념에 대한 철학적 성찰」,『철학논총』, 72: 385-407.

설동훈(2017).「한국 내 이주민의 권리 보장: 동향과 쟁점」,『월간 복지동향』, 참여연대사회복지위원회.

오건호(2018). "대한민국 복지국가 만들기". 오건호 외,『나라는 부유한데 왜 국민은 불행할까?』, 철수와 영희.

에밀 뒤르켐, 민문홍 옮김(2012).『사회분업론』, 아카넷.

Emmenegger, P., Häusermann, S., Palier, B. ans Seeleib-Kaiser, M., 한국노동연구원 옮김(2012).『이중화의 시대: 탈산업 사회에서 불평등 양상의 변화』, 한국노동연구원.

이승훈(2018).「현대 사회에서 연대적 주체의 모색」,『사회사상과 문화』, 18(2): 199-235.

장승혁(2017).「사회보험법과 사회연대 원리」,『사회보장법학』, 6(1): 5-42.

콜린 크라우치, 이한 옮김(2008).『포스트 민주주의: 민주주의 시대의 종말』, 미지북스.

통계청(2020).「경제활동인구조사 근로형태별 부가조사(2020년 8월)」.

Anttonen, A., Häikiö, L. and Stefánsson, K. (Ed.) (2012). Welfare state, universalism and diversity. Edward Elgar Publishing.

Bayertz, K.(1999). Four uses of "Solidarity". in Bayertz, K. (eds.) Solidarity. Kluwer Academic Publishers, 3-28.

Bonoli, G. (2013). The origins of active social policy: Labour market and childcare policies in a comparative perspective. Oxford University Press.

Deeming, C. (2018). "The Politics of (Fractured) Solidarity: A Cross-National

Analysis of the Class Bases of the Welfare State", Social Policy & Administration, 52(5): 1106–1125.

Jessop, B. (2002). *The future of the capitalist state.* Polity Press.

Korpi, W. (1983). The Democratic Class Struggle. Routledge Kegan & Paul.

Morel, N., Palier, B. and Palme, J.(Eds.) (2011). *Towards a social investment welfare state?: ideas, policies and challenges.* Policy Press.

Pierson, C. (1991). *Beyond the Welfare State? The New Political Economy of Welfare.* Polity Press.

Rueda, D. (2005). "Insider–outsider politics in industrialized democracies: The challenge to social democratic parties", *American Political Science Review*, 61–74.

Rueda, D. (2006). "Social democracy and active labour–market policies: Insiders, outsiders and the politics of employment promotion", British Journal of Political Science, 385–406.

Schumacher, G., & Van Kersbergen, K. (2016). "Do mainstream parties adapt to the welfare chauvinism of populist parties?", Party Politics, 22(3): 300–312.

Seol, F. H. and Seo, J. (2014). "Dynamics of Ethnic Nationalism and Hierarchical Nationhood: Korean Nation and Its Othernesss since the Late 1980s", *Korea Journal*, 54(2): 5–33.

Swank, D., & Betz, H. G. (2003). "Globalization, the welfare state and right–wing populism in Western Europe", *Socio-Economic Review*, 1(2): 215–245.

Van Der Waal, J., De Koster, W., & Van Oorschot, W.(2013). "Three worlds of welfare chauvinism". *Journal of Comparative Policy Analysis: Research and Practice*, 1–18.

이 책을 함께 준비한 사람들

제1장 (한국) 민주주의를 다시 생각하다, 포퓰리즘이 던지는 질문
윤비 ─────────────────────────

서울대학교 외교학과 및 베를린 훔볼트대학교 졸. 서양정치사상(고대 및 중근세) 및 정치도상연구. 훔볼트대학 정치학과 및 역사학과에서 서양정치이론과 유럽중세정치사상사 강의. 독일학술재단 지원 특별연구센터(SFB 640)에서 연구원으로 영국의회주의 연구. 2010년부터 성균관대학교 정치외교학과 교수. 현 한국연구재단 인문사회연구본부 사회과학단장. 파리고등사회과학원을 비롯해 독일, 핀란드, 미국, 일본 등 다수 해외 연구기관에서 초청연구 수행 및 초청강연. 최근 연구업적으로 A Long and Winding Road to Reforming the Corrupt Republic. Niccolò Machiavelli's Idea of One-Man Reformer and His View of the Medici, History of Political Thought 41-4 (2020), Persia and Pericles' Grand Strategy. Was the Peloponnesian War a Bipolar Hegemonic War?, International History Review (2021), Wege zu Machiavelli. Die Rückkehr des Politischen im Spätmittelalter, Köln: Böhlau(2021) 등이 있다.

제2장 서양정치사상에서 인민의 실존과 정치적 문제성
이상원 ─────────────────────────

인천대학교 윤리교육과 조교수로 재직하고 있다. 연세대학교 정치외교학과에서 학사와 석사를 마치고 미국 클레어몬트 대학원에서 하이데거의 플라톤 해석이 지닌 정치적 함의를 주제로 정치학 박사학위를 받았다. 주요 연구 분야는 정치철학으로서, 특히 정치적 존재론에 중점을 두고 탈근대사상과 고대정치철학 사이의 고전적 연관성 문제를 탐색하고 있다. 주요 논문으로는 "The Dynamic Association of Being and Non-Being: Heidegger's Thoughts on Plato's Sophist beyond Platonism"(2016), 「데리다의 환대 개념의 정치적 긴장성: 고대정치철학적 해석과 사유를 중심으로」(2017), "Democracy, Faction and Diversity: An Analysis of the Existential Ground of Democratic Republic Reflected in The Federalist Papers"(2020) 등이 있다.

제3장 고대 데마고고스의 정치술과 참된 정치술
황옥자 ─────────────────────────

전남대학교에서 「플라톤 정치철학에서 정치의 개선가능성과 좋은 민주주의」로 정치학 박사학위를 받았다. 현재 한국연구재단 학술연구교수로 재직 중이며, 전남대, 목포대에서 정치철학을 강의하고 있다. 플라톤을 중심으로 한 고대서양정치철학이 주요 연구 분야이며, 정치에서 감정의 문제, 공감의 정치학, 민주주의에 특히 관심을 가지고 연구하고 있다. 주요 논문으로는 "A Reconsideration of the Three Arguments in Plato's Political Theory"(2018), 「플라톤 대화편에 나타나는 '파라데이그마(paradeigma)'의 두 가지 성격과 양상」(2019), 「5·18공동체와 감정: 절대공동체에서 합리적 감정 공동체로」(2021) 등이 있다.

제4장 현대 중국에서의 포퓰리즘과 민본주의의 동거

김현주 ──────────

원광대학교 한중관계연구원 동북아시아인문사회연구소 HK+교수로 재직하고 있다. 성균관대학교 정치외교학과에서 학사·석사 학위를 받고, 동 대학 동아시아학과에서 박사과정을 수료한 후, 중국청화대학교 철학과에서 중국철학으로 박사학위를 받았다. 발표한 논문으로는 「〈묵자〉에 대한 량치차오의 이해」(2011), 「손문의 중화주의적 민족주의의 본질과 한계」(2014), 「중국 근대제자학의 출현과 그 성격」(2015), 「공적 정치의 회복을 위한 왕부지 정치개혁사상」(2016), 「강유위의 대동사상의 사상적 함의와 중국적 사회주의의 현대화의 연관성」(2017), 「근대 동아시아에서의 서구사상 수용에 있어서 유가사상의 역할 고찰」(2017), 「헌정의 '중국성(Chineseness)'이 갖는 이데올로기적 성격」(2018), 「중화질서의 해체와 그에 대한 청 정부의 대응」(2019), 「만국공법에 대한 청말 지식인의 인식과 현실과의 괴리」(2020) 등등이 있다. 저서로는 김성주 외 12인의 『한반도 평화의 국제정치학』이 있으며, 역저로는 천밍밍의 『중국의 당국가체제는 어디로 가는가: 혁명과 현대화의 경계』(2019) 등이 있다.

제5장 한국 정치사상에서 people의 대응 개념과 그 의미 그리고 포퓰리즘
안효성 ──────────

대구대학교 자유전공학부 조교수로 재직하고 있다. 한국외국어대학교 철학과에서 학사·석사·박사 학위를 받았으며, 한국외국어대학교, 건국대학교, 경인교육대학교, 서강대학교 등의 강사와 대전대학교 강의전담교수를 역임했다. 한국정치사상학회와 한국동서철학회 이사, 동양사회사상학회 연구이사, 한국아렌트학회 총무이사, 율곡학회 편집이사, 가톨릭동북아평화연구소 초빙연구위원을 맡고 있고, 「정조 탕평책의 공공성과 공론정치의 좌표」(2014), 「정조의 탕평 소통 리더십과 민주 시대의 사이-소통 리더십」(2017), 「정조의 『대학』 혈구정치관에 대한 판단이론적 고찰」(2018), 「동학의 토착적 근대성과 생명평화사상」(2019), 「정조의 '심성론'과 '수양론의 전개'」(2020) 등의 주요 논문과 『근대한국 개벽운동을 다시 읽다』, 『한국인의 평화사상』(이상 공저) 등의 저서가 있다. 정조의 철학 등 한국정치철학을 주로 연구하고 있다.

제6장 라틴아메리카 포퓰리즘과 인민
김은중 ──────────

서울대학교 라틴아메리카연구소 HK교수로 재직하고 있다. 라틴아메리카 문학을 전공했으며 최근에는 라틴아메리카 탈식민성과 사회운동에 관심을 가지고 연구하고 있다. 저서에는 『라틴아메리카의 전환—변화와 갈등(상)(하)』(공저), 『포퓰리즘과 민주주의』(공저), 『세계·지방화 시대의 인문학과 지역적 실천』(공저) 등이 있으며, 역서에는 『라틴아메리카, 만들어진 대륙』, 『라틴아메리카 신좌파—좌파의 새로운 도전과 비전』(공역) 등이 있다.

제7장 유럽과 미국 포퓰리즘의 역사적 조망: 보나파르트주의에서 트럼프까지
장문석 ──────────

서울대학교 서양사학과 부교수로 재직하고 있다. 서울대학교 서양사학과를 졸업했고, 동 대학원에서 석사 및 박사 학위를 받았다. 한양대학교 전임연구원과 서울대학교 HK연구원, 영남대

386

학교 교수 등을 역임했고, 이탈리아를 중심으로 유럽 현대사를 공부하고 있다. 저서로 『민족주의 길들이기』, 『피아트와 파시즘』, 『파시즘』, 『민족주의』, 『근대정신은 어떻게 탄생했을까?』, 『국부의 조건』(2인 공저), 『자본주의 길들이기』 등이 있고, 역서로 『만들어진 전통』(2인 공역), 『제국의 지배』, 『래디컬 스페이스』, 『스페인 은의 세계사』, 『현대 유럽의 역사』, 『파시즘의 서곡, 단눈치오』, 『인간의 어리석음에 관한 법칙』 등이 있다.

제8장 대의민주주의의 위기와 대중정치의 모색
심승우

성균관대학교에서 「다문화 민주주의의 이론적 기초: 소수자의 주체성과 통치성을 중심으로」를 주제로 박사학위를 받고 현재 서울교대, 성균관대, 대구대 등에서 정치사상, 민주주의론, 다문화주의 등을 강의하고 있다. 저서로는 『다문화 시대의 도전과 정치통합의 전략』, 『정치학: 인간과 사회 그리고 정치』(공저), 『민본과 민주 개념적 통섭』(공저) 등이 있으며, 역서로는 『테러리즘: 누군가의 해방 투쟁』, 『민주화운동의 어머니: 아웅산 수치 평전』 등이 있다.

제9장 포퓰리즘은 왜 그리고 어떻게 몹쓸 것이 되었나?
박성진

광주교육대학교 윤리교육과 조교수로 재직하고 있다. 성균관대 정치외교학과에서 정치철학 전공으로 박사학위를 받았으며 주요 연구 분야는 윤리학과 정치철학이다. 대표적 논문으로는 "The liberal acceptance of Hegel: The Acceptance and Transformation of Hegelian Philosophy in 19th Century Britain", 「영장류의 사회적 행위를 통한 '정의(justice)'의 기원에 관한 연구」 등이 있다. 현재는 '위기시대의 정치철학'에 관한 주제로 연구를 진행하고 있으며 지속가능발전이라는 개념을 넘어 한국사회의 공존을 위한 대안적 정치철학을 구성하기 위해 노력하고 있다.

제10장 다른 민주주의의 재등장
백미연

경기도여성가족재단 연구위원으로 재직하고 있다. 고려대학교 정치외교학과에서 석사학위를 받았으며, 동 대학원에서 「페미니즘과 정의: 분배와 인정의 통합」이라는 주제로 박사 학위를 받았다. 고려대학교 연구교수, 고려대학교 평화와 민주주의연구소 연구실장, 성균관대 초빙교수 등을 역임했고, 대학에서 '민주주의'와 '이데올로기'과목을 강의해왔다. 민주주의, 페미니즘, 정의, 인권 가치에 대한 정치철학적 연구를 바탕으로 현실의 법과 정책을 분석하고 재구성하는데 관심을 가져왔다.

제11장 포퓰리즘 민주주의와 한 몸이면서 분리된
김주호

경상국립대학교 사회학과 조교수로 재직하고 있다. 고려대학교에서 사회학, 정치외교학 학사를 마치고, 독일 마르부르크대학과 프랑크푸르트대학에서 각각 사회학 석사와 박사 학위를 취득했다. 전공 분야는 정치사회학이며, 주로 민주주의, 포퓰리즘, 시민권, 유럽 연구 등을 연구해왔다. 포퓰리즘 관련 논문으로는 「포퓰리즘과 민주주의」, 「포퓰리즘의 오용과 복지포퓰리즘 담론의 구축」, 「포퓰리즘 부상의 배경으로서 민주주의의 응답성 결여」 등이 있다.

제12장 민주적 포퓰리즘과 정치의 재구성
이승원 ─────────────

서울대학교 아시아연구소 선임연구원으로 재직하고 있다. 성균관대, 경희대, 경희사이버대에서 강의하고 있으며, 사회혁신리서치랩 소장을 역임했다. 영국 에식스(Essex)대학에서 이데올로기와 담론분석 전공 정치학 박사학위를 받았으며, 현재 급진 민주주의, 포퓰리즘, 도시 커먼즈, 공유도시, 사회혁신 등을 연구하고 있다. 사단법인 지식공유 연구자의 집 운영위원으로도 활동하고 있다.

제13장 결사체 민주주의 재건을 통한 민주주의 위기의 극복 가능성
장석준 ─────────────

정의당 부설 정의정책연구소 부소장, 출판&연구집단 산현재 기획위원으로 재직하고 있다. 연세대학교 사회학과에서 석사학위를 받았으며, 진보정당운동의 정책 및 교육 활동에 참여해왔다. 저서로 「세계 진보정당 운동사: '큰 개혁'과 '작은 혁명'들의 이야기」, 「21세기를 살았던 20세기 사상가들」(공저), 「사회주의」, 「장석준의 적록서재」, 「신자유주의의 탄생: 왜 우리는 신자유주의를 막을 수 없었나」 등이 있고, 옮긴 책으로 「G. D. H. 콜의 산업민주주의」 등이 있으며, 신자유주의적 자본주의를 넘어서는 대안적 사회경제체제의 방향과 얼개에 대해 연구하고 있다.

제14장 포퓰리즘을 넘어 강한 민주주의로
김만권 ─────────────

풀브라이트 장학생으로 뉴욕 뉴스쿨 정치학과에서 정치이론 및 법철학을 전공했으며, 「정치적 적들의 화해를 위한 헌법 짓기」를 주제로 박사논문을 썼다. 현재는 경희대학교 비교문화연구소 학술연구교수로 재직 중이다. 「새로운 가난이 온다」, 「열심히 일하지 않아도 괜찮아」, 「김만권의 정치에 반하다」, 「호모 저스티스」 등 10여 권의 책을 썼고, 「인민」, 「민주주의는 거리에 있다」, 「만민법」(공역) 등을 우리말로 옮겼다.

제15장 실천적 시민과 민주주의 지속
김성하 ─────────────

경기연구원 연구위원으로 문화민주주의, 문화자치, 문화다양성 등 문화정책 연구를 하고 있다. 고려대학교 정치외교학과, 홍익대학교 조소과, 파리8대학 예술조형학과 석사과정을 마치고, 파리7대학에 이어 프랑스 Picardie Jules Verne대학에서 박사학위를 받았다. 저서로는 「처음 읽는 프랑스 현대철학」(공저), 주요 논문으로 「'작품 안에 있는 관객'에 대한 철학적 사유」, 「조르쥬 바따이유와 현대미술의 애증관계」, 「다니엘 뷔랭의 '재현에 대한 물음'에 관한 연구」 등이 있다.

제16장 연대의 두 얼굴과 한국 복지국가의 미래
남재욱 ────────────────────────────────

한국직업능력연구원에서 부연구위원으로 재직하고 있다. 대학과 대학원에서 정치외교학과 사회복지학을 전공하였으며, 노동, 복지, 사회보장제도가 주된 연구 분야다. 연구원에서 『직업교육과 사회이동』(2019), 「플랫폼 노동자의 사회적 권리 보장 연구」(2020) 등의 연구를 수행한 바 있으며, 『나라는 부유한데 왜 국민은 부유할까?』, 『Research Handbook on Labour, Business and Human Rights Law』 등의 책을 공저하였다. 최근에는 소득보장제도의 재구성, 사회서비스 노동, 정의로운 전환, 인간의 역량과 불평등과 같은 주제를 연구하고 있다.

제17장 포퓰리즘을 넘어 피플−이즘으로
좌담회 ──────────────────────────────────

경기연구원 이한주 원장을 비롯한 김만권, 김성하, 김주호, 남재욱, 박성진, 안효성, 윤비, 이상원, 이승원, 장문석(가나다순) 참석

더 많은 민주주의를 향하여

2021년 8월 23일 1쇄 인쇄
2021년 8월 31일 1쇄 발행

기   획 | 이한주 · 김성하
지은이 | 윤비 외
발행인 | 윤호권, 박헌용
본부장 | 김경섭

발행처 | ㈜시공사
출판등록 | 1989년 5월 10일(제3-248호)

주소 | 서울시 성동구 상원1길 22, 7층(우편번호 04779)
전화 | 편집 (02)2046-2864 · 마케팅 (02)2046-2800
팩스 | 편집 · 마케팅 (02)585-1755
홈페이지 www.sigongsa.com

ISBN 979-11-6579-685-3 (04300)
세트 ISBN 979-11-6579-616-7 (04300)